전통시학의 새로운 탄생

'너머-여기' 사유의 시학적 전개

박현수(朴賢洙)

1966년 경북 봉화 출생
세종대학교 국어국문학과 졸업
서울대학교 대학원 국어국문학과 졸업(석사, 박사)
1992년 한국일보 신춘문예에 「세한도」가 당선되면서 등단
현 경북대학교 국어국문학과 교수

주요 저서
시 집: 『우울한 시대의 사랑에게』, 『위험한 독서』 등
연구서: 『현대시와 전통주의의 수사학』, 『모더니즘과 포스트모더니즘의 수사학』
『한국 모더니즘 시학』, 『시론』 등

전통시학의 새로운 탄생
'너머-여기' 사유의 시학적 전개

찍은 날 2013년 8월 23일
펴낸 날 2013년 8월 30일
지은이 박현수
펴낸이 함인석
펴낸 곳 경북대학교출판부
출판등록 1973년 10월 10일 ㉣97호
주소 대구광역시 북구 대학로 80
전화 053-950-6741~3
팩스 053-953-4692
이메일 press@knu.ac.kr
ISBN 978-89-7180-379-0 93800
※파본은 바꾸어 드립니다.

전통시학의 새로운 탄생

‘너머-여기’ 사유의 시학적 전개

박현수 지음

경북대학교출판부

| 서문 |

전통시학의 새로운 탄생을 위하여

『교수신문』에서 2001년 중반부터 1년간 '우리 이론을 재검토한다'라는 기획 기사를 연재한 적이 있다. 2003년에 이 기획이 책으로 묶여 나왔는데, 『오늘의 우리 이론 어디로 가는가; 현대 한국의 자생이론 20』이 그것이다. 여러 학문 분야에서 이루어진 자생이론들의 가치를 적극적으로 검토한 이 기획은 이 땅의 학자들에게 학문의 본질과 학문에 임하는 자세에 대해 성찰할 수 있는 계기를 제공해주었다.

이 기획에서 소개하고 있는 현대 한국의 자생이론은 스무 개인데, 그 중 문학과 관련된 것으로 조한혜정, 김영민의 탈식민주의 글쓰기, 백낙청의 분단체제론, 조동일의 세계문학사, 김우창의 심미적 이성, 김지하의 생명사상, 김종철의 녹색평론 등이 있다. 그 외에는 사회학과 철학 쪽 이론이 다수를 차지하고 있다.

그런데 현대문학 연구와 관련해서 우리에게 익숙한 김윤식, 유종호 등의 이름은 보이지 않는다. 그것은 성실한 노력과 예리한 통찰력에도 불구하고 그들의 노력이 자기 사유를 사상 혹은 이론의 경지에까지 올려다 놓는 창의성이 부족하다는 평가를 받았기 때문이다. 그보다 논리적 치밀함이나 체계성이 떨어진다고 할 수 있는 김지하, 김종철, 조동일 등의 이론이 들어간 것은 그들의 주장이 자생이론으로서의 창조성을 품고 있다는 긍정적인 평가를 받았다는 뜻이다. 평생 학문에 투신한 학자로서 높은 명망을 지니고 있더라도 독창적인 자신의 이론을 만들어내지 못하는 한 이처럼 냉혹한 평가를 받을 수밖에 없다.

『교수신문』의 기획은 "학문의 식민지성으로부터의 탈출이라는 과제가 우리 학문이 자생성을 갖추기 위해서 가장 급선무의 과제라는, 강박관념에 가까운 학계 내부의 동의가 전제돼 있었다"(앞의 책, 「책을 펴내면서」 부분)는 점을 문제의식으로 내세우고 있다. 우리 학문의 식민성 탈피와 자생담론의 창조가 이 기획의 궁극적 목표라 할 수 있다. 서구 이론의 무분별한 유입은 서구 담론에 대한 학문적 종속성을 심화시킨다는 점에서 큰 문제점을 지니고 있다. 그러나 그보다 더 문제가 되는 것은 그런 이론의 적용으로 분석 대상이 기형화한다는 점이다. 가령 20년대 동인지 문학을 미적 근대성 담론으로 분석할 때 미적 자율성과 국가주의적 시선이 뒤섞인 혼성적인 성격이 인식되지 않거나 무시된다. 그중 일부만이 임의적으로 선택되어 미적 근대성의 모방적 경향으로 평가되고, 혼성적인 특성은 미적 근대성의 미달로 규정될 뿐이다.

서구 이론의 잣대에 따른 기형화는 결국 자기 문학의 특질을 무시하고 자기 비하로 기울게 된다. 이런 시각은 한국 문학의 독자성에 대한 패배주의적 시선을 강화하여 학문의 발전을 저해할 것이다. 필자는 이것이 인문학 위기의 가장 본질적인 원인이라 생각한다. 인문학의 핵심이 인간과 세계에 대한 깊은 이해를 바탕으로 한 독창적인 시선에 있다고 할 때, 학문적 종속성은 그 가능성을 근원적으로 차단하는 절대악이 된다. 완벽한 수입이론(사실 그런 이론은 존재하지 않는다)보다 이론적 세련성은 떨어지더라도 우리 문학의 특수성을 놓치지 않는 자생이론의 창안이 절실하게 필요한 것도 이런 위기의식과 관련되어 있다. 이 자생이론 중 전통적인 사유에 바탕을 둔 문학 담론을 전통시학이라 부르고자 한다.('시학'(poetics)이 시에 국한된 개념이 아님은 주지의 사실이다.)

많은 학자들이 평생을 학문에 바치지만 대부분의 노력을 기존이론의 설명이나 적용, 혹은 부분적 명세화로 소비하는 것이 현실이다. 물론 그것의 가치를 인정하지 않는 바는 아니나 소모적 연구자, 기존 이론의 소비자라는 비판은 면하기 어려울 것이다. 학자의 임무는 자신이 몸담은 분야에서 문제점을 발견하고 이를 극복하기 위한 이론적 대안을 만들어내는 데 있다. 자생이론으로서의 전통시학이 이론적 세련성, 안정성에서 부족하더라도 이론적 가능성이 충분하다면 부족한 부분은 후진들에 의해 보완될 것이다. 이런 과정을 통하여 새로운 이론이 다듬어지고 이후 새로운 이론체계로 인정받을 수 있을 것이다. 그러나 지금 대부분의 학자들은 이런 임무를 포기하고 있는 듯하다.

지금까지 필자가 현대문학 관련 연구를 하면서, 또 시를 창작하면서 지속적이고도 깊은 관심을 가지고 있었던 것도 자생적 담론이었다. 최초의 동기는 이육사의 시학을 퇴계의 주리론적 관점에서 접근한 석사 학위논문이다. 새로운 시도였던 만큼 그 새로움에 대한 긍정적인 평가를 기다렸지만, 스스로 그 가치에 의미부여하는 것으로 만족하여야 하였다. 이후 우연히 나의 이런 시도를 눈여겨보는 이들이 있다는 사실을 풍문으로 듣고 다시 힘을 내는 계기로 삼았다. 이 책의 구상도 그런 계기에 힘입은 바 크다.

처음 이 책의 기획 의도는 우리의 여러 전통적인 담론 중 기층사유, 이기철학에 초점을 맞추어 문학에 대한 새로운 시선을 끌어내는 것이었다. 그러나 전통 담론 중 도교사상 혹은 노장사상은 기층사유나 불교에 습합된 측면이 많다고 판단하여 처음부터 배제하였지만, 불교철학이 다루어지지 않은 것은 못내 마음에 걸렸다. 그래서 2012년 후반부터 시작된 연구년을 계기로 불교 관련 관점을 새로 추가하기로 하고, 불교에 대한 여러 논문과 저서를 읽기 시작하였다. 그 첫 결과가 한용운의 『십현담주해』에 대한 논문이었다. 이를 기반으로 삼아 불교에 대한 시야를 넓혀 유식철학에 대한 공부도 시작하고, 불교 관련 문인들에 대한 자료 검토와 조사에도 관심을 가졌다.

이런 과정을 거쳐 전통시학 담론의 구색은 갖추었으나 그럼에도 각각의 요소들이 파편적으로 존재한다는 느낌은 여전히 문제였다. 그러나 이 문제를 해결하지 못하고 여러 자료를 닥치는 대로 읽기만 하였다. 그러다

2013년 1월 9일, 새벽에 잠이 깨어 고요한 마음으로 유식철학 개론서를 읽는 중에 어떤 구절(특별한 구절도 아니었지만)에서 갑자기 모든 문제가 해결되는 듯한 느낌을 받았다. 성리학에서 말하는 활연관통(豁然貫通)이 바로 이런 것은 아닐까, 혹은 선에서 말하는 깨침이란 것이 이런 느낌일까 하는 생각을 했을 정도로 이 경험은 강렬하였다. 그 실체에 대한 스스로의 평가는 아직 미정이나, 이런 경험을 통해 필자가 지금까지 관심을 가졌던 여러 문제들, 그리고 그런 문제의식에 따라 발표하였던 별개의 논문들이 필자의 심층적인 관심(유식철학의 '아뢰야식의 씨앗'일지도 모른다)에 기인한 것이며 서로 연관이 되어 있음을 처음으로 깨달았다. 필자가 왜 숭고에 관심을 가졌으며 전통적인 사유의 특정 국면에 이끌렸던가 하는 점이 해명되었다. 이것은 놀라운 경험이었다.

활연관통의 초점은 '너머-여기', 즉 이미 여기가 수많은 초월을 통해 도달한 곳이라는 깨침, 그리고 우리 내면에 존재하는 '너머-나'라고 하는 실존의 깨침에 있었다. 이때 '여기'나 '나'는 넘어서야 할, 즉 '너머'의 대상이 아니라 그것의 최종 목적지라는 사실이 중요하다. 그리고 그 '너머'는 이미 완료된 채 존재하고 있다. 이제 우리 각자에게 남은 것은 이것을 각지불이(各知不移)하는 일뿐이다. 수운(水雲)이 각지불이를 강조한 이유를 깨달은 것도 이 즈음이다. 모든 개체가 '각지', 즉 개별적 체험을 통한 구체적 깨달음에 이르지 못하면 이미 완료된 '너머-여기'도 '너머-나'도 존재하지 않는다. '너머-여기'를 몸으로 느끼지 못한 이를 인도할 마땅한 방법도 없다. 일견 쉽지만 동시에 얼마나 난해한 이야기인가! 이런 관점이 이 책의 기본적인 바탕을 이루고 있으며, 각각의 개별적인 논의를 총괄하는 제5장에서 이와 같은 중심적인 생각이 하나로 모아지도록 책의 체제를 구성하였다. 그래서 개별 담론에서는 폭넓은 관점에서 여러 시학적 요소들의 가능성에 초점을 맞추어 기본적인 흐름을 본격적으로 부각시키지 않았으며, 논의 진행 과정을 통해 그것이 조금씩 구체화되도록 하였다.

이런 관점이 확립되자 전통 담론들에서도 이런 특성이 지속적으로 계승되고 있었다는 사실을 새롭게 발견하게 되었다. 이런 깨달음이 필자 혼자만의 생각이 아니라는 사실을 인식한 것이다. 기독교에 있어서도 이런 관점이 함석헌을 통해 실현되고 있었다는 사실을 발견한 것은 놀라움 그 자체였다. 그리고 이런 관점을 구체화하려면 자연스럽게 비교 사상적 관점이 도입될 수밖에 없다는 사실도 깨달았다. 나와 우리 생각의 독창적인 흐름은 당대 다른 사유와의 길항으로 형성되기 때문이다.

이 책은 이런 관심을 바탕으로 하여 현대문학 연구자의 입장에서 전통적인 담론에서 시학적으로 주목할 만한 요소를 추출하여 자생적인 이론을 위한 기초적인 틀을 마련하는 데 목표를 두고 있다. 이를 위해 기존의 여러 글을 새로운 문제인식에 따라 재구성하고, 많은 부분은 새롭게 보완하였다. 재구성에 있어서도 이 책의 기획과 무관하게 존재하였던 글을 사후적 문제인식에 따라 수정하였으므로 기본적인 흐름이 달라졌다는 점에서 새로움을 지닌다고 할 수 있다. 이 책의 기획의도에 따라 새롭게 추가된 부분은 불교철학 부분이다. 이 부분은 이 책을 위해 새로 집필하였으며, 그중 몇 편은 학술지에 발표하기도 하였다.

여기에 실린 대부분의 담론은 형성 과정 중에 있는 것이라 그 자체로 많은 한계를 지닐 수밖에 없다. 그럼에도 불구하고 관심 있는 이의 의미부여와 비판을 통해 더 나은 담론 생성을 위한 발판을 마련한다는 점에 이 책의 가치를 찾고자 한다. 끝으로 폭염 속에서 원고 교정을 꼼꼼하게 봐준 김지혜 선생과 좋은 책이 나오도록 애쓴 경북대학교출판부의 여러 분들께 감사드린다.

'강호제현의 질책을 바란다'는 상투적인 말에 담긴 절실함을 새삼 느끼며

2013년 6월 하지에 벽오동 그늘 짙은 연구실에서

박현수

목차

제4장
이기철학의 구조적 매력

제5장
전통시학의 현재성

제1장 전통시학의 개념과 특성

과거와 현재의 에로티시즘: 전통 호명의 방식

신기성의 시대와 제국주의의 피로

어떤 식으로든 모더니즘에 직면해야만 하는 근대 예술은 필연적으로 새로움 혹은 신기성에 대한 갈망을 지닐 수밖에 없다. 신기성이 근대 예술의 본질이기 때문이다. 근대 예술가는 새로움에 대한 강박관념으로부터 자유로울 수 없다. 이 강박관념을 나타내는 대표적인 표현이 "우리는 절대적으로 현대적이어야 한다"[1]는 랭보의 명제일 것이다. 특히 아방가르드를 모더니즘으로 통칭하는 우리의 지적 풍토에서 볼 때, 이런 강박관념은 더욱 심할 수밖에 없었다. 근대의 테두리 안에 던져진 전통적 장르도 여기에서 자유로울 수는 없다.

우리 근대 예술의 신기성 추구 역시 참으로 필사적이었다. 이상의 초기 시 중에 「AU MAGASIN DE NOUVEAUTES」라는 제목의 작품이 있다. 이 말은 '백화점에서'를 뜻하는 불어이다. 이 중 '백화점'을 뜻하는 '마가쟁 드 누보떼(Magasin de Nouveautes)'라는 단어에 주목할 만하다. 이상은 이것을 그냥 '백화점'이라 하거나, 아니면 당시에 많이 사용하던 영어식 발음 '데파트먼트'로 표기하지 않고 굳이 불어로 표기하였다. 또한 불어에 있어서도 흔히 쓰이는 '그랑 마가쟁(grand magasin)'을 사용하지 않고 굳이 이 낯선 단어를 선택하였다. 사실 동일한 기의를 향하고 있는 이들 기표들의 초점은 다르다. 우리가 흔히 사용하는 '백화점'이란 말은 전시된 물품의 수

1 Renato Poggioli, 박상진 역, 『아방가르드 예술론』, 문예출판사, 1996, 304쪽.

량에 초점을 맞추고 있다면, 영어식 '데파트먼트'는 상품 전시 방식에, 그리고 이상이 선택한 불어식 이름은 상품의 새로움에 초점을 맞추고 있다. 이들 중 어떤 말을 선택할 것인가는 작가의 의도가 개입되는 부분일 것이다.

이상이 당대에 그다지 알려지지 않았던 이 불어식 이름을 선택한 것은 그 속에 사용된 '신기성(nouveautes)'이라는 말을 드러내고 싶었기 때문일 것이다. 이는 곧 신기성의 측면을 부각시키는 행위가 된다. 이런 점에서 이상은 신기성을 위해서 신기성을 선택한 의도적인 전위주의자라 할 만하다. 이것이 불어로 백화점을 뜻한다는 사실이 알려지기 전, 1세대 이상 연구자들이 이를 '신기성(新奇性)의 백화점'이라고 번역한 것은 어쩌면 이상의 의도, 그리고 아방가르드 예술의 본질을 제대로 지적한 오역(?)일 수 있다. 동시에 그의 이 신기성이 당대에는 제대로 소화되기 어려울 정도로 앞선 것이어서, 이런 사유의 시적 결과물들이 건축잡지 『조선과 건축』의 독자투고란에 실릴 수밖에 없었다는 신기성도 고려되어야 할 것이다.

모더니즘, 특히 아방가르드의 이런 신기성 강박관념을 "새로움의 신화"(Renato Poggioli: 301)나, "새로움의 숭배"[2]라 부르는 것은 그래서 타당한 명명이다. 근대 예술에서 새로움은 그 자체로 하나의 신화 혹은 제의(祭儀)가 되었다. 그리고 이것을 좀 더 가학적으로 표현하자면 "저주"가 될 것이다. 즉 "새로움은 생성이고 조건이면서, 동시에 아방가르드의 치명적인 위험"이기도 하기 때문에, "그것이야말로 진정한 〈저주〉"[3]가 될 수밖에 없다.

신기성은 제국주의적 속성을 지니고 있다. 신기성을 해결하기 위해 등장한 원시주의가 기본적으로 제국주의와 밀접한 연계를 지니는 것도 별로 이상할 것이 없다. 원시주의는 일반적으로 "원시부족 예술이나 문화에

2 M. Calinescu, 이영욱 외 역, 『모더니티의 다섯 얼굴』, 시각과 언어, 1993, 148쪽.
3 Adrian Marino, 오생근 역, 「아방가르드는 어떻게 정의되는가」, 『외국문학』, 1984. 여름. 63쪽.

대한 현대 예술가들의 관심"[4]을 의미한다. 원시주의는 현대 예술에서 크게 두 가지 경향을 지닌다. 첫 번째는 1890년의 상징주의와 아르누보로부터 1940년 미국의 추상표현주의에 이르기까지, 원시적 인공물을 예술 발전을 위한 모델로 주도적으로 사용하는 일련의 경향을 가리킨다. 다른 하나는 다다이스트나 초현실주의자들의 원시주의적 경향이다. 전자는 예술의 새로움을 추구하기 위해 비서구적, 비문명 지역의 원시예술에 관심을 갖고 이를 주로 양식적 측면에서 모방 · 재창조하는 것이고, 후자는 원시적 사유에 담긴 정신적 지향과 원형적 사고 패턴에 주목하여 현대문명의 제 문제에 대응하는 것이다. 어떤 경우든 원시주의는 당대 모더니즘의 궁경(窮境)을 해결하기 위하여 신기성의 원천을 근대화와 거리가 먼 원시적 사회에서 찾는 엘리트적 시도라는 점에서는 동일하다.

원시주의는 전위적인 신기성을 해결하기 위해 식민지의 약탈품을 신비화한 제국주의의 산물이다. "식민주의가 사실상 원시주의에 대한 이론의 핵심이 된다"[5]고 파악하는 시각도 이런 맥락이다. 자체의 욕망에 의해, 그리고 자체 운동을 유지하기 위해 제국주의는 수많은 식민지를 개척해야만 한다. 신기성 추구 역시 자동화 혹은 익숙함에서 벗어나기 위해 새로운 영역을 끊임없이 발굴해야 한다. 이것은 또한 소재주의의 속성이기도 하다. 소재주의는 아방가르드의 실험처럼 처음에 낯설었던 소재가 널리 알려져 식상한 것이 되면, 새로운 것을 찾기 위해 탐색의 공간을 확장하는 데 힘을 쓴다. 그들은 신기성의 희생물을 찾는 약탈자의 이미지를 지니고 있다. 그래서 아방가르드에 나타나는 새로움에 대한 끊임없는 갈망, 실험지상주의의 피로를 "진정한 저주"로 부르는 것도 무리가 아니다. "새로움의 신화"를 추구하는 아방가르드와 제국주의의 유사성 때문에 아방가르드의 피로는

4 William Rubin, "Modernist Primitivism: An Introduction", *Primitivism in 20th Century Art*, New York: Museum of Modern Art, 1984, 1쪽.
5 Colin Rhodes, *Primitivism and Modern Art*, London: Thames and Hudson, 1994, 7쪽.

본질적으로 제국주의의 피로라 할 수 있다.

단절된 전통과 새로움의 탄생

신기성을 향한 제국주의적 실크로드는 전방위적으로 뻗어나가는데, 그것이 자국으로 향할 때는 전도된 제국주의의 형태로 나타난다. 그 방향이 자국의 문화 전통으로 향하는 경우는 근대문학에서 자주 있는 일이다. 자국의 전통 역시 일종의 문화적 원시 상태라는 점에서 미개발 식민지이다. 이때의 전통은 근대와 절연된 상태에 놓인 기존의 모든 대상을 지칭하는 말이다. 전통은 신기성의 촉각이 닿는 순간 새로움이란 이름으로 호명된다.

근대문학에 있어서 전통의 호명은 낯선 경우가 아니다. 필자가 다른 곳에서 언급한 바 있듯이 이육사의 시 「절정」의 문제적인 구절("겨울은 강철로 된 무지개")은 주리론적(主理論的) 사유가 보편화된 시대나 지역에서는 일종의 평범한 구절일 수 있을 것이다. 음이 극단에 도달하면 양으로 전환된다는 「태극도설」의 사상이 일상화된 세계, 즉 음의 기운이 극점에 이른 동지(冬至)를 양이 시작되는 절기로 인식하여 이를 설날로 명명하였던 전통적인 세계에 있어서, 하나의 극점으로서의 겨울이 봄으로 표상되는 새로운 희망을 그 속에 품고 있다는 언급은 그다지 새로울 것이 없다. 마치 셸리의 "겨울이 오면 봄도 멀지 않으리"라는 구절이 우리에게 식상하듯이.

그렇다면 이런 상투적 구절이 새로움으로 등장하는 이유는 무엇일까. 그것이 이육사가 일종의 행운아(?)일 수 있는 점이기도 하다. 근대화가 전근대의 세계로부터 단절을 의미하는 '탈마법화'라고 할 때, 당연히 근대문학은 이전의 문학적 전통에 대한 '탈전통화'일 수밖에 없다. 이육사의 시 형식이나 내용은 상투적인 요소를 많이 지니고 있어 전통적 세계에서는 그다지 매력적이지 않을 수 있다. 그러나 전통 단절이 급속도로 진행된 이후에 그의 시가 등장하였기 때문에 그의 시는 우리에게 새로움과 낯설음을 줄 수 있었다. 이 점에서 그는 아이러니하게도 행운아라 할 수 있다.

이육사는 미적 전략의 측면에서 전통을 추구한 경우가 아니다. 다시 말해 근대문학의 생리를 이해하고 문학사에 놓일 자신의 위치를 고려하여 바야흐로 새로운 가치를 지니게 된 전통적인 요소를 우리 시에 도입하고자 의도한 시인이 아니다. 그와는 달리 미적 전략으로서 신기성의 제국주의적 촉각으로 전통을 포착한 이는 역시 이상이다. 이 점에서 그는 필사적인 전위주의자라 할 수 있다. 그가 쓴 다음과 같은 시를 보자.

前後左右를除하는唯一의痕跡에잇서서

翼殷不逝 目大不覩

胖矮小形의神의眼前에我前落傷한故事를有함

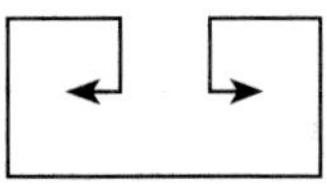

臟腑라는것은浸水된畜舍와區別될수잇슬는가

–「오감도 시제5호」 전문

그림 혹은 기호를 사용한 이 난해한 작품은 성적인 내용을 다룬 것으로 해석된다. 그림은 여성을 상징하는 장부(臟腑)의 도해라 할 수 있다.[6] 그런데 갑작스럽게 등장하는 한문 문장은 이 시를 더욱 난해하게 만든다. 여기에 인용된 전거는 주지하듯이 『장자』 외편 「산목편(山木篇)」의 '망진우화(忘眞寓話)' 중의 일절이다. 인용된 구절은 커다란 까치가 장자의 이마를 스치고 날아가자, 장자가 혼자 중얼거린 말이다("저것은 무슨 새일까? 날개가 커도 제대로 날지 못하고 눈이 커도 제대로 보지 못하니…"). 망진우화는 자기 눈앞의 이득에만 골몰하여 진정한 자신을 잃게 되는 상황을 풍

6 이 작품에 대한 구체적인 설명은 박현수, 「〈오감도 시제5호〉, 이상 시학의 기원에 이르는 통로」, 『13인의 아해가 도로로 질주하오 - 이상의 〈오감도〉 처음부터 끝까지 읽기』, 수류산방, 2013 참조.

▶ 제강(帝江)의 형상

자한 우화이다. 이 우화는 유명하긴 하지만 앞의 시의 인용 구절은 따로 인용되는 경우가 거의 없을 정도로 낯선 것, 즉 이상의 표현대로 "한 번도 본 일이 없는 기성품"(「날개」 서문)이라 할 수 있다. 망진우화의 전체 맥락 중 일부만을 가져와 자신의 시에 새롭게 위치시킴으로써 위의 시는 신기성을 한층 강화시키는 효과를 거두고 있다.

또한 이 시는 『산해경』과 상호텍스트성을 지닌다. 제강이란 신은 '전후좌우를 제한' 즉 불필요한 것(사지)이 제거되고 본질적인 것(몸통)만이 강조된 형상을 지니고 있다. 실제로 그 그림을 보면 제강의 둥근 몸통이 상당히 중요하게 묘사되어 있고 날개와 발은 상대적으로 비례에 맞지 않게 축소되어 있다. 제강의 모습은 「오감도 시제5호」에 깔린 원경험에 등장하는 '비만한 창녀'의 형상과 유사하다는 사실을 알 수 있다. 문종혁은 회고(「심심산천에 묻어주오」)에서 이상이 그린 그녀의 스케치를, "여자가 천정을 향하고 누워 있는 모습을 옆에서 본 그림이다. 배는 임신 10개월로는 부족하다. 젖가슴부터 아랫배까지가 고무풍선 같다. 그 높이가 대단하다."고 기록하고 있다. "임신 10개월" 이상 된 것처럼 나온 배, "젖가슴부터 아랫배까지가 고무풍선"처럼 "그 높이가 대단"한 이 여인의 몸통은 제강의 형상의 또 다른 번역으로 보일 정도로 유사하다. 그래서 이상은 이 비만한 여인에게서 "압살(壓殺)"(수필 「애야」)의 위협을 느끼는 것이다. 이런 전거로 인하여 짧은 시에 갑작스럽게 등장하는 '신(神)'이라는 단어가 하나의 맥락을 지니게 되는 것이다. '살찌고 작은 신(胖矮小形의 神)'은 그 비만한 여인의 이미지에 제강의 이미지가 중첩되었기에 가능한 표현이다. 이상은 이처럼 전거를 교묘하게 사용하여 시를 난해하게 만들고 상대적으로 신기성의 효과를 극대화하고 있는 것이다.[7]

요즘 시에서도 전통의 호명은 멈추지 않는다. 그 호명이 멈추는 순간 문학의 새로움도 상당히 위축되어 소멸의 위기에 놓일 것이다. 문학의 위기가 있다면 바로 그때일 것이다. 그런 의미에서 문태준의 다음과 같은 호명은 여러 가지 의미를 지닌다.

> 한마리 쥐의 주검을 담보로 생존하여갔다
> 무당의 공수에 기대어 어머니들이 생존하여갔다
> "감히 니놈이 늙은 무당에게 그딴 생각을 하다니"
> 나는 돌부리가 많은 밤길로 쫓겨났다. 그때서야 감나무 이파리도 큰 뱀의 껍질처럼 무서워졌다
> 그 늙은 무당이 독을 품어 한 집의 황소가 넘어갔다고 소문이 돌았으니,
> 나는 가장 작은 무덤을 다른 곳으로 옮기고 가끔 마당에 소금을 뿌렸으며 북쪽으로 머리를 두어 눕지 않았다
> 그후 그 무당을 보지 못했으나, 나는 달에 절을 하고 생솔가지에 불을 놓았다
> 무당의 공수에 기대어 나도 생존하여 갔다
>
> – 문태준, 「비겁한 상속」 전문

이 시에서 호명된 전통은 샤머니즘의 세계이다. 이 속에 등장하는 풍경

7 이와 같은 동양적 전고(典故)와 문학의 관계에 대해서는 박현수, 『모더니즘과 포스트모더니즘의 수사학-이상문학연구』(소명출판, 2003)의 「신기성의 조건과 전고」 항목 참조.

이 얼마나 낯선 것인가 하고 묻는 일은 전통과 현재 사이에 놓인 심연이 얼마나 깊은가를 묻는 일이다. 무당의 공수가 인간적 삶의 방향과 일치하는 샤머니즘의 세계는 탈마법화 이전의 세계다. 근대의 기획으로서 탈마법화에 전폭적인 가치가 부여되면서 이 세계는 루카치의 숭고한 풍경("영혼 속에서 타오르는 불꽃이 별들이 발하고 있는 빛과 본질적으로 동일"하던 시대의 풍경)과는 다른 기괴한 풍경으로 화하였다. 이 낯선 호명을 "비겁한 상속"이라 지칭한 것은, 탈마법화된 근대에 이 세계를 전면적으로 승인하거나 드러내는 일이 얼마나 어려운가를 보여주는 예가 된다. 그러나 이 세계는 한 꺼풀 벗겨내면 서정성의 세계와 동질적이다. 문태준 시인이 이 낯선 풍경을 호명한 것도 그 때문일 것이다.

전통 호명의 두 가지 방식

앞에서 다룬 시들에 존재하는 전통적 요소는 현재로부터 고립되거나 단절되었기 때문에 새로움을 획득한다. 고립과 단절은 근대화가 만들어낸 결과이다. 서구적 신기성으로 모든 촉각이 향하게 되면서 전통적 요소가 낯선 존재로 남게 된 것이다. 이 낯선 전통은 근대성의 세계와 전혀 이질적인 세계이다. 결과적으로 전통 부정이 새로운 전통의 호명을 야기한 것이다. 이 아이러니를 파스는 다음과 같이 설명한다.

> 전통을 부정하고 우리에게 '다른' 것을 제안할 수만 있다면 수천 년 전의 옛것도 근대적인 것이 될 수 있다. 옛것이 새것처럼 논쟁적인 힘을 갖게 되면 이미 과거가 아니고 새로운 시작이다. 이런 모순적 열정은 옛것을 부활시키고 생기를 불어넣어 우리와 동시대의 것으로 변화시킨다. 헤르더의 게르만 전통 시가와 파운드에 의해 발굴된 중국의 시, 들라크르와가 그린 동양과 브르통이 사랑한 오세아니아 예술에 이르기까

지 근대의 예술과 문학에는 지속적인 의고풍의 흐름이 존속하고 있다. (…) 근대적 전통은 고대와 현대, 먼 곳과 가까운 곳 사이의 대립을 없애 버린다.[8]

파스는 근대적 전통의 핵심을 "'과거의 부정'과 '무엇인가 다른 것의 추구'라는 이중의 뇌관"을 지니며, 단절과 추구를 동시에 갈망하는 "모순된 열정"으로 파악한다. 이는 옛것을 부활시켜 동시대의 것으로 변화시킨다. 단 옛것으로서의 전통은 익숙한 것이 아닐 때만 근대적인 것이 될 수 있다. 즉 그것은 "'다른' 것을 제안할 수 있"을 때만 근대적이다. 바로 이 때문에 "수백, 수천 년 된 새로움"이라는 모순적인 말도 가능하다.

옛것으로서의 전통이 "새것처럼 논쟁적인 힘"을 갖게 되는 시점은 '다른 것'으로 호명될 때이다. 근대문학에 있어서 전통은 어떤 식으로든 단절과 고립의 상태에서 '다른 것'으로 호명된다. 이 호명이 근대문학에 있어서의 전통의 대화성이다. 단절을 전제로 한 대화성이기에 모던한 대화성이다. 대화는 단절이 전제되지 않을 경우 진정한 상태라 할 수 없다. 동일성 내에서 대화는 존재하지 않는다. 그것은 독백의 연장일 뿐이다. 이때 발화는 상대방의 발화의 반복이며 그것의 부연이다. 바흐친의 대화성도 이질적인 타자성의 옹호에 기반하고 있다. 단일상태로 균질화되지 않는 타자들의 혼란스러운 목소리의 동시성은 동질적 주관성의 폐쇄적 구조를 흔들어 놓는다. 이때 대화성이 존재한다. 대화는 발화 주체가 타자라는 점이 전제될 때 성립할 수 있다. 타자이기 때문에 필사적인 대화가 필요하다. 자신의 발화는 상대방에게 필사적으로 닿아야 하고 타자를 움직여야 한다. 그래서 대화는 일종의 헤게모니 투쟁이다. 신기성을 추구하는 근대문학에 있어서 전통의 호명이 타자의 호명이며 또한 필사적인 호명이 되는 것이 이 때문이다.

8 Octavio Paz, 김은중 옮김, 『흙의 자식들 외』, 솔, 1999, 19쪽.

이쯤에서 전통 개념이 정리될 필요가 있을 것이다. 기존 전통 담론에서 전통에 긍정적인 의미를 부여하고 이것의 타자로 '인습'을 내세운 것은 윤리적인 척도가 개입한 증거이다. 그러나 단절된 과거로서 존재하는 전통은 그 자체로 독립된 가치를 지니지 않는다. 가치는 그것을 어떤 방식으로 호명하느냐에 따라 사후적으로 발생하는 것이다. 그러므로 전통은 가치 개념이 아니라 일반 개념으로서, '무방향성의 질료'라는 의미를 지닐 뿐이다. 낯선 질료로서의 전통은 가치와 무관한 상태로 존재하고 있으며 호명한 시대의 지배를 받으며 가치를 부여받는다. 그러니 전통 자체를 우상화하는 것은 현명한 일이라 할 수 없다. 오히려 전통을 중립적인 개념으로 다루는 것이 전통의 활성화에 도움이 될 것이다.

근대문학에 있어서 전통의 호명 방식은 크게 두 가지로 나뉜다. 앞에서 설명한 이육사나 이상이 보여주는 방식이 그것이다. 이육사나 문태준이 전통에 담긴 원리나 정신에 말을 거는 방식이라면, 이상은 몽타주의 대상으로서 전통의 파편화된 요소에 말을 거는 방식이다. 전자가 형상으로서의 전통이라면 후자는 질료로서의 전통이다. 이 둘 모두 근대문학에 있어서 옥타비오 파스식의 '다른 어떤 것', 즉 타자로 존재한다.

질료적 전통은 그 대상을 파편화된 소재로서 기능적 대상으로 다룬다. 대상은 작품 구성상의 이질성을 강조하는 방식에 동원되어 일종의 수수께끼 같은 상태에 놓이는 것이다. 그러나 대부분 수수께끼가 풀리는 순간 생명이 완료된다는 점에서 이것은 소재주의의 연장선상에 있다. 질료적 전통의 대상은 아무리 잘 사용된다 하더라도 일종의 소모품 역할을 벗어나기 힘들다. 몽타주의 소재들처럼 작품 구성에서 일종의 습득물처럼 사용되어 순간의 신기성을 만족시킴으로써 그 역할이 끝나기 때문이다. 우리가 흔히 생각하는 전통이 총체성을 가정한 시대의 유산이라는 점을 감안한다면, 질료적 전통은 작품의 유기적 질서를 방해하는 데 사용된다는 점에서 모순적인 전통이다. 그러나 파편화된 소재라는 가치 때문에 호명된 것이기에 그것만으로 가치 절하될 이유는 없을 것이다.

형상적 전통은 파편화된 질료가 아니라 거기에 담긴 정신적 지향이나 원리 등을 말한다. 그것이 하나의 단어나 짧은 표현으로 나타나더라도 이면에 잠재된 총체성은 손상되지 않는다. 총체성이 사라진 파편으로서가 아니라 전체를 확보한 부분으로서 존재한다는 점에서 질료적 전통과는 거리가 있다. 이육사에 있어서 이 전통은 시의 형식과 내용을 장악하고 있다. 한시를 연상하게 하는 정제된 시 형식이나 주리론적 사유에서 빚어진 의지적 표명 등이 그것이다. 문태준은 서정시의 본질을 메타적으로 건드리는 방식으로 나타낸다. 이들은 파편의 활용이 아니라 정신이나 원리의 이식에 주목하는 편이라 할 수 있다.

이 두 가지 방식이 모두 나름대로의 의미를 지닌다. 특히 형상적 전통은 신기성, 즉 근대성의 한계를 극복하는 데 도움을 줄 수 있다는 점에서 주목할 만하다. 현재의 문제점을 대신할 수 있는 새로운 방법론이나 원리를 촉발시키는 역할을 할 수 있기 때문이다. 그러나 이 두 가지 방식은 근원적으로 연계되어 서로 호응하는 관계에 있어 둘 중의 하나를 배제하는 것은 도움이 되지 않는다. 따라서 이 두 방식의 의미에 주목하는 것이 도움이 될 것이다. 질료적 전통은 신기성의 범주 안에서 그 역할을 수행한다는 점에서, 형상적 전통은 신기성의 경계에 서서 다른 차원을 계시한다는 점에서 의의를 지닌다. 전자가 근대성의 범주를 인정하면서 새로움의 가치를 극대화하는 역할을 한다면, 후자는 근대성의 가장자리에서 새로운 출구를 암시하는 역할을 한다. 이런 의의에 주목할 때 전통과의 대화가 가치를 지니게 된다.

제국주의의 피로는 신기성의 피로이다. 그 피로는 근대문학 탄생 단계에 이미 보들레르에 의해 지적된 바 있다. 보들레르는 신기성의 피로를 자각하였기에 그 반대에 영원성을 설정하여 근대성과 영원성의 통합을 추구하였다. 그는 콩스탕탱 기(Constantin Guys)의 회화에 관한 평문에서 "영원하고 불변한 요소 그리고 상대적이고 제한된 요소는 아름다움을 창조하기 위해 연합한다. (…) 후자는 시대, 유행, 모랄, 그리고 열정에 의해 제공된다. 두 번째 요소 없이 첫 번째 요소는 성립될 수 없다."[9]고 한 바 있다.

영원성은 허약한 근대성을 지속 가능하게 해주는 바탕으로, 김수영식으로 말하자면 예술을 지탱하고 있는 "거대한 뿌리"이다. 근대성은 자신을 부각시키기 위해 그 이면에 놓인 영원성을 억압하고 있다. 그러나 근대성이 한계에 도달할수록 영원성의 압력은 더욱 높아질 것이다. 근대성의 피로는 이 압력이 증가할수록 더욱 심해진다. 따라서 영원성에 대한 관심은 자본주의가 고도화될수록 높아질 것임에 틀림없다.

또한 영원성은 당대에 갇힌 시선을 거시적으로 바라보게 하는 전망대로서 존재한다. 예술은 당대의 시선 내에만 존재하는 것이 아니다. 당대의 시각만을 고려하는 것은 예술의 절반만을 다룬 것에 불과하다. 나머지 절반에 대한 고려가 필수적이다. 전통과의 대화가 우리 시대에 필요한 것은 이로부터 신기성으로서의 근대성의 반대편에 설정된 영원성을 확보할 수 있기 때문이다. 질료적 전통이건 형상적 전통이건 간에 과거의 호명은 근대성의 한계를 벗어나 예술의 새로운 차원을 개척하는 데 유익한 계기를 제공해 준다.

현재와 전통의 대화성은 과거에 대한 여러 형태의 애정을 반영한다. 과거에 대한 애정 없이 전통이 우연하게 주어지는 경우는 없다. 질료적 전통이건 형상적 전통이건 과거에 대한 애정이 있을 때 호명할 수 있기 때문이다. 그리고 그 선택을 통하여 과거는 긴 잠에서 깨어나 우리에게 애정의 눈빛을 되돌려준다. 그래서 호명은 과거와 현재의 에로티시즘이라 할 수 있다. 어떤 경우 사디즘이나 마조히즘이 된다 해도 그것은 에로티시즘의 한 방식으로 보아 주어야 하리라.

9 Walter Benjamin, *Charles Baudelaire ; A Lyric Poet in the Era of High Capitalism*, Verso, 1983, 82쪽.

전통시학은 바로 이러한 애정을 바탕으로 탄생할 수밖에 없다. 과거에 대한 애정 없이 전통을 우연하게 발견하는 경우는 드물다. 서구 이론의 시선이 우리의 전통적인 개념을 새롭게 발견하게 만드는 경우도 많다. 그러나 일회적 신기성으로 그것을 사용하는 경우에 그것은 하나의 방법론으로 안착하기 힘들 것이다. 전통시학은 우리에게 절실하게 필요한 과거의 호명이다. 이 호명은 혼란스러운 우리 시학의 곤경을 헤쳐 나가는 데 많은 시사점을 줄 것이다.

전통시학이란 무엇인가

서문에서 전통시학이란 '자생이론 중 전통적인 사유에 바탕을 둔 문학 이론'으로 정의하였다. 이를 더 구체적으로 말하자면 전통시학이란 '우리 문화의 중요한 기반을 형성하고 있는 전통적인 사상 혹은 이론으로부터 현대문학의 본질적인 측면을 해명할 수 있는 담론의 틀이나 개념을 발견하고, 이를 창조적으로 해석하여 적극적으로 적용한 문학 이론'을 말한다. 즉 학문의 종속성, 식민성의 탈피를 목적으로 하여 현대문학의 제 문제를 해결하는 데 있어서 전통적인 사유의 현대적 재창조에 가치를 두는 접근이다. 기존의 접근이 주로 서구 이론에 의존하여 모든 개념을 설명하였다면, 전통시학은 그 관점을 우리의 전통적인 담론에서 찾는다.

이때 전통사상 혹은 전통이론이란 무엇인가. 그것은 우리의 자생적 사상뿐만 아니라 그 기원이 비록 외부에 있다고 하더라도 우리 문화에 융합하여 더 이상 타자로 인식되지 않은 외래사상까지를 포함한 개념이다. 우리의 근원적인 사상이라 할 샤머니즘 혹은 최치원이 언급한 풍류도와 같은 것은 자생적 사상이라 할 수 있으며, 이런 기층철학은 한국 도교 사상과도 맥락이 이어지고 불교철학에 습합되기도 한다. 그러나 외래사상으로 인식되는 유교나 불교, 도교 같은 것도 우리나라에 유입된 지 오래이며, 도입과 더불어 한국적 풍토에 따라 사상적 변이와 습합이 이루어져 우리 것이 되었다. 불교와 도교는 기층철학과의 습합이 가장 많이 이루어진 경우라 할 수 있다. 특히 불교 용어는 기층철학과 습합되어 각각의 변별성을 상실하여 새로운 기원을 형성하게 되었다. 최남선이 팔관회라는 이름에서 고대 붉도를 읽어 내는 것도 이 때문이다.[1] 불교의 가람 배치에 기층신앙과 관련된 삼신각이 중요한 자리를 차지하고 있다는 점도 이와 연관된다. 유교 역시 기존의 사상과 상호작용을 지속하여 애초의 원형과 다른 형태를 취하게 되어 한국적인 특성을 지니게 되었다. 조선후기 이기철학처럼 중국의 이론보다 더 나아간 경우도 있다. 이처럼 우리의 전통사상이라는 개념은 자생적인 사상뿐 아니라 우리의 문화 풍토 속에서 새로운 원형을 형성한 외래사상을 포괄한다.

전통시학의 규정에서 '창조적인 해석' 혹은 창조성이라는 말도 해명되어야 할 개념이다. 전통시학에서 전통이론은 연구자에 의해 적극적이고도 창조적으로 해석된다는 점이 특징이다. 전통사상 혹은 이론에서 어떤 개념이나 개념틀을 가져올 때 그 선택 자체는 하나의 창조성을 포함하고 있다. 그것은 전통이론이 현대문학의 문제와 직접적인 관련을 지니고 있지 않고 일종의 암시의 차원으로만 존재하기 때문이다. 전통사상에서 문학이론이 독립된 범주로 존재하지 않았기 때문에 현재의 분화된 학문 분야에 전통이론을 가져오는 것은 어떤 식으로든 범주의 조정 혹은 개념의 의미 전환을 내포할 수밖에 없다. 이것은 암시의 차원으로 혹은 다른 범주 형태로 존재하는 기존 개념을 현재의 문제와 적극적으로 연계시키고 잠재태의 특수이론을 현실태의 일반이론으로 이끌어 내는 적극적인 행위가 된다. 이 조정 혹은 의미 전환에서 창조적 해석이 발생하게 된다. 그것의 성패는 사후적으로 논리적 설득력과 보편성의 획득에 달려 있을 것이지만, 발상 자체가 이미 하나의 의미를 지니게 된다.

이제 현대시의 구체적인 연구와 관련하여 전통시학의 특성을 검토해

1 최남선에 따르면 팔관회는 민족 고유의 제천대회의 유풍을 뜻하는 말이다. "대개 팔관회라는 글자는 불교에서 빌어온 것이로되, 실상은 「밝의 뉘」의 音相似한 것을 취하였을 따름으로서, 신라 · 고려의 팔관회는 불교하고 아무 관계 없는 옛날 「밝의 뉘」의 유풍을 지키는 것이었습니다." 육당전집편집위원회 편, 『조선상식문답 · 조선상식-최남선전집3』, 현암사, 1973, 55-56쪽.

보자. 현대시와 관련한 전통시학의 초기 예로 김준오의 서정성 논의를 들 수 있다. 김준오는 몇 번의 개정판을 낸 바 있는 『시론』의 초판본에서 처음부터 동일성의 문제를 전통적 관점에서 풀어 나가고 있다. 서정시의 가장 중요한 특징을 "내적 세계와 외적 세계를 상호연관시키는 능력"[2]으로 들고 있는 그는, 그 예로 "상상력은 사물과 더불어 작용한다(神與物遊)"는 말을 언급한다. 이 말은 『문심조룡』에 나오는 것으로 상상력과 관련된 고전적인 말이다. 이런 인용은 시론의 중요 개념을 서구 이론보다는 전통적인 사유에 기대어 풀어 가고자 하는 의식적 지향을 보여 주는 지표라 할 수 있다. 서구 이론을 언급할 때에도 구체적인 진술은 우리의 전통 사유에 의존한다.

> 실상 인간의 마음은 끊임없이 외계의 사물과 교섭하려 한다. 그래서 존 듀이는 인간의 마음이란 제일차적으로 동사(verb)라고 했다. 자아는 이렇게 세계와 접촉함으로써 그 모습을 드러내는 구체적 자아가 된다. 우리의 이기철학에도 사물과 접촉하지 않은 상태의 적연부동(寂然不動)한 것을 성(性)으로, 사물과 접촉한 상태의 감이수통(感而遂通)한 것을 정(情)으로 구분하고 전자는 심(心)의 체(體)가 되고 후자는 심의 용(用)이 된다고 했다. 심의 용이 되는 정이 그 모습을 드러낸 구체적 자아임은 물론이다. 즉 마음이 사물에 응해서 밖으로 발한 것이 정이다.(김준오: 19)

자아와 세계의 교섭을 설명하며 존 듀이의 해석을 잠깐 언급한 뒤 구체적인 진술은 이황과 이이의 언급에 의존한다. 이 인용문에는 "李滉, 聖學十圖 第六心統性情圖, 〈寂然不動性 未發之性 爲心之體 感而遂通爲情 已

2 김준오, 『시론』, 문장사, 1982, 19쪽.

發之情 爲心之用〉", "李珥, 人心道心說,[3] 〈心應事物而發於外者爲之情〉"이라는 두 개의 각주가 달려 있다. 서정성을 설명하기 위한 전제로서 세계와 교섭하는 자아를 "우리의 이기철학"의 '정(情)'이라는 개념에서 찾는 논의이다. '성(性)'이라는 미발의 선험적 상태가 현실과 접촉하면서 '정(情)'으로 변화하는데, 이 정이 서정적 자아의 구체적 실현태라는 의미이다. 평면적인 차원에 놓여 있던 세계와 자아의 관련성이 이기철학을 가져옴으로써 입체적으로 되는 효과가 있다. 같은 부분에서 인용되고 있는 존 듀이의 이론이 자아와 세계의 접촉에 대한 일상적 욕망을 언급한 것인 데 비하여, 이기철학의 자아-세계의 관계는 성(性)이라는 숨겨진 차원을 배경으로 둔 '정'의 세계에서 이루어지는 사건이다. 실용주의자 존 듀이의 논의와 달리, 이기철학에서 자아와 세계의 관계는 다층적 차원의 사건인 것이다. 물론 김준오는 이것을 구체적으로 설명하지 못하고 유사성만 언급하고 넘어가고 있지만,[4] 자아와 세계의 관련성을 우리의 이기철학의 관점에서 해석하고자 한 것은 그 자체로 의미가 있다고 할 수 있다. 이기철학에서 암시의 차원에 놓인 자아-세계의 문제가 이런 해석을 통해 일종의 시학적 의미를 생성하고 있기 때문에 이런 시도 자체가 창조적 행위가 된다.

이 책의 각주에서 가장 먼저 나오는 저서는 이황과 이이의 논저이다. 그가 "우리의 이기철학"이라는 말을 사용하며, 이황과 이이의 저서를 각주에서 앞세운 것은 우리 현대시 논의의 종속성 혹은 식민성으로부터 벗어나고자 한 갈망의 표현이라 할 수 있다. 김준오의 이런 지향이 지니는 의미는 이것이 일회적 충동에 그치는 것이 아니라 저서의 중심축을 형성하고 있다는 사실에 있다. 그중 그의 전통시학이 빛을 발하는 것은 서정적 자아를 다루는 부분이다. 서정적 자아에 대한 진술은 전적으로 이기철학의 개념, 즉 '본연

3 초판본에는 "人心首心說"로 오식되어 있다.

4 그가 개정판에서 이 부분을 삭제한 것은 이런 평면적 언급이 지닌 한계 때문이었을 것으로 보인다.

지성(本然之性)'과 '기질지성(氣質之性)'에 의존하고 있다. 담론의 중심에 전통이론이 중심을 잡고 있는 드문 경우라 할 수 있다.

'본연지성'은 '기질지성'과 대립되는 것으로, 본성이 아직 현실태를 갖추지 않은 원론적이고 선험적인 차원의 상태를 의미한다. 이 상태에서 세계와 자아는 구분되지 않으며 따라서 대립이 존재할 수 없다. 김준오는 이 본연지성의 상태에서 "서정적 자아의 원형"(김준오: 26)을 발견한다. 즉 본연지성은 자아와 세계의 완전한 일치라는 서정적 동일성의 궁극적인 모델이 되는 것이다. 이는 기존의 서정성 논의에서 언급하지 못하였던 지점으로서 김준오의 독창성이 빛을 발하는 순간이라 할 수 있다.[5] 또 그는 이 원형적인 서정적 동일성이 지닌 현실적 한계를 지적하면서 기질지성으로서의 서정적 자아의 문제를 제기한다.

> 이처럼 문명의 시대에 본연지성으로서의 서정적 자아는 하나의 이상으로만 존재하지 실존할 수 없다. 여기서 기질지성의 서정적 자아가 필연적으로 등장한다. 기질지성의 서정적 자아는 그가 지닌, 차이와 분별을 만드는 기(氣)의 작용에 따라 분별과 대립 · 갈등을 일으킨다. 기질지성에서 본 세계는 대립 · 갈등의 세계이지만 보편화의 원리인 리(理)에 의하여 이 대립 · 갈등을 극복하여 자아와 세계의 합일을 추구하게 된다. 다시 말하면 세계와의 갈등을 인위적으로 극복하여 합일의 경지를 몽상하게 된다.(김준오: 27-28)

현실태로서의 서정적 자아는 본연지성의 차원이 구체적 현실과 만나면

5 물론 김준오는 조동일의 논의에서 암시를 받고 있다. 그가 각주에서 밝히고 있듯이 본연지성과 기질지성으로 시조를 두 개의 범주로 나누고 있는 조동일의 논의(조동일, 「시조의 이론, 그 가능성과 방향설정」, 김열규 편, 『고전문학을 찾아서』, 문학과지성사, 1976)가 김준오 서정적 자아론의 바탕이 되고 있다. 그러나 현대시의 문제에 이것을 적용한 것에 그의 독창성이 있다고 할 수 있다.

서 탄생한다. 선험적, 혹은 원론적 상태의 서정적 자아는 일종의 모델로 충분한 가치를 지닌다. 그러나 그것은 일종의 원형에 그칠 뿐, 실제적 대상이 될 수는 없다. 이 때문에 기질지성으로서의 서정적 자아가 필요하게 된다. 이때 이기철학의 개념이 현대시학에 있어서 구체적인 의미를 획득하게 된다.

이기철학의 개념으로 풀어낸 그의 서정적 자아 논의는 독창적이며 설득력이 있다. 이것은 그가 언급한 실러의 '소박한 시인, 감상적 시인'이라는 구분보다 더 현실적이다. 김준오가 인식하고 있었는지 모르지만, 본연지성과 기질지성의 서정적 자아는 실러의 의사역사적 진술이 지닌 공허함을 극복하는 데 도움이 된다. 실러는 소박한 시인을 일종의 역사적 실체로 전제하고 있다. 낙관적 회고주의로써 과거를 유토피아적으로 설정하고 소박한 시인으로 하여금 그 세계에 거주하게 만든 것이다. 그러나 이것은 루소의 사회계약론이 전제로 하고 있는 것처럼 일종의 가설이며, 현실적인 설득력이 없다. 이보다는 본연지성으로서의 서정적 자아처럼 소박한 시인을 일종의 원론적 상태, 혹은 원형으로 보는 것이 더 타당할 것이다. 김준오의 서정적 자아론은 이런 점에서 기존 논의의 한계를 훌륭하게 극복하고 있다고 할 수 있다.

김준오의 논의에 사용되고 있는 본연지성, 기질지성이라는 개념은 물론 이기철학의 중심 개념이다. 따라서 이런 시도에 서구 이론의 개념을 중국식 개념으로 단순 대체한 것이 아닌가 하는 비판이 가해질 수 있다. 그러나 이런 개념은 이기철학의 유입 이후 김준오가 강조한 "우리의 이기철학"이 발전해 가면서 우리 사상사의 기본적인 전제로 보편화된 개념이다. 이기철학의 자체적 전개에 따라 주리론과 주기론 등의 분화가 발생한 것은 이런 보편 개념에 대한 해석이 다양하게 이루어졌음을 의미한다. 이런 과정을 통하여 개념의 함의는 더욱 풍부해져 우리의 사상사적 맥락을 반영하면서 전통사상의 기본 범주로 편입되는 것이다. 즉 본연지성과 기질지성이라는 개념은 수많은 시간을 통해 우리 사상사의 적극적 해석과 적용이 반복되면서 독자적인 맥락을 지닌 보편 개념이 되었다고 할 수 있다. 따라서 역사적 검증이나 자체적 맥락 없이 단순하게 유입, 적용되는 서구 이론의 개념과는 본질적인 차이를 지닌다. 김준오가 전통적인 개념의 근거나 설명을 중국 유학자의 저서가 아니라 주로 이황이나 이이의 논의에서 찾는 것도 이 때문이다.

전통시학에서 기존의 개념을 현대문학 영역으로 가져오면서 또 다른 맥락이 여기에 덧붙여지는데, 이 부분에서 연구자의 창조적인 개입이 이루어진다. 기존 개념이 지닌 지평을 새로운 해석을 통하여 전유하면서 암시적 차원을 현실적인 차원으로 변용시킨다는 점에서 창조성이 발생하게 되는 것이다. 김준오의 연구에서 본 것처럼 창조적인 개입이 성공적일 때 기존 논의에서 제대로 해명하지 못한 측면이 부각되면서 새로운 의미를 획득하게 된다. 앞에서 살펴본 것처럼 기질지성과 본연지성이라는 개념을 창조적으로 변용시킴으로써 서정적 자아의 층위가 입체적으로 조명될 수 있었다. 따라서 그 결과가 성공적일 때 전통시학의 호명은 독자성과 창조성을 동시에 지니는 작업이라 할 수 있다.

전통시학의 범주 및 현황

전통시학은 그 바탕이 되는 사유, 즉 사상 혹은 철학에 따라 몇 가지 범주로 나눌 수 있다. 여기에서는 크게 기층사유적, 불교철학적, 노장철학적, 보편 개념적, 이기철학적 시학으로 나누고 범주의 특성과 연구 현황에 대하여 간략하게 검토하고자 한다.

기층사유적 시학

기층사유 혹은 기층철학은 우리의 자생적인 철학을 의미한다. 흔히 그것은 풍류도라는 이름으로 불린다. 풍류도는 최치원의 난랑비서문(鸞郎碑序文)에 언급되어 있다. 우리의 고대 사상을 지시하는 유일한 기록이라 할 만한 그 글에 따르면 신라에는 '풍류(風流)'라고 하는 '현묘지도(玄妙之道)'가 있는데, 이것은 유교, 도교, 불교의 특성을 포함하고 있는 것이다. 서정주는 이런 신라정신의 본질을 샤머니즘으로 파악한다. 그에 따르면 샤머니즘은 "시간의 계속을 통한 음악적 주송(呪誦) 가창(歌唱)의 감정 격앙력을 빌어 관계있는 영(靈)과 교섭하는 고대 이래의 영통(靈通)의 한 방법"[1]이라는 점에서 신라정신의 본질과 동일하다. 풍류도를 샤머니즘과 연계시키는 논의는 그다지 낯선 것이 아니다. 이미 최남선, 김범부 등 문학 관련 인사들의 논의도 있었으며 종교학자의 진단도 있었다.

기층철학을 바탕으로 한 전통시학에는 샤머니즘에 주목한 논의와 샤머

1 서정주, 「한국적 전통성의 근원」, 『세대』, 1964. 7, 178쪽.

니즘과 연계된 동학사상에 주목한 논의가 있다. 샤머니즘에 주목한 논의로는 서정주, 신범순의 경우가 있다. 서정주는 우리 기층철학인 샤머니즘을 주축으로 하여 그의 미학을 '신라정신'이라 명명하며 지속적으로 탐구해 나갔다. '영통주의(靈通主義)' 혹은 '영원주의(永遠主義)'를 핵심으로 하는 신라정신론은 "인간주의가 아니라, 우주주의적(宇宙主義的) 정신의 표현이요, 현생적(現生的) 현실주의가 아니라, 사람을 영생해야 할 것으로 생각한 데서 온 영원주의 정신의 나타남"[2]이다. 현세주의와 인간주의의 대안으로 제기하는 그의 영원주의는 시학으로 우리의 기층철학적 사유를 적극적으로 포괄한 경우라 할 수 있다. 이것은 우발적인 발상이 아니라 오랜 시간을 두고 지속적으로 모색한 일종의 '미학적 기획', 즉 "자생 미학을 치열하게 탐색한 미학적 프로젝트"[3]라는 점에서 의미를 지닌다.

신범순은 최남선의 「살만교차기」나 「불함문화론」에 주목하여 샤머니즘의 가치를 새롭게 인식하여, 그것의 근대적 양상을 김소월의 시에서 찾는다. 김소월의 시에서 샤머니즘은 죽음을 넘나드는 시학으로 나타난다.

> 김소월의 시학은 죽음을 넘나드는 독특한 샤먼적 비행술과 연관되어 있다고 할 수 있다. 그의 시들은 삶과 죽음의 경계선에 버티고 있는데 그것은 「초혼」이나 「생과 사」, 「인간미」 등 많은 시들에서 볼 수 있는 현상이다. 「찬저녁」은 들먹거리는 무덤 가에 집을 짓고 거기서 들려오는 소리를 듣는다. 그는 〈죽음의 부르짖음 生의 노래〉라고 하면서 생과 사를 서로 메아리처럼 울리도록 한다. 이렇게 생과 사의 경계선에 다리를 놓고 그것을 왕래하고자 하는 행위는 전형적인 샤먼의 행위이다.[4]

2 서정주, 「한국 시정신의 전통」, 『국어국문학보』 1호, 동국대, 1958. 본고에서는 『서정주문학전집2』, 일지사, 1972, 116쪽에서 인용하였다.

3 박현수, 「서정주와 미학적 기획으로서의 신라정신」, 『한국근대문학연구』 14호, 한국근대문학회, 2006. 10, 109쪽.

4 신범순, 「샤머니즘의 근대적 계승과 시학적 양상-김소월을 중심으로」, 『시안』 18, 2002. 12,

그에 따르면 김소월은 여러 측면에서 샤머니즘적 요소를 근대적으로 계승하고 있는데, 삶과 죽음의 경계가 무화된 상태를 그가 인식하고 시적으로 형상화하고 있다는 점이 그 예가 된다. 그러나 그는 김소월이 이런 단계에서 한 걸음 더 나아가 전통을 이어받으면서도 "감수성의 혁신"을 탁월하게 성취한 점에 주목한다. 그 성취가 드러나는 것이 「여자의 냄새」라는 작품에 나오는 냄새와 구름의 이미지이다. 이것은 "육체와 물질성과 비물질성의 경계", "존재와 비존재의 경계"(신범순: 51)를 형상한 것으로, "근대적으로 고정되고 물질에 갇힌 육체, 점차 감각적으로 예민해지고 섬세하게 분화되는 육체와 맞서면서 그것에 대한 비판적 대응물로 존재"한다는 점에서 의미를 지닌다. 이런 이미지는 "근대적 샤먼의 사유와 상상에서 빚어진 결과물"(신범순: 53)로서 샤머니즘의 근대적 계승이 문학적으로 훌륭하게 실현된 경우가 된다. 그의 이런 기층철학적 연구는 이상의 문학을 해명하는 데에도 적용되고 있다. 『이상의 무한정원 삼차각나비』(현암사, 2007)라는 저서가 그것인데, 여기에서는 샤머니즘이나 전통적인 사유가 분석의 기반으로 존재하며 기본적인 방법론에 깊이 스며들어 있다.

동학사상을 연구의 기반으로 삼는 논의도 기층철학적 연구에 속한다. 샤머니즘과 동학은 사상사적으로 연속성을 지니고 있기 때문이다. 샤머니즘과 동학사상의 연계는 최남선에 의해 이미 지적된 바 있다. 그는 「불함문화론」에서 민족고유의 종교로서의 샤머니즘을 '밝도'라 칭하고 그것의 현대적 계승자로 동학과 천도교를 들었다. 또 『조선상식문답』에서 동학사상을 "국민 고유의 신념을 내세운 것이며, 천주 곧 단군 이래 전통 신앙의 핵심인 하느님을 붙잡은 점"[5]을 높이 평가하였다. 동학은 민족의 고유 전통

50쪽. 샤머니즘에 주목한 연구로 이몽희, 『한국현대시의 무속적 연구』(집문당, 1990)를 참조할 수 있다.

5 육당전집편집위원회 편, 『조선상식문답 · 조선상식-최남선전집3』, 현암사, 1973, 61쪽.

신앙(즉 샤머니즘)의 근대적 발현으로 인식되었던 것이다. 김동리의 백형으로 속칭 문협정통파의 논리에 많은 영향을 끼쳤던 김범부 역시 동학사상이 전통 무속(샤머니즘)을 계승한 것으로 파악한다. 그는 최제우를 논하는 글에서 동학의 강령주문(降靈呪文)에 주목하여 이것을 "샤마니즘계의 신앙유속(信仰流俗)으로서 신라의 풍류도(風流徒)의 중심사상"[6]으로 파악한다. "민족문화사적 생리"(김정설: 92)로 전해 내려온 기층문화가 근대에 동학을 통하여 새로운 모습으로 탄생하였다는 뜻이다.

동학사상에서 새로운 문학의 가능성을 읽고 이를 지속적으로 탐색한 사람은 김지하이다. 그는 동학사상에서 생명사상을 읽어 내는데, 그 핵심을 삼경사상(三敬思想)에서 발견한다. 삼경사상은 경천(敬天), 경인(敬人), 경물(敬物)을 말하는 것으로, 그는 이것을 "오늘날 급박한 인간정신의 주체분열, 사회윤리 타락, 환경오염에 대답하는 탁월한 생명사상"[7]으로 평가한다. 그가 주목하는 또 다른 논리는 '불연기연(不然其然)'의 논리이다. '그렇다'와 '아니다'가 동시에 놓여 있는 이 말을 통하여 그는 새로운 생명의 논리를 읽어 낸다. 그에 따르면 불연기연의 논리는 모순되는 것의 공존, 즉 카오스모스(chaosmos)와 같은 상태를 지시하는 열린 논리이다. 이것은 모든 것을 단절되고 고립된 상태로 파악하는 근대 과학의 논리를 대체할 수 있는 대안적 논리이다. 그에게 동학은 이런 무한한 가능성을 품고 있는 사상이 된다. 동학의 생명사상이 미학적 버전으로 나타난 것이 '흰그늘'의 미학이다. '흰그늘'에 대하여 그는 다음과 같이 설명한다.

> 양극의 살아 생동하는 기우뚱한 균형과 상호보완관계로서, 아니다 그렇다의 관계로서의 '그늘'이라는 차원 밑에서 그 그늘을 견인, 창조·

6 김정설, 「최제우론」, 『풍류정신』, 정음사, 1986, 89쪽.
7 김지하, 『생명』, 솔, 1992, 32쪽.

> 비판 · 추동하며, 어떤 때, 즉 '극에 이르면(至)' (…) 내면적 삶의 신령한 우주라는 새 차원으로 드러나는 것.[8]

그늘이라는 것은 천이두가 말한 바 "시김새 좋은 판소리에서 빚어지는 웅숭깊은 여운, 여유, 멋"을 이르는 말인데 여기에는 멋이라는 긍정적인 측면과 거기에 도달하기 위한 시련이라는 부정적인 측면이 동시에 존재한다. 김지하는 이를 "청승과 익살이 함께 있고 눈물과 웃음이 같이 어우러지는, 그런 미묘한 경지를 표현할 수 있는 예술의 경지, 걸걸 걸려서 나오는 수리성의 경지"[9]라 말한다. 양면적인 속성이 그대로 담겨 있는 말이 그늘인데 이것은 불연기연의 논리, 즉 긍정과 부정이 공존하는 카오스모스의 논리, 생명의 논리가 비유적으로 표현된 것이라 할 수 있다. 이 그늘에 '흰'이라는 관형어가 붙은 '흰그늘'은 그늘을 바탕으로 내재적 초월의 새로운 차원으로 상승하는 것을 말한다. "내면적 삶의 신령한 우주"는 인간이 내면에 지니고 있는 신성한 차원을 말하는 것으로 보인다. 그는 다른 곳에서 '흰그늘'을 "그늘이 어두컴컴하면서도 그 안에 서로 대립되는 것들이 이리저리 얽히는 과정이라면, 그 안에 숨어 있는 성스러운, 거룩한, 일상과는 전혀 다른 새 차원을 '흰'이라고 합니다. 그 차원이 드러난 차원으로 떠올라오는 것을 '흰그늘'이라고 합니다."[10]라고 설명하고 있다. '그늘'과 '흰'의 만남 역시 불연기연 논리의 확장으로 보인다.[11] 그래서 '흰그늘'은 불연기연이 이중으로 겹쳐지는 겹논리가 된다. 결국 흰그늘의 미학은 불균형한 균형, 비대칭의 대칭, 성화된 세속, 깨달은 몽매, 불연기연의 논리를 형상화한 미학이라 할 수 있다.

8 김지하, 『예감에 가득 찬 숲 그늘』, 실천문학사, 1999, 37쪽.

9 김지하, 『흰그늘의 미학을 찾아서』, 실천문학사, 2005, 313쪽.

10 김지하, 위의 책, 316쪽.

11 "흰그늘은 일종의 미학적 개념입니다. 그리고 모순어법입니다. 이런 모순어법을 우리나라에서는 '불연기연'이라고 불러요." 김지하, 위의 책, 144쪽.

불교철학적 시학

불교철학과 시 혹은 문학의 상관성에 대한 논의는 오래되었지만 대부분 막연한 논의라 할 수 있다.[12] 창작 방법론적으로 불교와 시의 상관성을 강조하는 경우도 극단적인 논의로 귀결되는 경우가 많다.[13] 불교와 문학의 관계를 다룬 글이 산적해 있음에도 불구하고 불교철학을 시학의 차원에서 창의적으로 접근한 논의는 찾기 힘들다. 불교철학의 독자성과 방대함에 압도당하여 시학의 가능성이 위축된 경우가 많기 때문이다. 이로 인해 이러한 시도는 일방향적이고도 비가역적인 연구가 될 수밖에 없다. 즉 문학에 나타나는 불교철학의 영향을 다루는 것이 그것이다.[14]

불교철학에서 시학적 방법론을 인식한 이는 서정주라 할 수 있다. 그는 신라정신을 다루면서 그의 영통주의(靈通主義), 혹은 영원주의가 불교의 "삼세인연과 윤회전생"[15]을 전용한 것임을 밝히고 있다. 그러나 불교철학과 기층철학의 습합으로 나타난 그의 영원주의는 전자보다는 후자와 더 친연성을 지닌다는 점에서 순전한 불교철학적 사유의 현대적 전유라 보기

12 최영년의 다음 글이 대표적이라 할 수 있다. 최영년, 「시학상으로 관찰한 불교」, 『불교』 7호, 불교사, 1924.

13 선시와 아방가르드 작품을 연결하는 논의가 대표적이다. 이런 논의를 일찍이 제기한 일본의 다다이스트 고교신길(高橋新吉)은 전위예술의 일파인 다다(Dada)와 선(禪)의 일치를 주장한다. 그는 유명한 저서 『다다와 선(禪)』에서 1920년대에 어느 신문 기사를 통해 트리스탕 차라의 다다 선언을 접하게 되고 설명할 수 없는 감동을 받았는데 그것을 '선적(禪的) 선언' 이외의 아무것도 아니라고 느꼈다고 한다. 그는 더욱 나아가서 "다다는 불교의 아류에 지나지 않으며, 차라의 시집 『불꽃을 높이다』 등을 읽어보면, 선(禪)의 경지에 도달하고 있음을 알 수 있다. 다다의 재연(再燃)은 불교의 부활을 의미하는 것이다."라고 주장하기도 하였다. 高橋新吉, 『ダダと禪』, 宝文舘出版, 1971 참조.

14 이와 관련된 가장 대표적인 것으로 임기중과 오세영의 논의를 들 수 있다. 임기중, 「불교사상과 한국근대문학」, 『한국문학연구』 12집, 동국대학교 한국문학연구소, 1989. 12, 49-69쪽; 오세영, 「현대시론에 끼친 불교의 영향」, 『한국어문학연구』 43집, 한국어문학연구학회, 2004. 8, 7-34쪽.

15 서정주는 신라정신의 영원주의가 하나는 기층철학적인 것('영통(靈通)'이나 '혼교(魂交)'), 다른 하나는 불교철학에 기반을 두고 있다고 본다. 서정주, 「내 시정신의 현황-김종길 씨의 '우리 시의 현황과 그 문제점에 답하여'-」, 『문학춘추』, 1964. 7, 269쪽.

어렵다. 그 외 한용운의 작품을 주해한 송욱이 시와 불교의 관계에 주목하여 자세하게 설명하였지만 불교철학의 시학적 가치에 대해서 독립적인 논의를 전개하는 데에는 이르지 못하였다.[16] 그러나 한용운의 시를 일종의 증도가(證道歌)로 보고 불교적 지식을 동원하여 불교철학의 핵심과 시의 관계를 다루는 송욱의 글은 시와 불교의 관계를 이해하는 기본적인 자료라는 점에서 일정 부분 의의를 지닌다.

최근 업적 중에 주목할 만한 것은 정효구과 김옥성의 논의이다. 전통 사유에 초점을 맞추어 자신의 시론을 전개해 온 정효구의 논의 중 불교와 관련된 것으로는 불교 유식철학의 관점에서 공감의 문제를 해명한 것이 있다.[17] 그는 공감의 유형을 두 부류로 나누는데, 그 근거를 자아의 문제에 초점을 맞추어 유식철학의 제7식인 마나스식에서 비롯되는 자기중심적 유아와 심층적인 자아초월적 무아에서 찾는다. 전자는 분별과 시비로 이루어진 자아의 세계, 후자는 일심(一心)과 공심(空心)이 구현되는 초아의 세계와 관련되어 있다고 한다. 이에 따라 자아중심적 유아의 공감으로 '이해, 생각이입과 감정이입, 애호, 감격과 통쾌'를 들고 있으며, 자아초월적 무아의 공감으로 '납득, 감탄, 전율, 감동'을 들었다. 자아중심적 유아의 공감이 제7식인 마나스식에 근거한 데 반하여, 자아초월적 공감이 유식철학의 어떤 주장에 근거를 두고 있는지는 불분명하지만,[18] 이는 시 감상의 문제를 새로운 관점에서 풀어낸 경우라 할 수 있다. 김옥성은 불교적 시학을 한용운의 무아론적 시학, 조지훈의 연기론적 시학, 서정주의 윤회론적 시학으

16 송욱, 『전편해설 님의 침묵』, 일조각, 1974 참조. 이 책 후반에 실린 「시집 『님의 침묵』과 선사상」이란 논문에서 그는 불교의 핵심요소와 시의 관계에 대하여 논하고 있다.

17 정효구, 「일심 혹은 공심의 시적 기능에 관한 시론」, 『일심의 시학, 도심의 미학』, 푸른사상, 2011.

18 아마도 제8식인 아뢰야식의 하위갈래인 염오분과 청정분 중 후자, 즉 섭론종의 제9식 아말라식에 근거를 두고 있는 것 같으나 정확하지는 않다. 아뢰야식의 염오분과 청정분은 각각 섭론종의 제8 아뢰야식, 제9 아말라식에 해당하며, 화엄론에서는 진여, 아뢰야식으로 간주한다. 한자경, 『한국철학의 맥』, 이화여대출판부, 2008, 79-80쪽.

로 나눈 후, 불교의 영향을 받은 이 시인들의 사유로부터 불교적 시학의 특징을 이끌어내고 있다.[19] 불교의 사유로부터 세 가지 유형의 시학적 가능성을 읽어 낸 점이 주목할 만하다.

이런 성과에도 불구하고 불교철학에서 현대문학의 이론적 가능성을 타진하는 대부분의 논의는 여전히 시론적인 수준을 넘어서지 못하고 있다. 이는 불교철학을 전용한 새로운 시학의 탄생이 얼마나 어려운가를 암시하는 하나의 지표라 할 수 있다.

노장철학적 시학

불교철학과 마찬가지로 노장철학적 관점에서 시학적인 가능성을 탐색한 논의도 극히 드물다. 근래 생태주의와 맞물려 간혹 주목되기는 하지만 철학이나 사회과학 분야에서 주로 시도되고 있을 뿐, 현대문학에서 적극적으로 다루어진 경우는 거의 없다고 할 수 있다. 그래서 김달진, 신석정, 최승호 등의 시에 드러나는 노장철학의 흔적을 추적하는 글들이 대부분이다.

이런 상황에서 이성희, 김경복의 논의는 노장철학의 시학적 가치에 초점을 맞추고 있다는 점에서 주목할 만하다. 이성희는 노장철학 속에서 동양 예술의 근본정신과 미학적 근거를 '틈' 혹은 '구멍'이라는 개념에서 찾는다.[20] 형이상자(形而上者)를 세계의 형(形) 속에 있는 틈과 구멍으로 파악하여 그것을 노장의 '무(無)'와 대응시킨다. 그에 따르면 "틈과 구멍은 동아시아 미학의 통사론적 구조"(이성희: 82)이다. 그래서 서정성은 "생명(주체, 나)과 생명(객체, 너 그리고 또 나)이 틈과 구멍 속에 감응하여 일어

19 김옥성, 「한국 현대시의 불교적 시학 연구-한용운, 조지훈, 서정주의 시를 중심으로」, 서울대학교 박사학위논문, 2005. 8.
20 이성희, 「노장시학을 위한 시론」, 『21세기 문학의 유기론적 대안』, 새미, 2000.

나는 율동"(이성희: 98)으로 정의된다. 노장철학의 핵심 개념을 자신의 발화 방식으로 전환하여 시학적 개념에 적용한 이 논의는 현재 시론적(試論的) 성격을 벗어나지 못하고 있지만 이전 논의의 한계를 극복하고 새로운 가능성을 제시하고 있다는 점에서 주목할 만하다.

또한 근대 시학의 한계를 검토하여 그 대안을 장자의 '물화(物化)' 개념에서 찾는 김경복의 논의도 노장철학의 시학적 전용의 예가 된다.[21] 김경복은 이전의 서정성이 동일성, 즉 주체 중심의 차원에 초점이 놓여 여러 문제를 파생시키고 있다고 진단하고, 그 대안으로서 "자아와 세계가 감응하여 우주적 질서를 따르는 방식", 즉 "오늘날 탈근대적 방편으로 요청되는 생태주의 사유에 합당하는 시학"(김경복: 23)으로 『장자』「제물론」의 '물화' 개념을 제시한다. 주체와 객체의 분별이 사라진 상태를 나타내는 이 개념은 "부정적 근대성이 오늘의 우리 삶에 끼친 주체중심주의의 소외나 생태적 위기의 현상을 극복할 수 있는 미학적 인식"(김경복: 24)이 된다. 이들의 논의는 노장철학의 핵심 개념을 시학적 개념으로 전용하였다는 점에서 의의를 지니고 있다.

보편 개념적 시학

보편 개념적 시학은 특수한 철학 분야에 한정된 개념이 아니라 우리 사상사에 있어서 일종의 전제로 통용되는 전통적인 개념을 바탕으로 하는 연구, 혹은 이론을 말한다. 도(道)나 기(氣), 지(志) 같은 보편적인 용어를 핵심 개념으로 사용하는 이런 연구는 주로 『주역』이나 『중용』, 『예기』, 『시경』 등의 고대 동양 고전에 주목한다. 특정한 철학 유파에 의해 특수한 범주로

21 김경복, 「근대 시학에 대한 재검토와 탈근대 시학의 모색-동일성 개념과 물화 개념을 중심으로」, 『현대문학이론연구』 15, 현대문학이론학회, 2001.

좁혀지기 이전의 개념을 중심으로 하기 때문에 '보편 개념적'이라는 용어를 사용하였다. 이것은 한자문명권에서 통용되는 보편적인 지식과 사유를 의미하는 말로서, 동북아 문명의 공동자산으로서 일종의 '교양'을 가리킨다.

보편 개념적 시학의 대표적인 연구자로 윤재근을 들 수 있다. 그는 1970년대부터 우리 현대시를 논의하는 데 적합한 시론을 탐색하여 왔으며, 주로 동양철학적 사유에서 그 가능성을 타진해 왔다. "시론의 자생적인 형성", "우리 문화권에 맞는 시론"[22]을 목표로 하여 그는 먼저 『문예미학』(1979)이라는 저서를 냈고, 1990년에는 830여 쪽에 달하는 『시론』이라는 방대한 저서를 출간하였다. 그는 자신의 저서 『시론』을 "우리의 시문학을 위한 자생적인 한 동기"(『시론』, 서문, xvii쪽)로 보아주기를 요청한다.

『시론』의 많은 논거는 동양과 서양을 넘나들고 있지만, 그 중심을 이루는 것은 동양의 고전이다. 사서삼경, 『예기』, 『도덕경』, 『한비자』 등 중국의 고전에서부터 송나라 이후 성리학자의 저서, 『동국이상국집』, 『보한집』 등의 한국 고전들이 다양하게 동원되고 있으며, 논지를 명확하게 하기 위해 서양 논의들이 부분적으로 동원된다. 동양서의 대부분은 성리학이나 유교의 시선에 착색된 철학서가 아니라, 그로부터 자유로운 한자문화권의 공동 문화유산으로서의 동양 고전들이다. 그것의 다양성은 시론의 원천을 고찰하는 제1장에서 잘 드러난다. '시론의 원류'라는 제목 아래 제1장은 시와 악(樂), 시와 지(志), 시와 사(思), 시와 도(道), 시와 기(氣), 시와 선(禪) 등으로 구성되어 있는데, 시와 악은 『예기(禮記)』의 「악기(樂記)」, 시와 지는 『서경』, 시와 사는 『논어』, 시와 도는 노자의 『도덕경』, 시와 기는 최자의 『보한집』, 시와 선은 『벽암록』 등이 중심적인 논저로 사용된다. 물론 다양한 논저가 현란하게 인용되긴 하지만 그가 강조하는 바는 주로 후대의 해석이 가해지기 전의 동양 고전이라는 점에서는 변함이 없다.

22 윤재근, 『시론』, 둥지, 1990, XV쪽.

윤재근의 전통시학의 특성은 그의 논의가 철저하게 미적 자율성 담론 내에 위치해 있다는 데 있다. 그래서 동양 고전의 관련 구절을 가져올 때에 언제나 유교적인 시선을 걷어내는 데 주력한다. 그의 담론에서 유교적 시선은 언제나 타자로 배척된다. 그것을 가장 잘 보여주는 것이 '시와 기(氣)'를 다루는 부분이다. 이 장은 다음과 같은 구절로 끝나고 있다.

> 정이천(程伊川)은 기(氣)를 관념이 아니라 구상(具象)의 질료성(質料性)을 작용시키는 힘으로 밝혔고 또한 주자도 그렇게 밝혔다. 이러한 기의 논지는 조선조의 성리학에서도 변함이 없었다. 이제 그 기에 시대적인 이념의 윤리적 관점을 제거시킨다면 '기즉능응결조작(氣則能凝結造作)'을 미적 차원(aesthetic dimension)에서 창조성으로 해석할 수 있게 되고 최자(崔滋)의 '시문이기위주(詩文以氣爲主)'는 시론(詩論)의 한 명제로서 현대 시론의 전개에 그 바탕을 제공해 준다.[23]

기를 미적 차원의 창조성으로 해석하기 위해 그는 기의 의미장에서 성리학적 사유를 제거하고자 한다. 이것은 문학의 개념들이 윤리학의 영향에서 벗어나기를 바라기 때문이다. 여기에는 현대문학 이전 과거의 문학에서 효용론적 관점이 지나치게 영향력을 발휘한 것에 대한 거부감이 반영되어 있다. 그렇기 때문에 미적 자율성이 확보된 현대 미학의 관점을 적극적으로 옹호하며 그에 맞추어 비자율적인 요소들을 거부하는 것이다. 그의 논의에서 성리학적 사유를 적극적으로 개진한 논저들이 배제되는 것도 이와 관련이 있다. 이런 논리의 근거는 "현대시는 이제 인간을 하나의 자유존재, 즉 실존으로 보고 한 인간의 의지적인 개체성을 긍정적 가치로

23 윤재근, 앞의 책, 121쪽. 이런 관점은 현대시와 『예기』를 연계시키는 논의에서도 반복된다. 윤재근, 「『예기(禮記)』의 「악기」와 현대시의 연관고」, 『한국학논집』 13집, 한양대학교 한국학연구소, 1988 참조.

인정하며 실존으로서 창조적인 미적 행위와 미적 체험을 미적 가치로 인정한다"(윤재근: 119)는 데 있다. 문학이나 인간을 철저하게 근대 자율성 담론 내에서 이해하는 필자의 선입견이 잘 드러난다. 그러나 이런 선입견 역시 "시대적 이념의 윤리적 관점"이 투영된 것에 불과하다는 점에서 스스로 비판의 대상이 되고 만다. 미적 자율성 역시 근대의 형성과 더불어 꼴을 갖춘 우리 시대의 미적 이념일 뿐이기 때문이다.

전통사상에서 어떤 개념을 가져올 때 자신의 논지를 위해 의미의 폭을 제한하는 것은 자연스러운 일이다. 그러나 배제되는 내용이 개념의 본질과 연계되어 있을 때 의미의 제한은 일종의 왜곡이 될 가능성 높다는 점에서 경계할 필요가 있다. 시에 있어서 기(氣)에 함유된 윤리적 시선이 문제라면 성리학의 저서가 아니라 자신의 의도에 적합한 다른 고전에서 전거를 찾는 것이 타당할 것이다. 주자의 성리학적 관점에 따라 선악이분법을 기준으로 삼게 되면 기(氣)는 순선(純善)한 리(理)와 대조되어 부정적인 항에 귀속될 수밖에 없다. 오히려 기를 적극적으로 해석한 한국의 주기론자의 논의가 더 적절할지도 모른다. 관점을 바꿔보면 미적 자율성의 지나친 강조가 오히려 미의 종합적인 성격을 퇴색시켜 미를 사회로부터 고립시켜 왔다는 점을 비판하는 데 기의 존재론적 의의를 찾을 수도 있을 것이다. 윤재근의 연구가 자생적인 시론을 위하여 상당히 많은 논저를 읽고 정리한 공은 있지만 이런 근원적인 성격 때문에 편벽된 시선, 자료의 나열, 논시의 불명확성 등의 한계를 지닌다.

동양 고전에서 핵심 개념을 추출하여 현대시의 문제를 해명하려 한 또 다른 시도는 김영석에 의해 이루어졌다. 그는 도(道)를 논의의 초점으로 삼는데, 그가 사용하는 도의 개념은 주로 "유교와 도교의 사상적 연원이 되는 역(易)의 본체론"[24]에 초점을 맞춘 것이다. 즉 『주역』의 근본 원리

24 김영석, 『도의 시학』, 민음사, 1999, 63쪽.

(태극론)에 착안하여 자생 시학의 가능성을 탐구하는 것이다. 저자가 추출한 도의 시학의 근본 원리는 전일성(全一性), 전동성(全同性)이다. 전일성은 상대적 가치와 대립물들이 하나로 통합되어 있는 태극의 근원적 상태를 의미하는데, 김영석은 이로부터 현대시의 초월적 전일성에 대한 갈망을 해명한다. 전동성은 "태극이 음양 이기로 분화되어 만물 속에 내재되면서 비롯되는 역설적 동일성"(김영석: 176)을 의미하며, 수사학적으로 역설로 드러난다. 또한 음양오행을 통하여 이미지와 상상력의 문제를 다룬다.

최승호는 문장파 시인들을 분석하여 생명시학이라는 개념으로 전통시학의 핵심을 지적하였다. 생명시학은 유가들이 공유하고 있는 "인간의 생명과 우주의 생명의 조화로운 교감" 위에 성립한 시학이다.[25] 그는 이런 시학의 가치를 서정주의 서구적 개념의 생명의식과 대조하여 선명하게 드러내고 있다. 또한 그는 전통시학에 대한 관심을 지속적으로 유지하며 전통시학과 관련된 글을 모은 저서를 여러 권 내어 이에 대한 관심을 촉구하기도 하였다.[26]

그 외 근대시학 극복의 관점에서 서구에 바탕을 둔 근대시학의 문제점을 검토하고 그 대안으로 화(和)와 도(道)의 시학을 주장한 구모룡의 접근도 이런 범주에 속한다.[27] 이때 '도'는 주관 · 객관, 시인 · 우주를 융합하는 원리로, '화'는 '도'에 이르는 과정에서 발생하는 바람직한 지향점이 된다. 이처럼 보편 개념적 시학은 기존 근대성의 문제를 비판적으로 부각시키면서 자신의 관점을 창의적으로 만드는 방식을 효과적으로 사용한다.

25 최승호, 『한국 현대시와 동양적 생명사상』, 다운샘, 1995, 91쪽.

26 최승호 편, 『21세기 문학의 유기론적 대안』, 새미, 2000; 최승호 편, 『21세기 문학의 동양시학적 모색』, 새미, 2001.

27 구모룡, 「시학의 주요 개념에 대한 재고찰-근대시학 극복과 관련하여」, 『한국문학논총』 29, 2001. 12.

이기철학적 시학

이기철학은 리(理)와 기(氣)를 세계의 존재론적 근거로 보고, 리와 기의 원리를 통해 현상의 모든 문제를 설명하는 철학이다. 성리학의 다른 말로도 볼 수 있으나 성리학이 리의 우월성에 바탕을 둔 철학만을 지칭하여 주기론을 배제하는 개념적 편협성을 지니므로 이기철학이라는 용어를 사용한다.

이기철학의 관점으로 현대시 혹은 현대문학을 해명하려는 시도는 이기철학 일반론, 주리론적 관점과 주기론적 관점으로 나눠진다. 이기철학 일반론은 이기철학의 기본 전제나 명제에 초점을 맞추어 현대시에 적용하는 연구를 말한다. 앞에서 살핀 김준오의 경우가 대표적이다. 우리 문학론에서는 주리론적 관점보다 주기론적 관점이 주류를 이루고 있는데 이는 친마르크시즘적 연구 성향에 힘입은 바 크다. 1970년대의 반독재 투쟁의 중요한 축으로 마르크시즘의 실천원리가 크게 부상하게 되자 주기론에 대한 편향이 두드러지면서, 서경덕, 이이, 최한기 등의 이론이 각광을 받았던 것이다.

주기론적 성향의 대표적인 연구자로 조동일을 들 수 있다. 그는 자신의 이론을 '생극론(生剋論)'이라 부르고 있다. 생극론에 관한 그의 논의는 『한국의 철학사와 문학사』(1996)에서 처음 시작되었다. 그 책에 수록된 「생극론의 역사철학 정립을 위한 기본 구상」이 그것이다. 그는 이 방법론을 적용하여 『세계문학사의 허실』(1996), 『카타르시스 라사 신명풀이』(1997), 『하나이면서 여럿인 동아시아문학』(1999), 『세계문학사의 전개』(2002) 등의 저서를 꾸준하게 출간하였다. 조동일에 따르면 생극론은 새로운 사상이 아니라, "동아시아 철학의 오랜 전통의 한 가닥을 한국에서 특별하게 발전시킨 성과를 이어받아 오늘날 필요한 이치를 가다듬은 결과"[28]이다. 생극론은 '음양생극론'의 준말로서, 상생(相生)과 상극(相剋)

28 조동일, 「생극론: 21세기 문명 창조의 지침」, 『사상』 48, 사회과학원, 2001. 봄, 49쪽. 그는

의 공존을 주장하는 논의이다. '상생이 상극이고, 상극이 상생'이라는 명제가 생극론의 기본원칙이다. 그는 생극론의 구체적인 형태를 서경덕의 "하나는 둘을 생하지 않을 수 없고, 둘은 능히 스스로 생극하니, 생하면 극하고, 극하면 생한다(一不得不生二 二自能生剋 生則剋 剋則生)"라는 구절에서 발견한다. 그의 생극론이 주기론의 입장에 서 있음을 여기에서 짐작할 수 있는데, 그는 "서경덕에서 시작된 한국의 기일원론 또는 기철학은 동아시아 공동의 유산인 생극론을 더욱 가다듬고 한층 풍부하게 하는 특별한 기여를 하"(조동일: 51)였다고 주기론을 고평(高評)한다. 그는 박지원, 임성주, 홍대용 등의 주기론에서 생극론의 관점을 확인하고 있다. 그는 생극론을 새로운 세기의 대안으로 평가한다. 그것은 "세계사의 전환을 진단하고 미래사회를 설계하는 학문, 문학, 예술의 창조물이 가장 값진 진정한 대안"(조동일: 62)이라는 것이다. 생극론은 형식논리, 변증법이 해결하지 못한 점을 해결해주는 대안 논리가 된다.

> 변증법은 선진과 후진의 교호작용을 파악하는 점에서 형식논리보다 앞선다. 그러나 선진과 후진의 교체는 알지 못한다. 그것은 생극론이 할 수 있는 일이다. 상생이 상극이고 상극이 상생이라고 하는 것과 함께 선진이 후진이고 후진이 선진이라고 하는 것이 생극론의 또 하나 기본명제이다. 선진과 후진의 교체는 희망이 아니고, 역사의 실상에 근거를 두고 파악된 사실이다. 고대에서 중세로, 중세에서 근대로 전환할 때 후진이 선진이 되고, 선진이 후진이 되는 변화를 겪었다.(조동일: 60)

이런 생극론의 관점을 문학분야에 적용한 것이 그의 세계문학사 서술

여러 글에서 생극론에 대하여 설명하고 있는데 본고에서는 이 논문을 중심으로 내용을 요약하고자 한다. 같은 글에서 조동일은 이 글을 "가장 먼저 읽어야 할 생극론 서설"(47쪽)로 추천하고 있다.

이다. 세계문학사 서술에서 그는 서유럽의 사실주의 소설의 쇠퇴기에 문화적 변방에 불과한 러시아에서 탁월한 사실주의 소설이 나타났다는 사실이나 "지배민족의 기록문학에 구비문학으로 대응하는 소수민족, 근대화의 중심권에서 밀어닥치는 출판물의 일방적 우세에 구비문학의 가치를 다시 입증하는 창조활동으로 맞서는 제3세계 문학 작가"[29]에서 선진이 후진이고 후진이 선진임을 입증하는 생극론의 구체적인 예를 찾는다. 이것은 생극론의 일반원리를 세계문학사에 적용한 것이다.

그러나 그의 생극론은 철학적 혹은 문화사적 의의에도 불구하고 추상적이라는 점에서 문학 분야에 적용할 때 조밀하지 못하다는 인상을 준다. 이는 생극론이 문화사나 문명사의 거대한 변화를 다루는 데에는 어느 정도 적합할지 몰라도 작품의 구체적인 특성을 설명하는 데에는 근원적인 한계를 지님을 보여주는 예가 된다. 또한 문화사적 변화에 있어서 선진과 후진의 교체도 어느 서평에서 지적한 바처럼 "변증법적 사고방식의 전형이므로 딱히 생극론의 독자성을 예증한다고 보기 어렵다."[30]는 비판을 면할 수 없을 것이다. 이 지적은 문화사적 교체를 굳이 생극론의 시각으로 설명할 필연성이 부족하다는 뜻이다. 앞으로 생극론이 자생이론으로서 제 기능을 하려면 선언적인 수준에서 벗어나 구체성을 획득해야 할 것이다. 그것은 제안자의 몫일 수도 있고 후진의 몫일 수도 있다.

다음으로 이기철학 중 주리론의 입장에서 현대시의 문제를 해명한 논의로 필자의 『현대시와 전통주의의 수사학』(서울대출판부, 2004)이 있다. 이 책 제1부 3장 '이육사의 전거수사와 시간성의 수사학', 5장 '이육사의 시학과 주리론의 미학체계'는 이육사의 시적 특성을 주리론의 시각에서 해명한 논문이다. 주리론은 기(氣)보다 리(理)를 우위에 두는 철학적 입장

29 조동일, 『세계문학사의 전개』, 지식산업사, 2002, 19-20쪽.

30 설준규, 「서평; 생극론의 독자성과 탈유럽중심주의의 함정」, 『창작과비평』 117, 2002. 가을, 450쪽.

을 말하는데, 이 논문들에서는 주리론의 기본적인 입장을 '리'와 '인식 주체'의 성격을 통해 추출해 낸다.

'리'의 성격과 관련하여 '리'가 '기'보다 우위에 놓인다는 특성(理貴氣賤)을 통해 시어의 특성(정신적이고 고전적인 품위를 지닌 시어)을, 관념적이고 추상적인 '리'의 특성을 나타내는 '형이상자(形而上者)'라는 개념을 통해 이미지의 특성(물질성보다 관념성을 지니는 이미지)을, 추상적인 존재로서 작위성을 지닐 수 없는 '리'에 능동성을 부여한 가치지향적 세계인식(理自到說)을 통해 의미구조의 특성(현실극복의 의지가 강조되는 전개 방식) 등을 해명하였다. 또한 인식 주체의 특성과 관련하여 대상에 대하여 절대적인 위치에 놓이는 화자의 성격과 수사법(돈호법, 의인법)과의 관계를 해명하고, 표현상의 문제보다 저자의 의도를 중요하게 여기는 수사 방식을 해명하였다. 필자가 주리론에 주목한 것은 주리론의 미학체계가 "모더니즘의 파편화된 사물인식과 표피적 인상에의 집착, 그로 인해 나타나는 작가와 독자의 소외현상"(박현수: 263)을 극복하는 데 도움을 줄 수 있다고 판단하기 때문이다.

지금까지 현대문학 연구에 있어서 자생이론으로서의 전통시학의 개념과 현황을 검토해 보았다. 크게 기층사유적, 불교철학적, 노장철학적, 보편 개념적, 이기철학적 시학에 초점을 맞추고 그중 대표적인 성과를 중심으로 살펴보았다. 이 외에도 여러 범주가 있을 수 있으나 대부분은 이런 논의의 한 지류에 포괄될 수 있는 것이라 따로 설정하지 않았다. 그런데 여기에 반드시 하나를 덧붙인다면 근대에 들어온 기독교사상이 될 것이다.

기독교사상은 시기적으로 가까워 구체적인 검증이 많이 이루어지진 않았지만, 이미 우리 역사의 전개 속에서 전통적인 요소와 습합하기 위한 과정을 거친 것으로 평가된다. 정약용의 서학 수용으로 인한 유교적 관점의 변화가 이를 직접적으로 증명한다고 볼 수 있다.[31] 그러나 필자가 이보다 더 중요하게 평가하는 것은 일제강점기에 싹을 틔우고 해방을 전후하여 꽃을 피운 김교신, 류영모, 함석헌 등의 무교회주의이다. 내촌감삼(內村鑑三, 우치무라 간조)의 무교회주의는 비록 짧은 연혁을 지녔지만, 김교신, 유영모, 함석헌 같은 사상가를 통해 각자 다른 방식으로 받아들여져 다양한 사상의 분기(分岐)를 형성하였다.[32] 특히 함석헌의 사상은 이 중 가장 이채로울 것이다. 그러나 이 책에서는 필자의 능력 부족으로 독립적인 장을 할애하지는 못하였다. 다만 논의를 총괄하는 부분에서 이 문제를 다룸으로써 임시방편으로 비판을 피하기로 하였음을 양해해 주길 바란다.

앞에서 검토한 여러 전통시학적 시도들은 대부분 형성과정 중에 있는 것이지만 나름대로 독자성과 창조성을 지닌 실험적인 시도로서, 저자들이 야심을 가지고 다년간 고민한 결과라는 점을 염두에 두어야 한다. 자생이론을 경원시하는 우리 학문 풍토에서 이런 연구들은 고립적으로 이루어질 수밖에 없었기 때문에 여러 한계를 지닐 수밖에 없다. 따라서 이런 시도들에 보이는 미흡함 역시 우리 학문이 감당해야 할 짐이 아닐까 생각한다.

각각의 연구를 소개하면서 한계를 지적하였지만 그 한계는 사실상 필자의 이해가 부족한 점에 기인하는 것일 수 있다. 추상적, 관념적이라는 점이 자주 지적되었지만 이것은 서 구 이론에서도 마찬가지일 것이다. 데리다나 들뢰즈 등의 이론도 이런 비판을 벗어나기 힘들 것이다. 이런 한계는 어쩌면 이론의 근원적 특성이라 할 수 있다. 그러나 자생이론의 출

31 이와 관련해서는 한자경의 논의가 주목된다. 이익, 신후담, 안정복, 정약용을 통해 유교와 천주교의 갈등을 다루는 논의를 통해 천주교의 전통화를 짐작할 수 있다. 특히 유교의 흐름과 다른 지점에 위치한 정약용 사상의 외재주의를 통해 조선후기의 사상적 지형도를 새롭게 그리는 그의 논의는 주목할 만하다. 한자경, 『한국철학의 맥』(이화여대출판부, 2008) 제4부 1, 2장 참조.

32 무교회주의의 전체적인 개관은 다음 논의 참고. 강돈구, 「함석헌 종교사상의 계보」, 『종교연구』 23호, 2001.

발이 늦은 만큼 해당 개념의 치밀한 이해와 세밀한 적용에 있어서 미흡한 면이 있는 것은 분명하다. 그것은 시간을 두고 해결해 가야 할 문제라 생각한다.

지금까지 살펴본 범주 중에서 가장 적극적으로 탐구할 만한 가치가 있다고 판단되는 것은 기층사유적 시학과 불교철학적, 이기철학적 시학이다. 이것은 문학 이론에서 이들 시학의 가능성이 높이 평가되고 있기 때문만이 아니라, 이들 시학의 현실적인 적용이 가장 구체적으로 이루어질 수 있는 방법론이 적극적으로 검토되어 왔기 때문이기도 하다.

그러나 주의할 점은 각각의 전통 담론이 지니는 차별성을 강조하는 것이 이 책의 목적이 아니라는 사실이다. 개별 범주를 다룰 때에 각각의 개별 담론들이 지니는 가치, 특수성 등에 주목하겠지만, 그것이 최종적인 결론이 될 수는 없다. 기층사유적 시학, 이기철학적 시학, 불교철학적 시학이 지니는 개별적이고 특수한 가치가 중요한 것임에는 틀림없다. 그러나 특수성을 강조할 경우 각각의 시학적 방법론을 편의적으로 그리고 무주체적으로 사용하였다는 비판을 면하기 어려울 것이다. 전체를 꿰뚫는 자신의 일관성을 배제하고 각각의 범주에서 써먹을 만한 방법론을 끄집어낼 경우 모순되고 상치되는 주장들이 난립할 것이다. 각각의 주장이 여러 사람의 것이라면 별 문제가 없겠지만, 한 사람의 저서에서 벌어지는 상황이라면 심각한 것이 아닐 수 없다.

전통시학의 호명에 있어서 기본적인 인식틀을 갖추지 못한 접근은 기교나 재치에 불과할 것이며, 그 때문에 그것이 지속적인 가치를 지니기는 힘들 것이다. 다시 말해 이 책은 전통적인 담론으로부터 잡다한 아이디어를 끄집어내는 것을 목적으로 삼지 않는다. 오히려 각각의 범주들에 나타나는 개별성, 특수성의 기층에 내재한 기본적인 흐름을 발견하고 이의 가치를 시학적으로 호명하는 것을 궁극적인 목적으로 삼는다. 그러나 그것을 표면적으로 강조하면 모든 범주의 담론이 단선적인 시선으로 의도적으로 처리되었다는 느낌을 줄 것이다. 그런 인상은 이론적으로나 실제적으로 사실이 아니다. 그래서 각각의 범주적 특성에 기반을 둔 논의를 구체적으로 전개하면서 궁극적으로는 그것을 하나의 커다란 흐름으로 거두어들이는 방식을 사용하고자 한다.

제 2 장

기층사유의 원형적 가치

상상계의 원형: 동아시아 상상계의 유형

상상계와 실증적 기반

상상계(imaginary)는 상상력이 작동하는 기반이 되는 각종 요소들의 총체를 말한다. 이 말을 이해하기 위해서는 먼저 상상계와 상상력(상상)의 차이에 주목해야 한다. 상상력은 영어로 'imagination' 즉 이미지를 다루는 능력이다. 이것을 '이미지 작용'[1]으로 번역하는 것도 가능할 것이다. 이미지 작용으로서의 상상력은 이미지를 구성하는 능력이다. 간혹 구상력(構像力)으로 번역하는 것도 이 어원을 생각하면 일리 있는 일이다. 상상계는 이런 이미지 작용이 실행될 수 있는 기반으로, "상상 혹은 상상력의 활동 대상으로서, 이미지 · 허구 · 전설 · 신화 · 상징 등 상상적인 것 모두를 가리키는 개념"[2]이다. 이것을 다른 말로 하면 "작품들 속, 가시적 이미지들(그림, 데생, 사진) 혹은 언어적 이미지들(메타포, 상징, 이야기)의 밑바닥에 물질화된 생산물들 혹은 심적 생산물들의 총체"로서, "논리적인 일관성을 갖고 있고 역동적이며 상징적인 (…) 기능을 갖고 있는 총체"[3]이다. 그러나 이런 관점은 이미지의 범위나 상상력의 작동 범위를 사실이나 논리의 범위 밖에 두는 협소한 관점이라 할 수 있다. 상상이나 이미지는 논리 속에서도 엄연하게 작동하고 있는 기본적인 요소이다. 그러므로 상상계는

1 이정우, 『영혼론 입문』, 살림출판사, 2003, 73쪽.

2 Gilbert Durand, 진형준 옮김, 『상상계의 인류학적 구조들』, 문학동네, 2007, 18쪽, 옮긴이의 각주 1)번.

3 J. Wunenburger, *Imaginaire*, Paris: PUF, 2002, 6쪽, 10쪽; 김무경, 「상상력과 사회: 질베르 뒤랑의 '심층사회학'을 중심으로」, 『한국사회학』 41권 2호, 2007, 309쪽에서 재인용.

상상력의 활동 대상으로서, 상징이나 허구뿐 아니라 논문, 기사 등을 포괄하는 모든 담론의 기저에 깔려 있는 개념으로 보는 것이 적절하다.

상상계는 그 내용에 따라 다양한 분류가 가능하다. 상상계의 유형 분류는 이미지를 다루는 미학이나 신화학, 문학 등의 중요한 임무 중의 하나였다. 뒤랑은 『상상계의 인류학적 구조들』의 서론에서 그 역사를 요약하고 있다. 이에 따르면 천상과 지상의 상징으로 나누는 2분법(크라프), 물, 불, 공기, 흙의 4원소론에 기댄 4분법(바슐라르), 성직자, 전사, 생산자라는 사회적 신분에 따른 3분법(뒤메질), 목축적 상상력과 농경적 상상력의 2분법(피가니올), 자세, 삼킴, 리듬의 지배반사에 따른 분열형태적, 신비적, 종합적 구조의 3분법(뒤랑)[4] 등이 있다.

여기에서는 뒤랑의 논의를 검토하면서 상상계의 유형 분류가 지니는 의미에 대해 생각하기로 한다. 뒤랑의 논의에 주목할 필요가 있는 것은 그의 분류학이 심리적 · 논리적 차원만을 고려한 것이 아니라, 실증적인 차원도 중요하게 고려하고 있기 때문이다. 뒤랑은 이 두 가지 차원의 상호작용을 "인류학적 도정"[5]이라는 용어로 지칭하고 있다. 뒤랑이 바슐라르를 비판하는 것도 그의 4분법이 논리적 차원뿐 아니라 실증적 차원을 염두에 두지 않았기 때문이다.[6] 뒤랑에 따르면 인간이 어떤 인식을 시작할 때 거기에 필연적으로 작용하는 토대가 있는데, 그것은 생체심리학, 특히 베흐테레프의 반사학과 '지배 몸짓' 개념이다. 베흐테레프의 '지배 몸짓'이란 개체 발생에서 최초의 조절 체계를 형성하는 가장 기본적인 반사작용의 지배적인 몸짓을 의

4 뒤랑은 이것을 다시 낮의 체제와 밤의 체제로 나누고 있어, 결과적으로 그의 분류법은 3분법과 2분법의 혼합이라 할 수 있다.

5 인류학적 도정(trajet anthropologique)이란 "상상계의 차원에서 주관적 · 동화적 충동들과 우주적 · 사회적 환경에서 비롯되는 객관적 요청들 사이에 존재하는 끊임없는 교류과정"을 의미한다. Gilbert Durand, 앞의 책, 48쪽.

6 송태현은 뒤랑의 바슐라르 비판을 '사원소론의 불충분성', '사원소론의 자민족중심주의', '사원소론의 비적합성'으로 정리하고 있다. 송태현, 「뒤랑의 바슐라르 비판」, 『불어불문학연구』 55권 1호, 2003 참조.

미한다. 상상계의 분류를 제어하는 근원적인 계기를, 인간이라면 누구나 지니고 있는 불가피한 기본적인 조건에서 찾는 것이다. 그런 조건이 곧 생리학적이면서 심리학적인 결과들을 발생시키기 때문이다. 이런 접근을 합리화하는 말이 바로 "몸 전체가 이미지의 구성에 참여한다"[7]는 언급일 것이다.

뒤랑이 드는 지배소는 세 가지인데, 첫 번째가 '자세' 지배소이다. 이것은 신생아들이 걸음을 배우기 위해 일어서는 동작을 본능적으로 시도하는 직립 반사를 말하는 것으로, 이를 통해 아이들은 수직 상태를 특권적으로 지각하게 된다. 두 번째 지배소는 '섭취' 지배소로서 신생아들이 입술로 빨아들이는 반사와 젖이 있는 방향으로 고개를 돌리려는 반사로 나타난다. 지금까지는 베흐테레프의 이론에 기댄 것인데, 뒤랑은 여기에 '교접' 지배소를 하나 더 덧붙인다. 이것은 주기적이며 내적으로 동기부여된 지배소로서 성적 본능으로부터 나오는 모든 요소를 가리킨다. 뒤랑은 이런 것들을 "자세 · 삼킴 · 리듬의 세 지배 반사"(Durand: 65)라 요약하며 주요 상징은 이런 생체적 층위를 바탕으로 함을 강조한다. 뒤랑은 최종적으로 이 세 가지 유형의 특성을 '분열 형태적 구조', '신비적 구조', '종합적 구조'라 명명하고 있다. 이런 발상의 전체적인 양상을 뒤랑은 스스로 표로 만들어 제시하고 있는데, 그중 동사적 표상(구분하다/ 뒤섞다/ 연결하다)이 각 유형의 특성을 개념적으로 잘 요약해 준다고 할 수 있다. 이 세 가지 유형에 다시 낮과 밤의 2분법을 적용하여 자세 지배소와 관련된 것을 '낮의 체제'로, 나머지를 '밤의 체제'로 분류한다.[8]

뒤랑의 상상계 유형 분류는 표층적인 상태의 이미지만을 고려하는 것

7 Gilbert Durand, 앞의 책, 64쪽. 피에롱의 『심리학 신론』에 나오는 말이다.

8 필자는 뒤랑이 실증적 차원에서 공을 들인 세 유형을 낮과 밤의 상투적인 2분법에 귀속시킨 것은 논의의 신선함을 감소시키는 역할을 한다는 점에서 아쉬운 부분이라 생각한다. 역자 후기에 따르면 뒤랑은 1992년 11판 서문에서 밤의 체제와 낮의 체제라는 2분법을 폐기하고 싶다는 의사를 밝힌 바 있다고 한다. 그 이유는 아마도 밤의 체계와 낮의 체계라는 2분법의 상투성과 관련이 있을 것이다. Gilbert Durand, 위의 책, 705쪽.

이 아니라 그것이 기반하고 있는 생체심리학적, 사회 · 문화적 차원까지 고려하고 있다는 점에서 우리에게 시사하는 바가 많다. 이미지라는 것도 결국은 인간의 생리적 토대뿐만 아니라 사회적이고도 문화적인 토대를 기반으로 하고 있어, 이미지 자체를 고립시켜 다루는 것은 바람직하지 않기 때문이다.

뒤랑의 이런 인식은 미술사를 다룰 때 미술의 유형적 특성과 함께 지역적 구도도 함께 고려하는 방식으로 나타나기도 한다. 그는 미술의 유형을 세 가지, 즉 제욱시스(종합적 구조), 피그말리온(신비적 구조), 나르키소스(분열 형태 구조)의 거울로 나눈다.[9] 제욱시스의 거울은 사실주의 예술이며, 지역적으로 프랑스와 네덜란드를 중심으로 발전한 예술을 가리킨다. 피그말리온의 거울은 사실주의에 대립되는 표현주의 예술로서, 게르만 국가들과 북유럽의 예술들을 포함한다. 마지막으로 나르키소스의 거울은 장식주의 예술로서, 주로 이탈리아를 중심으로 나타난다.

뒤랑의 이런 시각은 동아시아의 문화사적 실증성을 바탕으로 상상계의 유형을 구성할 가능성을 제시해 준다. 이런 관점을 적극적으로 수용하여 여기에서는 상상계와 관련된 여러 문제들이 처음 생성하기 시작하는 고대 동아시아의 상황을 상상계의 시각에서 접근하여 상상계의 유형을 새롭게 제시하고, 이를 통해 동아시아 전반의 기층사유의 특질, 특히 우리 전통 사유와 연계된 상상계의 특질을 검토하고자 한다.

세 범주의 상상계와 관련 양상

동아시아의 기층사유는 고대에 그 원형이 정해진 것이므로, 상상계의

9 이하는 박기현의 논문을 바탕으로 한 것이다. 박기현, 「상상계의 구조로 본 예술: 질베르 뒤랑의 문화 현상에 대한 구조적 접근 I」, 『불어불문학연구』 58집, 한국불어불문학회, 2004.

설정도 그 당시의 문화사적 감각에 바탕을 두어야 한다. 여기에서는 이 문제를 화하적(華夏的) 상상계, 묘만적(苗蠻的) 상상계, 동이적(東夷的) 상상계라는 개념으로 풀어 가고자 한다.[10] 이를 위해서는 상상계의 지형도가 그려질 필요가 있는데, 그것은 고대 동북아의 문화사적 구도와 관련이 있다. 고대는 국가 개념이 미미한 때이므로 국가주의적 시선이 아니라 상상계와 같은 문화적 범주로 접근하는 것이 유용할 뿐만 아니라 사실에도 부합한다고 할 수 있다. 따라서 필자는 민족이나 문화의 기원을 따지는 여러 논의들이 현재의 국가 개념에 입각하여 자민족중심주의적으로 해석하는 방식을 경계하며, 문화사적 차원에서 질료들에 주목하고자 한다.[11]

여러 연구를 종합하면, 지금 중국으로 불리는 고대 동아시아의 원형적 인적 구성은 3대 종족집단의 거주구역 및 문화적 특징에 따라 서방의 화하계(華夏系), 동방의 동이계(東夷系), 남방의 묘만계(苗蠻系)로 나누는 것이 정설이다.[12] 최초로 한족(漢族)의 단일성을 부정한 몽문통(蒙文通)은 황하 상류의 하락민족(河洛民族), 양자강 유역의 강한민족(江漢民族), 동해안의 해대민족(海岱民族)으로 중국민의 구성원을 분류하고 있다.[13] 하락민족은 황제(皇帝), 전욱(顓頊), 요, 순, 우(禹)를, 강한민족은 공공(共工), 혹은 구려(九黎), 삼묘(三苗), 신농(神農), 염제(炎帝), 치우(蚩尤)를, 해대민족은 수인(遂人), 복희(伏羲), 여왜(女媧), 소호(少昊) 등을 시조나 조상신

10 혹자는 동이(東夷)의 개념에 폄하적인 의미가 있음을 강조하지만, 원래 이(夷)의 원형은 인(人)이다. 인이 본래 글자이고 이가 나중에 생긴 것이라는 게 중국 학계의 정설이다. 이족(彝族)의 족칭 변경에 대해 "彝族의 전통문헌에서는 항상 '夷'를 族의 명칭으로 삼았다. 신중국 성립 이후 '夷'에 차별적인 뜻이 있다고 잘못 생각하여 '彝'라고 고치게 되었"다는 논의가 참고될 만하다. 馮時, 전숙희 옮김, 「중국 문자의 기원에 대한 시론」, 『한국고대사탐구』 1집, 2009, 178쪽.

11 최근 이런 시도의 하나로 명도전의 연구에 있어서 국가 개념에 괄호를 치고 접근하는 논의가 주목할 만하다. 이 글은 유물의 문제를 국가의 강역과 연결하려는 유혹을 경계하고 있다. 박선미, 「동북아시아의 交流史 復原을 위한 明刀錢의 초보적 探討」, 『동북아 문화연구』 18집, 2009 참조.

12 이는 蒙文通, 傅斯年, 徐旭生 등 대표적 상고학자들의 일치된 견해라고 한다. 정재서, 『동양적인 것의 슬픔』, 살림, 1996, 125쪽 참조.

13 蒙文通, 『古史甄徵』; 김성호, 『씨성으로 본 한일민족의 기원』, 푸른숲, 2000, 121-122쪽.

으로 받든다. 이보다 더 세련된 분류는 서욱생(徐旭生)에 의해 이루어지는데, 그는 화하집단, 동이집단, 묘만집단으로 그 원형을 나눈다. 그에 따르면 화하집단은 염제와 황제를 시조로 하여 협서성의 황토벌판에서 발상하였으며, 동이집단은 태호, 소호, 치우 등을 시조로 하여 산동북부, 하남동부, 동해안에 해당하는 지역에서 발상하였으며, 묘만집단은 삼묘(三苗), 환두(驩兜)를 시조로 하여 호북, 호남 지역을 중심으로 일어났다.[14] 그의 이런 관점은 이후 중국 정부의 정책에 반영된다.[15] 역사학계의 이와 같은 관점은 중국의 정체성을 위한 논거로 작용하지만, 진한(秦漢) 이전의 고대 동아시아에 국가 개념이 미약했다는 사실을 염두에 둔다면 이는 근원적으로 일국의 범위를 벗어나는 범주라 할 수 있다. 다만 이런 시선이 문화나 미학 쪽에서는 수용되지 않고 있다는 점이 다소 특이하다고 할 수 있다.[16]

자민족중심주의를 경계하면서 이런 관점의 타당성에 동의한다면 동아시아의 기층사유는 화하적 상상계, 묘만적 상상계, 동이적 상상계로 나눌 수 있다. 화하적 상상계와 동이적 상상계의 구분에는 큰 문제가 없다. 3분법을 인정하지 않는 부사년(傅斯年) 같은 학자는 아예 화하계와 동이계로 그 원형을 나누고 있다. 그는 「이하동서설(夷夏東西說)」에서 상(商)의 현조(玄鳥) 난생신화와 고구려 주몽신화, 만주 건국신화 등의 비교를 통하여 이들 문화의 공통성을 강조하여, 하(夏)와 주(周)의 화하계와 대립시키고 있다.[17] 즉 고대 중국의 종족을 이(夷)와 하(夏)의 동서 대립으로 간략하게 도식화하며, 묘만계를 따로 독립적인 요소로 보지 않은 것이다. 그는 동이

14 徐旭生, 「我國古代部族三集團考」, 杜正勝 編, 『中國上古史論文選集1』, 臺北: 華世出版社, 1979 참조.

15 이 사관은 해방 후 중국 공산정권의 소수민족정책과 어울려 1981년에 개최된 '중국 민족 관계자 좌담회'에서 서방의 화하족(황제, 염제, 요, 순, 우), 동방의 동이족(예, 태호, 소호, 치우), 남방의 묘족(복희, 여왜, 반고) 등으로 수렴된다. 김성호, 앞의 책, 122쪽.

16 이택후 같은 학자는 북방, 남방의 문화만 중국미학사의 범위 안에 둠으로써 동이계의 문화요소는 고려하지 않고 있다. 李澤厚, 윤수영 옮김, 『미의 역정』, 동문선, 1991, 200-213쪽 참조.

17 傅斯年, 정재서 옮김, 『이하동서설(夷夏東西說)』, 우리역사연구재단, 2011, 55-101쪽.

계를 은, 조선 등을 포괄하는 개념으로 보고, 은이 중국의 동북지방, 즉 발해 인근에 기원을 두고 있음을 강조하고 있다.[18] 동이계를 중국 산동반도의 은과 여러 이족(夷族)들 및 요동반도의 고조선까지 포괄하는 범주로 설정하는 이런 주장이 다른 논자들에 의해 반복되고 있다는 점에서 일단 그 범주 자체는 사실로 인정될 수 있다. 이런 접근에서 주의할 것은 앞에서 여러 번 강조한 것처럼 자민족중심주의의 폐해일 것이다.[19]

그런데 묘만계는 그 성격이 불명확하다. 그래서 묘만계의 중심지역인 초(楚)나라 민족의 기원에 대한 이론이 분분한 것이다. 초 민족의 기원에 대해서는 동래설, 서래설, 북래설, 남방토착설 등 가능한 모든 논의가 중국 학계에 제기되어 왔다.[20] 이런 혼돈의 중심에 초 민족의 조상신으로 신성시되는 축융(祝融)의 정체성 혼란이 놓여 있다. 즉 이 혼란의 근본 원인은 "이 집단의 대표적 인물인 축융 혹은 축융씨족이 전욱에서 비롯된다고 하지만, 전욱이 오히려 이 집단에 속하지 않기 때문"(徐旭生: 350)이다. 굴원의 『초사』나 『사기』에서 초 민족의 조상을 황제의 손자인 전욱(顓頊), 고양(高陽)의 후손이라 하여 황제, 즉 화하계의 후손으로 기록하였다. 그런데 이 전욱을 동이계로 보는 관점도 있다.[21] 이런 상반된 관점은 묘만계

18 한국 학자의 경우 산동동이와 동북동이의 연계를 인정하는 이(김상기, 김정학)와 진한 이전의 동이와 그 이후의 동이를 구분하여 연계를 부정하는 이(이성규, 기수연)로 나뉜다. 조법종, 『고조선 고구려사 연구』, 신서원, 2006, 55-59쪽 참조.

19 부사년은 『서경』에서 은의 기자가 조선으로 돌아간 사실을 기록한 '종선왕거(從先王居)'의 해석에 있어서 은나라의 기원을 동북지역으로 보아 기자의 조선행이 본향으로 돌아간 것으로 해석할 수도 있는데 "그저 요수의 바깥으로 물러나 명맥을 유지한 것"(傅斯年: 89)으로 읽고 있다. 이것은 동이계의 중심을 은나라로 상정하고 있다는 뜻으로, 그 역시 자민족중심주의로부터 자유로울 수 없다. 이 책의 부록에 실린 당가홍(唐嘉弘)의 논문도 동이족의 중심을 산동반도로 잡고 이로부터 요동반도로 이족(부여, 서국과 회이, 은상, 고구려 숙신 등)의 이동이 이루어졌음을 강조한다는 점에서 큰 차이는 없다. 이런 자민족중심주의의 대척점에 신채호의 단군 부여족의 산동 식민지설(「조선상고문화사」)이 있다. 단재신채호전집편찬위원회, 『단재 신채호 전집 제3권』, 독립기념관 한국독립운동연구소, 2007, 398-405쪽 참조.

20 자세한 것은 선정규, 「초(楚)문화의 동이(東夷)문화 특성과 한(韓)민족과의 관계」, 『중국학논총』 26집, 2009, 65쪽 참조.

21 섭림생(葉林生)은 여섯 가지 이유로 전욱을 동이계로 추정한다. 葉林生, 『古帝傳說與華夏

의 독자성을 과소평가하는 결과로 이어진다. 그래서 이 두 가지 내원을 부정하고 "초인들의 시조는 전욱도 아니고, 역시 고양도 아니다. 오로지 축융만이 초인들의 조상"[22]이라는 주장이 등장하기도 하는 것이다. 또한 중국을 북방계와 남방계로 나누고자 하는 시도는 묘만계의 독자성에 주목한 것으로 보인다.[23] 그러나 이런 관점들은 결과적으로 동이계와 묘만계가 화하계에 대응되는 대체물에 불과하다는 인상을 준다. 이를 통해 확인되는 것은 오히려 동이계와 묘만계의 유사성이다.[24] 그러나 유사성 역시도 명확하게 잡히지 않는다는 점에서 이 두 범주는 여전히 독립적이다. 『한서』〈지리지〉에 따르면 "초 지역은 무사(巫師)와 귀신을 숭배하고 과도한 제사를 올린다"[25]고 하여 무속신앙과 미신이 강렬하게 지배하는 사회상황을 지적하고 있는데, 같은 『한서』에 동이계 조선 관련 서술에서는 이와 같은 구절은 보이지 않고 오히려 '범금팔조(犯禁八條)'와 같은 사회적 질서를 언급한 것을 보면 그 차이는 분명하게 존재한다고 할 수 있다. 『산해경』에서 동이계 관련 서술이 군자국(君子國)과 같이 우호적으로 나타나 있는 것도 이와 관련된다.

이런 범주를 상상계의 관점에서 추적할 수 있다. 정재서는 『산해경(山海經)』과 고구려벽화를 중심으로 신화적 상상계의 계열을 치밀하게 추적하는 논의에서 '동이계 신화권'을 설정하고 그것의 특징을 다음과 같이 정리하고 있다.

文明』; 선정규, 위의 글, 66-67쪽 참조.

22 張正明, 『楚史』; 선정규, 위의 글, 67쪽에서 재인용.

23 북방을 대표하는 유가사상과 남방을 대표하는 도가사상이라는 식의 관점이다. 李澤厚, 앞의 책, 200쪽.

24 선정규는 (1) 조상신의 태양신 신격의 공통성, (2) 봉황 토템신앙의 공통성, (3) 무속신앙의 공통성을 들어 초 문화와 동이계 한(韓)민족의 문화적 관련성을 주장한다. "중국대륙의 신화 및 문화계통은 크게 화하계와 동이계로 대별"하는 정재서도 이런 관점에 서 있다. 정재서, 앞의 책, 126쪽.

25 "(楚地) 信巫鬼, 重淫祀", 『한서 · 지리지』; 선정규, 앞의 글, 74쪽에서 재인용.

> 일반적으로 동이계는 조류숭배 및 태양숭배와 샤머니즘 등의 원시 신앙의 바탕 위에 산동을 중심으로 동·남부 해안 및 북부 발해만 연안 일대를 포괄하는 지역을 신화의 구역으로 삼고 있다. 고구려의 주몽(朱蒙) 신화, 은의 간적(簡狄) 신화, 서언왕(徐偃王) 신화 등은 상술한 신화적 특징들을 공유하는 동이계 신화군의 대표적 사례로 흔히 거론된다. 여기에서 우리는 오늘날의 정치적, 문화적 통합체로서의 중국이라는 개념 이전에 발해만·산동·동남해안 일대에 형성된 별개의 신화구역 즉 동이계 신화권의 존재를 상정할 수 있고 이에 속해 있는 고구려 신화가 앞서의 중원 신화와는 다른 계통임을 알 수 있다.(정재서: 126)

여기에서 말하는 '동이계 신화권'은 '동이적 상상계'로, '중원 신화구역'은 '화하적 상상계'로 바꿔놓을 수 있다. 화하적 상상계는 비교적 초기에 형성된 자기동일성을 추구하는 유가적 인간중심주의 때문에 신화적 풍부함을 상실하게 되었다. 동주(東周)의 사가(史家)들이 공자가 비판한 괴력난신(怪力亂神)을 피해 의도적으로 신화를 합리적으로 해석했는데, 그것은 전국 시대에 발달한 인문주의로 인한 필연적 추세였다고 한 장광직(張光直)의 평가는 이와 관련된다.[26] 이는 중국 미학을 유교 인문주의를 중심으로 한 '화하미학(華夏美學)'으로 부르고, 도가를 유가에 종속·동화된 사상으로 기술하는 이택후의 관점에서도 확인된다.[27] 앞서 동이계와 묘만계의 문화적 특성에 대한 미구분도 이런 화하계 중심의 문화사관에 기인한 것이라 할 수 있다. 비-화하계적 상상계(묘만·동이적 상상계)는 이후 화하계적 상상계에 편입되는 것으로 기술되거나, 비주류 잠복문화로 기술된다.

26 張光直, 「商周神話之分類」; 위앤커, 전인초·김선자 옮김, 『중국신화전설1』(민음사, 1999)의 「작품 해설」, 532쪽.
27 李澤厚, 권호 옮김, 『화하미학』, 동문선, 1990, 146쪽.

이들 세 범주의 상상계는 각각 독립적인 특성을 지닌다. 화하적 상상계는 주나라의 인문정신에 기반한 합리성과 코스모스, 논리성, 현실주의 등을 그 특징으로 지니며, 묘만적 상상계는 비합리성, 카오스, 초논리성, 신비주의 등을,[28] 동이적 상상계는 이 둘의 사유를 종합한 카오스모스, 논리적 초논리성, 초월적 현실주의 등을 그 특징으로 한다. 뒤랑의 관점에서 그 특성을 살펴보자면, 정확하게 일치하는 것은 아니지만 대체적으로 화하적 상상계는 분열형태적, 묘만적 상상계는 신비적, 동이적 상상계는 종합적인 특성을 지닌다고 할 수 있다.

화하적 상상계를 제외한 두 상상계(비-화하적 상상계 혹은 묘만·동이적 상상계)는 비합리성, 카오스를 포함한다는 점에서 지금까지 하나의 상상계로 묶여 왔다. 이는 뒤랑이 세 가지 상상계를 밤과 낮이라는 두 체제로 묶는 것과 유사해 보인다. 묘만계와 동이계를 하나로 보는 정재서는 이 두 상상계의 특성을 "귀신을 우선하고 예를 뒤로 하는(先鬼而後禮)" 샤만 문화로 보고, 화하적 상상계의 특성은 주 왕조의 건립과 더불어 확립된 "예를 존중하고 실천을 숭상하는(尊禮尙施)" 인문정신으로 보고 있다.(정재서: 54-55) 뒤랑의 관점에서 볼 때 화하적 상상계와 묘만·동이적 상상계는 그의 상상계 분류 체계, 즉 '낮의 체제'와 '밤의 체제'에 상응한다. 그에 따르면 '낮의 체제'는 "유심론적 합리주의로 평가할 수 있을 철학적 표현 및 추론의 체제"(Durand: 264)에 대응되고, '밤의 체제'는 합리주의의 형해로부터 벗어나 양면성, 양가성의 가치를 옹호하는 사유에 대응되기 때문이다. 이 두 체제의 대립은 다른 표현으로 하자면, "결정적이고 남성적인 수직성"과 "어둡고 시간적인 여성성"(Durand: 264)의 대립이다. 이는 우리가 알고 있는 화하적 상상계와 묘만·동이적 상상계의 특성과 유사하다.

28 이는 『초사(楚辭)』에 대한 평가에서 확인할 수 있다. 이택후는 괴력난신의 전통이 굴원을 대표로 삼는 남방문화 가운데에 생생하게 보존되어 있다고 본다. 李澤厚, 앞의 책, 201쪽.

동이적 상상계의 본질, '너머-여기'

앞에서 다양한 측면에서 상상계의 특성을 정리하였다. 그러나 아직 본질적인 차이를 다루지 않았다. 본질적인 차이는 각각의 사유가 바탕하고 있는 세계관의 차이에서 확인할 수 있으며, 그것은 구체적인 담론 자료를 통해 분석 가능하다. 예를 들어 화하적 상상계는 유교 사상의 대표적인 사유가 담긴 『논어』, 묘만적 상상계는 『초사』, 동이적 상상계는 『산해경』이나 그와 관련된 주몽신화나 단군신화 등이 될 수 있다. 이 중 『산해경』의 위치가 애매할 수 있으나,[29] 여러 특성을 고려할 때 이 책은 동이적 상상계에 속하는 것으로 보는 것이 타당하다. 여기에서는 동이적 상상계의 세계관을 파악하기 위해 단군신화를 중심으로 이 문제를 풀어가기로 한다. 단군신화에는 동이적 상상계의 사유가 가장 원형적으로, 그리고 명료하게 제시되어 있을 뿐만 아니라, 동이계 고서인 『산해경』과의 관련성도 나타나고 있기 때문이다.[30] 먼저 『삼국유사』에 실린 단군신화를 살펴보자.

> 『위서』에 이르길, 이천 년 전에 단군왕검(壇君王儉)이 있어 아사달(阿斯達)에 도읍을 세워 나라를 열었으니, 이름을 조선(朝鮮)이라 하였으며 요(堯)와 같은 시기였다.

29 이택후는 몽문통(蒙文通)과 고힐강(顧頡剛)의 견해에 의거하여 『산해경』을 남방지역 작품으로 보고 있다. 李澤厚, 『미의 역정』, 200쪽. 이에 반하여 정재서는 손작운(孫作雲), 부사년의 견해에 기대어 동이계 고서로 보고 있다. 정재서, 앞의 책, 128-129쪽. 필자는 정재서의 견해를 따른다.

30 김인희는 『산해경』과 단군신화의 연계를 다음과 서술하고 있다. "『산해경』, 「대황북경」에 치우가 풍백, 우사 부락과 연맹하였다는 내용이 나오는데 이는 단군신화의 풍백, 우사와도 관련을 갖는다. 중국의 다른 신화에서는 풍백과 우사가 등장하지 않는 것으로 보아 풍백과 우사는 치우 집단과 연맹한 집단임을 알 수 있으며 단군신화에 풍백과 우사가 등장하는 것은 치우와 단군 집단도 정치적으로 연맹한 집단이거나 혈연적 관계가 있는 집단임을 말한다." 김인희, 「한 · 중 거인신화 비교 연구 I: 거인신화의 생성 배경을 중심으로」, 『한국민속학』 32권 1호, 2000, 85쪽.

『고기(古記)』에 이르길, 옛날에 환국(桓国)이 있어 서자 환웅(桓雄)이 자주 하늘 아래에 뜻을 두어 인간세상을 욕심을 내어 구하였다. 아버지가 아들의 뜻을 알고, 삼위태백(三危太伯)을 내려다보니 가히 홍익인간(弘益人間)할 만하였다. 이에 천부인(天符印) 세 개를 주어 내려가 그곳을 다스리게 하였다.

웅(雄)이 무리 삼천(三千)을 거느리고 태백산(太伯山) 꼭대기 신단수(神壇樹) 아래로 내려오니, 이를 신시(神市)라 하고, 그를 환웅천왕이라 하였다. 풍백(風伯), 우사(雨師), 운사(雲師)를 거느리고 곡식, 생명(命), 질병, 형벌, 선악을 주관하고, 무릇 인간 360여 가지 일을 주관하며 재세이화(在世理化)하였다.

이때, 곰 한 마리와 범 한 마리가 있어 같은 동굴에 살며 늘 신웅(神雄)에게 사람이 되게 해달라고 빌었다. 이때 신(神)이 신령한 쑥 한 다발과 마늘 스무 개를 주며, "너희들이 이것을 먹고 햇빛을 백 일 동안 보지 않으면 문득 사람의 모습을 얻으리라." 하였다. 곰과 호랑이는 이것을 얻어서 먹으며 삼칠일(三七日)을 꺼리니, 곰은 여자의 몸을 얻고 호랑이는 꺼리지 못하여 사람의 몸을 얻지 못하였다. 웅녀(熊女)는 더불어 결혼할 사람이 없어 매일 신단수 아래에서 아이를 갖게 해달라고 빌었다. 웅(雄)이 이에 임시로 변하여 혼인한 뒤 아들을 낳으니, 그 이름을 단군왕검(壇君王儉)이라 하였다.

요(堯)가 즉위한 지 50년인 경인년에 평양성(平壤城)에 도읍을 정하여 처음으로 조선(朝鮮)이라 이름하였다. 다시 도읍을 백악산(白岳山) 아사달로 옮기니, 이곳을 궁홀산(弓忽山) 혹은 금미달(今彌達)이라 하였는데, 이곳에서 1500년 동안 나라를 다스렸다. 주(周)나라 무왕이 즉위하여 기묘년에 기자(箕子)를 조선에 봉하자, 단군은 장당경(藏唐京)으로 도읍을 옮기고, 나중에 아사달로 돌아와 숨어 산신이 되었으니, 그 수(壽)가 1908세였다.[31]

지금까지는 단군신화 분석에 있어서 서술 내용에 초점을 맞춘 경우가 많았다. 그러다 보니 신화적 요소를 역사화, 실증화하려는 경향으로 기울어져 신화를 통해 전달하고자 하는 의도, 즉 전언 자체에 주목하지 못한 경우가 많았다. 여기에서는 전언에 초점을 맞추어, 거기에 담긴 지배적 요소를 분석하여 그 의미를 파악하고자 한다. 전언에 들어 있는 의미적 지배소는 반복과 변주를 통해 나타난다. 결론적으로 말하자면 단군신화의 의미 지배소는 '너머-여기' 즉 '천상의 지상화', '신성의 내재화'이다.

이런 지배소는 환인,[32] 환웅, 단군, 웅녀 등의 등장인물들의 성격을 통해 반복적으로 나타난다. 환인은 천상의 존재로 인간세계를 내려다보며 그곳을 홍익인간(弘益人間), 즉 널리 세상을 이롭게 할 만한 곳이라는 생각을 가지고 있다. 이것은 "지상 존재를 지배한다는 야심이 아닌, 홍익의 의지"[33]를 나타낸 것으로, 즉 지상을 지배의 대상이 아니라 보완의 대상으로 본다는 것이다. 신성이란 지상의 예속을 위해 있는 것이 아니라 세계의 이로움,

31 "魏書云, 乃往二千載有壇君王儉. 立都阿斯達(經云 無葉山. 亦云 白岳在白州地. 或云 在開城東. 今白岳宮是) 開國 號朝鮮 與高同時. 古記云, 昔有桓国(謂帝釋也) 庶子桓雄 數意天下 貪求人世. 父知子意 下視三危太伯 可以弘益人間. 乃授天符印三箇 遣往理之. 雄率徒三千 降於太伯山頂(卽太伯今妙香山)神壇樹下 謂之神市 是謂桓雄天王也. 將風伯雨師雲師 而主穀主命主病主刑主善惡 凡主人間三百六十餘事 在世理化. 時有一熊一虎 同穴而居 常祈于神雄 願化爲人. 時神遺靈艾一炷 蒜二十枚, 曰 爾輩食之 不見日光百日 便得人形. 熊虎得而食之 忌三七日. 熊得女身 虎不能忌 而不得人身. 熊女者無與爲婚 故每於壇樹下 呪願有孕. 雄乃假化而婚之 孕生子 號曰 壇君王儉. 以唐高卽位五十年庚寅(唐堯卽位元年戊辰 則五十年丁巳 非庚寅也. 疑其未實) 都平壤城(今西京) 始稱朝鮮. 又移都於白岳山阿斯達 又名弓(一作方)忽山 又今彌達. 御國一千五百年. 周虎王卽位己卯封箕子於朝鮮 壇君乃移於藏唐京 後還隱於阿斯達 爲山神 壽一千九百八歲." 일연 지음, 이동환 교감, 이병도 감수, 『교감 삼국유사』, 민족문화추진회, 1982, 32-33쪽. 이 책에서는 이승휴의 「제왕운기」와 「세종실록지리지」와 달리 단군(檀君)을 단군(壇君)으로 표기하고 있다. 환인(桓因), 환국(桓国) 문제는 초간본으로 확인되는 파른본(손보기 소장본)의 출현으로 환국이 표기상 옳은 것으로 보인다.

32 환국(桓国)으로 읽을 경우 환웅을 지상으로 내려 보낸 주체가 없어진다는 문제가 생긴다. 여기서는 그 주체를 기존의 환인(桓因)으로 명명한다. 아마도 원본은 "옛날 환국에 환인이 있었는데(昔有桓国桓因)"의 구절에 탈자가 생긴 것이 아닌가 한다. 원주에 '제석을 가리킨다'고 했을 때, 제석은 환국이 아니라 환인에 대한 설명이 분명하기 때문이다.

33 이남영, 「사상사에서 본 단군신화」, 민병도 외, 『한국사상』, 우석출판사, 2004, 123쪽. 이는 단군의 관점에서 본 것이지만 환인의 관점에서도 동일하다.

즉 지상의 상승을 위해 존재한다는 의미도 여기에 내포되어 있다. 이런 생각에 따라 환인은 천부인 세 개를 주어 환웅을 지상으로 보내 다스리게 한다. 천부인의 구체적인 내용은 알 수 없으나 지상으로 가는 자에게 주는 하늘의 징표라는 상징적 의미를 지닌 것만은 틀림없다. 환웅이 지상으로 내려간 후 천상과의 관계가 끝이 나는 것이 아니라 지상과 천상의 연계가 지속됨을 보여주는 징표이다. 이런 점에서 환인은 천상과 지상의 연계를 신뢰하는 인물로 보이며, 이것은 '천상의 지상화'의 초기 단계라 할 수 있다.

이런 특성은 환웅에 와서 더욱 발전된 형식으로 표명된다. 환웅은 환인보다 인간 세상에 대한 관심을 더 적극적으로 드러내고 있는 문제적 인물이다. 사실상 단군신화의 중심내용은 환웅 관련 이야기가 절반을 차지한다. 그래서 단군신화가 아니라 '환웅본풀이'라 불러야 한다는 주장도 생기는 것이다.[34] 환웅은 지상으로 내려와 신시(神市)를 세우고 세상을 다스리는데, 이를 '재세이화(在世理化)'라고 특별하게 지칭하고 있다. 사실 문맥으로 볼 때 이 구절이 없어도 내용 전개에 무리가 없다. 그럼에도 이것을 표현한 것은 이것이 전언의 지배소이기 때문일 것이다. '세상에 있으면서 다스리고 교화하였다'는 '재세이화'에서, '세상에 있음'은 신적 존재가 지상을 떠나서 존재하지 않음을 강조한 표현이다. 이는 즉 '천상의 지상화', '신성의 내재화'의 더 진전된 표명이다.

이런 지배소는 단군에 이르러 완성된 형태로 나타난다. 단군은 천상과 지상의 합일을 한 몸에 구현하고 있는 인물로, 부계와 모계의 상징을 하나로 묶어 내는 존재이다. 즉, 환인, 환웅으로 이어지는 천상계와 웅녀로 나타나는 지상계를 단군이 하나로 통합시킴으로써 의미 지배소는 여기에서 완결된다고 할 수 있다. 단군을 "천상의 신적 생명과 지상생명의 융합된

34 임재해, 「단군신화로 본 고조선 문화의 기원 재인식」, 『고조선단군학』 19집, 단군학회, 2008, 312쪽.

결정체"(이남영: 123)로 보는 것이나 단군신화의 세계관을 "전일적(全一的) 세계관"[35]으로 보는 것도 이런 관점과 관련된다.

이런 의미에서 이 신화는 '환웅신화' 혹은 '환웅본풀이'가 아니라 '단군신화'일 수밖에 없다. 단군신화는 그런 통합이 일순간의 초월을 통해 성취되는 것이 아니라 단계적으로 이루어진 것임을 보여 준다. 부계로서의 신성은 환인이라는 천상성 그 자체에서부터 환웅을 거쳐 하강하는 단계를 통해, 모계로서의 인간성은 곰이라는 동물성으로부터 인간성으로 상승하는 단계를 통해 마침내 하나로 통합될 수 있었다는 것이다.

그렇다면 이런 의미 지배소의 구체적인 의미는 무엇인가. 그것은 세계관으로는 천상이 이미 이 지상에 깃들어 있음을, 인간관으로는 신성이 이미 인간에게 내재되어 있음을 가리킨다. 이런 내재화를 가장 잘 보여주는 것이 웅녀 이야기일 것이다. 단군신화 서술자가 단일 모티프로 가장 많은 분량을 할애하고 있는 이야기의 중심은 곰의 인간화이다. 전체 문맥을 고려할 때, 곰이 인간이 된다는 것은 동일한 지상계에서 행해지는 수평적 변화가 아니라 상승 과정으로서의 수직적 변화 가능성에 대한 표현이라 할 수 있다. 웅녀가 환웅과 결혼하는 것도 이런 가능성에 대한 반복적인 부연이다. 그러나 그것은 내적 가능성에 기반한 상승이다. 그래서 웅녀와 관련하여 "곰을 웅녀로 변경시킬 수 있는 웅녀 안에 내재된 힘은 내적 초월성 혹은 내적 신성"[36]이라 보는 관점은 정확한 통찰이라 할 수 있다.[37] 어원론적으로 이것은 곰으로서의 동물성 안에 이미 검(신)[38]으로서의 신성이 주

35 이을호, 「단군신화의 철학적 분석」, 민병도 외, 『한국사상』, 우석출판사, 2004, 66쪽. 이을호는 이 전일적 세계관을 이남영의 「단군신화와 한국인의 사유」에서 가져왔는데, 그는 이때의 '이원구조의 묘합지상(妙合之象)'을 '한'이라는 고유어로 명명하고 있다.

36 한자경, 『한국철학의 맥』, 이화여대출판부, 2008, 31쪽.

37 류승국은 단군신화가 제시하는 인간형을 "신성과 물성을 동시적으로 지닌 인간"이라는 개념으로 요약하고 있는데, 유사한 관점이라 할 수 있다. 한국철학사연구회, 『한국철학사상사』, 한울, 1997, 29쪽.

38 '검'은 신(神)의 순수 우리말이다. 양주동의 다음과 같은 설명 참조. "'금'은 '굄 · 검 · 곰 · 금'

어져 있음을 의미하는 것이다. 또한 '신시(神市)'라는 말에서 이 세상이 이미 지상으로 내려온 신, 즉 내재된 신의 거처라는 사실도 확인할 수 있다. '신시'에 대해 신과 저자(시장)의 혼융이라는 의미 부여도 있지만, 한자 그대로 읽자면 이 말은 '신의 도시', '신이 다스리는 도시'라는 의미이다. 그것의 순우리말 표현이 검독(儉瀆)이다. 중국 사서에는 고조선과 관련하여 검독, 혹은 험독(險瀆)이라는 지명이 나타나는데, 이것은 이미 밝혀진 바처럼 '검터', 즉 '통치자가 거처하는 터', '신의 도시'라는 순우리말의 음차 표기다.[39] 이 '검터'를 한자어로 그대로 옮기면 '神市'가 되는 것이다. 이 신시도 단군신화에서 아사달, 궁홀산, 금미달 등으로 반복해서 나타난다.[40]

이런 내재화는 '지금 여기'를 벗어난 곳에 따로 존재하는 '저곳'을 설정할 필요가 없음을, 즉 외재적 초월을 설정할 필요성이 없음을 의미한다. 세계관으로 볼 때 존재가 발 디디고 있는 바로 이곳이 이미 초월이 이루어진 곳, 즉 '너머-여기'의 세계라는 것이다. '너머-여기(beyond-here)'에서 '여기'는 '너머(beyond)'의 대상이 아니라, '너머'를 통해 도달한 결과이며 또한 이미 이루어진 결과이다. '여기'를 넘어서서 따로 존재하는 '저기'로 가는 것이 아니라는 사실이 이 개념의 핵심이다. 단군신화나 『산해경』은 이런 '너머-여기'의 세계이다. 『산해경』에 등장하는 각종 그로테스크한 인물이나 동물, 마치 여러 동물의 짜깁기나 특정 부위의 과다나 결핍으로 나타나는 존재들은 '너머-여기'의 현실적 존재 양상일 뿐이다. '너머-여기'는 합리적인 사유로 볼 때 그 자체로 그로테스크한 것이기 때문에, 이의 가장 바람직한 표현 양식은 단군신화, 동명왕신화, 『산해경』과 같은 신화적 상징뿐이다.

등으로 호전되는 '神'의 고어로 '王'의 고훈(尼叱今 · 寐錦 내지 上監)에 仍用되었다. 借字론 '解慕 · 蓋馬 · 金馬 · 儉 · 錦 · 今 · 黑 · 熊' 등등. 그 어원은 '幽玄'의 義의 '감 · 검'일 것이다. 단군의 웅녀탄생설은 '곰 · 곰'의 類音에서 생긴 전설이다." 양주동, 『증정 고가연구』, 일조각, 1965, 8-9쪽.

39 리지린, 윤내현의 주장이다. 리지린, 『고조선 연구』(1963년본 영인), 열사람, 1989, 83쪽; 윤내현, 『고조선연구』, 일지사, 1994, 337쪽.

40 아사달은 밝은(아침) 땅, 궁홀산은 검골, 금미달은 검달의 의미로 해석된다.

화하적 상상계, 묘만적 상상계와 동이적 상상계의 근원적인 차이는 이처럼 초월의 문제에 대한 태도에 있다. 동이적 상상계가 '너머-여기'라는 내재된 신성을 지향하는 삶의 태도를 보여준다면, 화하적 상상계는 현실 논리에 대한 가치 부여가 중심이 되어 있기 때문에 '너머'의 문제, 즉 초월의 문제를 다루지 않는다. 이 상상계의 바탕 사유인 유학의 기본적인 특징이 "회의론 또는 무신론적 세계관에 있으며, 현실의 삶에 대한 적극적이고 진취적인 인생관에 있"[41]기 때문이다. 이는 한마디로 '오직 여기(only here)'의 사유라 할 수 있다. 그리고 묘만적 상상계의 기본 사유는 무속 신앙의 강력한 자장에서 형성되었다. 초나라의 무속신앙을 기반으로 이루어진 『초사』[42]에서 보듯이 이런 상상계에서는 신의 세계가 중심이 되어 있으며 인간적 삶의 의미는 신의 세계로 향하는 데 있는 것으로 나타난다. 즉 '너머-저기(beyond-there)'의 사유라 할 수 있다. 굴원의 「이소(離騷)」에서 화자가 무속적 분위기 속에서 용이 끄는 수레를 타고 하늘로 올라가면서 고향을 내려다보지만 다시 지상으로 내려갈 생각을 하지 않는 데에서 이런 사유가 발견된다. 지상에서 천상으로 가는 일방통행적 구조, 여기를 넘어 저기로 가는 방향이 이 상상계의 기본적인 특징이라 할 수 있다.[43]

상상계의 상생적 관계

앞에서 다룬 세 상상계는 각각 독립적인 가치를 지니고 있지만 동시에 상생의 관계를 형성하고 있다. 화하적 상상계의 현실주의는 묘만적 상상

41 李澤厚, 『미의 역정』, 165쪽.

42 한대 왕일(王逸)의 「구가(九歌)」 설명에 초나라의 무속신앙과 작품의 관계에 대한 설명이 등장한다. 李澤厚, 위의 책, 203쪽. 다만 『초사』를 묘만적 상상계의 준거로 보기 위해서는 여기에 반영된 유교적 사유를 거세시켜야 한다.

43 이에 반하여 동이적 상상계는 지상과 천상의 쌍방향적 소통을 전제로 하고 있다. 바리데기 신화에서 바리데기가 저승에 가서 약물을 구하여 지상에 돌아오는 것이나, 하늘에서 지상을 오가며 정사를 베푸는 동명왕신화의 해모수도 마찬가지다.

계의 외재적 초월주의를 통해 현실 문제를 반성의 대상으로 삼을 수 있으며, 반대로 묘만적 상상계는 화하적 상상계를 통해 외재적 초월이 지닌 논리적 비약의 허약함을 반성할 수 있다. 또한 동이적 상상계의 균형감각은 다른 상상계에 반성의 계기를 주며, 그런 상상계는 동시에 절충이 지닌 한계를 인식시킬 수 있을 것이다. 그래서 각각의 상상계는 서로 다른 문화사적 기반을 지니고 있지만, 그 기반이 되는 문화적 실체 간의 문제로 국한되어서는 안 된다. 상상계의 특성이 그러한 것처럼 이런 범주는 한 문화권 내부의 문제이기도 하고, 한 개인의 내부 문제이기도 하다는 사실이 망각되어서는 안 되는 것이다.

상생의 문제를 구체적으로 검토하는 데 다시 뒤랑의 시각이 참조될 만하다. 뒤랑은 이미지의 낮의 체제에 대한 한계를 지적하면서, 밤의 체제의 상생적 기능을 암시하는 "카타르파의 혁명"에 대해 말하고 있다. 카타르파(派)는 12, 13세기에 유럽에서 위세를 떨친 기독교 이단으로서, 그들은 물질을 악의 근원으로 보고 철저한 이원론적 사유 속에서 육식, 결혼생활, 재산의 사유화 등을 부정하는 극단적인 금욕주의를 강조하였다. 그런데 이원론적인 고행주의, 육체에 대한 혐오가 사랑의 가치를 인정하면서 아름답게 치장한 여성과 성모 마리아에 대한 신앙으로 변모하게 되었다. 에로스의 이중성 덕분에 가치전도가 일어난 것이다. 뒤랑은 이것을 "플라톤적인 '여기에서의 탈출'로부터 플라톤적 에로스로 이어지며" 타자를 포용하게 되는 정신적 변화 과정으로 본다.[44]

여기에서 뒤랑의 '낮의 체제'가 지닌 특성이 화하적 상상계와 정확히게 대응되는 것이 아님을 알 수 있다. 뒤랑이 '낮의 체제'에서 강조하는 것은 "플라톤주의적인 이원론에서처럼 구별에 대한 강박관념"(Durand: 264)

44 Gilbert Durand, 앞의 책, 285-286쪽. 표현의 통일을 위해, 번역된 용어('이곳에서의 탈출')를 수정하였다.

을 바탕으로 하여 구별, 분리, 이분법, 초월성의 철학적 체제를 선호하는, "초월을 배타적으로 추구하여, 그 결과로서 이원론적인 논쟁에 이르게 되는 상상력"(Durand: 283)이다. '낮의 체제'는 기본적으로 서양 철학의 플라톤주의를 기반으로 하는 상상계이다. 그런데 플라톤주의와 관련된 구별, 분리, 이분법 등은 논리성, 합리성을 전제로 한다는 점에서 화하적 상상계의 특성과 일치하며, 초월, 혹은 "여기에서의 탈출"은 묘만적 상상계의 성격과 통하는 것이 된다. 이것은 플라톤주의의 이분법이 철저한 논리성과 가치편향성을 지닌다는 특질에 기인하는 것이기도 할 것이다. 뒤랑은 이를 다른 표현으로 '대조법'이라 부르는데, 대조법은 어느 한쪽의 대상을 중시하기 위해 다른 쪽을 의도적으로 부정하는 방식이다. 이는 현실을 위해 초월을 부정하는 화하적 상상계와 초월을 위해 현실을 부정하는 묘만적 상상계의 관점과 상통한다. 이런 관점에서 화하적 상상계와 묘만적 상상계는 하나의 그룹으로 묶이어 동이적 상상계에 대립될 수 있는 가능성이 존재하게 된다. 그렇다면 동이적 상상계는 비-동이적 상상계가 지닌 경직된 대조법적 체계에 자극을 주어 가치 전도의 상태를 가져올 수 있는, 종합과 연결을 기본으로 하는 밤의 체제로서의 상생적 기능을 지닌다고 할 수 있다.

동이적 상상계의 근원에 존재하고 있는 기층사유는 내재적 초월의 특성 때문에 근대적 시각에서 볼 때 기괴한 것으로 비치는 물활론적 활기가 가득하다. 최치원이 난랑비서문(鸞郎碑序文)에 언급한 '풍류(風流)'라고 하는 '현묘지도(玄妙之道)'나 샤머니즘 역시 기본적으로 이런 활기를 바탕으로 하고 있다. 물활론은 사물을 죽은 존재가 아니라 이미 그 속에 신성이 내재되어 있는 '너머-여기'의 존재로 보는 관점이다. 따라서 모든 존재는 소통의 대상이지 적대나 배제의 대상이 될 수 없다. 설령 대결이 있다고 해도 동일한 가치를 지닌 존재로서의 대결이지 어느 한쪽에만 가치가 부여된 편향적 대결이 아니다. 이런 점에서 동이적 상상계는 경직된 체계에 틈을 생기게 하여 긍정적인 가치 전도를 이끌어 내는 상생적 기능을 지닌다고 할 수 있다.

이런 사유가 하나의 체계로 완성된 것은 근대의 동학이다. 최제우의 '시천주(侍天主)', 즉 사람 속에 이미 초월적 존재인 한울님을 모시고 있다는 사유와 '오심즉여심(吾心卽汝心)', 즉 한울님의 마음이 곧 사람의 마음이라는 생각은 동이적 상상계의 완전한 구현이라 할 수 있다. 이는 최시형의 '인시천(人是天)', '물오동포(物吾同胞)', 손병희의 '인내천(人乃天)'으로 이어져 근대사상의 중요한 흐름을 형성하게 된다. 특히 최시형의 '물오동포(物吾同胞)', 즉 '사물과 인간이 한 겨레'라고 하는 사유는 이런 사상의 절정이라 할 수 있다. 인간이 세계의 절대적인 인식 주체라는 인간중심주의적 자만이 여기에서는 근원적으로 부정된다. 세계 만물은 우열이 있을 수 없는 상생의 관계에 있다는 선언이다.

동이적 상상계는 드물긴 하지만 현대문학 작품에도 잘 계승되어 왔다. 이것이 가장 성공적으로 드러난 작품은 이육사의 「광야」와 백석의 「북방에서」일 것이다. 전자에는 바다를 연모해 휘달리는 산맥들의 꿈틀거림이 살아 있는 신화적 시간과 그런 산맥조차 범접할 수 없는 신성한 공간이 장엄하게 그려져 있고, 후자에는 사물과 인간이 하나가 되어 서로 소통하는 세계와 그로부터 멀어져 나온 화자의 쓸쓸함이 서정적으로 묘사되어 있다.[45] 신화와 문학에서 면면히 이어져 온 동이적 상상계는 모든 것이 고갈되어 버린 듯한 오늘 우리 문학에 있어서 상상력의 새로운 전개를 유도할 수 있는 중요한 기원이 될 것이라는 점에서 주목해야 할 개념이라 할 수 있다.

45 이에 대한 자세한 논의는 박현수, 「일제강점기 시의 숭고 고찰-이육사의 '광야'와 백석의 '북방에서'를 중심으로」, 『현대시와 전통주의의 수사학』, 서울대학교출판부, 2004 참조.

창조성: 기층사유와 창작의 아우라

내소사 대웅전 전설이 말하는 것

시란 무엇일까. 이 문제에 더 쉽게 접근하기 위해서는 시란 어떻게 만들어지는 것일까를 질문하는 것이 더 바람직할지 모른다. 더 구체적인 대답이 가능하기 때문이다. 우리 기층문화에서 이에 대한 대답은 예술 전체를 향해 있다. 내소사 대웅전 전설을 통해 이 문제에 접근해보는 것은 흥미롭고도 의미 있는 탐구가 될 것이다.

내소사 대웅전 천장에는 단청이 칠해지지 않은 부분이 있는데, 그 대신 거기에는 아름다운 전설이 하나 칠해져 있다. 서정주 시인은 그 전설을 소재로 하여 산문시 한 편을 남겼다. 『질마재신화』에 실린 시는 다음과 같다.

> 내소사 대웅보전 단청은 사람의 힘으로도 새의 힘으로도 호랑이의 힘으로도 칠하다가 칠하다가 아무래도 힘이 모자라 다 못 칠하고 그대로 남겨놓은 것이다.
>
> 내벽 서쪽의 맨 위쯤 앉아 참선하고 있는 선사, 선사 옆 아무것도 칠하지 못하고 너무나 휑하니 비어둔 미완성의 공백을 가 보아라. 그것이 바로 그것이다.
>
> 이 대웅보전을 지어 놓고 마지막으로 단청사(丹青師)를 찾고 있을 때, 어떤 해어스럼제 성명도 모르는 한 나그네가 서(西)로부터 와서 이 단청을 맡아 겉을 다 칠하고 보전(寶殿) 안으로 들어갔는데, 문고리를 안으로 단단히 걸어 잠그며 말했었다.

"내가 다 칠해 끝내고 나올 때까지는 누구도 절대로 들여다보지 마라."

그런데 일에 폐는 속(俗)에서나 절간에서나 언제나 방정맞은 사람이 끼치는 것이라, 어느 방정맞은 중 하나가 그만 못 참아 어느 때 슬그머니 다가가서 뚫어진 창구멍 사이로 그 속을 들여다보고 말았다.

나그네는 안 보이고 이쁜 새 한 마리가 천정(天井)을 파닥거리고 날아다니면서 부리에 문 붓으로 제 몸에서 나는 물감을 묻혀 곱게 곱게 단청해 나가고 있었는데, 들여다보는 사람 기척에

"아앙!"

소리치며 떨어져 내려 마루 바닥에 납작 사지를 뻗고 늘어지는 걸 보니, 그건 커어다란 한 마리 불호랑이었다.

"대호(大虎) 스님! 대호(大虎) 스님! 어서 일어나시겨라우!"

중들은 이곳 사투리로 그 호랑이를 동문(同門) 대우를 해서 불러댔지만 영 그만이어서, 할 수 없이 그럼 내생(來生)에나 소생(蘇生)하라고 그 절 이름을 내소사(來蘇寺)라고 했다.

그러고는 그 단청하다가 미처 다 못한 그 빈 공백을 향해 벌써 여러 백년의 아침과 저녁마다 절하고 또 절하고 내려오고만 있는 것이다.

– 서정주, 「내소사 대웅전 단청」 전문

이 전설의 목적은 내소사 단청의 아름다움을 알려주는 데, 그리하여 내소사를 신비화하는 데 있었을지 모른다. 그 신비화의 중심에 단청 그림이 있나. 너무나 아름다워서 사람이 도저히 그릴 수 없는 그림, 그래서 다만 신비하고도 초월적인 존재를 끌어들이지 않고는 설명할 수 없는 경이로움을 간직한 그림, 이것에 대한 경외와 찬탄이 이토록 신비하고도 아름다운 전설을 만들었으리라.

서사적인 면에 주목하자면, 이 전설의 가장 중요한 요소는 금지와 그 위반에 있다. 서사는 금지를 통하여 만들어지고 전개된다. 서정주 시인은 이

금지를 "내가 다 칠해 끝내고 나올 때까지는 누구도 절대로 들여다보지 마라."는 말로 표현하고 있다. 안을 들여다보지 마라! 이 금지가 의미하는 바는 무엇일까. 필자가 이 전설을 소재로 시를 한 편 더 쓰게 된 것도 이 금지의 의미 때문이다. 그 의미는 무엇일까.

> 금빛 새 한 마리 붓을 물고 다니며 법당 안의 단청을 그리고 있었노라고, 아흔아흐렛날 문틈으로 엿본 사미승의 전언만 바래가는 내소사 대웅보전, 무엇을 엿본 것일까, 우리에겐 허락되지 않은, 별들 흩뿌려 별자리 점지하던 아득한 날의 은밀한 내력이었을까, 꽃무늬문살 나뭇결보다 더 깊고, 연못에 잠기는 풍경소리보다 더 아스라한 화공의 마음 저쪽이었을까, 생으로부터 날개짓하다 어느 도정에 들켜버린 금빛 찬란한 꿈이었을까 백일 동안 아무도 들여다보지 말았어야 할
>
> – 박현수, 「예술창작론」 전문

이 시의 제목은 '예술창작론'이다. 다소 엉뚱해 보이는 제목이 붙은 것은, 내소사 전설을 단청의 아름다움을 찬양하는 단순한 설화로 보지 않고 예술창작에 대한 어떤 생각을 보여주는 예술 담론으로 보았기 때문이다. 사미승이 엿본 것은 무엇일까. 왜 그것은 "우리에겐 허락되지 않은" 것일까. 여기에 이 전설의 비밀이 있다.

한마디로 말하자면, 사미승이 엿본 것은 예술 혹은 문학의 창작 과정이다. 서정주 시인이 정리한 전설에 따르면 그 창작과정은 "이쁜 새(다른 판본에서는 '황금빛 새') 한 마리가 천정(天井)을 파닥거리고 날아다니면서 부리에 문 붓으로 제 몸에서 나는 물감을 묻혀 곱게 곱게 단청해 나가"는 광경으로 그려진다.

사미승이 창구멍으로 바라본 예술의 창작과정은 세속적인 기대와 전혀 다른(동시에, 세속적 기대와 절묘하게 맞아떨어지는!) 풍경이다. 평범한

모습을 한 나그네가 단청을 그리는 것이 아니라, 이쁜 새 한 마리가 입에 붓을 물고 제 몸에서 나는 물감을 묻혀 그림을 그리는 것이다. "제 몸에서 나는 물감"이란 말이 원래 전설에 있는 말인지 서정주 시인이 덧붙인 말인지 알 수 없으나 재료와 일체가 된 예술가를 나타낸 최고의 표현이라 할 만하다.

이 환상적인 광경은 세속적 인간에게 금지되었던 예술가의 내면 풍경이다. 앞의 시에서 "꽃무늬문살 나뭇결보다 더 깊고, 연못에 잠기는 풍경소리보다 더 아스라한 화공의 마음 저쪽"이라 한 것은 이 때문이다. 예술 창작 과정에 있는 존재는 사람이 아니다. 그는 그 순간만큼은 이 지상에 발을 디디지 않은 존재가 된다. 마치 무중력의 상태에 놓인 듯 허공에 서서 (그러니 새가 아닌가! 동시에 이 지상의 새가 아닌가!) 찬란한 세계를 창조해 낸다.

그러나 이 세계는 세속인들에게 금지의 영역, 출입제한구역이었다. 그렇기 때문에 사미승이 엿보았을 때 그 세계는 순간적으로 완전하게 훼손당할 수밖에 없다. 사미승의 시선은 무중력 상태의 예술가를 너무나 급하게 지상에 끌어내려 마룻바닥에 내동댕이치며 죽음으로 몰아가고 말았다. 서정주 시인은 이 상황을 그가 "떨어져 내려 마루 바닥에 납작 사지를 뻗고 늘어지는 걸"로 묘사하였다. 그리하여 세속인들에게 남겨진 것은 "커어다란 한 마리 불호랑이"로서의 예술가의 본질이다. 단청을 그리기 위해 내소사를 찾아온 남루한 나그네 속에 숨겨져 있던 "불호랑이"는 예술가의 신비한 열정을 상징한 것으로 보아야 하리라.

사미승의 엿보기가 왜 예술가를 죽음에 이르게 하였던가. 세속적인 시선에 발각되는 순간 그 세계는 그 자체의 아우라를 상실하기 때문이다. 예술이 생성되고 있던 그 세계는 벤야민이 말한 바 있는 아우라의 세계이다. '신비스러운 분위기'로 번역될 만한 아우라는 비일상적인 시공간 속에 존재한다. 벤야민이 아우라를 두고 "아무리 가깝게 있더라도 어떤 먼 것의 일회적 나타남"[1]이라 한 것도 이런 의미이다. 일상적이고 반복적으로 확인되는 것이 아니라 "일회적 나타남"으로만, 그리고 누구나가 아니라 어떤 특별한 존재에게만 확인되는 것이기 때문에, 아우라는 일상의 근처에 있는 듯하지만 동시에 멀리 있을 수밖에 없다. 마치 전설의 예술가가 허름한 나그네이면서 동시에 불호랑이인 것처럼. 이런 아우라의 세계는 비밀스러운 세계이기에 세속인에 들키는 순간 그 순수성을 상실해 버리고 만다.

내소사 전설은 예술 창작 과정의 신비함을 가장 시적으로 보여주는 서사이다. 이 비슷한 이야기가 전 세계적으로 있을 수 있겠지만, 예술 창작과 관련하여 이렇게 시적으로 표현된 이야기는 아마 흔하지 않을 것이다. 내소사 전설은 아우라 속에 놓여 있는 예술의 세계를 보여준다. 예술은 신비하고 초월적인 것으로 세속적인 세계와 다른 차원에 놓여 있다는 인식이 내소사 전설의 숨은 의미이다. 구비문학이 주로 민중에 의해 전유되고 향유된다는 사실을 고려할 때 이 전설은 예술에 대한 당시 민중들의 생각, 즉 우리의 기층사유를 반영한 것이라 할 수 있다.

예술은 뭔가 비일상적이고 초월적이고 신비한 상태에서 제작된다는, 아니 제작되어야 한다는 생각은 근대 이전의 예술의 본성을 보여주는 예가 된다. 이것은 내소사 전설의 가치를 떨어트리는 것이 아니라 오히려 그것에 보편성을 부여한다. 근대 이전의 구비문학에 있어서, 결정적인 순간, 주로 백 일에 하루 모자라는 '아흔 아흐렛날'에 어떤 엿보기로 일을 그르치는 이야기가 많은 것도 근대 이전의 세계에 공통된 특징이다. 서구의 프시케와 에로스의 이야기, 즉 자신의 얼굴을 보면 사랑이 깨어진다는 에로스의 말을 듣지 않고 몰래 에로스의 얼굴을 보다가 사랑을 잃어버린 프시케의 이야기가 대표적인 예가 될 것이다. 이런 이야기는 대상에 대한 신비로움, 즉 아우라가 남아 있는 세계를 나타내는 표지가 된다.

1 Walter Benjamin, 반성완 옮김, 『발터 벤야민의 문예이론』, 민음사, 1983, 204쪽.

시, 또 다른 황금빛 새의 노래

내소사 전설에 보이는 아우라의 세계가 문학에 있어서는 어떤 모습으로 나타날까. 근대 이전의 문학 담론이 주로 시를 중심으로 이루어졌음을 고려한다면 이 문제는 결국 시의 문제로 귀결될 것이다. 이는 고전적인 문학 담론의 절대다수가 시화(詩話) 종류라는 사실에 기인하기도 하지만, 본질적으로 시가 지닌 장르적 특성에서 비롯된 것이라 해야 할 것이다. 시는 형식과 내용에 있어서 문학 장르 중 창작 과정의 신비화가 가장 두드러진 장르라 할 수 있다. 짧은 형식과 서정성이라는 내용적 특징이 앞에서 다룬 아우라의 세계, 즉 마법적 세계관을 담기에 적합하기 때문이다.

아무도 보아서는 안 될 시의 창작 비밀은 초월적인 존재, 예를 들면 신인(神人)이나 귀신 등에 의해 주어지는 형식을 취한다. 이들 존재는 현실적 제약에서 벗어나 있다는 점에서 초월적이며, 시인의 의지와 무관하게 존재하는 주체라는 점에서 타자이다. 그럼에도 대부분 주체의 꿈에 나타난다는 점에서 단순한 외적 타자라 할 수도 없다. 이 점에서 서양의 관점과 차이가 난다.[2] 이제 내소사 전설의 '이쁜 새(금빛새)'의 역할은 신인이나 귀신이 대신한다. 허균의 『성수시화(惺叟詩話)』에 실린 다음 시화가 한 예가 될 것이다.

> 김안로가 젊었을 때에 관동에 놀러갔다가 꿈에 어떤 신인(神人)이 나타나 읊조리기를

2 서구의 영감(靈感, inspiration) 개념은 뮤즈와 같은 신에 의한 작용, 일종의 신들림이라는 점에서 외재적이다. 「이온」, 「파이드로스」에서 플라톤은 시인을 영감, 즉 신들림을 통해 시를 생산하는 존재로 그리고 있다. 그러나 이때의 생산은 시인 자신의 창의적 생산이 아니라 신의 매개자로서의 텅 빈 주체의 생산에 불과하다. 이 점에서 영감은 외적 타자와 연계되어 있는 개념이라 할 수 있다.

봄은 우전 산천 밖에 무르녹았고, 春融禹甸山川外
음악은 우정 조수 사이에 울려 퍼진다. 樂奏虞庭鳥獸間

하고 이어 말하기를 "이것은 바로 네가 벼슬길에 나갈 글귀라"고 했다. 꿈을 깨고 나서도 단단히 기억해 두었다. 그 이듬해 정시(庭試)에 들어갔더니 연산군이 율시 6편으로 시험을 보이는데, 그 가운데 「춘일에 이원제자가 한가하게 악보를 보다」의 시제가 있고, 압운이 간(間)자로 되었다. 김안로는 전에 신인이 말한 글귀가 여기에 꼭 맞는 것을 생각하고 그대로 써서 올렸다. 강혼(姜渾)이 시관(試官)이 되어 대단히 칭찬하고 장원으로 뽑았다. 김안국은 본래 글을 잘 알아보기 때문에 참시관이 되어서 말하기를 "이 글귀는 귀신의 말이고 사람의 시는 아니라" 하여, 당장 불러 물어보았다. 김안로가 사실대로 말하자 사람들은 모두 그 식견에 탄복했다.[3]

여기서 주목해야 할 것은 김안로의 신비한 경험도, 김안국의 뛰어난 식견도 아니다. 중요한 것은 이런 이야기가 생성되고 수용되는 시대 분위기다. 괴력난신(怪力亂神)에 속하는 허무맹랑한 시화가 조선 유자들 사이에 공공연하게 유통될 수 있었던 것은 시와 관련되어 있었기 때문일 것이다. 피지배 계급에 있어서 일상이 되어 있던 이 세계는 지배 엘리트 계급에 있어서는 금기의 대상이었다. 그러나 아우라의 세계는 시에 있어서만큼은 모든 계급에 개방되어 있었다. 허균 역시도 시의 이런 초월적 영역을 인정하였기에 이 이야기를 옮겨 적었을 것이다. 그가 괴력난신에 속하는 「홍길동전」을 지은 것은 이런 관점의 연장선상에 놓인다고 할 수 있다.

3 이 글은 허균의 『성수시화』에 수록된 것이다. 인용된 한시에서 '우전'은 우임금의 토지, '우정'은 '순임금의 대궐'을 가리킨다. 홍만종, 홍찬유 옮김, 『역주 시화총림(하)』, 통문관, 1993, 815-816쪽. 문맥을 자연스럽게 하기 위해 부분적으로 수정하였다.

앞의 시화에서 보듯이 이 시대에 시의 탄생은 합리적인 세계에 속하지 않고 괴력난신의 세계에 속한다. 그래서 구조는 내소사 전설과 유사하다. 앞에서 살펴본 것처럼 내소사 전설에서 법당 안의 세계는 비밀스러운 창작 과정의 세계다. 허균의 시화에서 법당 안의 세계는 꿈의 세계로 바뀌어 있을 뿐이다. 이는 합리화의 과정이 더 교묘해졌음을 의미한다. 황금빛 새로 상징되는 창작 과정의 주체는 여기에서는 꿈에 나타난 신인이 대신한다. 입에 붓을 물고 단청을 그리던 황금빛 새는 절묘한 구절을 가르쳐 주는 신인인 것이다. 꿈에 나타나 시를 읊조리는 신인은 붓으로 그림을 그리는 대신 목소리로 노래를 부르는 황금빛 새라 할 수 있다. 시화에서 다만 다른 것이 있다면 사미승의 역할을 시를 보는 안목이 있다는 김안국이 대신하고 있다는 점이다. 그러나 이미 지나간 일로 처리되어 있기 때문에 꿈으로 나타난 아우라의 세계는 다행히 보전되고 있다.

더 극단화된 시화에 의하면 초월적 존재는 외적 타자로서 시의 생성뿐 아니라 시의 유통과 재생에까지 관여하기도 한다. 『동인시화(東人詩話)』에 전하는 김지대 일화가 대표적이다. 요점만 말하면 다음과 같다. 고려 때 김지대(金之岱)란 사람이 의성관루(義城官樓)에서 지은 시가 사람들의 입에 회자되었는데, 뒤에 전란으로 누각이 불타버려 시를 쓴 현판도 사라졌다. 몇 십 년 뒤 어떤 사람의 딸이 미쳐 발광했는데 어지러이 말하는 가운데 갑자기 김지대의 시를 줄줄 외우는 것이었다. 그래서 이 시는 다시 시판에 새겨 전해졌다. 이른바 귀신도 또한 시를 사랑하여, 능히 잃지 않도록 지켜 다시 세상에 전해지도록 했다는 것이다.[4]

김지대 일화는 초월적 존재가 시의 문제에 얼마나 밀접하게 관련되어 있는가를 보여 준다. 좋은 시의 소멸을 두고 볼 수 없어서 그 시가 다시 세상에 나타나도록 광인의 입을 빌려 시를 지켜 주는 존재는 시를 사랑하는

4 정민, 『한시미학산책』, 솔출판사, 1996, 208쪽 참조.

귀신이다. 이 시대의 문학적 후견인보다 더 강력한 힘을 지닌 후견인은 다시없을 것이다. 서양의 문학 후견인이 주로 귀족 부인이었는데, 김지대 일화에 비할 때 너무나도 가련한 후견인이 아닐 수 없다.

초월적 존재가 시에 적극적으로 개입하고 있는 세계에서 시인은 남다른 능력을 지닌 존재일 수밖에 없다. 따라서 시인의 노래가 우주의 운행에 영향을 미칠 정도로 강력한 힘을 지니는 것은 당연한 일이다. 월명사의 피리소리는 달을 멈추게도 하고, 융천사의 노래(「혜성가」)는 밤하늘의 변괴를 사라지게도 한다. 「찬기파랑가」를 지은 충담사에게 임금이 "그대가 지은 기파랑을 기리는 노래가 그 뜻이 높다고 하던데, 정말인가?" 하고 물었을 때, 자신 있게 그렇다고 대답한 것은 충담사의 자만이 아니라 초월적 존재에 대한 신뢰라 할 수 있다.

이런 시화에 등장하는 초월적 존재, 즉 신인이니 귀신이니 하는 것은 무엇일까. 이것을 문학 담론에서 어떻게 처리해야 될 것인가. 그것이 실재하는 존재라면 지금은 왜 나타나지 않는 것일까. 꿈에 신인이 나타나 좋은 시구절을 주었다고 하는 이야기는 근대의 문학 담론에서는 수용될 장소가 없다. 그렇다면 지금의 시점에서 이것은 무엇으로 해석해야 할 것인가. 다만 시대적 한계의 문제로 치부하여 전근대의 미신적 사유로 폐기처분해야 할 대상인가. 아니면 낭만주의적 영감(靈感)의 적극적인 개념으로 해석해야 할 것인가.

신인이니 귀신이니 하는 것은 마법적 패러다임의 투사에 의한 개념이다. 이 패러다임에서 모든 존재는 가시적 차원을 넘어서 있는 또 다른 차원, 즉 비가시적 차원을 지니고 있다. 눈에 보이는 사물이 그 사물의 전체가 아니다. 허름한 나그네는 단순한 나그네에 그치는 것이 아니라 다른 차원에서는 불호랑이인 것이다. 마법적 패러다임에서 나그네와 불호랑이의 차원은 공존한다. 나그네가 무시될 수 없는 것은 그가 어떤 비가시적 차원을 지니는지 모르기 때문이다. 『삼국유사』에 그토록 많이 등장하고, 서정주 시의 주요 모티프가 된 변신모티프는 이런 차원의 문학적 버전이다. 여기에는 다층적 차원으로 사물을 바라보는 시선이 함축되어 있는바, 이는 우리의 현대문학이 잃어버린 요소이다.

또한 신인, 귀신 같은 개념은 현실에 작용하는 서정성의 힘, 실천적 서정성의 힘을 달리 표현한 것이라 할 수 있다. 자아와 세계의 동일성이 시인 내면에 고립되어 있을 때 이는 죽은 개념으로서 하나의 실체가 될 수도, 어떤 힘(개념적이건 실재적이건)을 지닐 수도 없다. 그러나 그것이 어떤 형태로든지 외부로 드러나게 되면 능동적인 힘의 현현이 된다. 그것의 이름을 무엇으로 붙여도 상관없을 것이다. 그 명명은 당대 패러다임이 수용할 수 있는 방식으로 행해질 것이다. 전근대에는 그것을 신인이니 귀신이라 하였을 뿐이다. 필자는 그것을 실천적 서정성이라 부를 뿐이다.[5]

이처럼 시의 신비한 창작 과정을 설명하는 신인 혹은 귀신이라는 개념은, 내소사 전설의 황금빛 새나 불호랑이와 마찬가지로 시에 대해 초월적 권능을 부여한 그 시대의 문학적 패러다임을 보여 준다. 그것의 가치는 시가 다층적 세계와 연계되어 있음을 나타내는 표지 역할을 하며, 또한 서정성의 능동적인 성격을 드러내는 것에 있다고 요약할 수 있겠다. 이런 고찰을 통해 우리는 전근대 시학에서 시란 무엇인가 하는 점을 말할 수 있다. 근대 이전의 세계에서 시란 '다층적 세계관을 현현시키는 운문적 에너지' 였던 것이다.

아우라 상실이 오락이 된 시대

근대에 들어 내소사 전설의 세계는 타도의 대상이 되었다. 근대화의 최대 목표가 '탈마법화'이기 때문이다. 막스 베버는 이성의 기획으로 인

5 실천적 서정성에 대한 것은 박현수, 『시론』, 예옥, 2011, 303-307쪽 참조.

하여 근대 자본주의가 이런 세계로부터의 벗어났음을 말하고, 호르크하이머와 아도르노와 같은 독일 철학자들은 계몽의 프로그램은 "탈마법화(Entzauberung; disenchantment)"[6]라고 단언하고 있다. 마법의 세계를 벗어나 탈마법의 근대 세계로 이행하는 것은 유아의 세계에서 벗어나 성인의 세계로 들어가는 것이다. 칸트가 계몽을 성인되기로 상정한 것도 이런 인식의 일단이다. 우리 문학에 있어서도 이인직의 신소설 『구마검』이 이런 역할을 하였다. 무속의 미몽과 사기로부터 벗어나 합리적인 세계로 들어서는 것이 개화였기 때문이다.

전시대의 문학에 관여하였던 귀신, 그리고 낭만주의의 영감 같은 개념은 근대문학에서는 과학적인 접근으로 해결된다. 주지주의 이론가들은 이 알 수 없는 존재를 '심연'이라 부르며, 이는 주지적 방법론, 즉 과학적 방법론에 의해 명쾌하게 해명될 수 있다고 믿는다. 이런 관점에서 전근대적 문학 개념은 근대 과학 용어로 바뀐다. 영감 혹은 귀신은 무의식이 된다. 무의식은 거대한 늪이 되어 해명 불가능한 모든 요소를 포괄해 버리면서 그 자체가 거대한 수수께끼가 되어 버린다.

그 외의 요소들은 명쾌한 합리적 질서 속에 편입된다. 주체를 넘어선 어떤 존재를 상정하던 창작 방법, 그 대표적인 것이 신인의 도움으로 이루어지던 방식 혹은 그런 요소가 숨겨져 있는, 한 번에 열정을 쏟아내어 완벽한 작품을 만들어 내는 방식 등은 논리적 절차로 대체된다. 이태준은 『문장강화』의 「퇴고의 이론과 실제」라는 부분에서 다음과 같은 이야기를 하고 있다.

6 '탈마법'이란 개념은 막스 베버가 사용한 것으로, 자본주의 사회에서 주술이나 성스러움과 같은 카리스마로부터 벗어남을 의미한다. 호르크하이머와 아도르노의 『계몽의 변증법』에서도 '계몽의 프로그램은 〈탈마법화〉였다'며 탈마법을 계몽의 핵심 개념으로 사용하고 있다. 레이몽 아롱, 이종수 옮김, 『사회사상의 흐름』, 홍성사, 1980; M. 호르크하이머, Th. W. 아도르노, 김유동 외 옮김, 『계몽의 변증법』, 문예출판사, 1995; 위르겐 하버마스, 서규환 외 옮김, 『소통행위이론』, 의암출판, 1995 참조.

> 일필휘지(一筆揮之)니 문불가점(文不加點)이니 해서 단번에 써내려 뜨리는 것을 재주로 여겼으나 그것은 결코 경의를 표할 만한 재주도 아니려니와 또 단번에 쓰는 것으로 경의를 표할 만한 문장이 결코 나올 수도 없는 것이다. 소동파가 「적벽부」를 지었을 때 친구가 와 며칠 만에 지었느냐니까 며칠은 무슨 며칠, 지금 단번에 지었노라 하였다. 그러나 동파가 밖으로 나간 뒤에 자리 밑이 불쑥한 데를 들쳐보니 여러 날을 두고 고치고 고치고 한 초고가 한 삼태나 쌓였다는 말이 있거니와, 고칠수록 좋아지는 것은 문장의 진리다.[7]

시 창작의 과정을 부정하고 "지금 단번에 지었노라" 하고 자랑하고 싶은 마음은 전근대적인 방식에 불과한 것으로 "결코 경의를 표할 만한 재주도 아니"다. 한 번에 이루어지는 절대적 완전성에 대한 가능성은 사라지고 그 대신 채택되는 것은 "고칠수록 좋아지는 것은 문장의 진리"라는 합리적 명제이다. 이제 과학적 절차와 합리적 질서가 아우라를 대체해 버렸다.

벤야민은 아우라가 사라진 시대의 대표적인 예술로 영화를 들었다. 그가 주목하는 것은 영화가 기존 문학의 유기적인 특성을 전면적으로 파괴한 데 있다. 기존의 유기성이 감상자의 비판적인 자세를 약화시켜 결국 파시즘에 빠지게 만들었다고 판단하는 벤야민은 이에 대한 대안으로 영화가 지닌 편집적인 특성을 강조한다.

> 무대 위에서 움직이는 배우는 자신을, 그가 하고 있는 역할과 동일시하지만 영화배우의 경우에는 대체로 그러한 일이 이루어지지 않는다는 점이다. 영화배우의 연기는 하나의 통일된 작업이 아니라 여러 개의 개별적 작업이 합쳐져서 이루어진 것이다. 거기에는 예컨대 촬영소의 임

7 이태준, 『문장강화』, 창작과비평사, 1988, 191쪽.

> 대료, 공연자의 사정, 장치 등과 같은 것에 대한 부차적인 고려 말고도, 연기자의 연기를 일련의 조립할 수 있는 에피소드로 쪼개어 놓은 기계의 기본적인 필요들도 작용한다. (…) 예술이, 지금까지 예술이 피어날 수 있는 유일한 영역으로 간주되어 온 〈아름다운 가상〉의 왕국으로부터 벗어나고 있다는 사실을 이보다 더 극명하게 보여주는 것도 없을 것이다.(Benjamin: 215)

영화는 하나의 완결된 세계를 보여주는 게 아니라 소외된 세계를 소외된 방식(편집방식)으로 보여준다. 파편화 되어 있는 장면들을 노골적으로 잔인하게 취급하는 영화는 기존의 유사 장르인 연극과는 완전히 다른 차원의 예술이다. 영화는 내소사의 전설에 나오는 법당의 문을 활짝 열어젖히고 모든 벽을 유리로 갈아치운다. 이제 황금빛 새는 카메라와 스텝들과 구경꾼들이 보는 앞에서 창작 과정을 보여 주어야 한다. 그것도 몇 차례의 장면으로 나누어 몇 번에 걸쳐 다른 각도에서 불연속적으로 연기를 해야 한다. 황금빛은 사라지고 새는 기계적인 소품이 되거나 그래픽으로 존재하는 가상의 캐릭터가 되어야 한다.

벤야민은 이처럼 유기성의 대안으로 파편성, 혹은 편집성을 내세우고 이를 통해 기존의 예술이 추구하던 〈아름다운 가상〉의 세계를 부정한다. 그 결과 영화는 파편성과 편집성을 통해 관람자의 비판적 인식을 강화하며 궁극적으로 대중의 프롤레타리아 혁명정신을 고취할 수 있다고 믿었다. 그러나 그의 이런 바람은 자본주의가 급속도로 그리고 전방위적으로 진행되면서 결과적으로 좌절되었다.

영화는 아우라가 사라진 예술의 창작 방식을 가장 적나라하게 전형적으로 보여주는 장르가 되었다. 영화의 제작 방식은 예술 창작의 일반 과정을 보여주는 예가 된다. 모든 예술은 영화처럼 파편화된 방식으로 부분들이 조합되어 완성된다. 각각 독립된 요소들이 감독, 혹은 작가의 편집에 의해 기계 조립과 같은 방식으로 짜맞추어져서 하나의 완성된 작품이 된다.

이제 이런 편집 과정으로서의 예술 창작 과정은 하나의 오락거리로 전락하였다. 요즘 텔레비전에 자주 등장하는 엔지(NG) 모음이 그것이다. 이것은 시청자에게 폭소를 선사한다. 벤야민이라면 그 폭소는 드라마 내용에의 몰입과 배우에 대한 동일시를 희생으로 한다고 할 만하다. 엔지 모음은 그들이 본 드라마가 편집된 상태의 것이었음을 보여주며, 엔지가 다른 방식으로 처리되었다면 그들이 본 드라마는 다른 장면으로 나타날 수도 있었음을 알려 준다. 그러나 편집 방식으로서의 창작 방식이 투명하게 드러났음에도 불구하고 벤야민의 말대로 시청자의 비판의식이 진전되는 것 같지는 않다. 시청자들은 드라마에서는 울고 엔지 모음에서는 웃는 이중적인 행태를 아주 자연스럽게 받아들인다. 마치 분열증이 일상화된 것처럼.

현대에는 시 창작도 영화의 편집 방식과 동일한 절차를 따른다. 그 많은 시작법은 영화 시나리오처럼 그 과정을 세분화하고 각 세트의 역할과 기능을 설명하는 데 집중하고 있다. '시란 가르칠 수 없는 것'이라는 김시습의 발언은 이제 낯선 것이 되었다.

그대는 말하네, 客言詩可學
시는 배울 수 있는 거라고.
하지만 나는 말하네, 余對不能傳
시는 전할 수 없는 것이라고.
그 미묘한 곳을 但看其妙處
다만 느끼기만 할 뿐,
울림이 있는 구절이야 莫問有聲聯
어찌 일일이 물어 알 수 있으랴.
산은 적요하여 山靜雲收野

들에는 구름 걷히고,
강은 맑아　　　　　　　　　　江澄月上天
달이 하늘에 떠오를 적에
이때 문득　　　　　　　　　　此時如得旨
시상을 얻는다면
내 시 속의　　　　　　　　　　探我句中仙
신선을 찾을 수 있으리.

– 김시습, 「시를 배운다?」 부분

시는 가르칠 수 없으며 다만 스스로 느끼고 체험함으로써만 체득할 수 있다는 김시습의 주장은 이제 무모한 발언이 되었다. 이 발언의 이면에는 시 창작 과정을 신비하고도 총체적이고 전인적인 과정으로 보는 시각이 전제되어 있다. 이제 시 창작의 신비한 과정은 사라졌다. 과학적 방식으로 그 과정은 분해되고 분석되었다. 시 쓰기는 아우라 없는 작업이 된 것이다. 이를 잘 보여 주는 것이 장정일의 다음과 같은 시일 것이다.

길안에 갔다.
길안은 시골이다.
길안에 저녁이 가까워 왔다. 라고
나는 썼다. 그리고 얼마나
많이, 서두를 새로 시작해야 했던가?
타자지를 새로 끼우고, 다시 생각을
정리한다. 나는 쓴다.

길안에 갔다.
길안은 아름다운 시골이다.

그런 길안에 저녁이 가까워왔다.
별이 뜬다.

이렇게 쓰고, 더 쓰기를
멈춘다. 빠르고 정확한 손놀림으로
나는 끼워진 종이를 빼어,
구겨버린다. 이놈의 시는
왜 이다지도 애를 먹인담. 나는
테크놀러지와 자연에 대한 현대인의
갈등을 추적해 보고 싶다. 종이를 새로 끼우고, 다시 쓴다.

길안에 갔다.
길안에서 택시를 기다린다.
길안에 택시가 오지 않는다.
모든 도시에서 나는 택시를 잡았었다.
그러나 길안에서 택시잡기 어렵다.

쓰기를 다시 멈춘다. 너무 딱딱하지
않은가? 모든 문장이, 다.
로 끝나는 것이 이상하게도 번역투의
냄새를 풍긴다. 그렇지 않아도
나는 그런 지적을 많이 들었지 않은가?
쓰던 종이를 빼어 구기고, 한 장의 종이를
다시 끼웠다. 나는 쓴다.

– 장정일, 「길안에서의 택시잡기」 부분

그러나 근대의 투명하고도 기계적인 시창작 방식이 시에 긍정적인 것만은 아니다. 시가 너무 왜소해지고 그 위의(威儀)는 사라졌다. 그렇다고 내소사 전설의 신비한 창작과정도 그대로 믿을 수도 없는 궁경에 처하게 되었다. 우리는 이제 어디로 가야 하는가. 우리는 한참 지나왔지만, 다시 되돌아가서 예전의 갈래길 앞에서 고민을 해야 될 것이다. 새로운 시는 어디에서 다시 시작해야 할 것인가. 나는 이 대답을 이 책의 밑바탕에 깔아두었다.

서정성: 새로운 서정성의 원형적 시간

죽은 세계의 시적 국면, 독백주의적 서정성

서정성의 본질이 무엇이냐에 대한 논의가 많지만, 여러 논의에 공통되는 부분을 추출하면 '세계와 자아의 소통 가능성'이 될 것이다. 세계와 자아 사이에 상호소통이 가능하다는 믿음이 없이 서정시는 온전하게 존재할 수 없다. 그것이 현실적으로 존재하는 경험의 일종이든, 인지능력의 착오나 오류에 기인한 일종의 환각이든, 아니면 일종의 게임의 룰과 같은 암묵적 합의이든 간에, 자아와 세계가 적대적인 관계에서 벗어나 소통에 필요한 코드를 공유하고 있다는 전제는 서정시에 있어서 필수적이다.

서정성 논의의 핵심은 결국 이 문제를 어떻게 해명하고 명명하느냐에 달려 있다고 할 수 있다. 서정성에 대한 정의는 많다. 김준오는 '자아와 세계의 동일성'으로 부르고, 슈타이거는 '주관성', '회감'이라는 용어로, 조동일은 '세계의 자아화'라는 용어로 표현하고 있다. 김준오의 용어가 세계와 자아의 동질성을 강조한 것이라면 슈타이거의 용어는 심리적 상황에서의 주관적 동화를 말한 것이다. 또 조동일의 용어는 주관적인 의도의 발현을 직접적으로 나타내고 있다. 깊이 분석한다면 이들의 세계관은 근원적으로 전혀 다른 기반 위에 서 있음을 알 수 있을 것이다.

이들 용어에 대한 섬세한 고찰은 서정성과 서정시의 본질에 대한 통찰에 도움을 줄 것이지만 여러 제약 때문에 여기서는 세계와 자아의 관계를 '소통 가능성'으로 보는 것과 '동일성'으로 보는 시각의 차이만 언급하고자 한다. 김준오는 "시정신은 단적으로 자아와 세계의 동일성에 있다"[1]고 하며 이 동일성을 "자아와 세계의 일체감"이라고 부연 설명하고 있다. 동일성이 일체감과 동질의 것이라 한다면 이는 주관적 심리작용의 일종이라 볼 수 있을 것이다. 그래서 "자아와 세계가 각기 특수한 성격을 '상실'하고 하나의 새로운 동일성의 차원에서 승화되었을 때"(김준오: 35) 발생하는 존 듀이의 미적 체험론을 언급할 때 괴리가 생긴다. 듀이의 그것이 자아와 세계의 특수성이 동시에 사라지면서 새로운 차원의 동일성을 형성하는 쌍방향의 상호소통 상태를 의미하는 데 반하여, 김준오의 '일체감'은 자아가 세계를 자기 시각화하는 일방통행의 포괄 상태를 의미하기 때문이다. 그래서 다음과 같은 단서를 달지 않을 수 없었을 것이다. "물론 듀이의 정의는 체험이 물질적 측면만이나 정신적 측면만으로 이루어지지 않는다는 체험의 일반적 전체성을 바탕으로 한 것이지만 이것은 자아와 세계의 동일성이 시의 고유성이 되는 근거로 볼 수 있다."(김준오: 35) 김준오가 유보한 것은 존 듀이의 논의에 깔린 "체험의 일반적 전체성"이다. 즉 자아와 세계의 동일성은 심리적, 물질적 측면에서 동시에 이루어지는 것이라는 사실을 유보하는 것이다. 그는 왜 이렇게 한 발 물러선 것일까. 그것은 동일성을 일종의 심리적, 혹은 수사학적 현상으로 국한시키고 싶었기 때문이다. 일종의 수사학적 반응으로, 즉 실천적인 국면과 거리를 둔 표현상의 현상으로 서정성의 문제를 축소하고 싶었기 때문이다. 이는 "자아와 세계가 구분되지 않을 만큼 동화되어 있듯이 서정시에 있어서 대상(세계)은 자립적 의의를 갖지 못하고 주관(자아)에 종속된다"(김준오: 36)는 언급에서 분명하게 드러난다. 이는 동일성론의 명백한 후퇴가 아닐 수 없다. 이때 그의 논의는 조동일의 "세계의 자아화"와 변별성을 지니지 못하는 단순한 논의로 추락한다. 결국 서정성은 세계에 대한 단순한 심리적 반응에 불과한

1 김준오, 『시론(제4판)』, 삼지원, 2000, 34쪽.

것이 된다.

대부분의 논의는 이처럼 서정성을 자아의 심리적 현상 혹은 그것의 수사학적 발현으로 본다. 이런 서정성을 심리주의적 서정성이라 부를 수 있을 것이다. 이는 또한 주관이 대상을 일방적으로 포섭하는 구조를 취한다는 점에서 '독백주의적 서정성'이라 부를 수도 있다. 이런 서정성은 세계와 자아의 문제에서 세계를 수동적인 것으로 간주하고 자아의 입장만을 강조한 논의라 할 수 있다. 김준오처럼 대부분의 논자는 서정성을 다룰 때 "물질적 측면만이나 정신적 측면만으로 이루어지지 않는다는 체험의 일반적 전체성" 중에서 후자, 즉 정신적 측면에서 접근할 뿐이다. 이는 일종의 인간중심주의의 산물이라 할 수 있다.

능동적 세계의 시적 국면, 상호주체적 서정성

서정성을 소통 가능성으로 보는 논의는 이런 한계에 대한 인식에서 출발한다. 정신적 측면이 아니라 물질적 측면까지도 포함하는 서정성이 바로 의사소통적 서정성, 즉 '상호주체적 서정성'이다. 소통은 발화자와 수신자를 동등하게 인정한다. 즉 자아와 세계는 동등한 입장에서 의사소통의 구조 안에 독립적으로 존재하는 필수적인 구성원이다.

'세계와 자아의 소통 가능성'으로서의 서정성, 즉 상호주체적 서정성은 달리 '마법성'이라 부를 수 있다. 마법성은 자아와 대상 사이의 거리를 무화시키는 능동적인 순간에 발생한다. 이 순간은 명백하게 존재하는 자아와 세계의 실존적인 차이를 초월한다는 점에서 정신적 측면과 물질적 측면을 동시에 포괄한다. 마법성은 "인간과 자연의 일체감, 존재하는 모든 것들이 동일하다는 인식"[2]을 반영한 것이기 때문이다. 이 속에서 세계와 자

2 Ernst O. Fischer, 김성기 옮김, 『예술이란 무엇인가』, 돌베개, 1984.

아는 상호소통할 수 있는 동질적 코드를 공유한 것으로 전제된다. 일종의 공용어와 같은 코드를 공유한 존재로서 세계와 자아는 어느 한쪽에 종속되는 존재가 아니다.

마법 혹은 주술(모두 'magic'으로 번역된다)의 문제가 재조명되어야 한다면 바로 서정성의 본질을 해명하기 위해서일 것이다. 이 문제를 학문적 대상으로 다룬 최초의 저작은 J. G. 프레이저(Frazer)의 『황금 가지』라 할 수 있다. 이 방대한 저서는 주술에 관한 모든 논의의 근원으로 작용하고 있다. 물론 프레이저 역시 과학적 이성주의 입장에서 마법성을 다루고 있기 때문에 그 의미를 긍정적으로 접근하기보다는 과학의 기형아인 의사과학(false science)으로 인식할 뿐이라는 한계를 지닌다. 잘못된 관념연합이라는 개념으로 마법의 특성을 일관되게 설명하거나, 마법을 저급문화나 원시인의 소박한 지성과 관련시키는 논의에서 그런 한계가 잘 드러난다.

이에 반해 비록 마법을 중점적이고도 직접적으로 거론하지는 않았지만, 마법적 세계관에 긍정적인 의미를 부여하며 접근하고 있는 엘리아데의 경우는 프레이저와 좋은 대조가 된다. 가령 엘리아데의 『우주와 역사-영원회귀의 신화』[3]와 같은 저서는 주술과 종교, 신화가 구별되지 않은 상태에 대해 기술하고 있으며, 종교학이라기보다는 차라리 마법 종교적(magico-religious) 의식에 대한 연구서라 할 수 있을 것이다. 이 저작에서 그는 그런 세계관의 의미와 가치에 대해 논하고 있다.

로니(Jérome-Antoinne Rony)에 따르면 우리를 위협하기도 하고, 또 어르고 달래기도 하는 구체적 힘을 지닌 능동적 세계를 마법적 세계라 할 수 있는데, 이 세계와 우리들을 맺어 주는 혈연의 힘에 대한 우리의 신앙을 밖으로 드러내는 수단, 즉 신비로운 길을 통해, 자동적으로 우리의 소망이

3 M. Eliade, 정진홍 역, 『우주와 역사-영원회귀의 신화』, 현대사상사, 1976 참조.

나 원망(願望)을 이루고자 하는 기도를 마법이라 한다.[4] 이 말을 간단하게 정리한다면 마법은 세계와 우리의 친연성을 전제로 하여 우리의 바람을 이루고자 하는 신비로운 시도라 할 수 있다. 마법성은 그런 시도가 전제로 하고 있는 세계와 자아의 관계와 성격을 나타내는 말이다. 마법성이라는 개념은 서로에게 변화를 주고 소통할 수 있는 능동적인 세계와 자아, 어느 한쪽에 종속된 것이 아니라 각자 독립적으로 존재하고 있는 구성원으로서의 세계와 자아, 그리고 소통을 가능하게 해주는 동일한 코드의 실재에 대한 신뢰를 전제로 한다. 세계와 자아는 "혈연의 힘"으로 서로 연계되어 있는 존재이며, 이를 바탕으로 소통 가능성이 작동하게 된다.

소통 가능성으로서의 서정성은 세계를 능동적인 대상으로 다룬다. 세계는 인간과 같은 코드를 지닌 상태로 존재한다. 벤야민이 아우라(Aura)의 경험을 두고 "아우라의 경험이란 인간 사회에서 흔히 볼 수 있는 반응 형식을, 무생물 내지 자연적 대상과 인간 사이에 존재하는 관계에 옮겨놓는 데 있는 것이다. 우리가 시선을 주고 있는 자나 시선을 받고 있다고 느끼는 자는 우리에게 시선을 되돌려 준다."[5]고 할 때 상정하는 능동적인 대상이 바로 그런 존재이다. 우리가 어떤 대상을 바라볼 때, 그것은 단순한 사물이 아니라 "우리에게 시선을 되돌려" 주는 어떤 존재이다. 이를 단순하게 '세계의 자아화'라 부를 수 없는 것은 대상의 능동성이 전제되기 때문이다.

세계나 대상의 능동성이 전제될 때 비로소 자아의 진정한 참여가 가능해진다. 수동적인 세계, 정적인 세계에서 자아의 인식을 세계에 부여하고 확장시킬 때 이 세계에는 인간 행위의 공허한 메아리만 있게 된다. 이때 시인은 동굴 속에서 웅웅거리는 자기 소리만을 듣는 존재에 불과하게 된다.

4 Jérome-Antoinne Rony, 吉田禎吾 譯, 『呪術』, 東京: 白水社, 1957, 5쪽.
5 Walter Benjamin, 반성완 역, 『발터 벤야민의 문예이론』, 민음사, 1983, 158쪽.

기존의 독백주의적 서정성의 한계는 이런 폐쇄성을 벗어나지 못하고 있다. 그러나 소통 가능성의 서정성은 대상의 능동성을 인정하기 때문에, 벤야민의 아우라적 경험의 대상처럼 세계는 나와 소통하며 반응을 주고받는 존재가 된다. 그래서 자아는 세계에 적극적으로 참여할 수 있다. 옥타비오 파스의 다음 언급은 이 소통 가능성에 대한 적극적인 의미부여라 할 수 있다.

> 시와 마법 사이의 유사성은 독일 낭만주의자들 사이에서 발견되어 19-20세기의 지속적인 주제가 되어 왔다. 시가 마법이라는 개념은 능동적인 미학을 암시한다. 다시 말해서, 예술은 표상과 관조로 그치는 것이 아니라, 현실에 대한 개입이다. 만일 예술이 세계의 거울이라면 그 거울은 세계를 변화시키는 마법의 거울이다.[6]

옥타비오 파스 시론의 바탕에는 마법성에 대한 긍정이 있다. 그는 세계와 자아의 소통을 신뢰하며 그 연장선상에서 낭만주의와 초현실주의를 다룬다. 그의 관점에서 본다면 독백주의적 서정성은 비판의 대상이 될 수밖에 없다. 인용문에서 보듯이 그것에 바탕을 둔 시는 표상과 관조의 예술에 불과하게 된다. 그러나 상호주체적 서정성, 마법적 서정성에 있어서 시는 세계에 개입하는 능동적인 예술이 된다. 서정시의 앙가주망은 바로 이 순간에 가능해지는 것이다.

서정성의 원형적 시간

상호주체적 서정성은 어떤 모델을 가지고 있다. 그 모델은 흔히 신화시

6 Octavio Paz, 김은중 옮김, 『흙의 자식들 외』, 솔, 1999, 81쪽.

대로부터 길어 올려진다. 실러가 '소박한 시의 시대'라 부른, 자연과 인간이 하나의 혈연관계를 유지하던 시대는 신화적 시간이자 서정성의 원형적 시간이다.

학자들은 저마다 자신들의 문화에서 그 원형을 찾아내어 문학 이론의 기반으로 삼고자 한다. 벤야민은 유대 카발라의 신비주의로부터 아우라를 이끌어 내었으며 거기에 입각하여 서정성의 원형적 모델을 제시하였다. 아우라에 대한 시적 묘사가 그것이다. 그런 그가 러시아 소설가 레쓰코브의 소설, 「알렉산드리아의 보석」의 다음과 같은 대목을 그냥 스쳐 지날 리 있겠는가.

> 〈저 좋던 옛날〉에는 한때 지구의 품 안에 있던 돌과 천공에 떠 있던 별들이 아직도 인간의 운명에 관여하던 시대가 있었다. 또 이 시대에는 오늘날처럼 하늘 위에서이건 땅 밑에서건간에 모든 것이 인간의 운명에 무관심하지 않았고 또 어느 곳으로부터도 운명의 목소리가 들리지 않았기 때문에 인간은 자신의 운명을 스스로 결정할 수 있었다. (…) 그것들(별과 돌-인용자)이 인간들과 얘기하던 시대는 이미 지나가 버렸다.(Benjamin: 180)

돌과 별이 인간의 운명에 관심을 가지고 인간들과 얘기하던 "저 좋던 옛날"이야말로 상호주체적 시정성의 시대가 아닌가! 벤야민은 이 구절로부터 역사의 본질을 읽어낸다. "한 가지 확실한 사실은, 역사의 진행과정은 바로 그 근본적 성격에 있어서는 본래의 모든 역사적 카테고리 밖에 있다는 점이다."(Benjamin: 181)라고. 이 말은 서정성의 시간만이 역사적 카테고리의 진정한 항목이 된다는 말로 읽힌다. 그리고 "레쓰코브는 우리에게, 인간이 자연과 조화를 이루면서 살아가고 있다고 믿어지는 그러한 시기가 완전히 종말을 고했음을 알려주고 있다."(Benjamin: 181)고 벤야민은 서운한 듯 한마디 더 보태고 있다. 여기에 서정성의 아우라가 사라진 시대에 대한 탄식이 담겨 있다. 아마 가장 유명한 모델은 루카치의 『소설의 이론』에 나온 것이리라. 그것은 다음과 같은 시적 진술로 시작된다.

> 별이 빛나는 창공을 보고, 갈 수가 있고 또 가야만 하는 길의 지도를 읽을 수 있었던 시대는 얼마나 행복했던가? 그리고 별빛이 그 길을 훤히 밝혀주던 시대는 얼마나 행복했던가? 이런 시대에 있어서 모든 것은 새로우면서 친숙하며, 또 모험으로 가득 차 있으면서도 결국은 자신의 소유로 되는 것이다. 그리고 세계는 무한히 광대하지만 마치 자기 집에 있는 것처럼 아늑한데, 왜냐하면 영혼 속에서 타오르는 불꽃은 별들이 발하고 있는 빛과 본질적으로 동일하기 때문이다.[7]

그가 소설의 특성으로 들어가기 전에 이런 총체성이 확보된 '행복한 시대'를 말하는 것은 근대 시민사회를 반영하는 근대소설의 근원적 조건(분열된 세계상)을 부각시키기 위해서이다. 선험적으로 자아와 세계의 일치가 보장되는 세계에 필요한 장르는 서사시인데, 근대의 장르로서 소설은 "신에 의해서 버림받은 세계, 근대 시민사회의 서사시"가 될 뿐이다. 이제 소설은 숨겨진 삶의 총체성을 찾아내어 이를 구성해야만 하는 지난한 과제를 떠맡게 되었다. 루카치가 말하는 근대소설의 본질은 바로 서정성의 원형적 시간을 염두에 둘 때 가능한 설정이다.

그렇다면 우리에게 서정성의 원형적 모델은 무엇일까. 우리의 기층문화와 연결된 세계는 모두 서정성의 모델이 아닐 수 없다. 지금 접근 가능한 텍스트는 구술문화의 기록물과 『삼국유사』 등이 고작이지만, 이 속에

7 G. Lukács, 반성완 옮김, 『소설의 이론』, 심설당, 1985, 29쪽.

는 아직도 새롭게 닦아서 빛을 내야 할 많은 유산들이 있다. 서정성의 원형적 시간은 먼저 무가에서 찾을 수 있다. 우리는 여기에서 의사소통적 서정성의 원형을 확인하고 덤으로 언어에 대한 통찰까지 얻을 수 있을 것이다.

서사무가의 「천지왕 본풀이」에는 세계와 자아의 소통이 이루어지던 원형적 시간이 명쾌하게 그려져 있다. 이 무가는 천지창조의 이야기를 담고 있는 우리 기층문화의 창세기라 할 수 있다. 이 노래에 따르면 태초에 천지는 혼돈의 상태였으며 하늘과 땅이 금이 없이 서로 맞붙어 있었다. 그러던 것이 태초의 시간에 하늘의 머리와 땅의 머리가 열리면서 하늘과 땅 사이에 금이 생기는데 이로부터 하늘과 땅의 경계가 드러나기 시작했다. 이때 옥황상제 천지왕이 해 둘, 달 둘을 보내 천지가 활짝 개벽하게 되었다. 그러나 이 카오스의 세계는 아직 정리되지 않았다. 그것을 무가는 이렇게 표현한다.

> 천지의 혼돈이 아직 완전히 바로잡힌 것은 아니었다. 하늘에는 해도 둘, 달도 둘이 떠 있으므로, 낮에는 만민 백성들이 더워 죽게 마련이고, 밤에는 추워 죽게 마련이었다. 그뿐 아니라, 이때는 모든 초목이나 새 · 짐승들이 말을 하고, 귀신과 인간의 구별이 없어 사람 불러 귀신이 대답하고, 귀신 불러 사람이 대답하는, 그야말로 혼잡한 판국이었다.[8]

세계가 능동적인 상태로 존재하는 의사소통적 서정성의 원형이 여기에 그려져 있다. 새 · 짐승뿐 아니라 초목까지 말을 하는 이 세계에서 모든 존재는 인간과 대등한 위치에 놓여 있다. 그리고 가시적 존재뿐 아니라 비가시적 세계, 즉 유계(幽界)의 존재인 귀신들도 인간과 대등한 상태로 존

8 현용준, 『제주도 신화』, 서문당, 1976, 12쪽.

재한다. "사람 불러 귀신이 대답하고, 귀신 불러 사람이 대답하는" 상황은 이 세계의 의사소통적 상태를 잘 보여주는 예가 된다. 이때 언어는 초목과 짐승, 귀신들의 공용어로 존재한다. 많은 언어학자가 꿈꾸었던 인류 공용어의 차원을 넘어서는, 인간과 사물, 짐승이 공유하는 만물 공용어이다. 이 단일 코드를 통하여 세계와 자아는 소통할 수 있다. 소통은 의지의 공명(共鳴)이 아니라 언어의 공유로 이루어진다. 이때 언어는 유일한 소통수단으로 존재한다. 언어의 마법적 힘에 대한 관념은 여기에서 나온다. 언어는 인간만의 것이 아니라 사물도 공유한 것이기에 사람이 초목을 부를 수도, 귀신이 사람을 부를 수도 있고 그 부름을 통하여 힘을 작용하게 할 수도 있는 것이다.

여기에 묘사된 카오스의 세계는 카니발적 축제의 세계이다. 인간의 질서가 개입되기 전의 원형적 시간은 이렇게 카니발의 모습을 띨 수밖에 없다. 이에 비하여 벤야민이나 루카치가 그린 세계는 너무 질서정연한 세계라 핍진성이 부족하다 할 수 있다. 「천지왕 본풀이」는 어떠한 분화도 이루어지지 않은 카오스적 대통합의 세계를 핍진하게 보여준다. 무가의 가치는 이 정도에서 그치지 않는다. 여기에 인간적 질서의식이 카오스에 개입되는 과정까지 담겨 있다.

카오스를 정리하는 일은 천지왕의 두 아들에게 맡겨졌다. 천지왕은 총명부인과 결혼하여 두 아들 대별왕, 소별왕을 낳았는데, 형인 대별왕이 더 똑똑하였다. 애초에 천지왕은 큰아들인 대별왕에게 이승을, 둘째아들 소별왕에게 저승을 맡기려 했으나 속임수 내기로 소별왕이 이승을 맡게 되었다. 그래서 저승은 질서가 잡혀 있고 이승은 무질서와 불공정이 판을 치게 되었다.

이승에서 해와 달이 둘씩 떠서 생기는 고통과 천지귀신의 카니발적 카오스 상태를 해결하는 것은 소별왕의 능력 밖이었다. 소별왕은 저승을 다스리고 있는 대별왕에게 도움을 청한다. 그래서 대별왕은 친 근 활과 천 근화살을 준비하여 "앞에 오는 해는 남겨 두고 뒤에 오는 해를 쏘아 동해바다에 던"지고 "앞에 오는 달은 남겨 두고 뒤에 오는 달을 쏘아서 서해바다에 던졌다."(현용준: 20) 이제 남은 문제는 천지만물의 언어능력과 인간과 귀신의 혼동이었다. 여기에 대해서 무가는 이렇게 말한다.

> 초목과 새 · 짐승이 말하는 것은 송피(松皮) 가루로써 눌렀다. 송피 가루 닷 말 닷 되를 세상에 뿌리니, 모든 금수 · 초목의 혀가 굳어져서 말을 못하고 사람만이 말을 하게 되었다.
>
> 다음은 귀신과 생인의 분별을 짓는 일이었다. 이것은 우선 그 무게로써 가르기로 했다. 저울을 달아가지고 하나하나 달아서 백 근이 차는 놈은 인간으로 보내고, 백 근이 못 되는 놈은 귀신으로 처리하였다.(현용준: 20)

인간적 질서가 개입하여 카니발적 카오스는 정리되어 간다. 초목과 새 · 짐승의 소통 코드가 이때부터 작동하지 않게 되는 것이다. 송피 가루를 세상에 뿌리자 모든 "금수 · 초목의 혀"가 굳어졌다. 소통의 코드는 존재하지만 그것을 활용할 기관이 마비되어 버린 것이다. 이 굳은 혀는 사물과 인간, 세계와 자아가 소통 코드에 접근할 능력을 상실하게 되었음을 의미한다. 그러나 코드의 완전한 상실이 아니라는 점에서 언젠가 다시 회복될 가능성을 암시해 주고 있다. 서정성의 가능성은 아직도 유효한 것이다! 그 가능성이 사라져 버렸다면 사실상 시(무가)의 가능성도 사라져 버릴 것이 아닌가. 무가는 신을 통하여 그 코드에 접근할 수 있다는 믿음 없이 존재할 수 없기 때문이다.

귀신과 사람의 분별은 지혜의 저울로 해결된다. 사람의 세계와 귀신의 세계를 구별하는 데 무게라는 것만큼 자명한 기준이 어디 있겠는가. 이 무게는 절대적 척도로서 기능한다. 데카르트가 물질과 영혼의 구분 기준을 연장성(延長性, res extensa)이라는 공간 점유의 차원에서 찾는 것도 이와 유사하다. 공간을 차지하는 것은 어떤 형식으로든지 구체적인 무게를 지닌 것이지 않으면 안 되기 때문이다. 사실 무게가 연장을 앞서기 때문에 연장보다는 무게가 더 구체적이고 본질적인 기준이라 할 수 있다. 현대시에서도 무게라는 것은 이승과 저승의 기준이 된다. 박목월의 시 「하관」이 이를 잘 보여준다.

> 너는 어디로 갔느냐
> 그 어질고 안스럽고 다정한 눈짓을 하고.
> 형님!
> 부르는 목소리는 들리는데
> 내 목소리는 미치지 못하는
> 다만 여기는
> 열매가 떨어지면
> 툭 하는 소리가 들리는 세상.
>
> – 박목월, 「하관」 부분

죽은 아우가 있는 세계는 저승으로, 아무리 외쳐도 "내 목소리는 미치지 못하는" 단절된 세계이다. 그러나 아직 소통의 가능성은 남아있나 보다. "형님!/ 부르는 목소리는 들리"기 때문이다. 비록 일방통행이긴 하지만 소통의 문제는 완전히 포기되지 않은 것이다. 만일 이 가능성을 포기하였다면 박목월 시인은 더 이상 서정시인이 될 수 없었을 것이다. 이 시인이 제시하는 이승과 저승의 기준은 바로 무게이다. 이 세계는 "열매가 떨어지면/ 툭 하는 소리가 들리는 세상"이다. 중력의 자장 안에 놓일 수 있는 것은 연장이 아니라 무게를 지닌 물체이다. 중력(gravity)이라는 말 자체도 무게라는 말에서 나온 것이다. 그 무게 때문에 열매는 지상으로 떨어지고

"톡" 하는 소리를 내게 된다. 저승의 세계는 아마도 깃털이 떨어지는 것처럼 소리가 나지 않는 고요한 세계일 것이다. 소리는 무게를 가진 존재의 전유물이기 때문이다.

대별왕의 지혜로 이승의 카니발적 카오스는 정리되었다. 초목과 귀신, 인간이 뒤섞여 말을 하던 시대는 이제 원형의 시간으로 남게 되었다. 초목의 혀는 굳어지고 무게 나가지 않는 귀신은 저승으로 사라졌다. 이 지상은 이제 인간들만의 공간이 되었다. 그러나 그 원형적 시간에 대한 묘사는 『삼국유사』에 풍부하게 남아 있으므로 몇 가지 예를 더 들어 보기로 한다.

원형적 시간의 부활, 신라정신

『삼국유사』는 서정성의 원형적 시간이 가득 담겨 있는 보고이다. 그 세계는 초목과 귀신, 인간의 상호소통이 자유로웠던 시대의 것이다. 곰과 호랑이가 신과 소통을 하고(「고조선」), 하늘은 수시로 인간 세계와 소통하고(「경덕왕, 충담사, 표훈대덕」), 쥐가 인간의 말을 하기도 한다(「사금갑」). 곰이 인간으로 화하고(「고조선」), 용이 늙은 중으로 변하기도 하고, 여자가 꽃으로 변하기도 한다(진성여왕과 거타지」). 하나의 존재는 단일한 차원에 구속되지 않고 다차원적으로 열린 세계에서 다이내믹하게 살아간다. 이 세계에서 모든 존재는 가능성 그 자체로 놓여 있는 것이다. 어느 존재도 다른 차원의 존재가 될 수 있으며 그 가능성을 바탕으로 모든 존재는 상호소통이 가능하다. 이 세계의 정체성은 폐쇄적이고 단일한 정체성이 아니라 변신술의 수많은 연쇄로 엮여 있는 카오스적 정체성이라 할 수 있다.

다차원적 소통을 가장 극단적으로 나타낸 것이 인간계 밖의 존재와 인간의 교접일 것이다. 『삼국유사』의 서문은 이런 세계를 적극 옹호하기 위해서 서문에다 제비 알을 삼키고 설(契)을 낳은 간적(簡狄), 거인의 발자국을 밟고 임신한 강원(姜嫄), 용과 교접하여 태어난 패공(沛公) 등 중국의 사례를 열거하고 있다. 일연(一然)은 이 세계를 적극적으로 옹호하며 '기이(紀異)'편을 책의 첫머리로 삼고 있다. 이는 유교적 세계관에 대한 적극적인 부정이자 기층문화에 대한 적극적인 옹호로 읽힌다. 유교적 세계관에서 거부된 괴력난신(怪力亂神)의 세계가 지닌 긍정적인 가치를 인정하며 서정성의 원형적 세계를 종횡무진 엮어 나간다.

인간과 세계는 교접이 가능하다. 해(햇빛)는 유화(柳花)를 잉태하게 하여 주몽을 낳았고(「고구려」), 죽은 사륜왕이 도화랑(桃花娘)과 정을 나누어 비형랑을 낳았고(「도화녀와 비형랑」), 과부가 용과 교접해서 서동(薯童)을 낳았고(「무왕」), 처녀가 지렁이와 사통하여 견훤을 낳았으며(「후백제의 견훤」), 역신(疫神)이 사람으로 변하여 남의 아내를 범하기도 하였다(「처용랑과 망해사」). 아마 그중에서 제일 가는 이야기는 신라의 최고 미녀 수로부인 이야기일 것이다. 용이 그녀의 미모에 반하여 갑자기 바다에서 나와 부인을 끌고 바다로 들어갔다고 한다. 그리고 그것이 한두 번 있는 게 아니다. 책에는 "수로는 아름다운 용모가 세상에 뛰어나 깊은 산이나 큰 못을 지날 적마다 여러 번 신물(神物)들에게 붙들렸다"(「수로부인」)고 했다. 이 세계는 서로가 서로를 임신시킬 수 있는 능력, 즉 가임성(可姙性)을 지니고 있다. 이 가임성은 소통 가능성의 극점을 보여준다. 세계와 자아는 기호학적 의사소통뿐만 아니라 육체적 소통까지 가능한 능동적인 존재들이다.[9]

이런 세계에서 시, 노래, 음악 등의 예술은 그 소통을 가능하게 하는 최고의 수단이 된다. 신라 경덕왕 때 해가 둘이 나타나서 열흘 동안이나 없어지지 않을 때, 향가를 잘 짓기로 유명한 월명사(月明師)가 도솔가를 지어 그 변괴를 사라지게 하였다. 능동적인 미학으로서의 시가 현실에 앙가주

9 더 많은 사례는 임기중, 『신라가요와 기술물의 연구-주력관념을 중심으로』, 이우출판사, 1981 참조.

망 하는 순간이다. 시는 서정성의 세계에서 진정한 참여를 통하여 우주의 질서를 회복시킨다. 그가 「제망매가」를 지어 노래하자 바람이 그에 응답하였으며, 그가 피리를 불자 달의 운행이 멈추었다.

> 월명은 항상 사천왕사에 있었는데, 피리를 잘 불었다. 언젠가 달밤에 피리를 불면서 문 앞 큰길을 지나가니 달이 이 때문에 운행을 멈추었다. 이로 인하여 그 길을 월명리라 하였는데, 스님은 이 때문에 유명해졌다.[10]

이때 달은 예술을 이해할 수 있는 존재로 설정되어 있다. 마치 『산해경』의 제강(帝江)과 같다. 제강은 "그 모습이 누런 자루 같은데 붉기가 빨간 불꽃 같고 여섯 개의 다리와 네 개의 날개를 갖고 있으며 얼굴이 없다. 춤과 노래에 능하다."고 한다. 이것은 아마 제천의식(祭天儀式)의 대상인 태양을 의인화한 것일 것이다.[11] 그리고 춤과 노래를 곁들인 제천의식은 「위지동이전」에 보듯이 우리 민족의 고유한 특징 중의 하나이다. 중국 근대의 신화학자 손작운이 『산해경』을 동이계(東夷係) 고서(古書)로 단정하고자 했다는 사실이나, 이 책이 발해만 연안의 무당 혹은 방사들에 의해 성립되었다는 사실을 기억한다면,[12] 월명사의 이야기에 등장하는 달이 피리소리에 감동하여 운행을 멈추었다는 사실은 그다지 낯설지 않다. 『산해경』의 해나 『삼국유사』의 달은 모두 예술을 이해하는 존재이기 때문이다. 시가 이 세계에 적극적으로 개입할 수 있는 것도 바로 이 때문이다. 『삼국유사』의 시대는 세계와 자아의 소통이 보편적으로 이루어지고 있었던 서

10 일연 지음, 이동환 교감, 이병도 감수, 『교감 삼국유사』, 민족문화추진회, 1982, 401쪽.

11 이와 관련하여 하신(何新)의 다음 언급이 도움이 된다. "고인들이 태양신과 천신에게 제사 드리는 주된 의식은 음악과 가무로 신을 즐겁게 하는 것임을 알 수 있다. 만일 태양신이 가무를 알지 못한다면 어찌 이런 오락을 즐길 수 있겠는가?", 何新, 홍희 옮김, 『신의 기원』, 동문선, 1990, 245쪽.

12 정재서, 「산해경 다시 읽기의 전략」, 『동양적인 것의 슬픔』, 살림, 1996 참조.

정성의 원형적 시간이었다. 월명사에 대한 이야기는 다음과 같은 이야기로 끝난다.

> 신라 사람들이 향가를 숭상한 지는 오래되었는데, 대개 시(詩)나 송(頌)과 같은 종류의 것이다. 이 때문에 때때로 천지와 귀신을 감동시킨 적이 한둘이 아니었다.(일연: 401)

향가 즉 시가 천지와 귀신을 감동시킬 수 있는 서정성의 원형적 시간, 신라시대는 『삼국유사』를 통하여 우리 시학의 중요한 모델이 되었다. 전후의 피폐하고 삭막한 시대, 세계가 균열되고 소통할 초월적 공간이 사라진 시기에 서정주 시인이 이 세계에 침잠하여 신라정신을 문학적 원형으로 확립하고자 시도한 것은 시기적으로 적절하였다고 할 수 있다. 서정주의 신라정신은 우리 문학사상 독창적인 미학 중의 하나이다. 신라정신은 '영통(靈通)'과 '혼교(魂交)'를 핵심으로 하는 '영통주의(靈通主義)' 혹은 '영원주의(永遠主義)'로 설명된다. '영통'과 '혼교'는 세계와 자아에게 영원히 소멸하지 않는 영혼이 있어서 상호소통할 수 있음을 나타내는 개념이다. 서정주는 "마음 전달의 영원한 계속"이라는 영통과 혼교 속에 끼어서 삶의 유한성과 죽음의 두려움을 극복하거나 초월하는 '영원한 참여자'이길 원하며 이 정신을 미학적으로 체계화하려 노력하였다. 그는 이 정신적 지향을 가리켜 '신라정신'이라 불렀다. 이는 의사소통적 서정성의 구체적 부활이 된다. 그의 사유가 잘 녹아 있는 작품으로 「한국성사략(韓國星史略)」을 들 수 있다.

> 천오백년 내지 일천년 전에는
> 금강산에 오르는 젊은이들을 위해
> 별은, 그 발 맡에 내려와서 길을 쓸고 있었다.

그러나 송학(宋學) 이후, 그것은 다시 올라가서
추켜든 손보다 더 높은 데 자리하더니,
개화 일본인들이 와서 이 손과 별 사이를 허무로 도벽해 놓았다.
그것을 나는 단신으로 측근(側近)하여
내 체내의 광맥(鑛脈)을 통해, 십이지장까지 이끌어갔으나
거기 끊어진 곳이 있었던가.
오늘 새벽에도 별은 또 거기서 일탈한다. 일탈했다가는 또 내려와 관류하고, 관류하다간 또 거기 가서 일탈한다.
장(腸)을 또 꿰매야겠다.

– 서정주, 「한국성사략」 전문

이 시는 먼저 신라시대의 이야기로 시작된다. 이 시에서 금강산에 오르는 젊은이들을 위해 별이 그들의 발 맡에 내려와서 길을 쓸었다는 것은, 향가의 하나인 「혜성가」에 얽힌 설화를 바탕으로 하고 있다. 이야기는 간단하다. 세 화랑의 무리가 금강산을 유람하고자 하는데 혜성이 심대성(心大星) 주위에 나타났다. 이는 외적이 왕궁에 쳐들어온다는 의미라서 화랑들이 여행을 중지하려 했다. 이때 융천사(融天師)가 「혜성가」를 지어 불렀더니 괴변이 사라지고 일본군사도 돌아갔다는 것이다. 「혜성가」에서 혜성은 '길쓸별(道尸掃尸星)'(일연: 410), 즉 사람이 다니는 길을 쓸어 주는 별이라 부른다. 이때 별은 자아와 구별되는 세계의 상징이다. 신라시대에는 이처럼 별이 인간의 발 맡에 내려와 인간과 가까이, 인간과 더불어 존재하고 있었다. 즉 세계와 자아는 행복한 서정성의 세계에서 상호소통하고 있었던 것이다.

시는 이어서 중국 송나라의 성리학이 들어오면서 그것의 논리적이고 현실주의적인 세계관이 세계, 즉 별과 자아의 상호소통을 미신적인 것, 괴력난신의 것으로 치부하고 억압하여 서정성의 세계가 상당히 위축되었음

을 말한다. "송학(宋學) 이후, 그것은 다시 올라가서/ 추켜든 손보다 더 높은 데 자리하"였다는 것은 별로 표상되는 세계가 발 밑에서 인간과 더불어 존재하지 못하고 인간의 손이 닿지 않는 곳으로 멀어졌다는 뜻이다. 성리학의 도입으로 세계와 자아의 균열이 서서히 진행되는 상황을 표현한 것이다.

서정성의 파괴가 결정적으로 이루어진 것은 "개화 일본인들"에 의해서이다. 일본인들은 아시아에서 근대화를 최초로 그리고 가장 적극적으로 시도하여 "탈아입구(脫亞入歐)", 즉 아시아를 벗어나서 서구 근대화의 세계에 진입하는 것을 지상목표로 설정한 사람들이다. 그들이 믿고 있는 근대화란 근대 이전을 미신의 세계로 치부하여 그것을 전면적으로 부정하는 운동에 불과하다. 근대 계몽주의 목적은 '탈마법화'이기 때문이다. 이 시에 나오는 "개화 일본인"의 '개화'는 바로 마법의 세계로부터 벗어나려는 기획을 말한다. 이는 서정성의 세계를 부정하고 세계를 인간의 지배를 받아야 할 수동적이고 타율적이며 어떤 가능성도 지니지 않는 물질적인 존재, 사물(死物)로 만드는 일이다. 근대화를 통하여 별은 죽은 존재가 되어 버렸다. 「천지왕 본풀이」의 표현을 빌리자면 이제 별의 혀가 굳어져 버려 소통의 가능성이 사라져 버린 것이다. 세계와 자아 사이에는 건널 수 없는 거대한 심연만이 놓이게 되었다. 이제 인간은 세계와 고립되어 삶의 진정한 지표를 잃어버렸다. 서정성의 세계를 상실한 인간에게 남은 것은 오로지 허무뿐이다. 시에서 "손과 별 사이를 허무로 도벽해 놓았다"는 것은 바로 이런 의미이다.

시인은 혼자서 이 단절을 뛰어넘으려 노력하였다. 그의 신라정신론은 이 외로운 분투의 결과이다. 그러나 세상 사람들은 이런 노력을 너무나 비이성적인 일로 치부하고 이를 추구하는 시인을 미치광이로 취급할 뿐이다. 세계와 자아의 행복한 합일, 의사소통적 서정성은 이제 비현실적이고 신화적인 사유로 취급되어 쓰레기통에 버려졌다. 시의 마지막은 이 외로운 분투를 표현하고 있다. 별은 나에게 도달하지 못하고 계속 일탈한다. "오늘 새벽에도 별은 또 거기서 일탈한다. 일탈했다가는 또 내려와 관류하고, 관류하다간 또 거기 가서 일탈한다." 이 일탈을 극복하여 세계와 자아의 의사소통을 이루기 위해서는 별의 일탈을 막기 위해 장을 꿰매는 노력이 필요하다. 과연 시인은 그것을 이루었던가. 그의 다른 시들에서 그 소식을 알 수 있을 것이다. 궁금한 사람은 그의 시를 자세하게 손으로 짚어가며 읽어보기 바란다.

위의 시는 서정성의 본질에 대해 언급하는 메타시적 성격을 지닌다. 따라서 이 시의 제목 '한국성사략'은 '간략하게 정리한 한국의 별의 역사'이지만 실제적으로 '간략하게 정리한 한국 서정성의 역사'가 된다. 이 서정성의 역사는 또한 서정시의 역사와 동일한 것이라 할 수 있다. 이 시는 서정성의 세계에 대해 말하고 있다. 이 시에 묘사된 바처럼 별이 인간의 발 맡에 내려와 길을 쓸어 주고 있는 세계, 주체와 대상이 동일한 차원에서 혼융일체가 되어 있는 세계는, 이른바 루카치가 감동적으로 말한 바 있는 "영혼 속에서 타오르는 불꽃은 별들이 발하고 있는 빛과 본질적으로 동일하다"고 믿는 총체성의 세계이다. 총체성이 확보된 '천오백 년 내지 일천 년 전'은 서정주가 강조하는 '영통주의'와 '혼교'가 일상 속에 현현되고 있던 신라정신의 세계이다. 그 세계는 상호주체적 서정성이 완벽하게 구현된 세계이다. 그러므로 분열된 세계상이 지배하는 현대에 시인이 이 세계를 꿈꾸는 것은 당연한 일일 뿐 아니라 필수적인 책무가 아닐 수 없다.

조향이 초현실주의를 옹호한 것도 이런 서정성 회복의 연장선상이라 할 수 있다.[13] 그의 초현실주의의 핵심은 '마법적 원시주의'에 있다. 조향은 냉혹한 이성이 철저하게 지배하는 "이지만능주의(理智萬能主義)"[14]의 세

13 이에 대한 구체적인 논의는 박현수, 「아방가르드와 원시주의의 활력」, 『한국 모더니즘 시학』, 신구문화사, 2007 참조.

14 조향, 「이십세기 문예사조」, 『조향전집2』, 열음사, 1994, 70쪽.

계에서 초현실주의가 지니고 있는 심령학과 같은 초과학적 가능성에 의미를 부여한다. 그에 따르면 현대는 "19세기적 비좁은 현상계"(조향: 172)의 평면성에 갇혀 있다. 이 현상계는 "고전과학적 지식의 덕택으로 영원히 철통같이 막혀 있"던 세계로서 기존의 입체성을 상실하고 편협하고 일면적인 세계로 축소되었다. 그는 이 세계의 평면성을 뚫고 "추상된 현실 곧 본질적인, 절대적인 세계라고 유추되는 '저쪽(beyond)'과의 왕래"(조향: 172)를 꿈꾼다. 아방가르드에 담겨 있는 심령술적인 마법적 원시주의는 이 평면적 세계에 균열을 가하여 이 세계를 다층적, 입체적으로 변형시키는 에너지를 제공한다. 그가 꿈꾸는 세계는 동인지의 서문에 시적으로 표현된 '일요일'과 닮아 있다.

> 새까만 밤의 장막에다 권총을 쏘아 주면 동그만 구멍이 팡 뚫어진다. 환한 햇살이 퍼붓는 동그만 저쪽이 동그맣게 뵌다. 고 구멍이 일요일이다. 사람들은 옹기종기 여게 모여 있다. 갈매기도 끼룩거리고.(조향: 61)

"새까만 밤의 장막"으로 표현되어 있는 이 세계는 권태로 가득한 일상의 요일이다. '일요일'은 이 '장막'으로 표현된 세계의 평면성을 뚫고 생긴 입체적 세계이다. 그 속에서 우리는 "환한 햇살"과 "사람들"과 "갈매기"를 새롭게 만나게 된다. 시에서 이 세계는 소녀가 "-아이 어쩜 바다가 이렇게 똥구랗니?" 하고 감탄을 하며 세계를 새로운 시선으로 바라보게 만드는 소녀의 "뚫린 손바닥의 구멍"(조향의 시 「EPISODE」)이 된다. 조향에 있어서 이 세계 지향은 일종의 포즈가 아니다. 그것은 신비적 비전에 의해서 다층적인 현실 속에 실재할 수 있는 세계가 된다. 이런 세계는 보들레르의 "초자연"과 등가의 세계이다. 그는 이 세계를 단순히 상상력의 확장이 가져오는 가공의 세계로서가 아니라 현실적인 효력을 지닌 실재의 세계로 받아들이고자 한다. 그가 시인을 두고 "옛날의 주술사의 후예", "고도로 세련되고 복잡해진 현대의 원시인"(조향: 200)이라 한 것은 단순한 수사학이 아닌 것이다.

서정주의 신라주의, 조향의 마법적 원시주의는 서정성의 원형적 시간을 회복하기 위한 미학적 기획이다. 이것은 우리 시대의 소외현상과 평면성을 극복하기 위한 처방으로 기획되었다. 세계를 능동적인 존재로 인정하여 자아와 교류하는 상호주체적 서정성은 우리의 공간을 다층적 차원을 지닌 입체적인 공간으로 바꾸어 놓는다. 그러나 근대화는 입체적 가능성을 차단하여 이 세계를 단순한 평면으로 고정시켜 버렸다. 현대의 많은 문제는 사실상 이 세계의 평면화에 기인한다고 할 수 있다. 다층적이고도 중층적인 세계를 회복하기 위해서는 역시 세계의 능동성을 인정하는 상호주체적 서정성에 대한 긍정적인 고찰이 있어야 할 것이다. 그것은 서정성을 일상의 문제로 다루는 실천적 서정성이 될 것이다. 그런 시도가 시작될 때 우리의 전통시학은 여러 가능성을 암시해 줄 수 있을 것이라 믿는다.

마법성: 신비적 총체성의 계보

김소월, 기층문화의 문서저장소

서구 이성주의자들은 근대의 발걸음이 마법적 세계와의 단절로부터 시작된다고 본다. 최남선은 「가두인(街頭人)」이라는 글에서 이것을 "신비벽파(神秘劈破)와 자연정복(自然征服)"이라고 불렀다. '신비'는 마법과 등가이다. 우리는 근대화를 통하여 신비 혹은 마법의 세계를 '벽파'하며 뒤도 돌아보지 않고 신나게 탈주하였다. 마법의 세계는 세계와 자아의 연속성이 유지되고, 사물과 인간이 아우라 속에서 동등하게 사는 '신비적 총체성'의 세계이다. 그러나 세계와 자아의 신비한 연쇄가 가능했던 유기체적 원환적 세계의 가역적 질서는 이성의 직선적 세계의 비가역적 질서로 대체되어 버렸다. 탈마법화는 '신비'의 가치에 대해서 눈을 감고 해악을 드러내는 데 초점을 두었다. 가다머가 말한 바처럼 근대성이 "신성의 상실이나, 시적 경험이라는 어떤 유형의 상실, 그리고 근원적으로 본질적인 것과의 접촉을 잃어버린 세속적 역사주의에 의한 신성의 대체"[1]라면 이런 현상은 한마디로 '마법성의 상실'로 요약될 수 있을 것이다.

근대 개화기는 '구마검(驅魔劍)'이 춤추던 시대이다. 마귀를 쫓아내는 이 검에 근대의 반대축에 서 있던 전근대의 모든 요소들은 추풍낙엽처럼 떨어져 나갔다. 그러나 이 칼을 잡은 사람조차 칼을 쓰는 법을 제대로 알지 못하였던 것이 그 시대다. 이해조의 동명 소설에서 무속적 세계관과 합

1 Paul de Man, *The Resistance To Theory*, University of Minnesota Press, 1986, 78쪽.

리적 세계관이라는 이항대립이 설정은 되었지만 부정항을 어떻게 처리해야 될지 알지를 못하였다. 작품의 형식과 내용의 괴리가 어색하게 드러날 정도로 구마검은 아무렇게나 휘둘러졌다. 합리적 세계라는 이 칼은 작자에게 내면화되지 않아, 서사 전개는 무속적 세계에 속하는 신비적 · 우연적 사건들에 의해 이루어졌다. 문체는 주제를 미처 소화하지 못하고, 구성은 바쁘게 다음 단계로 내던져졌다. 구마검이라는 제목 또한 마법의 세계 내에 있다. 마귀를 쫓아내는 검을 휘두르는 상황 설정 역시 환타지의 세계일 뿐이다. 개화기는 여전히 그러한 마법적 세계의 자장으로부터 자유로울 수 없었다.

김소월은 구마검의 피비린내 나는 광풍이 한바탕 지나간 후에도 여전히 마법적 세계와의 통신을 지속한 특이한 시인이다. 그는 근대와 전근대의 사이에 서 있는, 반쯤 아우라의 세계에 놓인 시인으로 주목할 만하다. 그의 시 중에 우리 기층문화의 핵심을 담고 있는 전근대적 분위기의 시가 많은 것은 이 때문이다. 넋과 영(靈), 혼, 영혼 등이 수시로 등장하는 그의 시와 산문은 근대성의 일반적인 규정에서 볼 때 여전히 마법적 세계와 연계되어 있는 요소들을 떨쳐내지 못하고 있는 전근대적 작품으로 보인다. 그중 근대성의 세계에 함몰되어 있는 독자에게 가장 낯설게 다가오는 작품으로 「무덤」을 들 수 있다.

> 그 누가 나를 헤내는 부르는 소리
> 붉으스럼한 언덕, 여기저기
> 돌무더기도 움직이며, 달빛에,
> 소리만 남은 노래 서리워 엉겨라,
> 옛 조상들의 기록을 묻어둔 그곳!
> 나는 두루 찾노라, 그곳에서,
> 형적 없는 노래 흘러 퍼져,

그림자 가득한 언덕으로 여기저기,
그 누구가 나를 헤내는 부르는 소리
부르는 소리, 부르는 소리,
내 넋을 잡아끌어 헤내는 부르는 소리.

– 김소월, 「무덤」 전문

이 시는 돌무더기 무덤이 움직이고, 그 속에서 자신을 부르는 소리를 듣는 그로테스크한 분위기를 담고 있다. 괴기스러운 무덤의 밤풍경, 무덤으로부터 자신을 흡입하려는 소리와 설명할 수 없는 어떤 힘을 느끼며 그 속에서 무엇인가를 찾아 헤매고 있는 화자의 모습은 독자로 하여금 공포를 느끼게 하기 충분하다. 이 시를 두고 어느 해설자가 "모골이 송연함을 느낄 만큼 소름끼치는 표현"[2]으로 평가한 것은 무리가 아니다. 이 시에는 사자(死者)의 소리가 유계(幽界)를 넘어와 현실계에서 실제적으로 작용함을 보여주는 전근대적 분위기가 주조를 이룬다. 근대과학의 사유로서는 해명할 수 없는 세계가 여기에 있다. 사자의 소리는 현실계의 돌무덤도 움직이게 하고, 화자의 넋을 "잡아끌어 헤내"[3]기도 하는 것이다.

죽음의 세계가 현실의 화자를 '헤내는' 이 시의 분위기는 우리에게 낯설기만 하다. 이 낯섦은 어디에서 온 것일까. 그것은 우리가 근대성의 세계에 너무 깊숙하게 들어와 있음을 말해 주며, 동시에 우리가 우리의 기층문화로부터 얼마나 단절되어 있는가를 보여 준다. 이 낯선 기층문화라는 것은 무엇일까. 그것은 한마디로 샤머니즘의 세계라 할 수 있다. 이 시를 "〈샤먼의 저승여행〉이라고 할 만한 요소를 지니고 있다"[4]고 하며 김소월을 샤머

2 장만영, 박목월 공저, 『정본 소월시감상』, 박영사, 1979, 112쪽.
3 '헤내다'는 말은 '강하게 끌어 나오게 하다'는 의미로 보인다.
4 신범순, 「샤머니즘의 근대적 계승과 시학적 양상-김소월을 중심으로」, 『시안』, 2002. 겨울, 48쪽.

니즘의 근대적 계승자로 본 논의는 따라서 정확한 지적이 아닐 수 없다.

샤머니즘 세계의 본질은 영혼불멸론과 물활론에 있다. 사자의 육신은 소멸하여도 영혼은 죽지 않는다는 생각, 그리고 만물에는 영혼이 깃들어 있다는 생각이 그것이다. 모든 존재는 영원한 영혼을 지니고 있으며 영혼은 샤먼에 의해 소환될 수도 있고 간혹 새로운 육신을 얻어 다시 태어날 수도 있다. 삶과 죽음의 세계는 연속적으로 인식되기 때문이다. 따라서 이 세계는 영적으로 에너지 보존의 법칙을 따르고 있는 셈이며, 이는 '신비적 총체성'의 세계라 할 수 있다. 김소월의 시 역시 우리의 생이 육체적 소멸로써 종료되는 것이 아니라 혼의 세계로 지속되며, 이승과 저승의 세계는 소통가능하다는 이런 총체성의 세계관을 담고 있다. 영통주의를 주장한 서정주가 이 시에 관심을 보이는 것은 따라서 당연한 일이라 할 수 있다. 그는 이 시를 두고 "하여, 그는 저승 그것 속에 들어가서 살 뿐만 아니라, 또한 개의 어려운 일인 저승 그것을 우리의 이승의 현실에 이끌어 들이는 데에 있어서도 선수가 되어 있음을 우리는 본다. 즉 유명을 따로 따로 겪는 것이 아니라 동시에 겪는 데에도 길들게 된 것이다."[5]고 말한다. 서정주에 의하면 소월은 유명을 넘나드는 샤먼, 탈경계의 선수이다.

김소월이 그의 유일한 평론 「시혼」에서 반복해서 강조하는 바도 "영혼은 절대로 완전한 영원(永遠)의 존재며 불변의 성형(成形)"이라는 것이다. 영혼이 영원하고 불변한 것이라는 인식은 우리 생이 이승에서 단 한 번으로 종료되는 것이 아니며, 이승과 저승은 단절되어 있는 것이 아니라는 생각을 보여준다. 영원한 것은 유한한 닫힌 체계에 국한될 수 없기 때문이다. 또한 "절대로 완전한" 상태이기 때문에 인간적 한계를 넘어서 있는 초월적 존재로서 권능을 지니며, 가변적이고 피상적인 현실을 넘어서 있는 본질로서의 의미를 지닌다.

5 서정주, 『한국의 현대시』, 일지사, 1969, 126쪽.

이제 우리는 이 시의 메시지를 이해할 수 있다. 기괴한 분위기로 가득한 이 시가 의미하는 바, 즉 화자가 간절하게 찾고 있는 것은 무엇일까. 그것은 근대의 기획인 탈마법화로 상실된 혼의 세계, 영혼불멸의 세계, 즉 기층문화의 세계라 할 수 있다. 시인은 무덤을 "옛 조상들의 기록을 묻어둔 그곳"으로 인식한다. 무덤으로 상징되는 혼의 세계는 조상들의 기록이 간직된 신성하고도 의미 있는 세계이다. 즉 무덤은 현실에서 제거해 버린 기괴한 망자의 세계가 아니라, 근대가 상실해 버린 소중한 사상을 보관하고 있는 "신성한 문서 저장소"(신범순: 49)가 된다. 김소월의 무덤은 기층문화의 소중한 자산을 저장하고 있다는 점에서 긍정적인 의미를 지니지만 동시에 근대에 의해 폐기된 자산의 상태를 지시한다는 점에서 비판적인 의미도 지닌다.

근대는 무덤의 세계와 현실계를 단절하고 분절시킴으로써 사자와 생자의 의미 있는 대화를 거부하였다. 그래서 그 세계의 실체는 부정되었고, 그래서 그 세계에서 보내는 전언은 "소리만 남은" 것이거나 "형적 없는" 것이 되어 버렸다. 메시지는 허공 중에 산산이 흩어져 버린 것이다. 그 세계와 교통하는 것은 그 세계에 의미를 주고 실체를 부여하는 행위가 된다. 그 세계를 향한 소통 의지를 화자는 "두루 찾노라"라는 표현을 통해 분명하게 밝히고 있다. 이 '두루 찾음'의 의식적 계승은 서정주에 와서야 가능하게 되었다.

서정주의 변신모티프와 샤머니즘

근대 기획에 의해 타자의 상상력 속에 억압되고 폐기되었던 기층문화의 세계는 전통주의 시인의 서정성 속에서 그 모습을 다시 드러내기 시작하였다. 이를 파악하기 위해서는 전후 초월주의의 성황이라는 시대적 상황을 이해하여야 할 것이다. 전후 초월주의란 해방 이후 남한의 문단을 장악한 청문협 혹은 문협정통파의 논리를 가리킨다. 문협정통파의 논리는 김동리의 "구경적 생의 형식"[6]으로 대표되는데, 이는 절대 시공 속에 놓인 절대 인간의 문제를 다루는 문학 형식을 말한다. 절대 시공 속에 놓인 절대적 인간에게서 발견될 수 있는 것은 '운명'밖에 없기에, 이때의 인간은 본질적으로 종교적 인간일 수밖에 없다. 그 인간이 갈구하는 것이 "무한무궁에의 의욕적 결실인 신명"임은 그래서 당연하다. "구경적 생의 형식"의 핵심은 바로 여기에 있다. 즉 과학적 세계관에 의해 사라져 버린 '신명의 세계'의 회복이 문학이 추구해야 할 절대절명의 임무라는 사실이다. '전후 초월주의'라는 말에서 초월주의라는 것은 김동리가 말한 바 과학적 실증주의가 가져온 "평면의 정신"의 극복으로서 "신과 신을 통해서만 있을 수 있는 입체와 무궁"(김동리: 21)의 추구에서 나타나는 정신적 지향을 가리키는 말이다. 서정주 역시 신라정신에 대해서 '영통(靈通)'과 '혼교(魂交)'를 핵심으로 하는 '영통주의(靈通主義)' 혹은 '영원주의(永遠主義)'로 설명한다. 그것은 신명의 세계를 겨냥하고 있다. 「혜성가」에서 "인간주의가 아니라, 우주주의적(宇宙主義的) 정신의 표현이요, 현생적(現生的) 현실주의가 아니라, 사람을 영생해야 할 것으로 생각한 데서 온 영원주의 정신의 나타남"[7]을 읽어 낸 것에서 이를 확인할 수 있다.

앞에서 잠깐 다룬 바 있듯이, 서정주의 신라주의(신라정신론은 하나의 이념이기에 신라주의라 부르는 것이 타당하다)는 김소월의 샤머니즘적 세계를 의식적으로 계승한 것이라 할 수 있다. 그는 "죽을 때 섭섭할 것 없이 죽게 하고, 또 뒤에 남은 끝없이 그리운 것들과, 나보단 앞서 죽은 안 잊히는 것들 사이에 건넬 다리를 놓아 주는 무슨 사상"[8]을 탐색하며 그것을

6 김동리, 「문학하는 것에 대한 사고(私考)」(1947. 10), 『문학과 인간』(김동리전집7 평론), 민음사, 1997, 73쪽.

7 서정주, 「한국 시정신의 전통」, 『서정주문학전집2』, 일지사, 1972, 116쪽.

8 서정주, 「내 시정신의 현황-김종길 씨의 '우리 시의 현황과 그 문제점에 답하여'-」, 『문학춘추』, 1964. 7, 269쪽.

'영통(靈通)'이나 '혼교(魂交)'라는 개념으로 정리한 바 있다. 그것이 이른바 '신라정신'의 핵심이자 동시에 샤머니즘의 핵심이다. 현실과 미래, 사물과 인간의 틈을 건너게 해줄 교량에 대한 간절한 바람은 근대정신이 제거한 기층문화적 초월성에 대한 긍정이 아닐 수 없다. 이를 바탕으로 그의 시 세계는 새로운 차원으로 들어서게 된다. 다음 시가 하나의 예가 될 것이다.

> 어느날 내가 산수유꽃나무에 말한 비밀은
> 산수유 꽃속에 피어나 사운대다가…
> 흔들리다가…
> 落花하다가…
> 구름 속으로 기어 들고,
>
> 구름은 뭉클리어 배 깔고 앉었다가…
> 마지못해 일어나서 기어 가다가…
> 쏟아져 비로 내리어
> 아직 내 모양을 아는이의 어깨위에도 내리다가…
>
> 빗방울 속에 상기도 남은
> 내 비밀의 일곱빛 무지개여
> 햇빛의 푸리즘 속으로 오르내리며
> 허리 굽흐리고
>
> 나오다가…
> 숨다가…
> 나오다가…

– 서정주, 「산수유꽃나무에 말한 비밀」 전문

이 시에서 '나'와 '산수유꽃나무'의 관계는 소통 가능성을 전제로 한다. '산수유꽃나무'는 화자와 대화가 가능한 존재로 설정되어 있으며, 그것은 너무나 당연한 것처럼 단도직입적으로 관련 맺어져 있다. 시는 그런 당연한 전제를 바탕으로 하여 전개된다. 이 당연한 전제는 보편적이면서도 공공연한 '비밀'이다. 이 비밀을 사상적 기반으로 삼아 자아와 사물 사이에 내적 통로가 마련된다. 그래서 모든 존재는 고립되어 있지 않고 어떤 신비한 사슬을 형성하여 서로 소통하고 있다.

'비밀'이라는 관념적인 소재가 실체를 지닌 어떤 존재로 표현되는 것도 그런 까닭이다. '비밀'은 꽃으로 피어나 사운대고 흔들리고 낙화하기도 하고, 구름이 되어 기어가다가 비가 되어 내리기도 하고, 무지개가 되어 햇빛 속으로 오르내리기도 한다. '비밀'은 언어이면서 능동적인 실체를 지닌 존재로 인식되고 있는데, 이것은 이 시의 다른 존재들처럼 생명과 의지를 지니며 우주만물 속에 유전하고 있다. 여기에서 언어의 물활론적 속성을 읽을 수 있다.

이 시에서 주목해야 할 것은 비유 대상의 무한한 연쇄적 변형, 즉 변신 모티프다. 이 시에서 '비밀'은 끊임없이 다양한 형체로 다시 태어난다. 처음에는 꽃으로 피어나고, 그 다음에는 구름으로 기어가고, 비로 내리고, 일곱 빛 무지개가 된다. 두 사물 간의 차별이 사라지는 초월적 순간은 일회적으로 끝나는 것이 아니라 '꽃'에서 '구름', '비', '무지개' 등으로 계속 이어진다. 무한유전(無限流轉)을 계속하는 은유적 연쇄는 서정주 시인의 다른 시에 자주 나타나는 표현이다. 그래서 「인연설화조」, 「모란꽃 피는 오후」, 「비인 금가락지 구멍」 등의 은유적 연쇄에서, 인간의 유한성을 넘어 초월적 세계로 귀의하는 '변신 모티프'를 읽어 내는 것은 타당한 독법이라 할 수 있다.[9] 은유적 연쇄와 변신 모티프는 밀접한 관련이 있으며, 이것은 그

9 남기혁은 서정주의 '메타몰포오즈'하는 비유(변신 모티프 은유)는 유한한 인간을 정화시키

의 '신라정신론' 혹은 '영원주의'라는 마법적인 문학 사상으로부터 나오는 필연적인 수사학이다. 서정주의 문학사상적 기반을 고려할 때, 이 작품이 다음과 같이 끝을 맺는 것은 우연이 아니다.

> 나오다가…
> 숨다가…
> 나오다가…

변신 모티프의 연쇄는 시와 함께 일회로 끝나지 않고, 무한 회귀를 계속한다. 그것은 영원주의의 필연적 결과이기도 하다. 그런데 이 구절은 영원주의적 연쇄만을 의미하는 것이 아니라 그 연쇄가 가시적, 비가시적 영역에서 반복적으로 발생함을 말해 준다. 가시적인 영역이 현실세계라면 비가시적 영역은 우리의 시야 밖에 존재하는 신비적 영역이다. 비가시적 영역은 가시적 영역과 동시에 존재하지만, 이성과 오성을 사용하는 탈마법의 근대주의적 관점에서 볼 때 측량과 수량화가 불가능하기에 없는 것으로 인식될 뿐이다. '비밀'의 무한유전은 '나오다가…/ 숨다가…'를 반복하지만, 그 연속성은 단절된 적이 없다.[10]

이 작품에서 검토해 본 신라주의와 샤머니즘의 관계는 서정주의 산문에서는 명시적으로 드러난다. 서정주는 신라정신이 "이지러지지 않은 우리의 모습"으로서의 미학적 원형이라는 점을 역설하면서 이 문제에 불가

고 자연의 순환질서로서 인간을 동일화하려는 시인의 내면적 욕구에서 비롯한 것으로 평가한다. 남기혁, 「1950년대 시의 전통지향성 연구」, 서울대학교 박사논문, 1998, 103-106쪽 참조.

10 이 점에서 영원주의는 신플라톤주의와 비교할 만하다. 폴 드 만은 예이츠의 「쿨 장원과 밸리리탑, 1931」이라는 작품 중, "(냇물은) 지하창고 밑으로 어두컴컴하게 떨어져/ 지하로 흘러 들었다가 쿨 장원의/ 암반지대에서 솟아 올라, 마지막으로/ 호수로 퍼져나가 하나의 구멍으로 떨어진다./ 그러니 물은 환생한 영혼이 아니면 그 무엇이겠는가"라는 구절을 신플라톤주의적인 관점에서 읽는다. De Man, Paul, *The Rhetoric of Romanticism*, Columbia University Press, 1984, 133-143쪽 참조.

피하게 도달하게 된다. 그는 「한국적 전통성의 근원」에서 최치원의 난랑비서문(鸞郎碑序文)을 고찰하는 데서부터 원형 문제의 실마리를 풀어 나간다. 우리의 고대 사상을 지시하는 유일한 기록이라 할 만한 난랑비서문에 따르면 신라에는 '풍류(風流)'라고 하는 '현묘지도(玄妙之道)'가 있는데, 서정주는 이것을 고대의 자생종교로 해석하고 이를 중심으로 유교, 도교, 불교의 특성이 융합된 것으로 읽는다. 서정주는 삼교포함 이전, 즉 외래사상 이입 이전의 사유에 대해서 집중적으로 조명한다.

그렇다면 그 순수한 원형이란 무엇일까. 그는 다른 논의에서 보이지 않던 최남선의 소론을 가져와 그것이 샤머니즘이라고 설명한다. 물론 그는 이 개념이 서양인의 개괄적 설명에 불과한 것으로 보고 용어상의 적절성에 의문을 제기하기도 하지만, 샤머니즘은 "시간의 계속을 통한 음악적 주송(呪誦) 가창(歌唱)의 감정 격앙력을 빌어 관계있는 영(靈)과 교섭하는 고대 이래의 영통(靈通)의 한 방법"[11]이라는 점에서 신라정신의 본질과 동일하다는 점을 인정한다. 신라정신이 샤머니즘의 한 계승이라는 사실이 여기에서 확인된다. 샤머니즘이라는 우리 민족 고유의 영통주의가 존재하고 이후에 외래 종교가 유입되어 사상의 흡수통합이 이루어졌다는 것이다.

현묘지도와 샤머니즘의 연계는 서정주의 여러 논의들에 비추어볼 때 새로운 차원의 논의로 보일 정도로 낯선 감이 있다. 다른 곳에서는 『삼국유사』나 기타 역사서의 일화를 위주로 신라정신에 접근하면서 그 문맥의 한계 내에서 의미를 부여하는 것에 만족하고 있었기 때문이다. 샤머니즘을 적극 옹호하는 태도를 취하면서 신라정신이 결국 영통주의의 측면에서 그와 동궤에 놓인다고 주장하는 데에는 논리적 무장이 필요했을 것이다. 이런 논의에는 이론적 배후가 있을 것으로 짐작되는데, 아마도 가장 유력한 이가 서정주와 김동리에게 많은 영향을 끼친 김동리의 형, 범부(凡父)

11 서정주, 「한국적 전통성의 근원」, 『세대』, 1964. 7, 178쪽.

김정설(金鼎卨)일 것이다. 범부의 설에서 풍류도와 샤머니즘의 연계가 더 분명하고도 확정적으로 나타난다. 범부는 자신 있게 샤머니즘을 신라의 풍류도에 연결시키고, 한 걸음 더 나아가 단군의 신도에까지 연결시켜 사상사적 계보를 분명하게 보여준다. 이런 계보는 당시 서정주의 글에서는 분명하게 드러나지 않는다. 하지만 후일 발표된 그의 시 「박혁거세왕의 자당 사소선녀의 자기소개」에서 확인할 수 있다. 시집 『학이 울고 간 날들의 시』(1980)에 발표된 이 작품에는 풍류사상의 근원이 "국조 단군"("나 娑蘇는 …國祖檀君 이래의 風流思想으로 神仙 중의 암神仙")임을 명시적으로 밝히고 있다. 이렇게 하여 '단군의 신도(神道)-풍류도-샤머니즘'의 계보가 완성된다.

자생시학의 결정으로서 동학 시학

김소월과 서정주의 문학에 깔려 있는 기층문화로서의 샤머니즘은 자생시학의 가능성을 충분하게 보여주었다. 특히 서정주의 신라주의는 이론적으로 충분한 단계에 도달하였다고 할 수 있다. 물론 김종길과 같은 근대주의자에 의한 인신공격적 비판이 없었던 것은 아니나,[12] 신라주의는 시간이 갈수록 자생시학으로서의 가치를 더욱 잘 드러내 보이고 있다. 그러나 샤머니즘의 내용은 너무 막연하여 결정적인 이론화를 기다릴 수밖에 없다. 동학사상이 바로 그것이다. 우리 샤머니즘이 세련된 하나의 이론으로 분명하게 드러난 것은 동학에 와서야 가능했던 것이다.

샤머니즘과 동학사상의 연계는 최남선에 의해 이미 지적된 바 있다. 그는 「불함문화론」에서 민족 고유의 종교로서의 샤머니즘을 '볽도'라 칭하

12 이에 대해서는 박현수, 「현대시와 마법성의 수사학-서정주와 김종길의 논쟁을 중심으로」, 『현대시와 전통주의의 수사학』, 서울대출판부, 2004 참조.

고 그것을 과거에 완전하게 소멸한 죽은 존재가 아니라 여전히 현실 속에서 작동 중인 에너지로 파악하였다. 그 증거로 드는 것이 동학과 천도교이다. 밝도의 근대적 부흥이 동학과 천도교에서 나타났다고 평가하였던 것이다.(신범순: 41) 또 그는 동학사상이 "천주 곧 단군 이래 전통 신앙의 핵심인 하느님을 붙잡은 점"[13]을 높이 평가하였다. 동학은 민족의 고유 전통 신앙(즉 샤머니즘)의 근대적 발현으로 인식되었던 것이다. 범부 역시 동학사상이 전통 무속(샤머니즘)을 계승한 것으로 파악한다. 그는 최제우를 논하는 글에서 동학의 강령주문(降靈呪文)에 주목하여 다음과 같이 의미를 부여한다.

> 그런데 이 강령(降靈)이란 법문도 그 유래가 어디서 오느냐 하는 것이다. 이것은 멀리 찾을 것도, 복잡하게 설명할 필요도 없이 무속에서 유래한 것이다. 무릇 무속은 샤마니즘계의 신앙유속(信仰流俗)으로서 신라의 풍류도(風流徒)의 중심사상이 바로 이것이고, 또 이 풍류도의 연원인 단군의 신도설교(神道說敎)도 다름아닌 이것이다.[14]

이 '강령주문'을 축으로 하여 고대 전통사상에서부터 동학에 이르는 도통의 연원이 꿰어진다. '단군의 신도-신라의 풍류도-샤머니즘-동학'이라는 사상사적 계보가 분명하게 그려지는 것이다. 앞에서 서정주가 이런 범부의 영향으로 신라정신을 샤머니즘과 연계시켰음을 확인한 바 있다. 범부는 동학이 강령이라는 기층문화의 요소를 받아들인 점을 대단히 높게 평가하여 "역사적 대강령이며 동시에 신도성시정신(神道盛時精神)의 기적적 부활", "어마어마한 역사적 대사건"(김정설: 90)이라 부른다. 조선 말

13 육당전집편집위원회 편, 『조선상식문답 · 조선상식-최남선전집3』, 현암사, 1973, 61쪽.
14 김정설, 「최제우론」, 『풍류정신』, 정음사, 1986, 89쪽.

기 성리학적 풍토 속에서 이와 같은 사상사적 기적을 일으킨 것을 그는 그 혼란 속에서도 "본토 신도(神道)의 소종(所宗)인 하느님만은 그 심장에 민족문화사적 생리로서 잠재해 있었던 것"(김정설: 92)에서 찾는다. '민족문화사적 생리'로 전해 내려온 기층문화가 근대에 동학을 통하여 새로운 모습으로 탄생하였다는 뜻이다.

현대시와 연관시켜 볼 때, 김소월이 동학사상과 연계되어 있다는 주장은 이전부터 제기되어 오던 바이다.[15] 신범순은 천도교의 세계관과 영혼관을 조상의 영혼이 우주적 총정신으로 되어 다시금 인간의 사회정신과 융합한다는 사유로 정리하고, 이것이 김소월의 시정신과 유사하다고 지적한 바 있다. 그는 또한 그 연관성의 전기적 가능성도 조심스럽게 제기한다.

> 김소월과 천도교의 구체적인 관계는 앞으로 규명해 보아야 할 과제의 하나이다. 김용직은 소월이 이돈화에게 가르침을 받았다고 하였는데 구체적인 근거를 밝히지는 않았다. 그러나 소월이 자라나고 교육받은 평북 정주와 후에 정착하여 살았던 구성 지방은 천도교와 밀접한 관계가 있는 지역이다. 이에 대해서는 다른 논의를 필요로 한다.(신범순: 50)

아직 정확하게 확인되지는 않았지만 김소월이 이돈화의 가르침을 받았

15 여기에서 개념상의 혼란을 피하기 위해 동학과 천도교의 관계를 정리해 둘 필요가 있다. 동학은 1860년에 수운 최제우가 창시할 때의 이름으로 서학에 대한 안티테제로 붙인 이름이다. 수운이 대구에서 참형된 이후 해월 최시형이 동학의 도통을 이어받고 교세를 다시 일으켜 동학이 전국적으로 파급되기에 이른다. 이때 동학농민운동이 전개되어 여러 성과를 남겼으나, 결국 실패로 끝나자 동학에 대한 탄압이 극심해진다. 최시형 역시 참형되어 동학은 그 명맥이 끊길 위기에 놓이게 되었다. 이때 동학의 도통을 이어받은 의암 손병희가 일제의 탄압을 피하여 공식적인 활동을 할 수 있는 계기를 만들기 위하여 1905년 천도교라는 명칭으로 바꾸어 정식 종교로 등록하게 된다. 그래서 초기에는 동학으로, 1905년 이후에는 천도교로 각기 달리 부르는 것이다. 하지만 현대문학과의 관계는 천도교 성립 이후이므로 대부분 천도교라 하는 것이 적절하다. 그러나 동학이 보편적인 민족운동의 일환으로 인식되고 천도교가 특정한 종교로서 인식될 때 그 범주가 달라지므로 여기에서는 천도교를 포함하여 동학 혹은 동학사상이라 부르고자 한다.

다고 한다면 김소월과 천도교의 관계는 전기적으로 확인될 가능성도 있다. 이돈화는 1930년대에 천도교 사상을 가장 열성적으로, 가장 수준 높게 정리한 당대의 탁월한 사상가이다. 그는 『인내천요의』, 『천도교창건사』 등과 같은 논저를 통하여 초기 천도교의 사상을 체계적으로 정리하였을 뿐만 아니라, 그것을 독창적으로 해석하여 『신인철학』과 같은 사상서도 내었다. 이돈화는 1884년 함경남도 고원군 재령산 화남촌에서 출생하여, 고향 인근에서 한학 교육을 받고 1905년경 평양사범학교의 전신인 평양일어학교 속성과를 졸업하였다. 이돈화 자신의 회고나 박달성의 기록, 기타 증언에 따르면 졸업 후 이돈화는 오산학교에서 잠시 교사 생활을 한 것으로 보인다. 그러나 정식교원이 아니라 임시교사 등의 자격으로 잠시 관여한 것이다.[16] 소월이 이돈화의 가르침을 받았다고 하는 언급은 이와 연관이 있을 듯하다. 그러나 이돈화가 1910년경 서울에 올라와서 천도교회월보사 사원으로 일하였다는 기록이 있고 보면 그의 오산학교 재직 시기는 김소월의 오산학교 중학부 재학시기(1917~1921)와 일치하지 않는다는 점에서 문제가 있다. 물론 이돈화가 1920년을 전후하여 함경도 지방 천도교 강연회에서 활발한 강연활동을 했다는 사실에서 어떤 관련을 찾을 수도 있겠지만, 현재로서는 명확한 증거는 없다. 그러나 평북 지방과 천도교의 관계가 깊다는 점에서 김소월과 천도교의 관련을 어느 정도 유추해 볼 수는 있을 것이다. 참고로 천도교 이론가로 활동했던 김기전(평북 구성), 박달성(평북 태천) 등이 그 지역 출신이라는 점도 방증이 될 수 있을 것이다.

서정주의 신라주의는 동학사상 이후에 나온 것이기는 하나, 이론적 완결성을 볼 때 동학을 참고로 한 것 같지는 않다. 물론 서정주의 『질마재신화』에는 동학과 관련된 시편이 있기는 하다. 「분지러 버린 불칼」이라는 시

16 허수, 「1905~1924년 천도교 종교사상의 형성과정-이돈화의 '인내천 논증'을 중심으로」, 『역사문제연구』 12호, 2004. 6, 191~192쪽.

에서, 질마재 사람들이 여름의 천둥번개나 벼락을 두려워하지 않은 것은 전봉준이 벼락의 불칼을 분질러 버렸기 때문이라는 이야기가 그것이다. 하지만 이 작품은 전봉준 설화를 재구성한 것으로 동학의 이론과는 무관하다. 그러나 신라주의가 동학의 중심사상과 연계되어 있음은 앞에서 확인한 바와 같다. 아마 전기적 요소가 있다면 「최제우론」을 쓰며 동학에 깊은 관심을 가지고 있던 범부와의 관련에서 추정할 수 있을 것이다.

이렇게 함으로써 동학이 지니는 전통사상과의 연관성, 그리고 현대시학과의 연계성은 어느 정도 해명되었다고 본다. 이제부터 자생시학의 결정으로 파악되는 동학의 기본 사상을 정리하고 그 시학적 의의를 검토해 보자.

동학사상의 핵심은 '시천주(侍天主)'에 있다. 시천주는 초월적 존재인 한울님을 인간 속에 모시고 있다는 의미이다. 초월을 구심적 초월(내재적 초월)과 원심적 초월(외재적 초월)로 나눌 수 있다면 동학의 초월은 전자에 해당한다. 원심적 초월은 초월자를 인간의 외부에 둠으로써 초월자를 절대화하는 방향으로 나아가게 한다. 이것이 극단화되면 소외의 한 형태를 닮게 된다. 인간 자체의 존재 의의는 외재적인 초월자에게 전적으로 의지하게 되어 인간은 일종의 기도하는 기계의 역할에 그치게 되는 것이다. 이와 달리 구심적 초월은 초월자를 인간 내부에 둠으로써 초월의 방향이 인간 자신에게로 향하게 된다. 이때 인간은 초월자를 모신, 즉 '시천주'한 존재로 격상된다. 내재된 초월자로 인하여 인간은 결국 초월자(천주 즉 한울)와 동일시될 수밖에 없다. 이 시천주로부터 해월 최시형의 '인시천(人是天)', 의암 손병희의 '인내천(人乃天)'이 나오는데, 이 개념들은 표현은 달라도 내용은 동일하다.

시천주로부터 이끌어 낼 수 있는 사상은 세 가지 정도로 정리할 수 있는데 첫째, '이미 완성된 초월주의'라는 것이다. 인간이 한울님을 모신 존재라는 것은 초월의 가능성이 선험적으로 주어졌음을 의미한다. 이는 또한 인간에게 초월적 차원이 이미 내재되어 있다는 의미가 된다. 수운이 '시천주'의 '시'자를 풀어서 "내유신령(內有神靈) 외유기화(外有氣化) 일세지인(一世之人) 각지불이(各知不移)", 즉 '내적으로 영적인 차원을 지니고 외적으로 물질적 진화를 이루어 간다는 절대적 진리를 각자가 깨우치는 것'이라 한 데서도 그 뜻을 짐작할 수 있다. 이로부터 현대시학은 초월성을 상실하여 왜소하게 된 시와 문학의 위의(威儀)에 대하여 다시 생각할 수 있는 계기를 마련할 수 있다. 심층의 차원을 잃어버리고 표면화된 근대문학, 루카치가 말하였던 총체성을 상실한 시대의 근대문학은 문학의 바람직한 상태라 할 수 없다. 그것은 새롭게 극복되어야 할 시효 지난 형해(形骸)의 문학에 불과하다. 특히 서정시는 이 상실된 총체성, 즉 유토피아나 '근원'에 대한 지향을 지닐 수밖에 없으며, 여기에서 시적 언어는 관습적인 의미를 벗어 버리고 마법적 의미를 복원하고자 하는 욕망을 지니게 되는 것이다. 동학사상에 기반을 둔 시학은 이 마법적 세계관을 세련된 사유로 다듬은 자생시학의 결정판이 되어야 할 것이다. 동학은 기층문화에 잠재되어 있던 초월의 차원을 통시적으로 갈무리한 사상으로서 시학적 가능성을 충분하게 지니고 있다.

둘째, 새로운 차원의 인간중심주의이다. 이는 타자를 배제하는 근대의 인간중심주의가 아니라 타자에도 신성이 있음을 깨달아 타자도 존중하고 포용하는 승화된 인간중심주의다. 동학의 경전에서 "사람이 오거든 사람이 왔다고 이르지 말고 한울이 강림하였다 이르라"고 한 것이 이것이다. 모든 인간이 시천주한 인간이라면 다른 인간 역시 초월적 존재로서 대접해야 할 것이다. 최제우가 득도 후 자신의 여종을 하나는 딸로 삼고 하나는 며느리로 삼은 것은 이런 깨달음의 혁명적 실천이다. 해월 최시형이 "아이를 때리지 말라"고 한 것도 여기에 근거한다. 그리고 향아설위(向我設位), 즉 제사를 지낼 때 위패를 벽 쪽으로 두지 않고 제사를 지내는 사람 앞에 두는 새로운 제사 방식도 이런 사유의 결과이다. 이 승화된 인간중심주의는 인간이 이 세계의 중심적 지위에 놓여 있음을 현실적으로 인정하고 타자에도 신성이 있음을 깨달아 그 지위를 정당하게 사용해야 함을 암시한다. 즉 인간의 주체적인 속성이 강조되면서 인간이 만든 세계의 문제를 인간이 해결할 수 있다는 책임의식과 가능성도 주어지게 된다. 이는 샤르댕 신부가 쓴 『인간현상』에서 주장한 범신론적 인간중심주의와도 상통한다. 그 책에서 진화는 공동체 정신의 진보와 궤를 같이하는 것으로 보는데, 동학도 만유와 공존하는 인간중심주의라 할 수 있다. 이는 사발통문에 쓰인 이름처럼 각자가 중심이 되면서 다른 사람과 하나의 원을 형성하는 다중심주의다. 이 점을 이론적으로 잘 다듬으면 근대의 배타적 인간중심주의를 극복할 수 있는 문학사상이 가능할 것으로 보인다.

셋째, 근원적 평등주의이다. 이것은 동학의 삼경사상(三敬思想), 물오동포론(物吾同胞論)으로 집약된다. 해월 최시형은 "인오동포(人吾同胞) 물오동포(物吾同胞)"라는 말로, '타자와 자아와의 동일성, 사물과 자아와의 동일성'을 주장한 바 있다. 또한 경천(敬天), 경인(敬人), 경물(敬物)을 주장하기도 하는데, 경물이 이루어질 때 "천지기화(天地氣化)의 덕에 합일될 수 있다"고 함으로써 사물 역시 인간과 동등한 지위에 놓인 것으로 평가한다. 동학은 이 근거를 '지기(至氣)'에서 찾는다.

> 대개 천지, 귀신, 조화라는 것은 유일한 지기(至氣)로 생긴 것이며, 만물이 또한 지기의 소사(所使)이니, 이렇게 보면 하필 사람뿐이 천주(天主)를 시(侍)하였으랴. 천지만물이 시천주(侍天主) 아님이 없나니.[17]

17 이돈화, 『천도교창건사』; 한국학문헌연구소 편, 『동학사상자료집 2』, 아세아문화사, 1979, 126쪽. 『천도교경전』에는 이와 유사한 구절로 "우리 사람이 태어난 것은 한울님의 영기를 모시고 태어난 것이요, 우리 사람이 사는 것도 또한 한울님의 영기를 모시고 사는 것이니, 어찌 반드시 사람만이 홀로 한울님을 모셨다 이르리오. 천지만물이 다 한울님을 모시지 않은 것이 없느니라."가 있다. 천교도중앙총부 편, 『천도교경전』, 천도 교중앙총부출판부, 2001, 293-294쪽.

동학은 지기(至氣)의 편재성에서 사람과 사물의 동질성을 찾는다. 지기의 소산인 사물 역시 동일한 자질을 지닐 수밖에 없다. 사물도 사람과 마찬가지로 한울님을 모신 존재인 것이다. "사물마다 한울님이요 일마다 한울님"(物物天 事事天)이기에 이 한울님을 통해 우주의 모든 존재는 등가에 놓이게 되며 근원적으로 동일성을 성취한 존재가 된다. 이 근원적 평등주의는 앞에서 말한 승화된 인간중심주의와 상충되지 않는다. 삼경사상 속에 경천과 경인과 경물이 동시에 들어 있는 이유도 그 때문이다.

근원적 평등주의는 최근 문학 연구에서 가장 각광을 받는 부분이다. 이 사상이 현재 지구의 최대 위기인 환경파괴에 대응할 만한 생태주의적 호명에 답할 수 있는 것으로 파악되기 때문이다. 사물과 인간의 동등한 지위가 인정된다면 대상에 대한 무분별한 파괴가 근원적으로 불가능하게 될 것이다. 동학에는 이처럼 현재 인류가 직면한 위기를 해결하는 데 도움이 되는 생태주의, 혹은 에코페미니즘적 사유가 풍부하게 녹아 있다. 이것을 제대로 읽어 내고 발전시키는 것이 현재 우리 문학하는 사람의 책무라 할 수 있다. 물론 여기에는 하나의 단서가 필요하다. 당대의 한시적인 필요에 따라 사유를 협착하게 만들 수 있다는 한계를 인식한 상태에서 접근할 필요가 있다는 것이다. 생태주의 외에도 서정성, 즉 자아와 세계의 동일성의 문제를 해명하는 데에도 근원적 평등주의는 유용하다.

이 외에도 동학의 경전을 어떻게 읽어 내느냐에 따라 다양한 독법이 가능할 것이다. 동학은 기층문화의 기본적인 사유, 즉 영혼불멸론과 물활론을 근대적 관점에서 새롭게 구성해 내고 있다. 그것은 단순히 잊힌 사상의 재현이라는 의의만을 지니는 것이 아니다. 기층문화에 간직된 전통적 사유를 새롭게 해석하면서 동시에 새로운 실천적 방향과 그 실천의 당위성을 더 높은 차원의 합리성으로 풀어내고 있다는 점에서 중요한 가치를 지닌다.

동학사상으로부터 자생시학을 읽어 내려 하는 시도는 김지하 시인에 의해 오랫동안 연구된 바 있으나 그 동안 학자나 문인들의 호응이 제대로 이루어지지 않았다. 최근에 와서 젊은 연구자들이 중심이 되어 이런 사유를 적극적으로 타진해 보는 시도들이 활발하게 이루어지고 있다. 서양 이론의 무조건적 수입과 단순한 적용에서 오는 자괴감에서 벗어나 창조적 시선으로 우리 시학의 가능성을 점검해 보고자 하는 욕구가 실천력을 갖추게 된 것이다. 동학시학의 자생시학으로서의 가능성을 타진하는 이런 시도들이 결실을 맺을지 아닐지는 연구자의 역량과 주위의 관심에 달려 있다. 이것이 한때의 학문적 유행으로, 또는 내부적으로 발생한 의사 서구 사조와 같은 호사가의 유희로 떨어지지 않기 위해서는 학자의 성실성과 이런 시도를 긍정적으로 읽어 주는 지적 분위기가 필요할 것이다.

물활론적 생기: 새로운 시적 패러다임의 선취

생태주의적 사유의 선구성

현대시를 역사적으로 읽어가다 보면 문학사적 흐름에서 일탈되어 불연속적인 것으로 인식될 수밖에 없는 사건이 몇 가지 있다. 1920년대에 완벽한 이미지즘적인 시를 보여주는 이장희 시의 등장, 일본 모더니즘을 능가하는 본격적인 실험을 보여준 이상 시의 등장, 북방 사투리를 전면적으로 사용하는 백석 시의 등장 등이 그것이다. 그리고 가장 최근의 사건이라면 생태주의를 선구적으로 보여준 이하석 시의 등장이 여기에 덧붙여질 수 있을 것이다. 여기에서는 이하석의 생태주의적 선구성에 초점을 맞추어 전통시학의 문제를 풀어 나가고자 한다. 지금까지의 서술 방식과는 달리 현재로부터 출발하여 그 기원을 추적하는 방식으로 이 문제에 다가갈 것이다.

이하석은 환경 문제를 선구적으로 인식한 시인으로 평가된다. 우리나라의 환경생태 담론이 본격적으로 전개된 것이 1990년대인데 이보다 10년이나 앞선 1980년에 당시로서는 선구적이고도 파격적으로 환경 문제에 주목한 시집 『투명한 속』(1980)을 발간하였던 것이다. 그러나 그의 시를 생태지향적 시선으로 접근한 것은 1990년대 이후인데, 그것도 개인시집으로는 세 번째 시집인 『우리 낯선 사람들』(1989) 정도에 와서나 가능하였다. 첫 시집 『투명한 속』에서 그런 시선을 읽어낸 경우는 거의 없다. 그것은 그의 시가 평론계의 시선을 넘어서서 생태지향적 시선을 선취하고 있었기 때문이다. 어느 시인이 그를 "생태주의의 예언자적 시인"[1]이라 부른 것도 이 때문일 것이다.

이하석은 초기부터 환경 위기에 대한 관심을 지니고 있었던 것으로 보인다. 그는 "산업사회와 자본주의적 구조 속에서 삶의 양태가 어떻게 바뀌어갈 것인가에 대한 불안"을 느끼며, "대학시절에 무작정 공해 관련 기사들을 스크랩하면서 이른바 환경오염의 현장들을 눈여겨 보게"[2] 되었다고 하며, 또 "틈틈이 카메라를 들고 대구 변두리와 신천 등지를 헤맸"[3]다고 한다. 이런 사실을 두고 볼 때 그의 생태지향적 시선은 초기부터 상당히 의식적이었던 것으로 판단된다.

그러나 그의 첫 시집 『투명한 속』을 이런 시선으로 읽는 일은 쉬운 일은 아니다. 그의 시는 도시 곳곳에 버려진 폐기물들의 풍경, 즉 반-생태지향적 풍경을 명징하고도 냉정하게 보여준다. 이로부터 환경의 중요성, 혹은 생태지향적 시선을 읽어내는 것은 시적 의도와 무관한 것으로 보인다. 대부분의 풍경은 모든 의도가 삭제된 채 근대도시의 한 풍경으로서 무미건조하게 제시되고 있다는 느낌을 준다. 생태시 혹은 환경시는 생태에 대한 인식이 전제가 되어 부정적인 환경 상태에 대한 고발의 성격을 지녀야 한다. 고발이 아니라면 바람직한 상태에 대한 제시나 찬양도 가능할 것이다. 그러나 그의 시는 그 의도를 제대로 보여주지 않는다.

> 어떤 버려진 골짝이라도, 호젓한,
> 모든 것이 홀로인 채로 돌아앉아 깨어 있는 곳, 부스럭거리는
> 깡통들의 틈서리라도, 다 제각기의 삶은
> 열리고 닫힌 채로 사랑에 겨워 있다,

1 김용락, 「여일한 인품-'대인 이하석'」, 『현대시』, 2000. 3, 132쪽.
2 이하석, 『우울과 광휘』, 문예미학사, 2007, 200쪽. 이 책은 인용 시 쪽수만 표기한다.
3 이하석, 「지킴과 감춤」, 『현대시세계』, 1990. 가을, 104쪽.

인간들의 꿈과 정액들과 손찌검이 묻은 채,
그것들은 황음한 욕망과 전쟁을 거쳐왔으므로.

풀이여 깡통이여, 너희들이 향하는 인간의 세계는
늘 고통으로 너희들 곁에 있다, 버려진 채로
더욱 확실하게 모든 것을 떠받들고서,

– 이하석, 「어떤 버려진 골짝이라도」 전문

이 작품은 이하석의 시 중에서도 시인의 시선과 메시지가 어느 정도 감지되는 작품이다. 골짝에 버려진 깡통이나 풀에게 있어서 인간의 세계는 고통이라는 사실을 지적하고 있는 부분이 그것이다. 이것은 깡통이나 풀에게 있어서 인간은 고통을 주는 유해한 존재일 뿐이라는 사실을 보여준다. 이처럼 이 시에서는 시인의 메시지가 드러나지만 그것이 이른바 생태지향적인지는 몇 가지 요소 때문에 불투명해 보인다.

먼저 '풀'이 왜 깡통이나 녹슨 쇠들과 등가에 놓이는지 이해하기 어렵다. 풀은 자연의 일부가 아닌가. 깡통은 인간의 탐욕에 의해 버려진 존재이지만 결과적으로 환경을 오염시키는 존재라는 점에서 환경 고발의 성격을 보여주는 매개가 된다. 그러나 풀은 인간에게 버려진 존재도 아니고 환경을 오염시키는 존재도 아니다. 이 의심스러운 등가의 의미는 무엇일까. 다음으로 깡통에 대한 화자의 시선이 이 문제를 더 복잡하게 만든다. 인간이 버린 깡통은 결과적으로 환경오염의 원인이고, 그래서 이 시가 환경 파괴의 현장을 고발하는 시라면 이때 깡통에 대한 시선은 환경에 적대적인 것으로 그려지는 것이 당연하다. 그런데 이 시에서 깡통은 풀과 더불어 "버려진 채로/ 더욱 확실하게 모든 것을 떠받"드는 성스러운 존재로 그려진다. 이는 버려진 상태, 용도폐기 상태에 놓인 존재에 대한 찬양이다.

이것은 당시의 생태지향적 관점에서 볼 때도 다소 부자연스럽다. 여기서 말하는 생태지향적 관점은 그의 시가 발표되던 1970년대에 주로 논의되던 상식적인 차원의 관점이다. 이하석의 지적대로 우리나라에서 환경에 대한 인식이 공식적으로 드러난 것은 "아리러니컬하게도 1978년 '자연보호헌장'이 제정되면서부터"(이하석: 171)라 할 수 있다. 그러나 이 헌장은 형식적인 것이었다. 박정희 대통령의 경제개발 정책을 환경 차원에서 문제 제기할 때 당시 국무총리가 "지금 환경오염을 걱정하는 것은 잘못된 생각이다. 차라리 우리나라가 환경오염을 걱정할 만큼 발전된 국가가 되었으면 좋겠다."[4]고 했다는 일화에서 환경에 대한 당시의 인식을 짐작할 수 있다. 이런 시대에 통용되던 생태 담론의 차원에서 볼 때 『투명한 속』의 뒷표지 글에 나타나는 그의 선언은 더욱 낯설어 보인다.

> 모든 존재는 신성하다. 이 평등한 사실 앞에서 인간의 삶은 좀더 겸손하고 확실해야 하리라. 지금까지 인간은 너무 추상적인 삶의 태도를 유지해 왔으며 위로만 올라왔다. 사물들에 대해선 엄격했고 극히 주관적이었다. (…) 예술에 있어서도 추상과 관념, 주관과 모든 모더니즘은 종식되어야 한다. (…) 모든 존재의 평등을 확실하게 그려야 한다. 인간이 그들의 과시욕을 버릴 때 그들의 들판은 맑은 물 흐르고 꽃들은 그들을 위해 향기롭게 피어나 어우러질 것이다.

'모든 존재의 신성', '모든 존재의 평등'을 강조하는 이 글은 독자적인 환경 선언문이라 할 수 있을 정도로 혁신적인 생태지향적 시선으로 가득하다. 이 글의 입장은 앞에서 살펴본 시 속의 시선과 상충되는 것으로 보인다. 예술에 사용되는 추상적 방법론, 모더니즘을 종식시켜야 한다고 말할

4 양창삼, 「환경문제에 대한 생태주의적 접근에 관한 연구」, 『경제연구』, 한양대학교 경제연구소, 1994, 123쪽에서 재인용.

때 독자는 의아해질 수밖에 없다. 그의 시적 방법론은 철저하게 모더니즘적이지 않은가. 이 문제 역시 그의 생태지향적 관점의 성격이 드러날 때 자연스럽게 해결될 것이다.

그렇다면 이하석의 생태지향적 담론의 특성은 무엇일까. 지금까지 보여준 그의 시와 뒷표지의 선언은 그 당시로서는 상당히 파격적이며 낯선 차원의 담론이다. 정확하게 말해서 이 담론은 환경주의가 아니라 생태주의에 기반하고 있다. 환경위기의 대응 이론은 크게 환경주의(environmentalism)와 생태주의(ecologism)로 나뉜다. 전자는 환경 문제에 대해 개선적 입장을 취하는 보수적 이론이라면, 생태주의는 패러다임의 근원적이고 혁명적인 변화를 주장하는 급진적 이론이다. 보수적 환경주의는 "산업문명이나 산업자본주의를 견지하면서 환경 문제에 기능적이고 관리적인 차원에서 접근하는 입장"[5]이다. 앞에서 보여준 1970년대식 자연보호헌장이 그런 관점이라 할 수 있다. 환경주의는 인간중심주의, 이성중심주의에서 벗어나지 않는다. 이에 반하여 생태주의 특히 심층생태주의는 인간중심주의를 철저하게 탈피하여 인간과 자연의 존재론적 차이를 인정하지 않는다.[6] 생태주의가 주장하는 것은 한마디로 한다면 '생물 평등주의'이다. 인간은 절대로 다른 생물보다 우위에 놓이지 않는다. 이하석은 이 사상을 첫 시집의 뒷표지에서 "모든 존재는 신성하다"는 한 구절로 압축해 보여준다.

이제 지금까지 제기해 온 모든 의문이 한꺼번에 해결된다. 이하석의 시에서 화자의 시선이 오히려 사물의 편에 가 있는 것처럼 보이는 것, 풀과 깡통이 의심스러운 등가에 놓이는 것, 용도폐기 상태에 놓인 존재를 성스

5 한면희, 「한국 생태주의의 흐름과 현황」, 『문화과학』 56호, 2008. 겨울, 150쪽.

6 생태주의에도 심층생태주의, 사회생태주의, 에코페미니즘 등이 있지만, 심층생태주의 이외에는 인간중심주의의 혐의를 지니므로 본질적으로 볼 때 심층생태주의 이외에는 환경주의에 속한다고 할 수 있다. 이 글에서 생태주의는 심층생태주의를 의미한다.

러운 대상으로 찬양하는 것, 모더니즘 종식 선언이 자신의 방법론과 모순을 일으키는 점 등. 이 중 모더니즘 문제는 해명이 필요하다. 이하석은 스스로를 모더니스트로 생각하는 듯한 발언을 하였지만,[7] 최소한 『투명한 속』이라는 시집에서 그는 자신을 모더니스트라 규정하지는 않는 듯하다. 그에게 모더니즘은 소재를 보여주는 방식 그 이상을 의미하지 않는다. 그래서 모더니즘의 종식을 말할 수 있었던 것이다. 방법론을 좌우하는 근원적 동기로서의 사물관, 세계관은 인간중심주의의 철저한 폐기를 주장하는 심층생태주의와 닮아 있다. 뒷표지의 선언에 인간중심주의에 대한 명백한 거부를 보인 것도 이 때문이다. 이것은 서구 이론의 영향과 무관하다. 심층생태주의를 본격적으로 알린 드볼과 세션스의 유명한 저서 『심층생태학』[8]이 세상에 나온 것은 1980년대 중반이기 때문이다.

그가 1970년대 중반, 혹은 늦어도 1980년에 이런 관점을 선취한 것은 대단히 놀라운 사건이 아닐 수 없다. 무엇이 그로 하여금 이런 관점을 취하게 하였을까. 필자는 그것을 고향의식 속에 무의식적으로 깔려 있는 기층사유에서 찾는다. 그가 새로운 풍경을 발견한 것도 바로 이런 사유가 추동한 것이라 할 수 있다.

신성한 기층사유와 물활론적 생기

기층사유란 무의식의 차원에 잠재적으로 존재하는 근원적인 사유를 말한다. 기층사유는 반복적이고도 자연스러운 영향의 수수 과정을 통해 유년에 형성된다. 이육사 시인의 기층사유는 퇴계의 주리론이다. 그는 어릴 때부터 퇴계의 사상사적 자양이 풍부하게 전승되고 있는 안동 원촌리에서

7 장정일의 대담 기록에서 이하석은 자신을 모더니스트로 불러도 된다고 하였다. 장정일, 「인공시학과 그 계보: 김춘수, 이하석, 박기영」, 『세계의 문학』, 1992. 봄, 73쪽.

8 Bill Devall & George Sessions, Deep Ecology, Salt Lake City, UT: Peregrine Smith, 1985.

유년 시절을 보내며 그 사유를 자연스럽게 행위 준거로 삼았던 것이다. 그는 그것을 "말도 아니고 글도 아닌 무서운 규모"[9]라 부른다.

이하석 시인에게 있어 기층사유는 무엇일까. 그것은 그의 고향의식과 다를 바 없다. 고향에서 의식적, 무의식적으로 체득하게 된 기층사유가 고향의식의 핵이기 때문이다. 고령이라는 구체적 공간으로 향해 있는 그의 고향의식의 핵은 무엇일까. 우리는 그의 시와 산문에서 그것을 어느 정도 유추할 수 있다. 그의 첫 시집에 실린 다음 시를 보자.

> 가야산 동쪽 구비쳐 내려
> 고달피 낙동강에 흘러든다, 가천물,
> 지금은 폭도 좁아지고, 청산가리 풀고 전기 꽂아 넣어
> 피라미 씨 마르고, 온갖 논물 강에 흘러들어
> 농약에 우렁이들 빼들어지고.
> 우리 엄마 날 팔았던 물터, 고요하다
> 가야산 그림자 지고. 남쪽 바다 용왕
> 홍수 때면 올라와 살던 곳.
>
> – 이하석, 「대가천」 부분

고향을 가로지르는 강물의 황폐함을 보여주는 이 시는 그 황폐함을 보는 시선이 어디에 기인하는가를 보여준다는 점에서 의미를 지닌다. 근대의 황폐함을 냉정하게 보여주는 첫 시집에서 이 시의 초점은 현재의 황폐함에 놓인다. 청산가리와 같은 독극물을 풀거나 전기를 사용한 고기잡이, 논에서 흘러나온 농약으로 고령을 가로질러 흐르는 대가천은 애초의 건강

9 이육사, 「계절의 오행」, 심원섭 편주, 『원본 이육사전집』, 집문당, 1986, 211쪽. 이때 규모는 규모(規模) 즉 본보기가 될 만한 틀이나 제도, 즉 규범을 말한다.

함과 신성성을 잃어버렸다. 시인은 현재의 이 부정적인 상태를 과거와 대비시킨다. 이 작품에서 중요한 것은 현재의 황폐함이 아니라 그와 대비되는 과거의 신성성이다. 과거의 강은 지금처럼 생명이 죽고 바다와 연계되지 못한 강이 아니다. 홍수 때면 남쪽 바다 용왕이 올라와 살던 신성한 곳이다. 과거의 강은 엄마가 자식을 팔 정도로 위엄과 신성을 지니고 있었다. 이때 자식을 판다는 것은 무엇일까. 이것은 '아이팔기' 혹은 '애팔기'라 부르는 민간신앙의 하나를 말한다. 아이팔기는 운수가 좋지 않거나 수명이 길지 못한 팔자를 타고난 아이에게 불행이 오는 것을 막기 위해 신성한 존재에게 아이를 기탁하는 의례 행위를 말한다. 아이팔기는 아이가 태어난 때에 맞추어 각각의 장소에 파는데, 예를 들어 용띠의 경우 물가에 팔고, 돼지띠의 경우 음침한 숲에다 판다고 한다.[10]

이하석의 시는 강물의 용왕에게 아이를 기탁하던 지난 시절의 신성한 풍속을 보여준다. 이때 강물은 인간적 삶의 도구가 아니라 인간의 운명을 보호해 주는 절대적이고도 신성한 존재가 깃든 곳이다. 이런 세계에서 인간의 삶은 자연보다 우위에 놓일 수 없다. 인간은 자연의 한 부분으로 자연과 끊임없이 소통하며 살아가야 하는 존재이다. 자연과의 긴밀한 유대는 생존의 조건이다. 만일 그 유대가 끊어진다면 운명적 파국을 맞게 된다고 사람들은 믿었다. 강물뿐 아니라 모든 자연은 어느 것이나 신성한 존재가 깃든 살아 있는 세계가 된다. 여기에는 '물활론적 생기(animistic vitality)'가 가득하다. 이런 물활론적 사유가 기층사유의 핵심이다. "모든 존재는 신성하다"는 선언이 자연스러운 진리로 수용될 수 있는 곳은 이곳이다. 이하석의 시적 연원은 이곳에 젖줄을 대고 있었던 것이다.

10 아이팔기에 대한 것은 『한국의 가정신앙-경상북도편』(국립문화연구소, 2007)의 여러 부분에 서술된 관련 항목을 정리한 것이다. 이 책에 의하면 아이팔기는 경상북도에서 강하게 전승되고 있는 것으로 파악된다고 하였으며(834쪽), 고령편을 보면 고령에서도 동일하게 전승되고 있음을 확인할 수 있다.

이보다 더 흥미로운 예는 이하석의 산문에서 발견된다. 그는 자신의 고향 고령을 탐방하는 문학기행 대담 속에서 다음과 같은 말을 하였다. 기자는 이 말을 다음과 같이 옮기고 있다.

> 그의 고향에서는 매년 2월이면 건장한 머슴을 한 명 뽑아 완전히 발가벗겨 들판을 한 바퀴 돌게 하는 풍습이 있었다. (…) 건장한 남자의 발가벗은 모습은 남성을 상징하고 들판은 여성이다. 이들은 한 몸으로 변하는 '건강한 결혼'을 한 것이다. 풍요를 기원하는 풍습이다.
>
> 1970년대 후반 산업화로 물든 대구의 신천에서, 시인은 곳곳의 굴뚝에서 뿜어내는 시커먼 연기를 황혼 무렵에 목격한다. 여성의 건강한 강은 폐수 천지로 변하고, 남성은 굴뚝 연기와 함께 비정상적인 '성적 교류'를 하는 것이다. 이 비정상의 결혼은 쭉정이만 낳을 수밖에. 시인은 고향과 산업화 현장을 절묘하게 대비시켰다.[11]

여기에 등장하고 있는 '알몸 의례'는 『한국의 가정신앙-경상북도편』이나 경상도나 그 외의 지역을 다루는 어떤 민속 관련 저서에서도 확인할 수 없는 풍속이다. 필자 역시 이것이 고령지역에서 전승되고 있는지 확인하기 위해 『고령군지』나 『고령지』, 『영남읍지』 등을 뒤졌으나 어디에도 기록되어 있지 않았다. 그러나 이와 유사한 예가 전혀 없는 것은 아니다. 나경(裸耕) 풍속이 그것이다. 사전에서 나경을 설명하고 있는 부분을 그대로 옮겨 보자.

> 우리나라의 관동(關東)·관북(關北) 지방에는 예로부터 나경(裸耕)의 습속이 있었다. 나경이라 함은 정월 보름날 숫총각으로 불리는 성기

11 강춘진, 『책 속에 갇힌 문학, 책 밖으로 나오다』, 가교출판, 2006, 156-157쪽. 이하석 시인과 통화한 결과 시인의 경험임을 확인하였다. 그러나 직접 본 것이 아니라 동네 어른들로부터 들은 이야기라고 한다.

(性器) 큰 남자가 실오라기 하나 걸치지 않은 벌거숭이가 되어 목우(木牛)나 토우(土牛)라 하는 의우(擬牛)[人造牛]를 몰고 밭을 갈며 풍년을 비는 민속이었다.

땅은 풍요의 여신(女神)이요 쟁기 끝은 남자의 성기(性器)를 상징하는 것으로 다산력(多山力)을 지닌 대지 위에 남자의 성기를 노출시킴은 다산력에 가장 효율적으로 영향을 미칠 수 있다는 뜻이 된다. 이 같은 풍습이 관동지방에만 있고 남쪽에 없었다는 것은 토박(土薄)하여 곡식의 결실이 잘되지 않는 데서 풍년을 비는 마음이 절실하였기 때문이었을 것으로 풀이된다.[12]

일종의 풍요제의 하나인 나경, 즉 '알몸 경작'이 문헌에 기록된 것은 유희춘(柳希春: 1513-1577)의 「입춘나경의(立春裸耕議)」가 처음이자 유일한 기록이다. 1548년 함경도 종성에 19년간 유배되었을 때 그는 그곳 풍속을 기록하였는데, 나경 의례를 보고 혹독한 추위에 알몸으로 의례를 행하는 사람을 측은하게 여겨 인간주의적 관점에서 비판한 글이 이 글이다. 관련 부분을 옮겨 본다.

매년 입춘 아침에 지방관아에 사람들이 모이면 관문(官門) 앞길에서 몇 명의 사람들로 하여금 나무소를 몰아 밭을 갈고 씨를 뿌리게 하여 농사짓는 형용을 한다. 이로써 해를 점치고 곡식의 풍년을 기원한다. 이때 밭가는 자와 씨 뿌리는 자는 반드시 옷을 벗게 하여 추위에 노출시킨다. 왜 그런지 까닭을 물으니 촌로들이 전하길 추위를 견디는 강인함을 보여 따뜻한 한 해가 오길 바라는 것이라 한다.[13]

12 『한국민속대관』 5권, '나경의 습속' 항목. 이 책은 출처를 "이규태, 「韓國家畜文化史」(3), 『畜産振興』"으로 밝혀놓고 있다.

13 "每歲立春之朝 都轄土官 於官門道上 令人驅木牛而耕種 作稼穡之狀. 用以占年 用以祈穀. 而

관청 앞 큰 길에서 알몸으로 밭을 갈고 씨를 뿌리는 행위를 흉내 내는 이 행사의 목적은 촌로들의 말처럼 따뜻한 한 해와 그에 따른 풍요를 기원하는 데 있다. 즉 풍요를 기원하는 "생생상징(生生象徵)"[14]적 행위인 것이다. 비록 유희춘이 이 행사를 비판하고 있지만, 황패강의 지적처럼 "원시적인 사고라는 점에서 볼 때 고로의 판단은 오히려 어떤 면에서 정곡을 맞춘 것"[15]이 아닐 수 없다. 황패강은 『동국세시기』에 따라 나무소 의례는 중국의 '토우지제(土牛之制)'를 본딴 것으로 보고 관에서 주도한 행사의 하나로 보았다. 그러나 나무소 의례에 관한 중국과 우리나라의 공식 문서에 알몸의 농사꾼이 등장하는 경우가 없다는 사실을 들어 의아하게 생각한다.

그러나 이 알몸 경작은 중국에서 들어온 것이 아니라 우리나라의 전통적인 민속이다. 그것은 우리나라에서 발견된 '농경문 청동기'에 알몸으로 따비질을 하는 인물이 등장하는 데서 확인된다.[16] 알몸 경작이 우리의 오래된 풍속이지만 후세에 중국으로부터 목우지제가 들어오면서 알몸의 형태가 사라진 것으로 보인다. 이하석이 보고하고 있는 매년 2월에 벌어지던 고령의 '알몸 의례'는 알몸 경작이 변형된 형태로 보인다.[17] 중요한 것은 청

必使耕者種者 裸體而觸寒. 此何意也 故老相傳 以爲示耐寒之壯 而成歲暖之祥.", 유희춘, 『眉巖日記』 11권.

14 김열규는 나경의례를 "土牛와 木牛로서 立春에 耕田하여 그것으로써 일년의 豊熟을 점치는 입춘의 봄맞이 행사"의 일종으로 보고, 이것이 여기에 동원된 소를 풍요를 암시하는 생생상징의 하나로 본다. 생생상징은 'Fertility(Fruchtbarkeit)'의 역어라고 밝히고 있다. 김열규, 「한국 민속신앙의 "생생상징" 연구」, 『아세아연구』, 고려대 아세아문제연구소, 1966. 6, 71쪽, 101쪽 참조.

15 황패강, 「'입춘나경의' 소고-미암일기초 연구(3)」, 『국문학논집』, 단국대학교 국어국문학과, 1969, 45쪽.

16 「성기 노출 농경문 청동기와 나경」, 『연합뉴스』, 2005년 4월 5일. 일부 언론에서는 최근에 나경 관련 문서가 발견된 것처럼 말하지만, 이것이 학계에 알려진 것은 앞에서 본 1966년 김열규의 언급이 최초가 아닐까 한다.

17 매년 2월이라 했지만 사실상 입춘일 것으로 보인다. 대부분의 나무소 의례는 입춘에 거행되었기 때문이다. 혹은 음력 2월 1일 '머슴날'일 수도 있을 것이다. 머슴날은 겨우내 쉬었던 머슴들이 농사를 준비하는 것을 위로하기 위해 만든 축제일이다. 『고령군지』, 178쪽 참조.

동기 시대 전후에 시작된 이 의례가 근세에까지 고령에 계승되고 있다는 사실이다. 이것은 이 지역의 문화적 유구성을 보여주는 증거가 될 것이다. 『한국민속대관』에 "이 같은 풍습이 관동지방에만 있고 남쪽에 없었다"고 단정한 것은 그만큼 이 풍습이 민간에서 은밀하게 전승된 고유한 의례였기 때문일 것이다. 관청에서 알면 풍요제의의 본뜻과 무관하게 방해를 할 것이기에 은밀하게 전해 온 것으로 보인다.[18]

아이팔기나 알몸 의례에서 보듯이 이하석의 고향의식은 고령의 기층문화와 밀접하게 관련되어 있다. 그의 고향은 우리가 아는 일반적인 고향보다 더 근원적이고 원형적이다. 그의 고향은 자연과의 신성한 유대가 존재하는 성스러운 곳이다. 따라서 그의 고향의식은 우리 민족의 고유한 기층사유와 동일시된다. 그의 고향은 우리 민족의 원형적 사유를 고스란히 간직하고 있기 때문이다. 이 지역 사람들이 자기 고장에 대해 상당한 자부심을 가지는 것도 이 때문일 것이다. 개국신화가 전해 내려오는 고향을 가진 이가 몇이나 되겠는가를 생각하면 그것은 그다지 어색할 것도 없다. 이런 사실을 이해할 때, 이하석이 "고령 사람들의 귀향길은 흡사 모천으로 회귀하는 연어들처럼 자신들의 과거가 집적된 무덤들의 거대한 시간을 거슬러 오르는 듯한 감동을 느끼기도 하는 것"(이하석: 190-191)이라 할 때의 그 감동은 고령 사람들만의 것이 아니라 우리들의 것이 되기도 하는 것이다. 여기서 김소월의 시에 나타났던 "신성한 문서 저장소"[19]로서의 무덤 이미지가 다시 살아나고 있는 것도 우연이라 할 수 없을 것이다.

18 유희춘도 알몸 경작 의례를 금하기 위해 누가 시킨 것인지 책임 소재를 묻는데, 관리에게 물으면 백성들의 풍속이라 하고, 백성들에게 물으면 관에서 시킨 것이라 대답하였다고 한다. 이처럼 서로 떠넘기는 것은 이 행사의 상징적 의미가 중요하여 행사의 중단은 큰 죄의식으로 직결되기 때문일 것이다.

19 신범순, 「샤머니즘의 근대적 계승과 시학적 양상-김소월을 중심으로」, 『시안』, 2002. 겨울, 48쪽.

기층사유의 현현과 근대적 폐허의 발견

이제 이하석 시의 특이한 풍경의 의미와 그런 풍경을 발견하게 혹은 발명하게 만든 바탕은 무엇인가를 논할 차례가 되었다. 이하석 시의 풍경은 근대도시의 폐기물을 냉정한 눈으로 보여주는 살풍경이다. 그러나 그 풍경이 특이한 것은 단순한 풍경이 아니라 사물의 시선 안쪽에 시인의 시선이 놓여 있는 풍경이라는 점 때문이다. 그러나 그것은 쉽게 지각되지 않는다. 근대의 독자들에게 알려지지 않은 풍경이기 때문이다. 그 풍경은 바로 심층생태주의적 풍경이다. 이 풍경을 존재하게 하는 것은 앞에서 살펴본 것처럼 고향의식 속에 무의식적으로 계승되고 있는 기층사유이다.

그러나 기층사유는 근대에 들어 제거해야 할 타자가 되었다. 기층사유의 세계는 일종의 마법의 세계이다. 그러나 근대주의자는 근대의 발걸음이 마법적 세계와의 단절로부터 시작된다고 본다. 신비와 마법의 세계를 우리는 샤머니즘이니 풍류도니 민간신앙이니 하는 말로 부르고 있다. 명칭은 그다지 중요한 게 아니다. 그 세계가 세계와 자아의 연속성이 유지되고, 사물과 인간이 아우라 속에서 동등하게 사는 세계라는 것이 중요하다. 그러나 세계와 자아의 신비한 연쇄가 가능했던 가역적 질서는 이성중심주의의 비가역적 질서로 대체되어 버렸다. 우리는 근대화를 통하여 신성한 기층사유의 세계를 버렸다. 그 단절을 이하석은 다음과 같이 드러내고 있다.

> 풍악에 열리던 속들 굳게 닫고
> 자갈들 많이도 읍내로 대구로 실려가 버렸다.
> 자꾸만 솟아올라 깊이 드러나
> 이제는 아무도 자식 팔지 않는 물.

모든 어머니들의 꿈들만 상류 거슬러 치달을 뿐
저 물에 가야산 소식 틈틈이 끊어진다.

– 이하석, 「대가천」 부분

용왕이 살던 신비한 세계는 이제 사라졌다. 신성한 축제에 의해 열리던 강의 내면은 이제 굳게 닫혀 버렸다. 이제 세계는 물활론적 생기를 잃어버린 죽은 세계에 불과하다. 그래서 강은 개발 일로의 근대화의 자원, 즉 모래나 자갈이 묻힌 채굴장일 뿐이다. 그 강의 신성함을 믿지 않기 때문에 강에 자식의 운명을 보호해 달라는 요청을 아무도 하지 않는다. 아이 팔기 같은 일은 이제 미친 일이거나 미신이 되어 버렸다. 근원을 알 수 없는 상류에만 그 원형적인 꿈이 남아 있을 뿐이다. 그러나 그 근원의 상징인 가야산의 소식도 온전하게 전해지지 않는다.

이 기층사유는 현재적 의미를 상실해 버렸는가. 아니다. 신성한 기층사유로 가득한 이하석의 고향의식은 과거 그 자체로 고립되어 있지 않다. 그 스스로도 이 과거의 활성화를 의식하고 있는 듯하다. 그는 "그 재현과 추억, 상념은 현재에 의해 되살아나거나 현재의 삶을 간섭하여 현재를 전복하는 새로운 계기로 작용되어야 한다."[20]고 말하고 있지 않은가. 이것은 이하석의 고향의식 속에 장엄하게 자리잡아 그로 하여금 근대를 전복하고 근대의 황폐한 풍경을 새롭게 발견하게 만들었다. 그는 사진기를 들고 그 풍경을 포착하려 다녔다고 한다. 그런 의식적인 행위가 어디로부터 온 것인지 스스로 인식하지 못하고 있는 듯하다. 그것은 기층사유가 스스로도 인식하지 못할 정도로 무의식화되어 버렸기 때문이다. 이 무의식이 그가 대도시로 나왔을 때 도시 풍경을 의아하게 바라보게 만든 것이다.

근대적 폐허의 풍경을 발견하는 일은 근대화에 동화된 시선이 아닐 때

20 이하석, 「서문」, 『고령을 그리다』, 만인사, 2002.

가능하다. 근대화에 동화되면 주변에 보이는 각종 오물들은 근대화의 자연스런 부산물로 인식될 것이다. 대부분의 우리들이 근대화를 부르짖던 시기에 환경오염을 대수롭지 않게 여긴 것도 이 때문이다. 독재개발 시대에 한 정치가가 울산의 공장에서 나오는 굴뚝 연기를 바라보며 이 들판을 저 연기로 가득 차게 만들겠다고 자랑스럽게 선언했다는 에피소드가 좋은 예가 될 것이다. 근대성과 기층사유가 길항하고 있을 때 이 근대 풍경은 낯선 풍경으로 비로소 발견될 수 있다. 이하석은 인식틀에 변화가 생기는 시기, 즉 인식의 바탕이 다른 바탕으로 교체되는 시기에 그 미묘한 변화를 감지한 예민한 시인이라 할 수 있다. 그래서 우리는 그를 방법론상으로는 모더니스트이지만 사상적으로는 전통주의자라고 단정할 수 있다.

대가천과 근대적 황폐를 함께 노래한 것도 그런 의식의 요충지대에 그가 살았기 때문이다. 초기시의 냉정함을 떠나 제4시집에서 다시 대가천으로 돌아올 때 그가 지니고 있는 기층사유, 즉 심층생태주의는 어느 정도 상식이 되었다. 이제 그는 기존의 방법론에서 자유로워져 모천 회귀하는 은어처럼 대가천의 신성성 회복을 외칠 수 있었다.

나는 은어를 본다.
물의 힘줄 속에 그것들의 길이 있다.
물의 힘줄을 은어들이 당겨 강이 탱탱해진다.

나는 은어를 본다.
강의 힘줄이 내 늑간근에도 느껴진다.
그밖에 중요한 것은 없다.

나는 은어를 본다,
언어에 기대어서.

이건 중요한 것은 아니다.

누가 강의 힘줄을 풀어놓느냐.

강에는 은어가 올라와야 한다.

그밖에 중요한 것이 도대체 무엇인가.

– 이하석, 「대가천 2–은어낚시」 전문

이제 그는 이 시에서 강의 힘줄을 자신의 늑간 근육에서 감지하며 그것의 신성성을 외치는 예언자적 존재가 된다. 여기에서 강의 힘줄은 충만한 삶의 에너지, 즉 물활론적 생기의 상징이다. 그는 이 힘줄을 풀어놓아 강을 무기력하게 사물(死物)로 만들어버리는 존재로 근대 문명을 지목하며, 그것의 극복을 가장 중요한 과제로 선언하고 있다. "그밖에 중요한 것은 없다." 단절을 넘어 그 생기 넘치는 세계를 회복하듯이, "강에는 은어가 올라와야 한다." "그밖에 중요한 것이 도대체 무엇인가."

제3장 불교철학의 다층적 가능성

이미지의 본질: 유식철학과 이미지 개념의 성찰

이미지와 개념의 대립

이미지는 시의 핵심 요소 중 하나로 각종 시론에서 중요하게 다루어져 왔다. 그리고 시에 있어서 이미지는 개념과 양립하지 않는 것으로 평가된다. 그러나 이미지의 어떤 본질에 근거하여 이미지와 개념의 양립 불가능성이 성립되는 것인지에 대한 구체적인 논의는 없었다. 이미지가 개념의 개입으로부터 자유로울수록 시적으로는 더 바람직한 결과에 도달할 수 있다는 이런 관점은 이미지의 본질에 대한 검토 없이는 성립하기 어렵다.

이미지와 개념의 양립 불가능성이라는 문제를 본격적으로 제기한 이는 바슐라르다. 그는 "어원학적인 그릇된 조명"[1]으로부터 파생된, '상상력=이미지 구성 능력'이라는 관점에 대해 비판적이다. 그에 따르면 상상력은 이미지를 구성하는 능력이 아니라 "오히려 지각작용에 의해 받아들이게 된 이미지들을 변형시키는 능력"(Bachelard: 10)이다. 이미지의 구성과 변형에서 후자에 초점을 두는 것이다. 이때 구성은 논리적 개입을 전제로 한 것이다. 이런 이항대립은 '구성적 이미지'와 '문학적 이미지'의 대립으로 연결된다.

> 우리는 따라서 정지되어 버린 이미지들, 이미 한정된 말[명확히 개념지어진 말]이 되어버린, 구성된[체계화한] 이미지들은 다루지 않을

1 Gaston Bachelard, 정영란 옮김, 『공기와 꿈』, 민음사, 1993, 9쪽. 'imagination'은 이미지를 구성하는 능력이라는 어원을 갖는다. 이정우는 상상력을 '이미지 작용'으로 번역한다. 이정우, 『영혼론 입문』, 살림출판사, 2003, 72-73쪽 참조.

> 것이다. (…) 그러한 이미지들은 상상적인 것으로서의 힘을 상실한 것들이다. (그러한 것들과) 다른 이미지들은 전연 새로운 것들이다. 즉, 이들은 생동하는 언어의 삶을 사는 것들이다. (…) 이런 이미지들—문학적 이미지들—은 우리의 정서에 희망을 주고, 진정한(의식 있는) 인격체가 되고자 하는 우리의 결단에 특별한 활력을 부여하며, 우리의 신체적 삶에까지도 활성을 북돋우어 준다.(Bachelard: 13-14)

여기에서 바슐라르는 구성적 이미지와 문학적 이미지를 대조적으로 다루고 있다. 구성적 이미지는 "상상적(인 것으로서의) 원리로부터 유리되어, 어떤 결정적 형태 속에 고정되어" 버린, "현재적 지각"(Bachelard: 11)에 머물러 있는 이미지다. 이는 다른 말로 "정체되어 있고 완수된 이미지"(Bachelard: 12)로 표현되기도 한다. 이것은 하나의 고정적이고 상투적인 형태로 굳어 버린 이미지를 가리키는 말이다. 이런 이미지는 정형적인 개념 틀 속에 갇혀 어떤 새로운 자극도 줄 수 없는 죽은 비유와 같다. 즉 지각작용에 의해 획득한 이미지를 논리적으로 조작한 것에 불과하다는 점에서 새로운 가능성을 상실한, 그래서 활동성을 잃은 이미지이다. 이에 반하여 문학적 이미지는 "정신적 가동성(mobilité spirituelle)"(Bachelard: 13)을 지닌 이미지들로서, 고정되고 정지된 이미지가 아니라 운동성 혹은 창조적인 활기를 지닌 것이다. 이런 이미지는 우리를 몽상하게 하고 꿈을 꾸게 하며 정신적인 면뿐만 아니라 신체적인 면에까지 활력을 불어넣어 주는 역할을 한다. 바슐라르는 다른 곳에서 이런 대립을 '메타포'와 '이미지'의 대립으로 다시 보여준 바 있다. 즉 "절대적 상상력의 소산인 이미지"에 반하여, 메타포는 "표현하기 어려운 인상에 구체적인 형태를 주기 위해 있는 것"으로서 "깊고 참되고 실제적인 뿌리가 없는 조작된 이미지"[2]에 불과

2 Gaston Bachelard, 곽광수 옮김, 『공간의 시학』, 민음사, 1990, 202쪽.

한 것이다. 구성적 이미지와 문학적 이미지, 혹은 메타포와 이미지의 대립에 있어서 전자를 비판하는 근본적인 이유는 전자가 상상력이 아니라 논리에 의거하여 조작되고 구성된다는 점에 있다. 즉 그것이 어떤 정해진 개념이나 논리를 보조하는 기법에 불과하기 때문이다. 이 때문에 메타포는 논리적 조작을 통해 원래의 이미지가 지닌 생생함을 죽이고, 이를 통해 이미지가 새로운 활기를 얻는 것을 방해한다는 것이다. 바슐라르에게 있어서 이미지에 대한 이런 조작성, 논리성은 시인의 무능력에 대한 증거가 되기도 한다.[3]

시적 이미지와 관련하여 지적인 제어에 대한 우려는 바슐라르의 주장만은 아니다. 김춘수의 '서술적 심상'과 '비유적 심상'의 대조도 바슐라르의 인식과 동일선상에 있다. 김춘수에 따르면 전자는 심상의 배후에 관념이 존재하지 않는 심상 그 자체를 위한 심상을 말하고, 후자는 관념 전달의 도구로 쓰이는 심상을 가리킨다. 서술적 이미지를 읽을 때, 독자는 "이러한 심상이 모여서 빚어내는 선명한 정경을 그려 봄으로써 신선한 감각적 체험을 할 수만 있다면 그만이지, 더 이상 이러한 심상들의 배후에 있는 관념이나 사상을 탐색할 필요는 없다."[4] 이에 반하여 비유적 심상은 "관념에 봉사하는 역할을 하기 때문에 심상이 불순"(김춘수: 247)한 것이 된다. 이와 같은 서술적 심상의 옹호는 이미지가 이미지 그 자체의 생생함을 버리고 개념에 종속되는 현상에 대한 비판이 아닐 수 없다.

바슐라르나 김춘수가 보여준 이미지와 개념의 양립 불가능성은 이미지의 본질과 직결된 것이라는 점에서 문제적이다. 이 문제에 초점을 맞추어 여기에서는 이미지의 본질을 인식론적 관점에서 검토하고, 이를 새롭게

3 "(포우와 반대로) 더할 나위 없이 진귀한 이미지들을 그만 범상한 것으로 만들어 버리는 사람들도 있다. 그런 사람들은 개념들을 미리 갖고 있어서 그 속에 이미지를 끼워 넣을 채비가 늘 되어 있는 부류들이다." Gaston Bachelard, 위의 책, 209쪽.

4 김춘수, 『시론-시의 이해』, 송원문화사, 1971; 김춘수, 『김춘수전집2 시론』, 문장사, 1982, 244쪽.

조망할 수 있는 유식철학이라는 불교적 관점에서 이미지의 본질과 가능성에 대해 조명하고자 한다. 유식철학적 접근이 필요한 것은 이미지의 폄하에 시종한 서구의 관점으로부터 떠나 "이미지의 풍요로움과 의미를 제대로 구체적으로 맛보기 위해서는 비서구적인 문화를 보다 깊이 탐구하는 방법이 유익할 수"[5]도 있기 때문이다.

지각의 인식론적 위상과 이미지의 본질

이미지 문제를 제대로 다루기 위해서는 이미지와 관련된 '지각'의 인식론적 위상을 검토하는 일이 필요하다. 이미지는 지각의 결과물이기 때문이다. 이 문제를 명확하게 하는 데에는, 그 한계에 주의하며 서구철학적 관점에서 접근하는 것이 도움이 된다. 서구 인식론에 의하면 우리는 대상을 인식할 때 감각(sensation)과 지각(perception), 그리고 인식(cognition)의 단계를 거친다. 감각은 우리의 감각 기관이 대상과 관계하여 포착한 오관의 느낌 그 자체를 말한다. 눈과 귀, 코, 혀, 피부 등을 통해 일차적으로 포착하게 되는 생리학적 질료들이 바로 감각이다. 이 단계에서 감각은 어떤 인식을 위한 기초적인 계기로서만 기능을 한다. 그 다음에 그 감각 질료를 대상으로 지각이 작동을 시작한다. 이 지각을 통해 우리는 감각적 질료 그 자체를 감각 자료(sense data)로 받아들이고 인식을 위한 준비를 한다. 이미지는 이때 인식의 대상으로 포착된 감각 자료를 가리킨다. 칸트의 용어로 하자면 구상력의 종합을 기다리는 상태의 '지각들', 혹은 '인상들'[6]이라 할 수 있다. 이런 단계를 거쳐 비로소 인식, 즉 지각의 대상을 하나의 개

5 유평근 · 진형준, 『이미지』, 살림, 2009, 117쪽.

6 I. Kant, 최재희 옮김, 『순수이성비판』, 박영사, 1984, 138쪽. 초판(A 120)의 내용이다. 칸트는 현상과 의식의 결합을 지각이라 부르고, 직관의 다양함을 하나의 심상으로 만드는 것이 구상력이라 본다. 그러나 감성과 지성(오성)을 결합하는 '선천적인 종합 능력'으로서의 구상력은 이미 인식의 범주에 치우친 것이라 할 수 있다.

념적 틀로서 명확하게 구별하는 단계에 도달하는 것이다. 이 인식을 통해 우리는 대상을 하나의 변별적인 존재로 이해하게 된다.

이미지를 산출하는 지각은 이런 인식론적 흐름에서 "신체적 감각과 개념적 인식 사이에서 벌어지는 인식 과정을 가리키는 개념"으로, 이는 "대상을 포착해서 알아보긴 하지만, 아직 명확하게 개념화되지 않은 그런 중간 과정"(이정우: 62)을 가리킨다. 따라서 지각은 순수한 감각도 아니며 지성적 개념도 아닌 모호한 성격을 지니게 되는 것이다. 이것은 지각이 사물 혹은 외계와 직접적으로 연계되는 객관적인 면과 그것의 의식 내적 자각이라는 주관적인 면, 즉 상호 충돌하는 "이중적 차원"[7]을 지니고 있기 때문이다. 이런 이중성 때문에 서구철학사에서 지각에 대한 평가는 그다지 호의적이지 않았다. 특히 근대 의식철학의 전통에 서 있는 데카르트나 칸트 같은 경우, 지각과 인식(혹은 의식)의 이분법적 사고에 기초하여 지각 자체를 수동적인 것으로만 이해하여 능동적인 인식의 단계에 도달하지 못한 것으로 판단하였다. 그들에게 지각은 일종의 "인식론적 카오스"(이정우: 64)였던 것이다. 특히 데카르트는 『성찰』에서 시대사적 과제를 '우리의 정신을 지각으로부터 격리시키는' 것이라고 규정하여 지각의 폄하에 적극적이었다.[8] 그것은 근대라는 시대적 소명이 초래한 결과라 할 수 있다. 즉 수동성과 인식적 결핍을 특징으로 하는 지각을 타자로 배제하고 주체의 자명한 의식을 높이 평가하는 의식철학이 근대의 시대적 과제와 호응한 것이라 할 수 있다. 서구철학에서 이루어진 지각에 대한 인식은 다음과 같은 간단한 평가에 잘 요약되어 있다.

7 Renaud Barbaras, 공정아 옮김, 『지각-감각에 관하여』, 동문선, 2003, 7-8쪽. 이 책은 현상학적 성과에 초점을 맞추어 지각의 문제를 풀어 나가고 있다.

8 이상인, 「아리스토텔레스의 지각론: 『영혼론(de anima)』의 지각의 자발성 논증을 중심으로」, 『철학연구』 54권 1호, 2001, 133쪽.

> 지각 단계를 '인식'이라 할 수 있는가? 이 문제를 둘러싼 철학사적 논의가 있다. 지각은 그것을 인식으로 본다 해도 전(前)개념적(preconceptual) 차원의 인식, 즉 불충분한 의미에서의 인식이기 때문에 인식론적으로 저급한 위상을 부여받아 왔다. 그러나 20세기 중엽의 메를로 퐁티 등은 지각의 차원에서 이미 의미가, 즉 '전(前)코기토적 의미'가 형성되어 있다고 보며, 그 후 그것이 개념적 인식으로 추상화된다는 새로운 입장을 제시하기도 했다.(이정우: 62)

지각에 대한 평가는 곧 이미지에 대한 평가와 맞물려 있다. 서구철학에서 지각이 인식론적으로 저급한 위상을 가지게 된 것은 지각의 애매한 존재론적 지점이 그 자체로 인정될 수 없었기 때문이다. 지각의 이런 한계는 곧바로 이미지에 대한 한계로 연계된다.[9] 이런 경향에 대하여 반기를 든 철학적 흐름이 현상학이다. 현상학은 의식철학의 이분법적 시각에 대한 회의를 바탕으로 지각에 대한 새로운 이해를 시도하였다. 후설, 베르그송의 현상학적 이해는 지각의 주체를 일종의 총체성으로 이해하는 데 많은 계시를 주었다. 특히 베르그송은 내면적 의식으로서가 아니라, 총체성으로서의 '우리'가 사물에서 직접 지각한다는 점을 강조하였다. 이는 즉 "지각의 주체는 살아 있는 존재로서 표상하지 않고 지각하는 것"(Barbaras: 74)이라는 선언으로 요약된다. 지각의 주체는 '살아 있는' 하나의 총체적 존재로서, 표상을 거치지 않고 직접적으로 지각을 한다는 주장이다. 이런 흐름의 연장선상에서 베르그송이나 사르트르의 이미지론의 등장이 가능해지는 것이다.[10] 현대 철학에서 이런 흐름을 적극적으로 계승한 사람이 메를로 퐁티이다. 그는 지각을 하나의 독립적이고 완결된 단계로 이해하여 개념

9 이미지의 폄하에 대한 서구철학의 흐름에 대해서는 유평근 · 진형준, 앞의 책, 101-117쪽 참조.

10 베르그송의 『물질과 기억』은 그 자체로 이미지론이라 할 수 있다. 또한 사르트르는 『이미지』, 『상상계』 등의 저서를 발표하여 이미지의 가치를 옹호하였다.

적 인식의 개입 없이 지각이 스스로 작동함을 강조하였다. 그는 '신체의 통일성'에 근거하여 "감각들은 해석 없이도 상호 번역되고 생각을 경유하지 않고도 상호 이해"[11]되는 것으로 해석한다. 감각에 이러한 전-인식적인 가치를 부여함으로써, 지각은 감각과 대상의 총체성을 계시하는 역할을 맡게 되는 것이다.

그러나 이런 흐름에서조차 지각, 그리고 이미지의 중간자적 특성은 그 자체로 인정되었다고 할 수 없다. 강조의 차이가 있기는 하지만 서구철학에서 지각의 성격은 감각과 인식의 어느 한쪽으로 배당하는 것이 통례였기 때문이다. 지각을 "감각기관들에서 발생하는 일종의 사건"[12]이라 보는 것은 지각을 감각의 일종으로 다루는 관점이며, 퐁티의 '전(前)코기토적 의미'는 지각을 개념적 인식의 일종으로 다루는 관점이라 할 수 있다. 메를로 퐁티의 시각이 지닌 진보성에도 불구하고, 신체, 감각, 지각 등에 대한 그의 시각은 현상학적 환원을 통해 세계의 핍진성에 다가가고자 하는 의식의 자기반성이라는 한계를 벗어나지 않았다고 할 수 있다. 그가 지각을 인식적 행위에 앞서는 "의식 흐름"이나 "앞서 있는 로고스"[13]로 본다는 것은 지각을 그 자체로 인정하는 것이 아니라 의식의 범주로 옮겨 놓은 일이기 때문이다. 『지각의 현상학』에서 메를로 퐁티가 몸을 결국 "암묵적 코기토"[14]로 보는 데에서 이 한계가 확실히 드러난다. 이것 역시 "데카르트

11 M. Merleau-Ponty, 류의근 옮김, 『지각의 현상학』, 문학과지성사, 2002, 358쪽.

12 이 말은 Salkey의 언급이다. 이상인, 앞의 글, 134쪽에서 재인용.

13 김희봉, 「지각과 진리의 문제: 후설과 메를로 퐁티를 중심으로」, 『철학과 현상학 연구』 12집, 한국현상학회, 1999, 305쪽.

14 M. Merleau-Ponty, 앞의 책, 603쪽. 이 말은 '침묵의 코기토', '말 없는 코기토' 등으로 번역된다. 메를로 퐁티는 "말해진 코기토, 즉 언명에로 변환되고 본질적 진리로 변환되는 코기토의 저쪽에는 암묵적 코기토, 즉 나에 의한 나의 경험이 실로 존재하고 있다."는 언급에서처럼 코기토를 중심으로 자신의 사유체계의 특성을 드러내고 있다. 후기 저작 『보이는 것과 보이지 않는 것』에서는 이 말 없는 코기토를 완전히 철회한다. M. Merleau-Ponty, 남수인, 최의영 옮김, 『보이는 것과 보이지 않는 것』, 동문선, 2004, 250-251쪽.

적 코기토의 잔재"[15]라는 점에서 서구 지성사에 있어서 개념적 인식에 대한 집착이 얼마나 강렬한가를 짐작할 수 있다. 따라서 메를로 퐁티에 이르러서도 지각과 이미지의 독자성은 인정되지 않았다고 할 수 있으며, 결국 서구철학사 전체에서 지각과 이미지의 가치는 제대로 평가된 적이 없다고 할 수 있다.

서구철학에서 인정받지 못한 지각의 이중성이 지각의 본질이며 동시에 이미지의 본질을 결정하는 기반이라 할 수 있다. 지각의 이중성에 따라 이미지 역시 완전한 감각 자료도 아니고 개념적 인식도 아닌 완충지대에 놓여 있게 된다. 지각의 이런 중간자적 특성 때문에 이미지 역시 신체적 감각과 개념적 인식 사이의 모호한 지점을 공유하게 되는 것이다. 베르그송이 정리한 바처럼 이미지는 "관념론자가 표상이라고 부른 것 이상의, 그리고 실재론자가 사물이라 부른 것보다는 덜한 어떤 존재-즉 〈사물〉과 〈표상〉 사이의 중간 길에 위치한 존재"[16]인 것이다. 바로 이런 절충지대에 놓여 있다는 사실이 이미지의 본질적인 특성이며, 존재론적 위상이라 할 수 있다.[17] 이때의 절충성은 사물과 표상의 성질을 공유하는 것이 아니라, 그 두 개념으로부터 최대한 거리를 유지하는 것이라는 사실이 중요하다. 즉 사물과 표상의 성격을 함께 지니는 절충이 아니라, 사물과 표상의 성격으로부터 이탈하려는 절충인 것이다.

15 장문정, 「후기 메를로-뽕띠 철학에서 살의 키아즘에 대하여」, 『대동철학』 6집, 대동철학회, 1999, 3쪽.

16 Henri Bergson, 박종원 옮김, 『물질과 기억』, 아카넷, 2005, 22쪽.

17 본고와 유사한 관점에서 이미지의 본질을 파악한 접근으로 송종인 · 박치완의 논의가 있다. 그들은 '이미지의 이중성과 복합성'을 "1)이미지란 정신인 동시에 물질이다, 2)이미지는 추상인 동시에 구체적인 것이다. 3)이미지는 주체인 동시에 대상이다. 4)이미지는 형상/질료(내용/형식)이다."라는 명제로 정리하고 있다. 그러나 이들은 이미지의 본질을 정신과 물질의 합으로 규정한다는 점에서 필자의 견해와는 차이가 있다. 개념과 감각의 지양이나 긴장으로 이미지를 규정하는 입장에서 볼 때, '추상화된 물질', '물질화된 추상' 등의 개념은 성립할 수 없다. 송종인 · 박치완, 「이미지의 이중성과 복합성: 이미지텔링, 그 이론적 토대 마련을 위한 시론」, 『글로벌문화콘텐츠』 8집, 2012, 143-154쪽 참조.

이런 관점에서 볼 때 이미지의 본질은 반질료성(半質料性, semi-matterness)으로 규정할 수 있다. 이것은 사물에 가까운 감각적 질료로서의 성격을 최대한 지니고 있으면서 어느 정도 인식의 과정에 들어갈 준비가 되어 있는 그런 반(半)질료적 상태를 가리킨다. 이 상태는 감각의 질료들이 자신의 생생한 물질성을 그대로 지니고 있으며, 개념에 의해 물질성의 활기를 잃기 전의 상황이다. 또한 감각적 활기를 유지한 채 의식으로 현현할 준비가 되어 있는 상태이기도 하다. 이미지는 지각의 과정에 놓인 것이므로 완전한 감각적 질료일 수 없다. 그럼에도 이때의 이미지는 주체보다는 사물의 상태에 더 가까운 실재성을 보유하고 있다. 반질료성이라 부를 수 있는 것도 이런 실재성의 감각 때문이다. 어떤 경우든 이런 특성을 제외하고 이미지의 특성을 논하는 것은 이미지의 일부를 다루는 것에 불과하다.

또 다른 이미지의 본질은 유동성이다. 이는 이미지는 끊임없는 동요, 진동을 내포하는 개념이라는 것이다. 그래서 이미지는 "우리의 직관에 나타나 있는 그대로의 객관적 실재로 환원시킬 수도 없고, 경험적 현실에 대한 추상적 개념, 사고로 환원시킬 수도 없"(유평근 · 진형준: 26)는 것이다. 지각의 대상이 되는 감각적 질료는 끊임없이 소멸의 위기 속에 놓여 있다. 개념적 인식이 이 질료들을 항상 범주화하기를 원하기 때문이다. 이미지는 감각적 질료들을 생생한 상태 그대로 포착하면서 개념적 범주화로부터 벗어나기 위해 끊임없는 유동 상태를 유지한다. 여기에서 이미지의 팽팽한 긴장이 형성되는 것이다. 이는 곧 어떤 이미지가 감각적 질료 자체에 머물거나 하나의 명확한 개념으로 존재할 때, 그것은 그 자체의 본질적 속성을 떠난 것임을 의미한다. 결국 이미지는 감각과 개념 사이의 긴장 속에 놓여 있을 때 진정한 가치를 지닌다고 할 수 있다.

이런 이미지의 본질에 비추어 볼 때 바슐라르와 김춘수가 그토록 혐오한 구성적 이미지나 비유적 이미지는 이미지의 이런 존재론적 특성을 무시한 것이 아닐 수 없다. 이들이 비판한 이미지는 이미지의 반질료성, 유동성을 관념적이고 추상적인 개념이나 의도에 종속시킨 것으로 이미 이미지의 본질적인 영역을 벗어난 것이라 할 수 있다. 반질료성이나 유동성의 종식은 이미지의 근원적 생기가 형해화하여, 이미지가 개념의 장식이나 도구로 전락했음을 의미한다. 즉 이미지는 감각적 질료를 전혀 지니고 있지 않는 관념이 된 것이다. 이때 이미지는 감성적 공감이 아니라 논리적 설득을 위한 장치에 불과하다.

시에 있어서 이미지의 중요성도 그것의 인식론적 위상과 관련되어 있다. 시는 완전한 감각도 아니고 완전한 개념도 아니다. 감각적 나열이 시로 인식된 경우가 없었던 것처럼, 개념의 나열 자체가 시로 인식된 경우도 없었다. 시적 유파의 다양한 융기 속에서 여러 번 극단적 경향이 존재하였지만 그 어느 것도 감각과 개념의 어느 한쪽에서 시적 특질을 끌어낸 경우는 없었다. 어떤 경우에도 시는 감각과 개념 사이의 균형상태, 혹은 완충지대에 존재론적 뿌리를 두고 있었던 것이다. 이런 시적 특성은 어디에서 기인한 것일까. 그것은 지금까지 살펴본 이미지의 본질에서 온 것이라 할 수 있다. 이미지의 본질이 곧 시적 본질과 상동성을 지닌다는 것은 이미지가 시의 핵심 요소임을 보여주는 증거가 될 것이다.

유식절학의 '현량'과 이미지의 가능성

앞에서 살펴본 이미지의 본질은 유식철학(唯識哲學)의 관점에서 접근할 때 그 진면목을 제대로 볼 수 있다. 유식철학은 모든 것을 공(空)으로 보는 중관(中觀) 사상을 계승하여 인식 주체와 인식 대상의 허망함을 인정하면서도 인식 주체(마음)가 만들어 내는 허구적 현상 세계에 주목하는 사상이다. 즉 "일체가 공임에도 불구하고 경험적으로 대상 세계가 존재한다는 것은 부정할 수 없으므로, 이러한 가(假)의 현상 세계를 형성해 내는 마음의 활동성을 철학적 분석과 논의의 중심 과제로 삼"[18]는 사상인 것이다. 이러한 유식철학에서 이미지와 지각에 대한 평가는 서구철학사와 사뭇 다르다. 지각이나 이미지가 서구철학사에서 철저하게 외면당하고 있는 것과 달리 유식철학에서는 긍정적인 것으로 다루어지는 것이다.

그런데 유식철학이나 불교 전반에 나타나는 이미지 문제를 다룰 때 그 개념에 유의할 필요가 있다. 흔히 경전에 '영상'이나 '상(相)'이라는 표현으로 나타나는 것들만을 이미지로 보는 경향이 많다. 즉 영상이라는 말뿐만 아니라 니미따, 락샤나, 삼즈냐, 즉 상(相)으로 번역되는 대부분의 어휘들이 그것이다. 그러나 이런 말은 시각적 이미지에 국한된 것이거나 이미 개념적 사유를 거친 표상이라는 의미로 사용되고 있어 앞에서 다룬 이미지의 본질과 거리가 있다. 구마라집에 의해 상(相)으로 번역되는 니미따, 락샤나, 삼즈냐를 재현 이미지로 보는 관점이 있는데,[19] 이는 결국 이런 이미지가 지각의 대상으로서의 감각 자료와는 달리 사유와 개념작용을 거친 표상임을 보여준다. 가령 원효가 깨달음의 단계를 설명하면서 "비록 명(名)을 취하지 않더라도 (법신의 차원에서 보면) 여전히 고(苦)의 일에 대하여 고(苦) 등의 상(相)을 취하니[取苦等相], 이는 법공의 진여를 깨닫지 못한 것"[20]이라 할 때, 이 상(相)은 개념적 인식의 고정성과 연계된 이미지로서, 반질료성의 이미지는 아닌 것이다. 시각적인 이미지이건 상(相)으로 번역되는 이미지이건, 모든 것이 식(識)의 왜곡('변계소집성')으로 실재처럼 인식된다는 유식철학의 기본 구도 내에서 이런 것들은 긍정적인 평가를 받을 수 없다. 유식철학에서 이미지와 관련하여 자주 드는 구절이 있다.

18 한자경, 『유식무경, 유식불교에서의 인식과 존재』, 예문서원, 2000, 25쪽. 유식철학은 무상유식(無相唯識)과 유상유식(有相唯識)으로 나누어지는데, 여기서 말하는 유식철학은 후자를 가리킨다.

19 이에 대한 논의는 박용주, 「대승불교의 이미지론 연구」, 『동아시아불교문화』 6집, 동아시아불교문화학회, 2010 참조. 이 논의는 모든 상(相)은 환(幻)이라는, 즉 모든 재현 이미지는 시뮬라크르 이미지에 의해 만들어진 것이라는 관점을 대승불교의 이미지관으로 정리하고 있다.

20 원효, 은정희 옮김, 『이장의』, 소명출판, 2004, 51쪽.

> 미륵보살이 부처님께 물었다. "세존이시여, 모든 비바사나사마타 중에서의 영상(影像)은 그 마음과 같은 것입니까, 아니면 다른 것입니까?" 부처님께서 미륵보살에게 말씀하셨다. "선남자여, 마땅히 다름이 없다고 말해야 한다. 왜냐하면 그 영상은 오직 식(識)일 뿐이기 때문이다. 선남자여, 식의 대상은 오직 식이 현현한 것일 뿐이라고 나는 설한다."[21]

이것은 비바사나사마타, 즉 지관(止觀)이라는 요가 수행 중에 떠오른 이미지가 주관적 이미지인지 아니면 마음 밖에 따로 실재하는 것의 반영인지에 대한 의문을 다루는 부분이다. 부처는 그 이미지는 식이 현현하여 나타난 것, 즉 진정한 대상이 없이 마음이 만들어 낸 것에 불과할 뿐이며, 마음을 떠나 따로 존재하는 실재가 없다는 점, 즉 유식(唯識)의 보편성과 필연성을 강조하고 있다. 이런 입장에 서면 이미지에 어떤 특별한 가치 부여를 하기 힘들 것이다. 모든 이미지는 우리의 식이 만들어 낸 것으로서 올바른 깨달음을 위해서는 부정해야 할 것들이기 때문이다.

시의 핵심요소로서의 이미지는 이런 시뮬라크르적 이미지와는 다른 차원의 것이다. 유식철학에서 앞에서 다룬 이미지의 본질에 적합한 것은 지각과 관련된 논의로부터 도출될 수 있다. 유식철학에서 지각에 해당하는 말은 현량(現量, pratyakṣa)이다. '량(量)'은 일종의 인식방법으로서 "바른 지식을 가져오는 원천"[22] 혹은 "해탈에 이르는 지식의 수단(means of knowledge)"[23]을 가리키는데, 이에는 현량(現量)과 비량(比量, anumāna)이 있다. 이중 현량은 개념적 사유가 개입하지 않은 인식을 가리키고, 비량은 추리와 유추와 같은 개념적 방식으로 이루어지는 인식을 가리킨다. 현

21 『해밀심경』, 제3권, 「분별유가품」; 한자경, 『유식무경, 유식불교에서의 인식과 존재』, 예문서원, 2000, 117쪽에서 재인용. 이 인용 부분에서 유식이라는 개념이 처음 등장하였다고 평가된다.
22 三枝充悳 편, 심봉섭 옮김, 『인식론 · 논리학-불교학 세미나2』, 불교시대사, 1995, 148쪽.
23 김상일, 『괴델의 불완전성 정리로 풀어본 원효의 판비량론』, 지식산업사, 2003, 56쪽.

량과 비량은 '직접지', '간접지' 혹은 '직접지각'과 '간접지각' 등으로 번역되는데, "전자(현량)는 지각(perception, Wahrnehmung)에 해당되고 후자(비량)는 추리(inference, Schluβ)에 해당된다"(三枝充悳: 148)는 것이 통설이다.

불교인식론에서 인식방법의 종류는 학자에 따라 여러 갈래로 나뉜다. 그러나 현재는 현량과 비량으로 좁힌 진나(陣那, 디그나가)의 학설을 계승하여 이를 체계적으로 정리한 법칭(法稱, 다르마키르티)의 논설이 정설에 속한다.[24] 진나와 법칭이 인식방법을 이 두 가지로 제시한 논리적 근거는 인식의 대상이 자상(自相)이라는 개체와 공상(共相)이라는 일반 개념 두 가지밖에 없다고 보기 때문이다.[25] 자상은 직접적인 지각인 현량의 인식 대상이고, 공상은 논리적 추론인 비량의 인식 대상이다. 이에 대해서는 다음과 같은 설명이 도움이 된다.

> 감각에 주어지는 사물의 속성은 감각의 순간에 개별적으로 포착되는 표상이다. 그처럼 개별적이고 구체적인 표상을 그 각각의 자체 상이라는 의미에서 자상(自相, svalaksana)이라고 한다. 직접적 인식인 현량의 대상이 곧 자상이다. 반면 자상들을 비교 분석하고 추상화하여 개념으로 얻게 되는 표상은 더 이상 자상이 아니다. (…) 이와 같은 추상적이고 일반적인 상을 공상(共相, sāmānyalaksana)이라고 한다.(한자경: 79)

자상(自相)은 감각에 주어지는 개별적이고도 구체적인 감각 자료를 뜻

24 법칭의 인식론은 호기굉정(戶崎宏正, 도사키 히로마사)이 정리한 바에 따른다. 戶崎宏正, 「후기 대상불교의 인식론」, 三枝充悳 편, 앞의 책, 143-183쪽 참조.

25 法稱, "바른 인식수단은 [직접지각과 추리의] 2종이다. 왜냐하면 대상이[자상과 공상의] 2종이기 때문이다." 「量評釋」; 전치수, 「法稱의 '量評釋'의 이해를 위하여(I): 제2장과 제3장을 중심으로」, 『한국불교학』 14집, 한국불교학회, 1989, 285쪽에서 재인용.

한다.[26] 이에 비하여 공상(共相)은 개념화를 거쳐 개별적이고 구체적인 성격으로부터 보편적인 성격을 추출한 추상적인 개념이다. 예를 들자면 우리가 사과를 보았을 때 사과의 자상은 인식 주체의 눈앞에 놓인 구체적이고 개별적인 사과, 즉 특수한 시공간에서 인식 주체의 감각과 접촉한 사과를 의미한다. 이는 특정한 빛깔과 특정한 크기를 지닌 사물로서 존재한다. 그런데 하나의 개념으로 존재하는 사과, 즉 공상으로서의 사과는 이런 특수한 사과의 우연성들을 제거하여 비교와 추리를 통하여 추출한 일반적 표상이나 개념이다. 공상으로서의 사과는 객관적인 대상으로서 외계에 존재하는 것이 아니라 오로지 우리의 관념 혹은 분별적 의식 속에만 존재할 수 있다. 자상은 그런 의식적 분별이 이루어지기 전에 존재하는 생생한 대상의 감각, 질료성을 지니고 있는 감각 대상이라 할 수 있다. 바로 이 자상, 즉 현량의 대상으로서의 이 자상을 이미지로 보는 것이 타당하다. 현량은 이 자상, 즉 특수한 이미지에 접근하는 방식인 것이다.

자상을 인식 대상으로 하는 현량은 이미지론에서 중요한 의미를 지니므로 주목할 필요가 있다. 서구철학사에서 부정적인 평가를 받아왔던 지각 개념과 달리, 현량은 동양철학사에서 긍정적으로 평가되는 개념이기 때문이다. 현량에 대한 다음 설명을 살펴보자.

> 혼자서 스스로 아는 데는 오직 현량과 자비량(自比量)이 있는데 현량은 분별(分別)을 제(除)한 것인데 분별을 제한다고 함은 일체 종류 명언(名言)을 떠나서 아무 사유도 하지 않고 감각기관들이 제각기 직접적으로 이것저것 따로 따로 알기 때문에 분별을 제한다고 하며 그렇게 분별을 제한 인식을 현량이라고 한다. 탐(貪) 등 의지에서의 제자증분(諸

26 한자경은 '표상'이라는 용어를 사용하고 있지만, 자상은 개념적 인식이 이루어지지 않은 상태이기에 표상이라는 표현과는 어울리지 않는다. 표상은 이미 개념적 인식 과정을 거친 후의 결과로서 주어지기 때문이다.

自證分)이라든가 수정자(修定者)의 교분별(敎分別)을 떠나는 정관(定觀)이 모두 현량이다.[27]

유식불교에서는 모든 오류의 근원이 개념적 분별에 있다고 보기 때문에 언어와 개념에 대하여 극도로 경계한다. 개념적 인식이 망상을 일으키고 잘못된 결론으로 인간을 이끌어 간다고 보는 것이다. 그래서 이런 분별이 개입하지 않은 상태, 즉 "분별을 제(除)한" 인식 방법으로서 현량을 높이 평가한다.[28] 법칭에 따르면 현량은 분별이 없으며, 착란이 없다는 것을 중요 특성으로 한다.(三枝充悳: 165-168) 분별이 없다는 것은 착오로 유도하는 개념적 오류가 없다는 것이며, 착란이 없다는 것은 신체적 질환, 외적 조건에 따른 오류로부터 자유롭다는 것이다. 현량은 이런 무오류성을 지니고 있는 긍정적 인식수단이라는 말이다. "제법의 자상(自相)은 명(名) 등으로써 인식될 수 있는 것이 아니다. 오직 현량으로써 증득(證得)될 수 있을 뿐이다. 명은 오직 공상(共相)만을 알려준다"[29]고 한 것도 이 때문이다. '명(名)'으로 대표되는 개념적 접근은 자상을 왜곡할 뿐이다.[30] 그래서

27 大域龍, 「因明正理門論本」; 원의범, 「因明에서의 言語와 現量과 實相」, 『佛敎學報』 14집, 동국대학교 불교문화연구소, 1977, 194-195쪽에서 재인용. 「인명정리문론본」은 진나의 학설을 바탕으로 인도의 논사 대역룡(大域龍)이 지은 저서로, 당(唐)의 현장(玄奘)이 번역한 것이다.

28 현량의 분별을 제한 인식에 대한 해석은 다양하다. 한자경은 이에 대해 "현량의 무분별적 인식이 불교가 궁극적으로 추구하는 무분별적 지혜를 뜻하는 것은 아니다. 불교는 무분별을 둘로 구분하는데, 불교가 궁극적으로 지향하는 無分別智에서의 무분별과 일반 범부의 인식 중 아직 명료하게 분별되지 않은 상태에서의 무분별이 그것이다. 전자는 定心의 무분별이고 후자는 散心의 무분별인데, 전자를 明了無分別, 후자를 蒙昧無分別이라 하기도 한다."(한자경, 앞의 책, 54쪽)고 평가한다. 그러나 분별 자체가 오류의 원인인데 이것을 논리적으로 나누어 그중 일부에 긍정적인 의미를 부여하는 방식(유식철학의 병폐이기도 하다)은 논의만 복잡하게 만들 뿐 문제 해결에 정당한 방식은 아니라 할 수 있다.

29 窺基, 『成唯識論述記』, 제2권(『大正藏經』 43, 288上); 한자경, 앞의 책, 81쪽에서 재인용.

30 법칭은 진나의 설(현량과 비량을 두 가지 올바른 인식방법으로 제시함)을 비판적으로 계승하여, 비량도 언어를 매개로 하여 간접적으로나마 실재대상을 대상으로 삼고 있으므로 올바른 인식의 하나로 보았다. 현량과 달리 단서조항을 달아 긍정성을 인정하고 있는 것이다. 전치수, 앞의 글, 289쪽 참조.

개념적 분별을 '허망분별'이라고 하는 것이다. 현량은 이런 왜곡 없이 대상을 직접적으로 지각하는 방식으로 평가된다. 앞에서 모든 분별을 떠나 깨달음의 명상에 든 상태인 정관(定觀)을 현량으로 파악하는 것도 이와 관련된다.[31]

이처럼 서구철학에서 지각을 개념적 인식에 도달하지 못한 저급한 인식 단계로 평가절하한 것에 비하여, 유식철학에서는 오히려 지각이 개념적 인식을 떠났기에 더 중요한 가치를 지니고 있는 것으로 평가하고 있다. 이는 불교에서 직접적인 지각이 개념적 인식보다 우위에 놓여 있기 때문이라 할 수 있다. 그것은 참된 진리, 즉 깨달음의 본체가 언어와 개념으로 표현할 수 없는 것으로 인식되고 있기 때문이다. 불교에서 "궁극적인 진리는 개념적인 사고의 대상이 아니며, 개념이나 말로써 나타낼 수 없"[32]는 것이다. 언어나 개념으로 파악하는 방식이 비량인데, 비량으로는 결코 진여에 도달할 수 없다. 그러므로 진여에 도달하는 방식은 직접적이고 즉각적인 지각인 현량일 수밖에 없다. 진정한 진리 포착이 "여래에게는 현량이고 비량이 아니다"[33]는 언급은 유식불교에서 현량이 얼마나 중요한 지위를 차지하고 있는지를 잘 보여준다. 이와 같은 현량과 개념의 길항은 현량의 성격 중의 하나인 '비이사응사(非已思應思) 현량'[34]이라는 이름에도 잘 나타나 있다. 법칭 이전의 문건인 『유가사지론』에 등장하는 이 개념은 "현량은 반성적 사유작용과의 관계에 있어서 이미 사유된 것도 아니고 그렇다고 해서 아직 사유가 전혀 되지 않은 것도 아니라는 뜻"(원의범: 195)을 지니고 있다. 이는 현량이 개념적 인식, 허망분별의 위험으로부터 자유롭다

31 법칭은 현량의 종류를 감관지(根現量), 심적 감성(意現量), 스스로를 아는 지(自證現量), 요긴의 직각(瑜伽現量)으로 나눈다. 이 모두는 분별이 없으며 오류가 없다는 점에서 동등한 가치를 지닌다.(三枝充悳: 169-176)

32 橫山紘一, 묘주 옮김, 『유식철학』, 경서원, 2004, 32-33쪽.

33 「사드하르마 뿐다리까수뜨라」의 구절; 원의범, 앞의 글, 186쪽에서 재인용.

34 원의범, 위의 글, 195쪽. 『유가사지론』(제15)에서는 현량의 세 가지 성질(非不現見, 非已思應思, 非錯亂境界) 에 대해 논하고 있다.

는 사실을 보여줌으로써 현량의 비개념성을 거듭 강조하는 용어라 할 수 있다.

서구 인식론과 비교할 때 중요한 점은 유식철학에서 현량은 이미 하나의 완전한 인식으로 취급되고 있다는 사실이다. 서구 인식론에서 감각과 더불어 지각은 하나의 독립된 인식으로 인정되지 않는다. 이에 대하여 유식철학은 전혀 다른 관점을 보여준다.

> 현량은 자명감(自明感)을 가지고 있기 때문에 하나의 온전한 인식(認識)이기도 하고 또 인식의 결과이기도 하다. 자상(自相)에서 알려지는 것은 느껴진 대상 바로 그것이다. 느껴진 대상에 의하여 그 느껴진 대상이 그냥 그대로 틀림이 없다는 자명감이 성립된다.[35]

법칭이 강조하는 것은 현량이 하나의 완전한 인식이라는 점이다. 이는 개념적 인식 이외에 감각 혹은 지각 자체만의 인식이 가능하다는 것이다. 이는 메를로 퐁티가 지각에 긍정적인 의미를 부여하기 위해 지각을 개념적 인식의 영역으로 끌어오려 한 시도와 대조적이다. 유식철학에서 비로소 지각의 인식적 독립이 제대로 이루어졌다고 할 수 있다. 지각이 독립적인 인식이 되는 근거는 자상에서 유래하는 '자명감'에 있다. 자명감은 어떤 대상을 논리적으로 설명할 필요 없이 저절로 느껴지는 직관적인 확실성을 가리킨다. 자상은 느껴진 대상의 충만한 존재감을 그대로 지니고 있어 논리의 개입을 필요로 하지 않고도 그 대상과 인식의 확실성을 보증해 준다는 것이다. 이런 관점은 개념(오성)의 개입으로 이루어지는 인식만을 진정한 인식으로 간주하는 서구 인식론과 전혀 다른 기반 위에 서 있는 것이다. 이미지가 자신의 존재론적 위상을 획득하는 것도 바로 이런 유식철학의

35 法稱, 「니야야빈두」의 요약; 원의범, 앞의 글, 197쪽에서 재인용.

기반 위에서이다.

앞에서 살펴본 현량의 특성으로부터 진정한 이미지의 의미를 알 수 있다. 그것은 일체의 논리적 분별이 개입하지 않는 상태의 이미지, 즉 자상(自相)으로서의 현량적 이미지인 것이다. 현량이라는 개념을 통해 이미지는 서구 인식론에 의해 부과된 절충지대의 모호성을 탈각하여 절충성 그 자체를 하나의 고유한 특성으로 인정을 받게 된다. 다시 말하자면 서구 인식론에서 감각과 인식 사이의 모호한 지대에 놓여 있던 지각이, 유식철학에서 현량, 비량이라는 두 가지 인식 방법 중 하나가 됨으로써 그 존재성이 더욱 명료해졌다는 것이다. 이에 따라 이미지 역시 개념, 즉 논리성으로부터 독립하여 그 자체의 의의를 인정받게 된다. 이때의 절충성은 분별이 개입되지 않은, 물질성을 최대한 지니고 있는 감각 자료 그 자체의 성격에 가까운 것으로 이해할 수 있다.

이를 통해 본질적인 이미지가 지닌 생동성과 활기가 의미하는 바가 무엇인지를 짐작할 수 있다. 개념적 인식 작용인 비량의 가능성이 제거된 현량적 이미지는 사물과 개념 양극으로부터 최대한 거리를 유지하는 자신의 본성을 제대로 간직하고 있다. 이런 이미지는 감각적 질료를 최대한 수용한 상태로서, 개념화에 도달하지 않은 반질료성과 유동성을 지니고 있다. 바로 이 반질료성과 유동성이 시가 추구하는 바람직한 이미지가 지닌 생생함의 근원이다. 이것을 유식철학에서는 '자명감'이라고 하였는데, 이는 개념에 의해 훼손되지 않은 질료성이 지니고 있는 충만한 존재감을 가리키는 것이다. 우리가 바람직한 이미지에서 느끼는 생생한 감동은 바로 이런 이미지의 자명감에서 비롯한다고 할 수 있다. 현량적 이미지를 통하여 우리는 언어 관습과 문화적 제약 등에 의해 변형되지 않고 자성을 그대로 지니고 있는 생생한 물질성을 지닌 이미지에 대한 가능성을 새롭게 인식할 수 있게 된다.

이런 관점에 따르면 시의 이미지도 현량적 이미지와 비량적 이미지로 분류할 수 있을 것이다. 전자는 감각적 생생함, 즉 반질료성을 지닌 이미지이며, 후자는 개념적 인식으로 재구성된 표상적 이미지라 할 수 있다. 바슐라르나 김춘수의 '문학적 이미지'나 '서술적 심상'이 전자에 속하고, '구성적 이미지'나 '메타포', '비유적 심상'은 후자에 속한다고 할 수 있다. 바슐라르가 "시란 전통이 아니다. 시는 원초적 꿈이며 최초의 이미지들의 깨어남"[36]이라 했을 때 그 최초의 이미지라는 것이 바로 현량적 이미지라 할 수 있다. 시는 이런 최초의 이미지, 어떤 비량도 관여하지 않은 현량적 이미지를 깨어나게 하여 우리에게 감각적 생생함으로 놀라움을 준다는 것이다.

이 현량 혹은 현량적 이미지의 문제를 시학상에 전유한 경우도 없지 않다. 17세기 중국의 문인 왕부지(王夫之)가 좋은 예일 것이다. 그는 중국 법상종에 대한 전문서(『相宗絡索』)를 남길 정도로 유식불교에 관심이 많았는데, 시 창작과 비평에 있어 현량의 중요성을 경물의 핍진성에 초점을 맞추어 다음과 같이 언급한 바 있다.

> "스님은 고요한 달빛 아래 문을 미네"는 망상억칙일 뿐이어서 마치 딴 사람의 꿈을 말한 것과 같으니, 설사 형용은 그럴싸할지라도 어찌 일찍이 조금이라도 마음에 관계되는 것이었겠는가? 그러리라고 알고 있는 사람이 '퇴고(推敲)' 두 자에 대해 심사숙고하는 것은 타인을 대신하여 생각을 하는 것이다. 만약 경(景)에 직면하여 내면의 감흥이 솟아올랐다면 '퇴(推)'든가 '고(敲)'든가 반드시 그 하나에 생각이 머물렀을 것이니, 경(景)에 따르고 정(情)에 따르면 자연히 영묘(靈妙)해지는데 어찌 이리저리 생각하고 비교할 수 있으리요? "긴 강에 지는 해는 둥글구나"는 처음부터 일정한 정경이 있었던 것이 아니었고, "물을 사이에 두

36 Gaston Bachelard, 『공기와 꿈』, 358쪽.

> 고 초부(樵夫)에게 말을 건네네"는 처음부터 생각을 해서 얻은 것이 아니니 선가(禪家)에서 말하는 이른바 '현량(現量)'이다.[37]

이 글에서 왕부지는 시적 이미지의 창조에 있어서 경물의 이미지를 이리저리 논리적으로 사유하고 구성하는 비량적 방식이 아니라, 생생한 그 상태를 즉각적으로 포착하는 현량적 방식의 중요성을 강조하고 있다. '퇴고' 고사의 전거가 되는 원시에 보이는 논리적 계량과 이에 따른 핍진성의 결핍을 통렬하게 비판하면서, 시에 있어서 현량적 접근의 가치를 새롭게 발견하고 있는 것이다. 원시가 감동적으로 다가오지 않는 것은 시인이 애초에 포착한 이미지의 질료성을 무시하고 개념적, 관념적으로 시적 이미지를 다루었기 때문일 것이다. 왕부지는 이를 "딴 사람의 꿈을 말한 것"이나 "타인을 대신하여 생각을 하는 것"이라 비판하고 있다. 창작자가 애초에 현량적 핍진성에 초점을 두지 않았기 때문에 시적 표현이 구성적 이미지로 전락하여 시적 감동이 사라졌다는 의미이다. 현량의 시학적 전유 가능성을 암시해 주는 중요한 언급이라 할 수 있다. 불교의 개념으로부터 지금 문학의 문제를 새롭게 다룰 가능성을 이로부터 짐작할 수 있다.

37 王夫之, 『薑齋詩話』 卷下, 『淸詩話』 上册, 9쪽; 조성천, 「王夫之 시론상의 '現量'에 대한 시가미학적 고찰」, 『중국어문논총』 21집, 중국어문연구회, 2001, 235쪽에서 재인용.

열린 문학 개념: 연속적 세계관과 미래의 문학관

박한영, '시선일규(詩禪一揆)'의 동질성

불교의 많은 관점으로부터 유용한 문학관을 추출하는 일은 어렵지 않다. 불교 경전이나 그에 준하는 불교 문서에서 그것을 읽어 낼 수 있지만, 그 외 불교에 귀의한 인물들의 담론에서도 읽어 낼 수 있다. 특히 그들이 문인일 경우 그런 문학관을 추출하는 일은 쉬운 일이다. 여기에서는 한국 불교계 문인 중 박한영과 한용운의 문학관을 살펴보고자 한다. 이를 통해 현재 우리 현대문학이 처한 곤경, 즉 미적 자율성 이론에 갇혀 문학의 가능성을 자청하여 왜소하게 만든 상황에 대한 중요한 암시를 받을 수 있기 때문이다.

1910년대 불교 잡지의 주요 필진 중 박한영과 한용운은 불교 분야뿐 아니라 문학 연구에서도 많이 언급되는 인물이다. 그중 박한영은 『해동불보(海東佛報)』를 발행하기 전에 종단 기관지 『조선불교월보(朝鮮佛教月報)』에 논설과 불교 평문을 지속적으로 발표하여 "발행자인 권상로 이상의 중심 필자로서의 위치를 점"[1]한 인물이다. 그의 불교 잡지 발행은 "당시 적적한 선불교 중심의 한국불교의 허세를 비판"하며 "불교유신을 위한 수단"으로 시도된 것으로 평가된다. 그리고 그는 당시의 여러 불교 잡지에 지속적으로 글을 싣는 중요한 필진으로 활동하였으며, 당대 불교계에서 상당한 영향력을 발휘하고 있었다. 그는 불교 평문만 쓴 것이 아니라 시와 산문

1 김상일, 「근대 불교지성과 불교잡지-석전 박한영과 만해 한용운을 중심으로-」, 『한국어문학연구』 52집, 한국어문학연구학회, 2009, 14쪽.

을 쓰는 문인으로서 문학 관련 평문도 발표하였다.

박한영은 한용운이 발행하던 『유심』에 「타고올(陁古兀)의 시관(詩觀)」이란 글을 발표한 바 있다. 이 글은 인도 출신 시인으로 노벨상을 받은 타고르의 위상에 고무되어 그의 문학과 인생에 대하여 논한 것이다. 박한영은 여기에서 타고르의 노벨상 수상이 서양에서 동양으로 문화적 대세가 이동하는 전조라는 언급을 인용하며 그에게 관심을 보이고 있다. 이 글은 타고르가 단순한 시인으로서만 가치가 있는 것이 아니라는 사실을 강조하고 있다.

> 陁古兀은 道義의 府가 된지라 그 詩什이 더욱히 서구인의 酷嗜ᄒᆞᆫ 바ㅣ 됨으로 歐士는 孟加拉(벵갈-인용자)어ᄅᆞᆯ 연구ᄒᆞ야 타고올의 시편, 원문 本義ᄅᆞᆯ 攷索ᄒᆞ는 이도 有ᄒᆞ더라 (…) 知詩者ᄂᆞᆫ 다만 타고올의 시만 추앙ᄒᆞᄂᆞᆫ바 如此어니와 태서 사회의 月旦評을 반는 것은 진실노 詩人만에 不止ᄒᆞ니라 대저 타고올은 예언자ㅣ 되며 철학자 되며 종교가 되며 교육가 되며 인도의 애국자 되며 梵界의 중흥위인이 되것다 ᄒᆞᄂᆞ니[2]

박한영은 타고르가 시인에 그치는 것이 아니라 도의(道義), 즉 윤리와 철학적 가치도 지니고 있으므로 서구인이 그를 더욱 좋아한다고 평가하였다. 타고르는 시인뿐 아니라, 예언자, 철학자, 종교가, 교육가, 애국자, 종교 운동가로서 종합적인 면모를 지니고 있다. 이런 인간상은 타고르에 그치는 것이 아니라 박한영, 그리고 한용운의 면모와 겹쳐지고 있다는 점에 주목할 필요가 있다. 박한영 역시 종교가, 철학자이면서 교육가, 애국자일 뿐 아니라 불교 유신을 위해 실천하는 종교 운동가였기 때문이다. 그가 타고르의 가치를 강조하는 것은 이런 면모의 동질성, 그리고 문학관의 동질

2 석전, 「陁古兀의 詩觀」, 『유심』 2호, 1918. 11, 23쪽.

성에 기인하고 있는 것으로 보인다. 철학과 종교, 문학의 이런 연속성의 기반을 그는 "자기의 회포(懷抱)흔 바를 전포(展布)키 불극(不克)흠"(24쪽), 즉 자신의 생각과 사상의 자연스러운 분출에서 찾고 있다. 그는 이것을 "철리(哲理)와 문예(文藝)의 원(源)"(석전: 24), 즉 철학과 문학의 근원이라 부르고 있다. 나중에 설명되겠지만 그 근원이 바로 '이치'이며, 이의 표현이 바로 '달리(達理)'이다. 여기에서 박한영의 문학관이 문학 내적 체계에만 갇혀 있는 것이 아니라, 외적으로 철학이나 종교 등과 상통하는 열린 관점임을 알 수 있다.

박한영은 「불교문학으로 청년제군」이라는 글에서 문학의 그 본질('立質')이 포함하지 않은 것이 없고(無不包含), 조응하지 않음이 없으며(無不應照), 무슨 일에든지 당해 내지 못할 것이 없음(無處不當)에서 찾고 있다.[3] 즉 문학의 무소부지, 무소부재, 전지전능을 강조하며 문학의 가능성을 높이 평가하고 있다. 문학의 핵심으로서 그가 중국 송나라 장문잠(張文潛)의 언급[4]을 빌려 강조하는 것이 바로 '달리(達理)'(석전한영: 4)이다. 박한영 역시 "문학의 골자(骨子)", 문학의 본질이 이 '달리'에 있다는 것을 인정하고 있다. 이것은 수사와 표현의 가치보다 전달하고자 하는 사상이나 사유, 즉 내용이 중요하다는 관점이다.

> 문학은 우리(寓理)와 서사(敍事)와 논정(論情)하는 기구이다. 서사와 논정은 차치하고 우리(寓理)의 일변(一邊)만 욕언(欲言)하려 한다. 문학을 섬리(剡利)와 기굴(奇崛)하게만 주장하고 도리(道理)에 불근(不近)한즉 진문학(眞文學)은 불시(不是)라.(석전한영: 3)

3 석전한영, 「불교문학으로 청년제군」, 『일광』, 1936. 10, 2쪽.
4 장문잠의 언급은 북송(北宋)의 문인 장뢰(張耒)의 「답이추관서(答李推官書)」의 일부이다. 요점은 문학의 본질은 수사와 기교에 있는 것이 아니라 사물의 본질, 즉 '리(理)'를 꿰뚫음에 있다는 것이다. 송 성리학의 패러다임에서 논하는 문학론이다.

여기에서 그가 강조하는 것은 섬리와 기굴, 즉 날카롭고 난해하게 하는 것은 참다운 문학이 아니며, 삶의 깊은 이치를 전달하는 것이 문학의 목적이라는 것이다. 그리고 그 '달리'의 "종극점(終極點)은 불리(佛理)에 관지(觀止)된다"(석전한영: 4)고 하여 불교의 이치를 최종 결론으로 삼는다. 즉 도덕적, 존재론적 의미를 지닌 '리(理)'에 바탕을 둔 본질론적 문학론을 불교로 귀일시키는 논리이다. 문학의 본질을 '달리'에 두는 관점은 문학의 자체적인 가치나 자율성을 넘어서는 논리다. 그가 시에 대해서 큰 의미를 부여하지 않은 것도 이 때문이다. 그는 자신의 시론을 전개한 글에서 "대개 시와 같은 것은 문예의 소품이다. 그러므로 도를 추구하는 자가 달갑게 여길 것이 아니"[5]라는 단서를 분명하게 달고 있다. 그럼에도 시는 '우주의 맑은 기운(宇宙間淸淑一氣)'이 흘러나와 된 것으로서, 이런 기운 덕분으로 시인은 세속의 세세한 공명을 가볍게 여기게 된다고 하여 완전한 부정에 이르지는 않는다. 문학에 대한 이런 관점이 하나의 이름을 얻게 되는 것이 바로 '시선일규(詩禪一揆)'의 시론이다. 박한영은 시와 선의 관계에 대해서 다음과 같이 밝히고 있다.

> 지극한 도는 말로 형용할 수 없어 전표(詮表)에 묶이지 않으나, 먹물에 실려 말로 드러내게 되면 출세자(出世者)는 그것을 '선게(禪偈)'라 하고 세상 사람들은 '시가(詩歌)'라 한다. 그러나 선과 시가 상승(上乘)에 이르게 되면 하나의 궤철(軌轍)과 다름이 없게 된다.[6]

선과 시는 창작자의 소속에 따라 '선게'가 되기도 하고 '시가'가 되기도 한다는 점에서 다른 범주에 속한 것임에 틀림없다. 그럼에도 상승(上乘),

5 박한영, 「一種詩式半島體製」, 『石顚文抄』; 김상일, 「石顚 朴漢永의 불교적 문학관」, 『불교학보』 56집, 동국대학교 불교문화연구원, 2010, 220쪽에서 재인용.
6 박한영, 「頭輪山草衣禪師塔銘記陰」, 『石顚文抄』; 김상일, 앞의 글, 223쪽에서 재인용.

즉 높은 경지에 이르면 게송이나 시문, 즉 선과 시는 동일한 궤에 속하게 된다는 논리이다. 즉 "상승에 이르면 시와 선은 하나"[7]라는 관점이 확립되는 것이다. 이런 두 범주의 동질성은 '지극한 도(至道)'에 기반하고 있다. 시와 선은 각자 다른 범주에 속하는 것이지만, 둘 다 '지극한 도'로부터 기원하다는 점에서 동질성을 회복할 가능성이 언제든지 있게 되는 것이다. 이는 문학과 철학, 종교 등의 교집합으로서의 '달리'가 시와 선이라는 분야에 적용된 것이다. 박한영의 문학론은 이처럼 시종일관 '달리'의 관점에서 통일되어 있다.

한용운의 '통문예'의 문학관

한용운은 시론 혹은 문학론이라 부를 만한, 문학과 관련된 전문적인 글을 남긴 바가 없다.[8] 삶의 총체성 속에서 사유와 실천을 함께 아우른 그에게 있어서 삶에 대한 논의가 곧 사상론이며, 사상론이 곧 실천론이고, 실천론이 곧 문학론이기에, 삶과 사상, 실천, 문학 등 각각의 층위는 별개의 것이 아니라 상호 삼투되어 있는 일체일 뿐이다. 이 때문에 한용운의 진면목이 "혁명가와 선승과 시인의 일체화"[9]에 있다는 평가는 과장이라 할 수 없다.

한용운의 문학관은 예술의 자율성과 장인적 전문성을 거부하는 전통적인 패러다임 안에 놓인다. 그가 남긴 유일한 문학론, 구체적인 문학론이라기보다는 문학 개념에 대한 간단한 평이라 할 수 있는 「문예소언」에서 이런 관점을 확인할 수 있다.

7 박한영, 「及道上乘詩禪一揆」, 『石顚文抄』; 김상일, 위의 글, 224쪽에서 재인용.
8 시중에 『만해시론』이라는 한용운 산문선집이 있지만, 대부분이 시에 대한 본격적인 논의와 무관한 글이다. '만해문학론'이라는 항목에 실린 10편의 글 중에 문학만을 대상으로 한 글은 「문예소언」뿐이며, 시에 대한 논의는 전무하다. 전보삼 편, 『만해시론』, 민족문화사, 1983 참조.
9 조지훈, 『조지훈전집3』, 나남출판, 1996, 397쪽.

> 문학이라는 것은 문자로 구성된 모든 것을 이름이다. 문자를 연결 혹은 나열하더라도, 의의를 구성하지 못하고 한갓 단자(單字)만을 함부로 집합한 것은 무론 문학이 아니나, 모든 사물이 언어로 할 수 있는 과정을 거쳐서 문자로 표현되는 것, 곧 자기의 무엇이든지를 문자로 나타내어서 독자가 이해할 수 있게 하는 것은 다 문학이다. (…) 그리하여 문예는 문학이지마는 문학은 문예만이 아니다.[10]

이 글에서 한용운은 문학과 문예를 다른 범주로 본다. 문학은 '문자로 구성된 모든 것'으로서 의사소통을 위해 언어적 표현으로 기록된 모든 형태의 글을 가리킨다. 이는 정치적 견해나 해결책을 제시한 표(表), 책(策), 논(論) 등을 문학적 범주로 다룬 전통적인 사유의 연장선상에 있다. 반면 문예는 시, 소설, 희곡, 평론 등을 포함하는 것으로 근대적 의미의 좁은 범주를 가리킨다. 한용운은 좁은 범주의 문예를 부정하고, 문예를 포함한 상위범주로서의 문학을 옹호한다. 이것을 그의 용어대로 '통문예'라 할 수 있다. 그는 일본 사전의 정의를 검토하면서 그것들이 "여러 조목으로 분류되어서 통괄적으로 일정한 정의가 없다"고 하면서도, 전반적으로 "여러 가지 의상(意象)을 내포한 중에 통문예적(統文藝的)으로도 규정할 수가 있다는 것이요, 문학의 전체가 문예뿐이라는 것은 아니"[11]라는 점을 강조하고 있다. 그가 말하는 '통문예적'이라는 것은 문예를 통괄한 상위의 범주, 즉 문학을 가리킨다. 이 '통문예'의 특성이 잘 드러나는 것은 『유심』 창간호에서부터이다. 이 책에는 다음과 같은 광고가 나온다.

10 한용운, 「문예소언」, 『한용운전집1』, 불교문화연구원, 2006, 196쪽. 이하 이 전집은 『전집』으로 표기한다. 출처가 필요한 경우 전집에 실린 출처를 인용한다. 「문예소언」은 출처가 확인되지 않는다.

11 한용운, 「문예소언」, 『전집1』, 195쪽.

懸賞文藝

一, 普 通 文: 一行二十四字四十行內外(朝漢文體)

一, 短篇小說: 一行二十四字一百行內外(漢字약간석근時文體)

一, 新體時歌: (長短格調隨意)

一, 漢　詩: (卽景卽事)[12]

여기에서 모집하고 있는 글은 보통문, 단편소설, 신체시가, 한시 등을 포괄하고 있다. 단편소설이나 신체시가(新體時歌),[13] 한시 등은 한용운의 분류대로 한다면 이른바 문예에 속하는 것이지만, 보통문은 문예와 무관하다. 보통문은 최남선이 『청춘』에 게재한 현상문예 광고에서도 등장하는 것으로[14] 주로 시사 문제를 다루는 논설류를 가리킨다. 이것은 일반 산문으로서 문예의 범주에 들기 어렵다. 그런데 '현상문예'라는 제목에서 알 수 있듯이 그는 이를 통틀어 '문예'라 부르고 있다. 이때의 문예는 당연히 상위범주로서의 문예, 즉 '통문예'인 것이다. 이런 견해는 예술을 하나의 사치품 혹은 오락물로 보는 견해로 이어진다.

記: 선생은 시나 소설을 쓰시면서 '예술'에 대해서는 늘 어떠케 생각하십니까?

韓: '예술'이란 우리 인생의 한 사치품이지요. 오락물이라고 박게는 않보지요. 요사히에 와서는 '예술'을 이지(理智) 방면으로 끄을어 가며

12 「현상문예」, 『유심』, 1918. 9, 65쪽.

13 '新體時歌'의 '時'는 '詩'의 오자로 볼 수 있으나, 이후에도 동일하게 쓰고 있어 의도적인 표기로 볼 수도 있다. 그럴 경우 '새로운 문체로 시대를 노래한 시'로 해석할 수 있다.

14 이런 점에서 볼 때 한용운의 장르의식은 최남선과 유사하다고 할 수 있다. 김재홍, 『한용운 문학연구』, 일지사, 1982, 32쪽 참조.

> 그러케 해석할야는 사람들도 잇지마는 감정을 토대로 한 '예술'이 이지에 사로잡히는 날이면 그것은 벌서 '예술'성을 이젓다고 하겟지요. 그러고 또 근자에 이르러 넘우나 감정의 극단으로 흐르는 '예술'은 오히려 우리 인간전체에 비겁과 유약을 가저오는 것이나 않인가 하고 우려까지 하지요. 례를 들면 우리의 생활에 잇서서 '기름'이나 '고추'나 '깨'는 업서도 생활할 수는 잇서도 쌀과 물과 나무는 업스면 도저히 생활할 수 업는 것과 마찬가지로 예술은 업서도 최저한의 인간생활은 이룰 수가 잇겟지요. 그러나 좀 더 맛잇게 먹자면 고추와 깨와 기름이 필요업다고는 할 수 업겟지요. 어떤 사람은 항의하리다마는 나는 이러케 예술을 보니까요![15]

한용운은 예술이란 "인생의 한 사치품"이자 "오락물"에 불과하다고 생각한다. 그것은 생활에 있어서 쌀과 물과 나무와 같은 필수품과 비교할 때, 있어도 되고 없어도 되는 "고추와 깨와 기름"과 같은 양념 정도에 불과하다는 것이다. 이것은 문학을 비하하는 발언으로 볼 수도 있지만, 더 넓은 관점에서 보면 예술이 좁은 범주에 갇히는 것을 경계하는 표현이라 할 수 있다. 즉 통문예적 관점에서 문학을 보기 때문에 순문예적 문학은 이처럼 평가절하될 수밖에 없는 것이다. 문학을 이렇게 보기 때문에 이지(理智)나 감정 어느 한쪽이 문학의 본질에 속한다고 생각하여 이를 극단적으로 추구하는 문학 행위는 일종의 오류에 지나지 않는다. 문학은 기본적으로 "감정을 토내로" 하는 것이지만, 감정 그 자체를 강조하는 것이 문학의 본령이라 할 수는 없다는 것이다. 또한 감정의 극단이 문제가 되어 이의 극복으로 발생한 새로운 문학, 즉 "이지(理智) 방면으로" 끌고 가는 모더니즘 문학 역시 기본적인 예술성과 거리가 있다는 점에서 마찬가지의 문제점을

15 춘추학인, 「심우장에 참선하는 한용운씨를 차저」, 『삼천리』, 1936. 6. 1, 62-63쪽.

지닌다.

한용운의 이런 문학관에 기반할 때 『십현담주해』와 같은 선시 주해 작업과 『님의 침묵』과 같은 순문학적 작업의 동시 진행이 이해될 수 있을 것이다. 한용운은 『유심』을 발행하던 중 3·1운동과 관련하여 옥고를 치른 뒤 잡지 발행을 중단하고 주로 대중 강연을 하며 사회활동을 하였다. 1920년대 중반경에 백담사 오세암에 칩거하면서 『십현담주해』는 1925년 6월 7일에, 『님의 침묵』은 석 달 정도 뒤인 1925년 8월 29일에 탈고하였다. 이들 저서의 출간 역시 비슷한 시기에 이루어졌는데, 전자는 1926년 5월 15일(법보회), 후자는 5월 20일(회동서관)에 간행되었다. 그에게 있어서 이런 작업은 따로 구분할 성질의 것이 아니었다. 그래서 이 두 저서에는 표현과 발상, 세계관의 유사성이 발견되는 것이다. 이것은 또 다른 방식의 '시선일규'라 할 수 있다.

근대적인 문학관이 완전하게 확립된 1930년 중반에 발표된 한용운의 문학관은 근대 문인이 보기에도 시대착오적이라 할 정도로 문학에 대한 커다란 패러다임의 차이를 보여준다. 한용운 역시 이런 차이를 인식하여 앞의 대담에서 "어떤 사람은 항의하리다마는 나는 이렇게 예술을 보니까요"라는 말을 덧붙이고 있다. 한용운의 이런 문학관은 박한영과 동궤에 놓인다. 박한영이 '달리'라는 본질에 의거하여 철학과 문학을 동일시하며 '시선일규'를 주장하는 것이 다소 논리적이라면, 한용운은 논리적 근거를 구체적으로 제시하지 않고 통문예성과 실천성을 강조하고 있다는 점에서 선언적이라 할 수 있다.

연속적 세계관의 문학관과 미적 자율성의 한계

박한영과 한용운의 문학관은 문학의 절대적 자율성을 부정하고 문학을 상위 혹은 인접 범주와 연계성을 지닌 것으로 인식하는 반근대적인 문학관이다. 문학이 철학이나 종교, 실천 등 그 밖의 중요한 범주와 근원적인 연계를 지니고 있다는 생각은 미적 자율성을 향해 달려온 근대문학의 흐름에 비추어 볼 때 시대착오적이라는 평가를 받을 수도 있다.

근대에 들어서 문학 혹은 예술이 비로소 다른 범주로부터 독립하여 자율적인 가치를 지닌 것으로 인식되기 시작하였다. 그 출발은 서구 르네상스인데, 이 시기가 되어 예술가는 후견인 제도로부터 이탈하여 하나의 독립적 직업인으로 등장하게 된다. 자크 바전에 따르면 이때 건축가, 화가, 조각가는 자기 작품에 서명을 하거나 인쇄된 활자로 작품에 이름을 찍어 넣게 된다. 후원자가 예술가의 작품 구상 단계에 개입하는 것이 핀잔의 대상이 되기 시작하였다는 사실은 이와 같은 예술가의 독립을 단적으로 보여준다. 미켈란젤로가 쓴 다음과 같은 편지가 그 실례가 된다.

> 아울러, 제가 일을 하게 될 경우, 저의 예술에 관련된 문제에서는 어느 누구도 왈가왈부하지 않았으면 좋겠습니다. 폐하, 제가 소신껏 일할 수 있도록 저를 전폭적으로 믿어 주시기를 당부 드립니다.
>
> 피렌체의 조각가 미켈란젤로(1524)[16]

우리 문학에서 이 문제를 가장 먼저 다룬 것은 이광수의 「문학이란 하오」[17]이다. 이광수는 이 글에서 문학은 지 · 정 · 의(知情意) 중에서 정(情)을 기반으로 하여 성립된 것이라 하고, 그 개념을 "문학이란 특정한 형식 하에 인(人)의 사상과 감정을 발표한 자를 위(謂)함"[18]이라 정의하였다. 이런 입장은 문학의 지위 획득을 지 · 정 · 의의 분화과정 속에서 찾는 것이다. 문

16 Jacques Barzun, 이희재 옮김, 『새벽에서 황혼까지 1500-2000: 서양문화사 500년 ①』, 민음사, 2006, 170쪽.
17 이광수, 「문학이란 하오」, 『매일신보』, 1916. 11. 10-23쪽.
18 이광수, 「문학이란 하오」, 『이광수전집』, 삼중당, 1971, 547쪽.

학의 성립은 곧 감정이 다른 것들로부터 독립하여 독자적인 지위를 획득한 데에 기인한다는 것이다. 그리고 그 기점은 바로 앞에서 다룬 바처럼 서구의 문예부흥이다. 그 이전까지 문학의 바탕이 되는 정은 지와 의의 "보조물로, 부속물로, 존재를 누리었거니와 약 500년 전 문예부흥이라는 인류 정신계의 대변동이 있은 이래로, 정에게 독립한 지위를 주어 지(知)나 의(意)와 평등한 대우를 하게 되었다."(이광수: 548)는 것이 이광수의 논지다. 이때의 지 · 정 · 의는 진 · 선 · 미(眞善美) 3분법이라는 개념으로 대체할 수도 있다.[19]

이와 같은 지 · 정 · 의의 분화는 근대문학의 성립 조건이었으며, 문학은 이 중에서 감정을 유산으로 받아 독립하게 된 분야인 것이다. 이런 분화를 예술의 필연적 조건으로 수용하여 선언적으로 강조한 것이 흄(T. E. Hulme)의 평론이다. 1930년대 모더니즘문학이 새로운 사조로 각광을 받기 시작할 때 이런 분화를 강조한 영국 비평가 흄을 앞세워 자신의 문학관을 제시한 이가 바로 김환태이다. 그는 흄의 사상을 '불연속적 실재관'으로 정리하고 있다.

> 나는 휴움의 사상을 말하기 전에 그의 全 사상의 근저가 되야 있는 '不連續的 實在觀'을 엿보고자 한다. 이 우주관은 비단 휴움 자신뿐만 아니라 현대적 비평 전부가 공연히 혹은 암묵리에 승인하는 바이다. 불연속적 실재관이라는 것은 實在 連續을 그 원리로 삼는 19세기의 진화론적 실재관에 대하여 휴움 자신의 입장을 단적으로 표명한 실재관이다. 연속적 실재관은 자연 전체를 단절(갭) 없는 실재의 一連續體로 보는

19 이광수가 근거로 삼고 있는 지 · 정 · 의 3분법의 기원과 관련하여, 이광수의 일본 유학 당시 와세다대학에 재직하고 있던 철학과 교수 히타노 세이이치(波多野精一)의 신칸트주의에 주목하는 관점을 참고할 만하다. 방민호는 이광수의 이런 수용을 일종의 창의적 수용으로 인정하고 '접붙이기'라는 용어로 의미를 부여하고 있다. 방민호, 「「문학이란 하오」와 『무정』, 그 논리구조와 한국 문학의 근대 이행」, 『춘원연구학보』 5호, 춘원연구학회, 2013 참조.

> 우주관이다. (…) 휴움은 이같은 혼란한 우주관을 버리고 실재를 있는 그대로 즉 자연 가운데에 있는 단절을 엄연한 사실로서 보랴고 한다.[20]

흄은 19세기와 20세기의 경계에서 19세기의 진화론적 세계관을 비판하고 있지만, 근대 이전의 세계관은 사실상 자연 전체를 하나의 단절 없는 실재의 연속체로 보는 연속적 세계관이다. 이에 비해 근대문학이 기반하고 있는 세계관은 이 세계가 몇 개의 단절을 통해 확연히 구분이 되어 그 연계가 전혀 불가능하다고 생각하는 불연속적 세계관이다. 흄은 이 세계가 세 가지로 나누어지는데, (1)수학 및 물리학의 무기적 절대세계, (2)생물학과 심리학 및 역사에 관련되는 유기적(생명적) 상대세계, (3)윤리 및 종교적 가치의 절대세계가 그것이다. 이 세계들은 단절되어 있어 다른 세계와 연계될 경우 이는 혼동이나 오류가 될 수밖에 없다. 흄은 그 예로 19세기 중엽의 기계적 세계관을 들고, 이것은 (1)과 (2)를 "혼동한 곳에서 생겨난 일종 잡종현상"(김환태: 12)으로 평가한다. 반드시 구별해야 할 두 실재를 마치 하나의 실재인 것처럼 다루었기 때문에 생명현상을 "다만 극히 복잡한 기계적 변화의 일 형식에 불과하다고 보게"(김환태: 13) 되었다는 것이다. 더 심각한 것은 (2)와 (3)의 혼동인데, 이것이 바로 인본주의적 태도, '인본적(人本的) 인생관'이다. 이것은 (3)의 종교세계와 (2)의 생명세계의 "혼동으로부터 생겨난 혼혈적 문화"(김환태: 14)에 불과하다. 흄이 낭만주의를 부정하고 고전주의를 강조하여 신고전주의를 주창한 이유도 여기에 있다. 세계의 단절을 인정하고 각 범주의 초월이 일종의 혼동이나 오류에 근거한 것임을 냉철하게 보아야 한다는 것이 김환태가 설명한 흄의 문학이론의 요지이다. 모더니즘문학은 바로 이런 신고전주의적 태도의

20 김환태, 「현대 주지주의 문학이론의 건설」, 『조선일보』, 1934.8.5-12; 김윤식 편, 『한국현대모더니즘 비평선집』, 서울대학교출판부, 1991, 12쪽.

문학화인 것이다.

흄의 불연속적 세계관에서 각각의 세계는 지 · 정 · 의, 진 · 선 · 미에 대응된다. 즉 무기적 절대세계는 과학의 대상으로 진이나 지와 관련되며, 종교적 절대세계는 종교와 철학의 대상으로 선 혹은 의와 관련된다. 마지막으로 생명적 상대세계는 심리학, 생물학의 대상으로 인간적 요소와 관련되는 정과 미와 유관하다. 이때의 심리학은 인간의 마음, 즉 감정과 생각 등을 포함한 것으로 이해된다. 이런 불연속적 세계관으로 볼 때 문학은 생명세계라는 범주 자체의 가능성으로 머물러야지 이를 넘어서 종교 영역이나 물질 영역에 관여하는 것은 오류에 지나지 않는 것이다. 이 점에서 인간의 초월을 강조한 낭만주의가 비판되고, 인간의 가능성을 한계 내에서 접근한 고전주의가 추앙되는 것이다.

이런 흄의 관점, 즉 근대문학의 관점에서 볼 때 박한영과 한용운의 문학관은 연속적인 세계관에 바탕을 둔 것이다. 박한영의 시선일규론은 문학과 종교의 동질성을 강조하는 입장인데, 흄의 관점에서 보면 이것은 종교세계와 생명세계를 혼동하는 것이 된다. 한용운의 생각은 이보다 더 근대적이긴 하지만 문학의 좁은 테두리를 부정하고 그 가능성을 열어 두고 있다는 점에서, 그리고 선시 주해 작업과 시 창작의 연계를 실천적으로 보여주고 있다는 점에서 마찬가지이다. 이런 점에서 그들의 문학관은 시대착오적이라 할 수 있다. 하지만 이러한 비판은 근대문학이 걸어온 길이 절대적인 진리라고 인정할 때에만 가능할 따름이다.

근래 문학과 정치의 관계에 대한 논쟁이 일어난 것도 미적 자율성에 기반을 둔 근대문학의 한계에 대한 비판적 인식이 확산되었기 때문이다. 흄의 관점을 빌려 말하자면 문학은 종교적 절대세계와 단절된 것은 물론, 같은 생명세계에 속한 정치나 역사와도 단절되어 버렸던 것이다. 최근 이런 문학과 정치의 관계에 대한 관심 덕택에 부상하게 된 이론가가 랑시에르이다. 그는 미학의 본질을 감성, 혹은 감각적인 것의 분배로 보고, 이것을

'감성의 분할'이라 부른다. 그에 따르면 감성의 분할이란 "어떤 공통적인 것의 존재 그리고 그 안에 각각의 몫들과 자리들을 규정하는 경계설정들을 동시에 보여주는 이 감각적 확실성의 체계"[21]를 가리킨다. 이 '공통적인 것'은 공동체적 감각과 관련되어 있으며 이를 통해 문학은 자신의 좁은 테두리를 벗어나 미학, 즉 문학의 가능성을 확장할 수 있는 것이다. 랑시에르의 이런 입장에 대해서는 여러 평가가 존재할 수 있지만, 여기에서 주목하는 것은 기본적으로 랑시에르의 논의가 미적 자율성에 갇혀 버린 문학의 가능성에 대한 문제 제기라는 사실이다.

이런 문제 제기에 초점을 맞출 때 오히려 박한영의 시선일규론이나 한용운의 통문예성은 근대문학의 출발기에 던져 준, 선구적인 근원적 문제 제기로 읽을 수 있을 것이다. 박한영이나 한용운 역시 근대문학의 흐름에 무관심한 것이 아니었다. 그들은 당대 문학이 어떤 방향으로 흘러가고 있는지 인식하고 있었다. 박한영은 「불교문학으로 청년제군」이라는 글에서 당시 문학의 문제점을 현대시에 있어서는 혼란스럽게 조합한 표현에서, 현대소설은 무질서하게 잡다한 소재("現代에 逐旋揑合한 新詩句와 新小說의 拉雜한 材料"(석전한영: 5)에서 찾고 있으며, 이의 극복을 위해서는 불교 경전을 참고할 것을 권하고 있다. 또한 한용운은 앞에서 살펴본 대담에서 주지적인 모더니즘문학과 감정 과잉의 퇴폐적인 문학의 문제점을 언급하고 있다. 이런 현대문학의 흐름을 알고 있음에도 연속적인 세계관에 기반을 두어 문학의 본질과 역할에 대해 언급한 것은 단순한 무지가 아니라 일종의 문학 본질에 대한 자신의 확신에 기인한 것이라 할 수 있다.

연속적인 세계관에 바탕을 둔 박한영과 한용운의 문학관은 미적 자율성의 강조로 인하여 협소하게 된 근대문학의 근원적인 문제를 성찰하게 만들었다는 점에서, 그리고 이를 통해 문학의 폭을 확장한다는 점에서 의

21 Jacques Ranciere, 오윤성 옮김, 『감성의 분할』, 도서출판b, 2008, 13쪽.

미가 있다. 박한영의 시선일규나 한용운의 통문예성의 입장에 서면 미적 자율성의 영역에 놓인 근대문학에 대해 긍정적인 평가를 내리기는 어렵다. 지 · 정 · 의의 어느 한 분야로만 국한되고 위축된 문학은 문학의 일부 요소만을 자신의 본질로 삼은 것이기에 원래의 가능성을 상실했기 때문이다. 이것을 근대문학의 관점에서 폄하하는 것은 소견의 천박함을 드러내는 일에 불과할 것이다. 그래서 한용운을 두고 "그는 인간이 각개의 전문 분야로 조각조각 나누어진 서구적 자본주의 사회의 시인이 아니라 정치와 학문과 도덕과 문학의 합일을 추구한 전통에서 자라난 시인"[22]이라 평가한 것은 미적 자율성의 세계에 안주한 근대 문인의 협소성에 대한 비판으로 읽는 것이 마땅하다. 박한영의 타고르 비평에서와 같이 이런 인간형이 사실상 바람직한 인간형이자 사실에 합당한 인간형이기 때문이다.

22 염무웅, 「만해 한용운론」, 『한용운전집4』, 401쪽.

시적 언어: '본체가명 양불상병'의 언어

『십현담주해』에 나타난 불교적 언어관

불교의 언어관은 독특하다. 그러나 언어에 대한 불신과 경계를 기본적인 바탕으로 하고 있는 불교적 언어관은 경전이나 논자에 따라 단일한 양상으로 드러나지는 않는다. 여기에서는 한용운의 선시 주해집인 『십현담주해(十玄談註解)』에 나타난 언어관을 살펴보고 이를 통해 바람직한 문학적 언어, 특히 시적 언어의 가능성에 대해 살펴보고자 한다. 이렇게 함으로써 반성적 거리를 두고 현재의 시적 언어를 살펴볼 수 있을 것이다.

『십현담주해』는 중국 선종의 한 갈래인 조동종 문중의 동안상찰(同安常察) 선사가 지은 「십현담(十玄談)」이라는 선시에 한용운이 주해를 가한 텍스트다. 「십현담」은 총 10편의 시로 이루어져 있는데 각 편에는 제목이 붙어 있으며 이는 수행의 단계를 함축하고 있다.[1] 한용운 이전에 이미 중국에서 청량문익(淸涼文益) 선사의 주해가 있었고, 한국에서도 김시습의 주해가 있었다. 한용운은 선행 주해를 다 제거하고 자신의 주해만으로 한 권의 소책자를 만들었다. 내용 구성은 시적인 짧은 평가인 비(批)와 비교적 설명적인 주(註)로 이루어져 있다. 이 책은 한용운의 사상이 한 단계 더 나아간 경지를 보여준다는 평가를 받는다. 그리고 이 경지가 『님의 침묵』의 탄생으로 이어진다는 것이 공통의 평가이다.

1 그 제목은 다음과 같다. ①심인(心印), ②조의(祖意), ③현기(玄機), ④진이(塵異), ⑤연교(演教), ⑥달본(達本), ⑦파환향(破還鄕), ⑧전위(轉位), ⑨회기(廻機), ⑩일색(一色). 판본에 따라 제목이 다른 것도 있으나 여기에서는 『십현담주해』를 따른다.

『십현담주해』에는 언어에 대한 언급이 각각의 시편마다 나타난다. 그런 언급은 언어 문제를 본격적으로 다룬 '심인'에서 가장 많이 나타나지만, 나머지 부분에서도 어떤 형태로든 언어에 대한 인식이 드러나고 있다.[2] 그만큼 언어의 문제가 중요하게 취급되고 있다는 뜻이다. 『십현담주해』 전체에 걸쳐 산발적으로 나타나는 언어 관련 언급을 편의상 몇 가지 항목으로 나누어 살펴보기로 한다. 각각의 항목은 상호의존적이어서 명료하게 구분할 수는 없겠지만, 여기에서는 논의의 편의를 위해 다음 세 가지로 정리한다.

먼저, 언어는 근원적으로 제한성을 지닌다는 것이다. 『십현담주해』에서 처음부터 다루는 문제는 문자와 형상의 한계에 대한 것이다. 첫 편의 편명은 '심인(心印)'인데, 이것은 불심인(佛心印)의 준말로 절대적 경지인 깨달음의 본체를 가리키는 말이다. 이런 본체를 언어나 형상을 통해 온전하게 표현하는 일은 근원적으로 불가능하다. 청량문익이나 김시습 같은 주해자가 하나같이 언어의 한계를 다루는 데 집중하고 있는 것도 이 때문이다. 청량문익은 "허공은 얼굴이 없는데, 어떻게 모양을 꾸미고 눈썹을 그릴 수 있겠느냐? 마음은 본래 이름이 없는 것"[3]이라 하였고, 김시습도 "심인은 언어와 문자로는 형용할 수가 없"[4]다고 하며, 언어(혹은 이름)의 한계를 인식시키는 데 주력하고 있다. 한용운은 '심인'이라는 편명을 다루는 부분에서 다음과 같이 비유적으로 간략하게 말하였다.

> (비) 뱀을 그린 것도 이미 잘못되었거늘, 발까지 붙여 어쩌자는 것인가?[5]

2 대부분이 언어의 문제를 다루고 있지만, 간혹 언어 대신 음악(「회기」)이나 노래(「일색」) 등으로 비유적으로 말한 경우도 있다.

3 일연 지음, 이창섭 · 최철환 옮김, 『일연 스님의 중편조동오위』, 대한불교진흥원, 2002, 188-189쪽. 앞으로 이 책은 『조동오위』로 표기한다. 필자의 번역은 이 책을 중심으로 수정을 가한 것으로, 쪽수를 명기하는 것은 해당 부분의 위치를 쉽게 알게 하기 위함이다.

4 '심인', 『조동오위』, 189쪽.

5 "(批)畵蛇已失 添足何爲", '심인', 『조동오위』, 189-190쪽.

뱀을 그린 것이 잘못되었다고 하는 것은 형체가 없는 마음을 언어나 형상으로 표현하려고 한 시도 자체가 처음부터 잘못된 것임을 지적하는 말이다. 마음이라는 것은 한용운의 지적대로 "본래 형체가 없는 것이라 모양도 여의고 자취도 끊긴 것"[6]이라서, 형상과 언어로 표현하려 할 것이 아니라(不立文字) 직접 그것을 가리켜 바로 보게 하는(直指人心) 수밖에 없다. 그것을 형상으로 그려 내려고 시도하고 거기에 사족까지 덧붙이는 것은 이중의 왜곡일 뿐이다. 이런 생각은 기표의 한계를 극단적으로 강조하는 다음 관점으로 이어진다.

> 무릉의 봄 복사꽃을 그물로 다 건져냈지만, 고기 잡는 이들은 여전히 선원(仙源)에 찾아온다.[7]

이 부분은 개울물에 떠내려오는 복사꽃을 보고 어부가 무릉도원을 발견하게 되었다는 고사를 원용하여, 형상이나 문자 같은 어떤 방편을 사용하지 않아도 깨달음의 본체인 선원을 찾을 수 있다는 의미이다. 이 표현에서 복사꽃은 기표를 의미하고, 선원은 기의를 가리킨다. 이로부터 깨달음에 있어서는 기표를 통하지 않고도 기의에 도달할 수 있다는 생각을 읽어낼 수 있다. 이처럼 언어나 형상 같은 기표의 한계를 극단적으로 강조하는 것이 『십현담주해』의 기본적인 태도이다.

『십현담주해』에서 이처럼 언어의 한계를 강조하는 것은 깨달음의 세계에서 모든 기표는 마음, 즉 심인이라는 깨달음의 본체만을 기의로 삼기 때문이다. 그 기의는 절대적인 "초월기의"[8]라 할 수 있다. 초월기의는 모든 기

6 '심인', 『조동오위』, 189쪽.

7 "網盡桃花武陵春 漁郎依舊到仙源", '심인', 『조동오위』, 198쪽.

8 이성중심주의는 초월기의의 설정과 관련된다. 데리다는 "초월기의에 대한 다급하고도 긴요하며, 체계적이면서도, 누를 길 없는 욕망을 현존의 형이상학과 이성중심주의라고 규정한다"고 하였다. Jacque Derrida, 김보현 역, 『해체』, 문예출판사, 1996, 88쪽. 선불교도 초월적 진리를 상

의의 존재 근거를 제공하는 절대적 기의로서 신, 초월자를 가리킨다. 기독교적 의미의 절대자로서의 신을 선불교에서 찾는다면 그것은 마음이다. 이것이 초월기의로 존재하면서 이 세계의 필연성(즉 緣起說)이 보증되고 이로부터 총체성이 확보된다.[9] 그러나 이름, 즉 언어는 이 초월기의를 제대로 반영할 수 없다. 언어의 기표는 그런 기의에 끝없이 도달하고자 하지만 온전한 상태를 포착하지 못하고 계속 미끄러지고 어긋날 뿐이다. 그래서 그것을 '거짓이름(假名)'이라 부르는 것이다. '거짓'이라는 말에는 초월기의에 도달하지 못하는 기표의 한계가 담겨 있다. 이는 언어에 대한 근원적인 불신을 반영하고 있다. 『십현담주해』에는 이와 같은 언어에 대한 불신이 많이 나타나는데, 대부분이 부정적인 관점을 반영한 것이다. 그중 몇 개만 살펴보자.

(가) 모양도 없고 빛깔도 없으니, 어찌 말할 수 있겠는가. 천 가지로 부르고 만 가지로 이름 지어도 원래 서로 맞지 않는다.[10]

(나) 달마가 서쪽에서 온 것은 본래 어떤 뜻도 말할 것이 없는데, 수다스레 지껄여 무엇 하겠는가?[11]

(다) 향상의 한 글귀는 문자에 있는 것이 아니다. 이미 문자를 떠났는데, 무슨 형상이 있겠는가?[12]

(라) 묘한 본체는 이름이 없고 큰 법은 둘이 아니다. 소승(小乘)은 알지 못하고 이름 없는 곳에 억지로 이름을 세운 것이다.[13]

정한다는 점에서 데리다적 의미의 이성중심주의와 무관하지 않다.

9 이런 초월기의가 사라진 근대에서 모든 진리는 일시적으로만 유효하기에 모든 발언은 일회적이고도 표층적인 차원에서 우연의 논리에 지배된다. 근대 모더니즘 문학의 논리가 바로 이것이다.

10 "無相無色 何有言說 千呼萬名 元不相稱", '심인', 『조동오위』, 194쪽.

11 "達磨西來 本無一意可說 饒舌何爲", '조의', 『조동오위』, 212쪽.

12 "向上一句 不在文字 既離文字 有何像形", '현기', 『조동오위』, 222쪽.

13 "妙體無名 大法不二 小乘不知 無名處 强立名字", '진이', 『조동오위』, 239쪽.

(마) 이름과 모양으로 부처를 구하고자 한다면, 그렇게 얻은 것은 결코 부처가 아니다.[14]

이 모든 구절이 말하고자 하는 바는, 언어는 어떤 경우에도 초월기의를, 즉 깨달음의 본체를 제대로 표현할 수 없다는 것이다. (가)는 언어로 초월기의를 포착하려는 시도가 어떤 경우에도 성공할 수 없다는 점을 강조해서 말하고 있다. 수많은 방식을 동원하여도 언어는 본질적으로 초월기의에 도달할 수 없다는 것("千呼萬名 元不相稱")이다. (나), (다), (마)는 조사들의 설법이나 화두처럼 깨달음을 다룬 어떤 말이라 할지라도 그 경지가 제대로 표현된 것이 없음을 말하고 있으며, (라)는 본체를 표현하려는 시도 자체가 수준 낮은 소승의 시도에 불과하다고 폄하하고 있다. 초월기의에 관한 한 모든 언어가 무기력한 것에 불과하다는, 철저한 언어무용론의 표명들이다.

둘째, 그 자체의 한계에도 불구하고 언어는 제한적 효용성을 지닌다는 것이다. 이는 언어로는 분명 한계가 있지만, 언어를 떠나서 깨달음을 전할 수 없다는 현실적 불가피성에 대한 승인이다. 『십현담주해』에서 이런 입장을 드러내는 부분은 다음과 같다.

(가) 이름을 붙여도 잘못이고, 이름을 붙이지 않아도 잘못이다. 천하의 장광설이라 할지라도 일시에 그 말이 끊어져 버린다.[15]

(나) 여래는 중생을 위해 아무것도 말할 곳이 없는 곳에서 다시 말을 베풀었다.[16]

14 "欲以名相求佛 求得者終非佛也", '전위', 『조동오위』, 286쪽.
15 "明之則錯 不明亦錯 天下長廣舌 一時俱斷", '심인', 『오중동위』, 195쪽.
16 "如來爲衆生 故無言說處 更生言說", '연교', 『오중동위』, 244쪽.

(가)는 본체에 이름을 붙이는 것이 그것의 본질을 왜곡한다는 점에서 잘못이라고 지적하는 동시에 그것을 언어로 표현하지 않는 것도 잘못이라고 한다. 언어가 지닌 일면의 효용성을 인정하기 때문이다. 이것은 "방편으로 거짓이름을 내세운 것이니, 본래는 색상(色相)이 없는 것이다. 하나의 법에서 천 가지 이름이 붙었으니, 인연 따라 이름을 내세워서 응화(應化)하는 것이 무엇이 해롭겠느냐?"[17]는 김시습의 관점을 어느 정도 승계한 것으로 보인다.

또한 (나)에서는 언어의 효용성과 그에 따른 불가피성을 구체적으로 지적하고 있다. 부처님도 중생들을 깨우치기 위해 언어로 설명할 수 없는 절대적인 경지를 언어로 베풀었다는 사례를 들어 언어의 가능성을 암시하고 있다. 여기에서 언어, 즉 부처님의 설법은 효용성을 위한 일종의 임시방편이다. 한용운은 이것을 비유적으로 "수많은 노란 잎들/ 아이 울음 그치게 하는 종이돈"[18]이라 표현하였다. 노란 낙엽을 종이돈이라 속여 아이를 달랜다는 말은 중생의 깨우침을 위해 상황에 맞게 임시방편으로 설법을 베푼다는 의미이다.

이런 생각은 '거짓이름'이라는 개념 자체에 반영되어 있다. 이 개념은 거짓에도 불구하고 그런 이름을 불가피하게 사용할 수밖에 없는 상황을 반영한 것이다. 즉 언어가 근원적으로 거짓임을 인지하고 그 한계를 바탕으로 언어의 제한적 가능성을 실현해야 한다는 말이다. 이것은 언어의 완전한 배제가 깨달음의 세계에 도달하는 데 한계로 작용할 수도 있다는 생각을 반영한 것이다. 한용운이 다른 글에서 "불립문자(不立文字)가 견성성불(見性成佛)의 한 길이라면 불리문자(不離文字)는 성(性)의 원성(圓成)인 동시에 도생(度生)의 대용(大用)이 되는 것"[19]이라 말한 취지도 바로

17 '심인', 『조동오위』, 193-194쪽.
18 "無數黃葉葉 盡作止啼錢", '연교', 『조동오위』, 243쪽.
19 한용운, 「문자 · 비문자」, 『선원』, 1935. 10; 『한용운전집2』, 304쪽.

언어의 제한적 효용성에 바탕을 둔 것이었다.

셋째, 언어의 기표와 절대적 기의는 조화를 이룰 수 있다는 것이다. 이런 생각은 사실상 한용운의 기본적이고도 최종적인 언어관이자 『십현담주해』 저술에 이미 전제되어 있는 언어관이라 할 수 있다. 따라서 앞의 두 항목은 여기에 와서 통합된다고 할 수 있다. 이것은 언어의 제한적 효용성에서 한 걸음 더 나아가 바람직한 언어의 존재 가능성을 이야기한 것으로서, 시의 존재 가능성도 이로부터 확보될 수 있다. 『십현담주해』의 첫 부분에 이미 다음과 같은 내용이 나온다.

> (주) 마음은 본래 형체가 없는 것이라 모양도 여의고 자취도 끊긴 것이다. 마음이라고 한 것부터 거짓이름(假名)인데, 어찌 다시 인(印)이란 말을 쓸 수 있겠는가? 그러나 만법은 이것으로 기준으로 삼고, 모든 부처는 이것으로 증명하였기에 '심인'이라 이름한 것이다. 본래의 체와 거짓이름 두 가지가 서로 병통이 되지 않는 데서 심인의 본뜻이 밝아진다.[20]

여기에서도 마음, 즉 본체를 나타낸 기표는 거짓이름(假名)에 불과하다고 보고 있다. 그러나 이어지는 말에서 거짓이름인 언어가 그 자체로는 한계를 지니고 있지만, 그럼에도 불구하고 최상의 존재 방식이 가능함을 암시하고 있다. 언어의 궁극적 가능성이 가장 잘 드러난 대목은 "본래의 체와 거짓이름 두 가지가 서로 병통이 되지 않는(本體假名 兩不相病)" 상태가 된다면 심인을 제대로 드러낼 수 있다는 부분이다. 이는 본체(本體)라는 초월기의와 가명(假名)이라는 기표가 서로 조화를 이루는 상태가 가능

20 "(註)心本無體 離相絶跡 心是假名 更用印爲 然萬法以是爲準 諸佛以是爲證 故名之曰心印 本體假名 兩不相病 心印之旨明矣", '심인', 『조동오위』, 189-190쪽.

하다는 주장이며, 이때 절대적 진리는 왜곡되지 않고 오히려 그 본뜻이 분명하게 드러난다는 주장이다. 바로 여기에서 한용운의 독창적인 경지가 잘 드러난다고 할 수 있다.[21]

여기에서 말하는 언어는 자신의 가능성을 극대화시킨 궁극적인 언어, 최상의 언어라 할 수 있다. 이것은 기표를 통해 기의의 가치를 손상시키지 않으며, 깨달음의 본체를 온전하게 가리킬 수 있는 언어이다. '본체가명 양불상병(本體假名 兩不相病)'이라는 것은, 본체가 가명을 통해 자신의 온전한 모습을 드러내고, 가명이 본체의 본 모습을 훼손하지 않는 이상적인 관계를 가리킨다. 이런 단계를 설정한 것 자체가 근원적인 한계를 넘어서서 그 가능성을 가장 극대화시킨 언어가 존재 가능함을 믿고 있다는 증거라 할 수 있다.

이처럼 『십현담주해』에 나타난 한용운의 언어관은, 언어라는 것은 그 자체로는 근원적인 한계를 지니고 있지만, 동시에 제한적 효용성과 가치를 지닌다는 관점이며, 또한 기의와 기표가 이상적으로 조화를 이루는 언어가 가능하다는 관점으로 요약할 수 있다. 이런 관점은 서로가 서로의 전제가 되면서 동시에 그로부터 파생되는 결론이 되기도 한다는 점에서 상호의존의 관계를 지닌다.

언어관으로부터 도출되는 시론

한용운의 선불교적 언어관은 시적 언어나 시에 대한 관점으로 이어진다. 시론이라고 부를 만한 글을 한 편도 발표한 적이 없는 한용운에 있어서

21 여기에 대해 "본체와 가명이 양불상통이라 함은 가명에 집착하지 않음은 물론 본체마저에도 집착을 떠나 본체와 가명을 살려서 보는 용운선사의 局이 트인 사상적 기반을 찾을 수가 있다."는 평가가 있다. 한종만, 「한용운의 〈십현담주해〉에서 본 진리관과 선론」, 『한용운사상연구』 2권 1호, 만해사상연구회, 1981, 24쪽.

이 언어관은 시론을 유추할 수 있는 발판이 된다. 편의상 앞에서 나눈 언어관에 대응하여 이로부터 각각의 시론을 구성하고자 한다.

초월기의의 재현 불가능성과 다층적 기의

먼저, 언어의 근원적인 한계를 강조하는 언어관으로부터 시적 표현에 등장하는 기표의 특성을 추출할 수 있다. 『십현담주해』 마지막을 장식하고 있는 다음 구절을 통해 실마리를 풀어 가보자.

> 달빛이 사람을 밝게 비추지 못하니, 한가로이 아이 불러 반딧불 잡아 오라 하네.[22]

주해 속에 등장하는 이런 구절은 원시(原詩)에서 핵심이 되는 어구나 내용에 대해 시적 형식을 취한 간략한 표현으로 설명을 대신하는 부분이다. 압축적이고 비유적인 언어로 이루어져 있어 내용이 난해하다. 그것은 시적 표현 속에 사용된 어휘들의 기의를 확정하기 힘들기 때문이다. 인용 부분에서 '반딧불'의 기의는 무엇일까. 달빛에 대조적인 것임에는 틀림없지만, 이것에 화자가 긍정적인 의미를 부여한 것인지 아닌지 확정하기도 힘들다. 부정적으로 본다면 반딧불을 주워 모으는 것은 달빛이라는 깨달음의 세계와 무관한 헛수고를 의미할 수 있으므로, 이때는 '무의미한 것', '사이비의 존재' 등으로 볼 수 있다. 그러나 긍정적인 것으로 본다면, "깨달음의 세계를 전하기 위한 매체"로 파악하여 "사람들이 깨달음의 밝은 세계를 모르니 미미한 개똥벌레의 빛을 통해서라도 그 세계를 알리겠다"[23]

22 전체 맥락은 다음과 같다. "空裡蟾光撮得麼 (批)千手不到 萬古明月 (註)蟾光者 月光也 空裡月光無以撮得 有人撮蟾光可得 則解玄中曲矣 如何撮得蟾光 (打拄杖三下云) 月光不能照人明 閒得呼兒拾螢來", '일색', 『조동오위』, 316쪽.

23 김광원, 『님의 침묵과 선(禪)의 세계』, 새문사, 2008, 267쪽. 이 구절에서 현실주의적 특성을 읽어 내는 서준섭의 논의도 이와 유사하다. 서준섭, 「同安常察의 『十玄談』의 세 가지 주해본

는 의미로 해석할 수도 있다. 어떤 전제를 놓고 이 구절을 해석하느냐에 따라 그 기의는 여러 가지로 달라지는 것이다. 한용운은 활연관통하게 깨달음의 단계에 들어간 이에게만 궁극적인 기의, 즉 초월기의를 허용하고 있는 것으로 보인다. 그 단계와 거리를 둘 수밖에 없는 세속적 언어의 세계에서 모든 기표는 기의에 닿지 못하고 계속 미끄러질 뿐이다. 비유적이고 압축적인 시적 표현에서도 마찬가지다. 이런 생각은 한용운이 『님의 침묵』의 맨 앞 장에 선언적으로 내세운 「군말」에서도 잘 드러난다.

> '님'만 님이 아니라, 기룬 것은 다 님이다. 중생이 석가의 님이라면, 철학은 칸트의 님이다. 장미화의 님이 봄비라면 마치니의 님은 이태리다. 님은 내가 사랑할 뿐 아니라 나를 사랑하나니라.[24]

『님의 침묵』으로 들어가는 가장 중요한 관문은 '님'의 기의를 해명하는 것이다. 그래서 지금까지 한용운 시의 해석은 이 '님'의 해명에 매달려 왔다고 할 수 있다. 그러나 한용운은 「군말」에서 이 '님'을 무한한 방향으로 열어 두었다. 즉 "'님'만 님이 아니라, 기룬 것은 다 님"이라고 한 것이다. 따옴표로 강조한 '님'은 지금까지 사용한 용어로 말하자면 초월기의에 해당한다. 그러나 그 자체도 하나의 기표인 이상 초월기의를 온전하게 담을 수 없는 상황이라면, 유사한 의미를 지니는 다른 기표도 동등한 가치를 지니게 된다. 머리말의 요지는 기표들이 모두 초월기의를 향해 계속 미끄러지는 환유적 기표일 수밖에 없다는 선언이다. 이것은 언어란 어차피 제한성을 지닌 것이므로 언어 행위를 하려면 기본적으로 언어의 제한성을 받아

에 대하여: 淸凉文益과 金時習, 韓龍雲의 주해 텍스트를 중심으로」, 『한중인문학연구』 15집, 한중인문학회, 2005, 47쪽.

24 한용운, 「군말」, 『님의 침묵』, 회동서관, 1926. 작품 인용은 『님의 침묵』 초판본을 기준으로 하며, 표기는 초판본의 형태를 존중하되 가독성을 높이기 위해 현대식 표기로 바꾸었다.

들여야 한다는 『십현담주해』의 맨 처음의 선언과 등가의 것이다.

『님의 침묵』의 시적 긴장감은 언어의 제한성에 기반을 둔 '님'이라는 기표의 미끄러짐에 기인한다. 그러나 한용운이 열어 둔 다층적 기의를 해석자들은 단일 기의로 환원하기 위해 노력하였다. 어떤 이는 조국으로, 불교의 진리로, 사랑하는 존재로 설정하여 왔던 것이다. 그러나 '님'을 사랑하는 연인, 불교의 진리 그리고 조국 중 어느 하나로 환원시키는 것은 그의 시 해석에 균열을 가져온다. 불교의 진리로 보는 경우, 「수(繡)의 비밀」 같은 작품에서 여성 화자가 제시하는 구체적인 님의 모습(심의와 도포와 자리옷 등을 입는 '당신')이 낯설고, 또 사랑하는 사람으로 볼 경우, 「당신의 편지」와 같은 작품에서 '님'과 '당신'을 구별하는 것이 이해되지 않을 것이다. 또 '님'을 연인이나 조국 등과 같은 구체적인 대상으로 환원할 경우 「알 수 없어요」의 "타고 남은 재가 다시 기름이 됩니다"와 같은 형이상학적 차원이 거세되기도 한다. 그의 시는 '님'의 기의의 불확정성으로 생명력을 유지한다. 그리고 '님'의 불확정성에 호응하는 것이 '기룹다'[25]는 말의 불확정성이다. 이 말은 '그립다', '기릴 만하다', '안스럽다', '기특하다' 등의 기의를 지니고 있어,[26] 단 하나의 의미로 환원되지 않는다. 그의 시에서 불확정성은 이처럼 일반적이다.

이런 관점에서 본다면 『님의 침묵』의 바탕은 언어의 제한성에 기반을 둔 기표의 미끄러짐에 있다고 할 수 있다. 그래서 각각의 시편은 기의의 불확정성을 바탕으로 해석의 긴장을 의도적으로 겨냥하고 있는 작품이 된다. 한용운 시에서 기의의 불확징성은 결함이 아니라 장점이다. 그런데 그의 다층적 기의를 특정한 기의로 환원시킨다면 그의 시는 일종의 우의, 즉 알레고리로 떨어지게 된다. 알레고리는 작품을 논리적 퍼즐 혹은 수수께

25 어떤 해석은 '기루다'를 원형으로 제시하지만, 「당신이 아니더면」의 "당신이 기룹지만 않더면"이라는 구절을 보면 원형을 '기룹다'로 보는 것이 타당하다.
26 이상섭, 『《님의 침묵》의 어휘와 그 활용구조』, 탐구당, 1984, 21쪽.

끼 수준으로 떨어트리는 시적 기교이다. 수수께끼는 그것의 답이 알려지기 전까지만 가치를 지닌다. 한용운이 피한 것은 바로 그의 시의 우의화이다. 그의 「군말」이 경계한 것이 바로 이런 우의화라 할 수 있다.

방편적 표현 방식으로서의 비유와 역설

근원적인 한계에도 불구하고 언어가 제한적 효용성을 지닌다는 『십현담주해』의 언어관으로부터 추출할 수 있는 시에 대한 두 번째 생각은 시적 표현이 지닌 방편성에 대한 인식이다. 『십현담주해』에는 초월기의를 정확하게 담지하지 못함에도, 가능한 한 그것의 본질에 가장 가깝게 접근할 수 있는 표현 방식에 대한 고민이 담겨 있다. 그 표현 방식은 '거짓'이라는 전제를 단 상태의 '이름', 즉 가명(假名)의 방식이다. 이는 깨달음의 본체를 정확하게 가리킬 수 있는 방법이 없다는 전제 아래 나온 임시적인 표현 방식이다. 따라서 유식철학에서 가명(假名) 혹은 가설(假說, upacāra)이 어원적으로 비유(比喩)와 관련된다는 것은 그다지 놀라운 일이 아니다.[27] 가명으로서의 비유가 지닌 일시적 유효성이 잘 드러나는 것이 『십현담주해』에 등장하는 여러 비유적 표현이다. 그러나 그것은 일상적인 비유가 아니라 '불 속의 연꽃(火中蓮)' 같은 언어도단의 비유이다.

> 본성이 허공과 같아서 없음으로서 이름을 삼는다. '불 속의 연꽃(火中蓮)'에 비유한 것은 '이름은 있으나 실체가 없음(名有實無)'을 취한 것이다. 도의 이름없음을 없는 물건에 비유하였으니 '불 속의 연꽃'이라는 표현이 어찌 족히 세속적인 비유라 하겠는가.[28]

27 백진순, 「『성유식론』의 가설(upacāra)에 대한 연구」, 『철학』 76, 한국철학회, 2003 참조.
28 "性若虛空 無以爲名 喩之火中蓮 取其名有實無也 道之無名 喩之無物 火中蓮 亦何足世喩哉.", '심인', 『조동오위』, 197쪽.

본성이 허공과 같이 형체가 없어서 언어로 포착할 수 없음에도 불구하고 불가피하게 '불 속의 연꽃', '불 속의 소(火中牛)'[29] 같은 비유가 사용되었다. 이런 비유는 '이름은 있으나 실체가 없음(名有實無)'을 나타내는 데 적합한 표현이다. 즉 실제로 불 속에 연꽃이 존재할 수 없기 때문에 '불 속의 연꽃'이라는 표현은 형식상의 지칭은 있으나 그 대상은 존재하지 않는 언어표현이다. 이런 비유는 기표의 물질성은 있지만 기의는 존재하지 않음에도 불구하고, 그런 기의를 넘어서서 궁극적인 초월기의를 겨누고 있는 초월적 비유이다. 이렇게 표현한 것은 이름 붙일 수 없는 도의 경지를 나타내기 위해 그것을 지상에 존재하지 않는 '없는 물건'에 비유할 수밖에 없기 때문이다. 그래서 이런 비유는 언어이면서 언어의 범주 바깥을 지시하고 있는 모험적이면서 모순적인 언어표현이다. 이런 표현이 상식적인 차원의 "세속적인 비유"가 될 수 없는 것은 이런 비유가 임시방편으로 허용된 방법론이기 때문이다. 이런 표현의 방편성은 다음 구절에서 짐작할 수 있다.

> 운수(雲水) 막힌 때 그대여 머물지 말지니
>
> (비) 운수는 곧 하늘끝(天涯)이다.
>
> (주) 운수는 비유컨대 방편으로 만들어낸 화성(化城) 같은 것이다. 여기에 이르면 기이하고 특별한 생각을 일으켜 화성을 고향으로 잘못 알기 때문에, 방펴에 지나지 않는 운수에 머무는 자가 많다.[30]

깨달음의 어떤 단계를 가리키고 있는 '운수'(다른 곳에서는 "승지절

29 '현기',『조동오위』, 226쪽

30 "雲水隔時君莫住 (批)雲水仍是天涯 (註)雲水者 比之方便化城 到此而作奇特想 妄認化城 而爲本鄉 故住於雲水之方便者多矣", '달본',『조동오위』, 261-262쪽.

경"[31]이라는 말을 사용하고 있다)라는 말을 설명하는 데 비유를 동원하고 있다. 그것은 화성(化城) 같은 것이다. 화성은 지친 제자들이 잠시 쉴 수 있도록 부처님이 거짓으로 만들어 놓은 성을 말한다. 인용문은 그런 화성을 진정한 실체인 것처럼 착각하여 그곳에 안주하는 이를 경계하는 말이다. 한용운은 다른 곳에서 "방편으로 쌓은 화성(化城)은 실제 정토가 아니다"[32]라고 단언하고 있다. 이 '운수'라는 말은 머물러서는 안 되는 깨달음의 어떤 단계이면서 동시에 화성과 같은 임시방편에 불과한 비유이다. 운수는 거짓이름으로서의 비유에 불과한 것이라는 의미이다. "일체의 현묘한 도리와 언어와 지견(知見)을 거짓이름을 붙여 운수라 한 것"[33]이라는 청량문익(清涼文益)의 설명은 정확하게 이를 가리킨 것이다. 즉 '운수'라는 비유가 거짓이름으로서 임시적인 효용을 지닐 수밖에 없는 언어적 화성임을 강조한 것이다. 더 큰 관점에서 본다면 『십현담주해』 자체가 임시방편의 비유라 할 수 있다.

화성(化城)으로서의 비유적 표현은 언외의 의미를 전할 수 있는 불가피한 언어 양식인 셈이다. 일상적이고도 산문적인 언어는 초월기의를 암시하는 데 근원적인 한계를 지닐 수밖에 없기 때문에 이와 같은 표현이 요구될 수밖에 없는 것이다. 이런 표현의 핵심을 역설이라 부를 수 있다. 역설은 초월기의의 본모습을 포착하기 위해 일그러진 형상을 취할 수밖에 없는 언어의 존재상황을 반영한 언어 방식이다. '불 속의 연꽃', '불 속의 소'와 같은 비유는 역설의 대표적인 예가 된다. 『십현담주해』의 선문답과 같은 '(비)'는 대부분 이런 표현이라 할 수 있다. 그런데 어떤 형태를 띠건 이런 표현 대부분은 본질적으로 역설이라는 점에 주목할 필요가 있다.

31 '파환향', 『조동오위』, 274쪽.

32 "權設化城 實非淨土", '전위', 『조동오위』, 285쪽.

33 "一切玄妙道理語言知見假名雲水", '달본', 『조동오위』, 261쪽.

(가) 신령스러운 한 구절은 뭇 형상을 훌쩍 뛰어 넘어

(비) 한 구절은 한 구절 속에 있지 않다.[34]

(나) 길 돌아온 석마는 사롱을 벗어났구나.

(비) 수미산을 겨자씨에 넣어도 너무 드넓어 남은 땅이 있다.[35]

(다) 어찌하여 티끌 기연 따위에 얽매이겠는가?

(비) 하늘에 기댄 장검(長劍)이다.[36]

(라) 본래 머물 곳 없으니 집이라 이름 붙일 수 없네.

(비) 몸에 가득한 청풍명월이여.[37]

여기에 나온 표현은 표면적으로 모순형용의 형태를 취하지 않아도 그것을 사용하는 맥락 내에서는 역설의 형태를 보여준다는 점에서 존재론적 역설(ontological paradox)[38]에 해당한다. 인용문에서 가장 모범적인 형태의 역설은 (가)이다. "한 구절은 한 구절 속에 있지 않다"는 말은 표면적으로 보기에도 "A는 A가 아니다"는 모순어법을 사용한 역설임을 알 수 있다. 어떤 의미를 표현한 구절이 그 구절을 떠나 있을 수는 없기 때문이다. 이는 깨달음의 경지를 표현한 '신령스러운 한 구절', 즉 향상일구(向上一句)가 언어적 표현을 넘어서는 곳에 존재한다는 종교적 의미를 나타내기 위한 것이다. 한용운은 (주)에서 "향상일구는 문자에 있지 않다. 이미 문자를 떠났거늘 어찌 형상이 있겠는가."[39]라고 풀이하고 있다. 마찬가지로 (나)도

34 "靈然一句超群像 (批)一句不在一句中", '현기', 『조동오위』, 222쪽.
35 "廻頭石馬出紗籠 (批)須彌納芥 恢有餘地", '조의', 『조동오위』, 211쪽.
36 "豈與塵機作繫留 (批)依天長劍", '현기', 『조동오위』, 217쪽.
37 "本來無住不名家 (批)滿身淸風明月", '파환향', 『조동오위』, 271쪽.
38 존재론적 역설은 표현상의 차원에서는 모순이 즉각적으로 드러나지 않는 내면화된 심층적 역설의 한 종류이다. 삶의 초월적 진리를 내포한 역설로 종교적 역설이라 부르기도 한다. 이런 역설에 나오는 논리는 일상적이고 과학적인 논리와 대조할 때 그 모순이 인식된다. 박현수, 『시론』, 예옥, 2011, 376-379쪽 참조.
39 "向上一句 不在文字 旣離文字 有何像形", '현기', 『조동오위』, 222쪽.

조그만 겨자씨가 매우 넓다고 하였으므로 표현상 역설이다.[40] (다)와 (라)도 일상적 논리로는 파악되지 않는 종교적 진리를 가정하고 있다는 점, 즉 언어로 전할 수 없는 진리를 언어로 전하고 있다는 점에서 기본적으로 역설이라 할 수 있다. 표현에 직접적으로 모순적 요소가 발견되지 않았다고 해도 근원적으로 이는 '불 속의 연꽃'과 동일한 원리에 의해 생산된 것이기 때문이다. 그래서 『십현담주해』의 언어들은 근원적으로 동어반복이라 할 수 있다. 그러나 변화가 많아서 지루하지 않은, 다채로운 동어반복이다. 한용운의 다음과 같은 말도 그런 점에서 동어반복이다.

> 선(禪)은 선이라고 하면 곧 선이 아니다. 그러나 선이라고 하는 것을 여의고는 별로 선이 없는 것이다. 선이면서 곧 선이 아니오, 선이 아니면서 곧 선이 되는 것이 이른바 선이다.
>
> 달빛이냐, 갈꽃이냐, 흰 모래 우의 갈매기냐.[41]

언어의 방편적 가능성을 인정하는 이 글에서 선에 대해 논한 부분은 그 자체가 역설로 구성되어 있다. 그리고 마지막에 등장하는 선문답적인 비유는 정확한 의미를 확정지을 수 없지만, 앞의 논리를 다른 방식으로 표현한 것이어서 기본적으로 역설이라 할 수 있다. 『님의 침묵』에 등장하는 수많은 역설 역시 이것의 연장선상에 놓인다.[42] 『십현담주해』와 『님의 침묵』에서 역설이 가장 기본적인 표현 방식으로 사용되고 있는 것은, 언어로 표현 불가능한 초월기의를 언어로 표현할 수밖에 없다는 태생적인 한계에 기인한다. 그래서 그 표현 자체에 의미를 부여하는 것은 언어에 집착하여

40 일상적 논리로는 받아들이기 힘든 종교적 논리를 가정한 표현이라는 점에서 과장법과는 거리가 있다.

41 한용운, 「선」, 『선원』, 1932; 『전집2』, 363쪽.

42 『님의 침묵』의 역설에 대한 논의는 풍부하다. 연구사 검토와 역설이 표현된 시는 문정희, 「만해 시의 역설 연구: 『님의 침묵』을 중심으로」, 중앙대학교 박사학위논문, 2010 참조.

새로운 망상을 만들어 내는 것이 된다. 이는 앞에서 다룬 임시방편에 불과한 화성(化城)에 집착하는 것과 마찬가지다. 이런 방편으로서의 비유적 표현에서 문학에 대한 다음과 같은 관점이 자연스럽게 도출된다.

> 독자여, 나는 시인으로 여러분의 앞에 보이는 것을 부끄러합니다.
>
> 여러분이 나의 시를 읽을 때에, 나를 슬퍼하고 스스로 슬퍼할 줄을 압니다.
>
> 나는 나의 시를 독자의 자손에게까지 읽히고 싶은 마음은 없습니다.
>
> 그 때에는 나의 시를 읽는 것이 늦은 봄의 꽃수풀에 앉어서, 마른 국화를 비벼서 코에 대이는 것과 같을는지 모르겠습니다.[43]

시론이 없는 한용운에게 있어서 『님의 침묵』의 머리말이나 후기 같은 글은 하나의 시론 역할을 한다. 이 후기에 나타난 시에 대한 한용운의 입장은 한마디로 시는 유한한 것이며 일시적인 가치를 지닌다는 것이다. 독자에게 부끄러움을 느끼는 것도 이런 생각에 기인한다. 이런 부끄러움은 겸손의 표현이 아니다. 시가 시공간을 초월해 영원한 가치를 지니는 것이 아니고 단지 일시적 효용성을 지닌 것,[44] 한계 내의 가치만을 지닌 것이기에, 이런 것을 독자에게 내보이는 행위는 부끄러울 수밖에 없는 것이다. 이 부끄러움의 근원은 비유의 방편성에 기인한다. 한용운이 다른 글에서 문학을 "인생의 한 사치품" 혹은 "오락물"[45]로 평가한 것도 이런 관점의 연장선상에 있는 것이다. 이런 입장은 미적 자율성을 강조하는 유미주의 시인들

43 한용운, 「독자에게」, 『님의 침묵』, 회동서관, 1926, 후기.

44 그렇지만 한용운의 시론은 효용론의 일반적인 입장과는 다르다는 점이 지적되어야 한다. 신채호의 입장과 달리 한용운은 문학이 삶의 세계에 커다란 역할을 할 수 있다는 생각에 의문을 지니고 있으며, 단지 문학이 지닌 제한적 가능성에 더 관심이 있기 때문이다. 한용운, 「문예소언」, 『한용운전집1』, 불교문화연구원, 2006 참조.

45 춘추학인, 「심우장에 참선하는 한용운씨를 차저」, 『삼천리』, 1936. 6. 1, 62쪽.

이 문학에 엄청난 가치를 부여하는 것과는 대조적이다. 이는 문학을 보는 관점이 근본적으로 다르기 때문이다.

이상적인 언어 양식으로서의 시의 정체성

마지막의 궁극적인 언어관으로부터 끌어낼 수 있는 시에 대한 생각은 시는 기표와 기의가 절대적인 조화를 이루는 고도의 언어적 결과물이라는 것이다. 더 구체적으로 말한다면 '본체가명 양불상병'의 언어로 이루어진 시는 고도로 응축된 사유를 간결한 언어 양식으로 표현해야 하고, 그에 어울리는 자유로운 형식을 지녀야 한다는 것이다. 『십현담주해』의 전체적인 맥락에서 볼 때 이상적인 언어로서의 '본체가명 양불상병'의 언어는 고도의 시적 언어와 동질의 것이다. 이런 언어가 그의 언어관이 지향하는 궁극적 언어이면서 동시에 시적 언어라 할 수 있다. 이런 언어가 필수불가결한 내용과 형식을 갖출 때, 비로소 시가 되는 것이다.

이런 시 양식의 단초는 『십현담주해』에서 끊임없이 등장하는 '시적 단언(斷言)'들에 들어있다. 시적 단언이란 (비)와 같은 선문답, 혹은 (주)에서 어떤 질문을 던지고 거기에 대한 답으로 제시한 짧은 형식의 표현들을 가리키는 말이다.[46] 이런 표현들은 본체와 조화를 이루는 가장 효과적인 가명의 방식, 가장 바람직한 언어 표현 방식으로 호명된 것이다. 특히 한용운이 『십현담주해』의 (주)에 의도적으로 사용하는 시적 단언은 이런 '본체가명 양불상병'의 단계에 진입한 언어가 이루어 낸 시적 특질을 잘 보여준다.

> 밝은 달빛과 갈대꽃은 같지 않거니
>
> (주) 밝은 달과 갈대꽃은 그 색이 크게 같지만, 그래도 한빛(一色)에

46 이는 원시에 대한 자신의 확고한 판단이나 평가 등을 나타내기 위한 필요성에서 사용되고 있다는 점에서 일반적인 시로 부르기도 힘들기에 단언이라 명명하였다.

는 비길 수 없다. 그렇다면 어떠한 것이 한빛인가? (한참 있다가 읊는다)

오색영롱한 곳, 명암이 나뉘기 전이로다.[47]

"오색영롱한 곳, 명암이 나뉘기 전이로다(五色玲瓏處 明暗未分前)"라는 시적 단언은 주해에서 핵심적인 의미에 대해 압축적인 결론을 내리는 부분이다. 그는 이런 시적 단언을 "한참 있다가 읊는다(良久云)", "주장자를 세우며(竪起拄)" 등의 표지로 구별하고 있다. 형태면으로 볼 때 그의 시적 단언은 여기에서처럼 오언절구 혹은 칠언절구, 사언고시 등의 형식을 보인다. 또한 내용을 표현함에 있어서도 고도로 응축된 사유를 간결한 언어 양식으로 표현하고, 심상이 풍부한 어휘를 동원하여 정서적 전달력을 높이고 있다. 이런 특성은 대부분의 시적 단언들의 공통된 특성이다.

이것은 주해의 다른 부분에 나타나는 산문적 진술과는 내용과 형식면에서 현격한 차이를 지닌다. 한용운은 다른 부분의 산문과 대조하여 이 부분을 시(혹은 '시적인 것')로 인식한 것이다. 이 부분에서 많은 번역자가 '이르다, 말하다'라는 의미를 지니고 있는 운(云)이라는 글자를 '읊는다'로 번역하고 있는 것도 이 때문이다. 이런 특성들로부터 한용운에게 있어서 시적 단언은 단순한 산문적 진술과는 질적으로 다른 고도의 시적 행위의 결과물이었음을 짐작할 수 있다. 앞에서 살펴본 것처럼, '불 속의 연꽃'이라는 표현을 세속적인 비유와 구별된 어떤 특별한 것으로 보는 것도 시적 언어를 일상적인 언어와 변별하는 이런 인식의 연장선상에 있다고 할 수 있다. 그가 시적 단언을 이렇게 특별하게 취급한 것은 이런 언어 방식이 초월기의와 가장 잘 어울리는 최상의 표현 방식이라 생각하였기 때문일 것이다.

47 "明月蘆花不似他 (註)明月蘆花 其色大同 猶不可比方於一色 良久云 五色玲瓏處 明暗未分前", '일색', 『조동오위』, 311쪽.

『님의 침묵』은 '본체가명 양불상병'의 언어 행위의 결과물이라 할 수 있다. 즉 한용운이 이 시집을 탈고한 것 자체가 언어의 가능성에 대한 적극적인 가능성의 타진이었으며, 동시에 '본체가명 양불상병'의 이상적인 언어 양식의 현실화였다는 것이다. 다음 작품은 앞에서 언급한 시적 특질을 구비하고 있으면서, 시의 존재 의의를 시적으로 표명한 것으로 주목할 만하다.

> 사랑을 '사랑'이라고 하면, 벌써 사랑이 아닙니다
> 사랑을 이름지을 만한 말이나 글이 어디 있습니까
> 미소에 눌려서 괴로운 듯한 장미빛 입설인들 그것을 슬칠 수가 있습니까
> 눈물의 뒤에 숨어서 슬픔의 흑암면(黑闇面)을 반사하는 가을 물결의 눈인들 그것을 비칠 수가 있습니까
> 그림자 없는 구름을 거쳐서 메아리 없는 절벽을 거쳐서 마음이 갈 수 없는 바다를 거쳐서 존재? 존재입니다
> 그 나라는 국경이 없습니다 수명은 시간이 아닙니다
> 사랑의 존재는 님의 눈과 님의 마음도 알지 못합니다
> 사랑의 비밀은 다만 님의 수건에 수놓는 바늘과 님의 심으신 꽃나무와 님의 잠과 시인의 상상과 그들만이 압니다.
>
> – 한용운, 「사랑의 존재」 전문

이 시에서 사랑은 초월기의이며 거기에 이름을 붙인 '사랑'은 이미 초월기의와 무관한 기표이다. 초월기의를 "이름지을 만한 말이나 글"이 있을 수 없기 때문이다. 그래서 어떤 것으로도 초월기의의 현현이 불가능하다. 사물의 본질들이 존재 그 자체로 존재하는 '존재의 나라'에서도 이것이 해결되지는 않는다. 그리고 그 나라에 존재하는 사랑 그 자체도 진정한 초월기의인 님을 알 수 없다. 그러나 그런 초월기의를 나타내는 기표가 없는

것은 아니다. 그것은 문자와 형상의 한계 내에서 나타날 수 있는 기표인데, 주로 님과 환유적으로 연계되어 있는 것들이다. "님의 수건에 수놓는 바늘과 님의 심으신 꽃나무와 님의 잠" 등이 그것이다. 이것은 님이라는 초월기의와 직접적으로 관련된 것이라는 점에서 초월기의에 가장 가까이 다가간 기표들이다.

그런데 바로 이런 기표들과 등가에 놓이는 것이 "시인의 상상"이다. 시인의 상상은 초월기의와 인접성을 지닌 기표들과 대등한 지위를 차지하고 있다. 바늘과 꽃나무, 잠과 달리 시인의 상상은 물리적 인접성을 지니고 있지 않음에도 초월기의와 어울릴 수 있다는 것은 무슨 의미인가. 이것은 시인의 상상, 그리고 그로부터 태어나는 시는 본체라는 초월기의와 가장 잘 조화되는 기표로서, '본체가명 양불상병'의 언어라는 의미이다. 즉 시는 초월기의를 나타내는 최적의 언어 양식이라는 의미가 된다. 이로부터 시의 존재 의의가 확보되는 것이다.

시의 존재 의의가 초월기의를 드러내는 데 적합하다는 데 있다면, 시는 시적인 것이 허용되는 범위 내에서 초월기의를 가장 효과적으로 드러내려는 태도를 요구한다. 초월기의의 재현과 무관하게 화려한 언어구사에 매달리는 행위는 화성에 불과한 임시방편에 쓸데없이 집착하는 행위인 동시에 언어를 허비하는 행위이기 때문이다. 최상의 언어 양식으로서 시에 있어서 중요한 것은 초월기의를 드러내는 데 필요한 언어만을 적재적소에 놓는 일이다. 『님의 침묵』에 실린 「나의 노래」에서 형식적인 고저장단, 인위적 표현, 망상의 표출 등에 대한 거부는 이런 기본적인 생각과 관련된다. 또한 감정의 표출에 치중하는 시작 태도 역시 부정적으로 생각될 수밖에 없다.

> 나는 서정시인(敍情詩人)이 되기에는 너머도 소질이 없나 봐요
> '즐거움'이니 '슬픔'이니 '사랑'이니 그런 것은 쓰기 싫어요

당신의 얼골과 소리와 걸음걸이와를 그대로 쓰고 싶습니다
그리고 당신의 집과 침대와 꽃밭에 있는 작은 돌도 쓰겠습니다

– 한용운, 「예술가」 부분

여기에서 한용운은 서정시인을 부정하고 있다. 그것은 '당신'이라는 초월기의의 직접적인 재현을 추구하는 최상의 언어 양식에서 감정은 부수적일 뿐만 아니라 오히려 그런 재현을 방해하는 부정적 요소일 뿐이기 때문이다. 이는 감정 자체에 대한 부정이라기보다는, 당대의 서정시인처럼 감정을 최상위에 두는 방식을 편애하지 않음을 의미한다. 이런 생각은 한용운이 어느 대담에서 당시의 "감정의 극단으로 흐르는 예술"[48]을 경계한 데서도 확인된다.

한용운은 불교적 언어관을 자신의 관점에서 새롭게 구성함으로써 시적 언어의 가능성을 새롭게 고찰할 수 있는 기회를 제공하고 있다. 또한 그런 언어관으로부터 시론을 유추하여 시의 언어 문제를 새로운 각도에서 접근하게 만들고 있다. 이는 불교적 관점이 문학에 제공하는 새로운 조망법의 하나라 할 수 있다.

48 춘추학인, 「심우장에 참선하는 한용운씨를 차저」, 『삼천리』, 1936. 6. 1, 62쪽.

초월과 번역: 벤야민과 한용운의 초월언어

벤야민의 번역론과 '순수언어'의 정체

벤야민의 독특한 번역론, 「번역가의 과제」는 번역의 문제를 통해 언어의 본질과 초월언어의 문제를 다루며, 또한 문학의 바탕이 되는 세계관에 주목하게 한다는 점에서 눈여겨볼 만한 논의다. 그러나 이 글을 실용적인 관점에서 읽으려는 모든 시도는 실패할 수밖에 없다. 이 글의 목적은 이용 가능한 번역 방법 혹은 번역론을 제시하는 데 있지 않기 때문이다. 그가 '번역가의 과제'로 제시하는 것을 살펴보아도 이 점은 분명하다. "원작의 메아리를 깨워 번역어 속에서 울려 퍼지게 하는 의도, 번역어를 향한 바로 그 의도를 찾아내는"[1] 것, "낯선 [원작의] 언어 마력에 걸려 꼼짝 못하고 있는 순수언어를 번역자 자신의 언어를 통해 해방시키고 또 작품 속에 갇혀 있는 언어를 그 작품의 재창작을 통해 해방시키는 것"(최성만: 139)이라는 과제는 실용적인 차원에 적용할 수 없는 이상적인 원론이다. 그래서 해체주의적 관점에서 번역의 근원적 불가능성에 초점을 맞추어 읽으려는 폴 드 만의 논의나, 언어의 낯설음을 환기함으로써 번역의 이국성을 강조하는 탈식민주의적 논의 모두 벤야민의 논점을 자기 관점의 합리화를 위한 제국주의적 읽기의 도구로 소모하고 있을 뿐이다.

1 Walter Benjamin, 최성만 옮김, 「번역자의 과제」, 『언어 일반과 인간의 언어에 대하여/ 번역자의 과제 외』, 도서출판 길, 2008, 133쪽. 동일한 글은 반성완에 의해 먼저 번역된 바 있다.(Walter Benjamin, 반성완 옮김, 『발터 벤야민의 문예이론』, 민음사, 1983) 이 두 텍스트를 기본으로 하며, 이후 각각 '최성만: 133', '반성완: 133'처럼 인용 표기하며, 문맥에 따라 더 정확하다고 판단한 번역을 취한다.

물론 관점에 따라서 실용적인 차원에 적용 가능한 시사를 찾을 수도 있다. 가령 번역의 자유와 충실성의 문제, 즉 의역과 직역에 대한 언급이 그것이다. 벤야민은 이를 "의미에 맞게 재현할 자유와 그러한 직무를 수행할 때 낱말에 충실하기"(최성만: 135)로 설명하고 후자에 더 중요한 의미를 부여한다. 의역(문장)과 직역(낱말)의 문제에 대해 벤야민은 "문장이 원작의 언어 앞에 세워진 장벽이라면, 직역이 좇는 낱말은 홍예문(아치문)"(최성만: 137-8)이라고 시적으로 표현하고 있다. 아이러니하게도 이 부분의 우리말 번역은 직역의 중요성을 환기시키기에 충분하다. 다른 번역에서는 이 홍예문을 "아케이드"(반성완: 330)로 옮기고 있다. 어느 쪽으로 하느냐에 따라 뉘앙스가 달라지면서 해석의 방향이 재조정될 수밖에 없다. 홍예문으로 번역할 경우, 통로로서의 문의 이미지가 중요하게 된다. 그러나 '아케이드'로 옮길 경우, 빛을 막지 않고 투명하게 투과시키는 아케이드의 속성이 중시되면서 전혀 다른 감각을 작동시킨다. "문장이라는 의미론적 벽은 순수언어의 빛을 통과시키지 못한다. 의미의 방해에 가로막히지 않는 낱말이라는 아케이드를 통해서만 이 빛은 환히 드러난다."[2]는 설명도 이로부터 가능해진다. 벤야민이 앞부분에서 진정한 번역의 투명성("진정한 번역은 투명하다.", 반성완: 330)에 대해 말하고 있으므로, 이 구절은 원문대로 '아케이드'로 번역하는 것이 원전에 충실한 직역이라 할 수 있다.[3] 이 점에서 '홍예문'은 벤야민의 글의 의도에 반하는 번역이다. 홍예문과 아케이드의 차이는 전자가 우리 문화의 익숙함에 동화시키는 서정화 작업의 일환이라면, 후자는 이질성을 강조하는 반(反)-서정화 작업의 일환이라는 데 있다.

2 이명호, 「문화번역의 정체성: 이국성의 해방과 이웃되기」, 『비평과 이론』 15권 1호, 한국비평이론학회, 2010, 241쪽.

3 이 부분의 원문은 "Denn der Satz ist die Mauer vor der Sprache des Originals, Wörtlichkeit die Arkade."이다. 직역하자면 "문장이 원본의 언어 앞의 벽이라면, 낱말 그 자체는 아케이드다." 정도가 될 것이다. Walter Benjamin, *Gesammelte Schriften IV-1*, Suhrkamp, 1991, 18쪽.

번역에 있어서 서정화 작업은 많은 비판을 받아 왔다. 자국어의 체계에 자연스럽게 수용되고 동화될 수 있는 이런 번역은 그동안 가장 중시되어 온 관점이지만, 벤야민이 "번역의 언어가 원문처럼 읽혀진다는 것은 번역이 누릴 수 있는 최대의 찬사가 아니"(반성완: 329)[4]라고 하였듯이 갈수록 그 위치가 불안정해졌다. 특히 베르만(A. Berman)은 이를 "자민족 중심 번역"[5]으로 비판적으로 규정하고 있다. 이는 곧 "도착언어(번역문의 언어-인용자)를 통해서 그리고 그 안에서 외국어의 낯선 의미가 잘 길들여지고 순화되어져서 도착언어의 독자가 불편해지지 않는 상태에서 외국어 작품이 받아들여지는 번역"(윤성우: 181)인 것이다. 베누티(L. Venutie)는 이런 종류의 번역을 '추문'이라 불렀다. 즉 "외국 텍스트를 자국의 문화에 봉사하도록 만드는 매끈하고 '유창한' 번역"(이명호: 242)이라는 것이다. 유창한 번역은 의미 전달에 치중하여 번역자가 번역의 자유를 만끽하면서 원문의 불편함을 자국의 문화 속에 동화시킨다. 다음과 같은 번역을 예로 들 수 있다.

> 찢어진 주머니에 두 손을 찌른 채 나는 출발하였노라.
> 나의 외투는 더할 나위 없이 헤어졌구나![6]

번역에 있어서 문제가 되는 부분은 두 번째 행이다. 이 부분의 원문이 "Mon paletot aussi devenait idéal.(내 외투도 관념적으로 되었어)"[7]임을

4 이 문장에서 생략된 구절, "특히 그것들이 출현한 시대에는"("vor allem im Zeitalter ihrer Entstehung")에 대한 번역은 정반대로 나타난다. "특히 원문이 생겨나는 시대에서는"(반성완: 329), "특히 어떤 번역이 생성된 시대에는"(최성만: 137). 필자가 보기에 문맥상 후자가 더 적절한 것으로 보인다.

5 윤성우, 「발터 벤야민(W. Benjamin)의 번역론에 관한 소고」, 『번역학연구』 8권 1호, 한국번역학회, 2007, 181쪽에서 재인용.

6 A. Rimbaud, 이준오 옮김, 『랭보시선』, 책세상, 1991, 68쪽.

7 김현은 이 부분을 직역하고 있다. "내 갔지, 터진 주머니에 손 집어넣고/ 양복저고리는 관

고려하면, 위의 번역은 완전히 의역이다. 이런 의역을 택한 이유는, 원문의 글자 그 자체에 충실할 경우 이 구절의 의미가 난해해지기 때문일 것이다. 우리말에서는 양복저고리와 같은 구체적인 사물에 '관념적'이라는 단어를 사용하지 않는다. 우리말에서 '관념적'이라는 단어는 주로 생각이나 견해와 관련될 때에만 사용된다는 자문화중심적인 관점과 이로부터 파생된 배려가 이런 의역을 만들어 냈다고 할 수 있다. '관념적이 된 외투'의 이국적 낯설음을 회피하기 위해, 전달하고자 하는 의미만을 옮기려 한 '번역의 자유'를 보여주는 전형적인 예이다.

탈식민주의적 접근은 이런 동일성에 바탕을 둔 서정화 작업을 비판하면서, 낯설음에 주목하는 반-서정적 번역의 타당성을 벤야민으로부터 찾으려 한다. 그러나 벤야민의 글에서 그들이 찾을 수 있는 것은 "이 순수언어를 위해 번역자는 자신의 언어의 낡은 장벽을 무너뜨린다. 루터, 포스, 횔덜린, 게오르게는 독일어의 경계를 확장했다."(최성만: 139)는 구절뿐이다. 그래서 벤야민의 전반적인 의도를 무시하고 "바바에게 벤야민의 '순수언어'란 진리의 언어가 가지고 있다고 상정되는 어떤 기원적 본질이나 오염되지 않은 순수의 결정체가 아니라 문화의 자연스러운 이동에 저항하는 '이국성'(foreignness)으로 해석"(이명호: 244)된다면 그것은 명백한 오독이 아닐 수 없다.

벤야민의 번역론은 철저하게 비실용적이며 비인간적이다. 비실용적이기 때문에 비인간적인 것이 아니라, 비인간적이기 때문에 비실용적이다. 다음과 같이 시작되는 그의 글은 아직 시작되지도 않은 번역론의 도착지점을 예고하고 있다.

념적이 되었어.", 그는 이 구절에 "저고리가 관념적이 되었다는 것은 그것이 너무 헤져서, 저고리라기보다는 저고리라는 관념이 되어버린 것 같다는 표현."이라는 각주를 붙이고 있다. A. Rimbaud, 김현 옮김, 『지옥에서 보낸 한 철』, 민음사, 1974, 20쪽.

> 어떤 예술작품이나 예술형식을 인식하는 데 있어 수용자를 고려하는 일은 결코 생산적이 되지 못한다. 비단 어떤 특정한 수용자층이나 아니면 그들의 대표자를 고려하는 일만이 잘못된 것이 아니라 〈이상적〉 수용자라는 개념까지도 모든 예술이론적 논의에서 방해요소가 되는데, 왜냐하면 이러한 논의들은 단지 인간의 현존재와 본질만을 그 전제로 하고 있기 때문이다.(반성완: 319)

수용이론에 대한 근원적인 부정으로 읽히는 이 서두는, 폴 드 만에 따르면, 야우스(H. R. Jauss)와 그 제자들을 공황상태로 몰아넣었으며, 그들은 벤야민의 이런 관점을 본질주의적 예술 이론, 칸트 이전적인 논의로 치부함으로써 그 공황을 처리하였다고 한다.[8] 그러나 이 구절은 수용이론에 대한 비판이 아니라 인간적이고 세속적인 가치에 집착하는 모든 이론을 싸잡아 평가절하하는 비판이다. 벤야민에게 있어서 진정한 가치를 지니는 논의는 "인간의 현존재와 본질"만을 전제하지 않고 그 이상을 겨냥하는 논의이다. 그가 이 글에서 사용하는 '인간'이라는 표현은 대부분 한계와 폄하의 맥락에 놓여 있다. 예를 들어, "그러한 사유(피상적 사유-인용자)에 대해서는 특정한 상관 개념들은 그것들이 처음부터 오로지 인간에게만 관련되지 않는다면 훌륭한 의미, 아니 어쩌면 최상의 의미를 보유할 것이라는 점을 주지할 필요가 있다."(최성만: 123)는 구절에서 '인간'은 일종의 오류의 원천으로 지목되고 있다. 이 구절은 인간적 요소가 제거될 때 개념적 명징성이 확보될 수 있음을 암시한다. 폴 드 만이 이 구절에서 "이 실패가 인간적 실패가 아니라"는 점이 중요하며, 이것이 "어떤 주체적 경험을 지칭하지 않"는다고 지적한 것은 따라서 상당히 정확한 판단이라 할 수 있다.[9]

8 Paul de Man, 황성필 옮김, 「결론: 발터 벤야민의 〈번역가의 과업〉」, 『이론에 대한 저항』, 동문선, 2008, 164쪽.
9 Paul de Man, 위의 책, 181쪽. 그러나 폴 드 만은 이 구절의 근원적 의미를 언어적 구조에 연

“유기적인 신체성”, “동물적 요소”(이상 반성완: 321) 등의 표현도 이와 관련되어 있다.

벤야민에게 있어서 인간적인 요소는 배제의 대상이다. 앞에서 살펴본 서정화 번역에 대한 비판도 기본적으로는 이런 인간화에 대한 비판과 맞물려 있다. 따라서 그의 번역론에 수없이 많이 등장하는 “보다 높은”이라는 표현은 인간적인 차원을 넘어선 상태, 즉 초월적이고 선험적인 상태를 가리키기 위한 것이다. 이것이 벤야민의 번역론의 핵심이다. “고유하고 높은 삶”(322), “보다 높은 영역”(322), “보다 높은 언어의 맹아”(325), “보다 높고 보다 순수한 언어”(325), “차원이 높은 언어”(26), “새롭고 보다 높은 차원”(이상 반성완: 331) 등의 표현은 모두 초월적이고 선험적인 차원을 전제로 하고 있다. 이들 표현은 바로 가장 문제적인 개념, ‘순수언어(die reine Sprache)’로 귀결된다.

> 오히려 언어들의 초역사적 근친성은 각각의 언어에서 전체 언어로서 그때그때 어떤 똑같은 것이, 그럼에도 그 언어들 가운데 어떤 개별 언어에서가 아니라 오로지 그 언어들이 서로 보충하는 의도의 총체성(Allheit)만이 도달할 수 있는 그러한 똑같은 것이 의도되어 있다는 점에 바탕을 둔다. 그것은 곧 순수언어(die reine Sprache)이다.(최성만: 129)

순수언어는 출발언어(원문의 언어)나 도착언어(번역문의 언어)와 같은 세속적이고 인간적인 언어와 무관한 언어이다. 순수언어가 초역사적인 것도 이 때문이다. 모든 언어는 이 순수언어로부터 파생된다. 파생물이기 때문에 지상의 모든 언어의 총합도 순수언어에 도달하지 못한다. 다만 각각

결 짓고 있으나 이것은 벤야민에 대한 오독이라 할 수 있다.

의 언어들이 서로 보충하며 도달해야 할 의도의 총체성 그 자체가 순수언어이다. 그렇기 때문에 정확하게 말하자면 순수언어는 세속적 언어와 같은 '언어'가 아니다. 이런 선험적이고 초월적인 순수언어를 상정하는 순간, 원문은 번역에 비해 절대적으로 우월할 수 없게 된다. 원문(또는 출발언어)이나 번역(또는 도착언어)은 모두 하나의 파편, 순수언어라는 "보다 큰 언어의 파편"(최성만: 137)에 지나지 않기 때문이다. 그래서 벤야민이 "'태초에 말씀이 있었다'(Im Anfang war das Wort)는 말은 번역 분야에서도 유효하다"(최성만: 137)고 말한 것은 비유가 아니다. 신과 함께 존재한 이 언어가 바로 순수언어이며, 신적 언어인 것이다. 그래서 리쾨르가 순수언어를 "메시아에 대한 기다림을 언어적 차원에서 재현"[10]한 것으로 본 것이나, 케럴 제이콥스가 벤야민이 "카발라적 티쿤 개념—즉, '그릇들의 깨어짐'에서 산산조각 나고 타락된, 사물들의 근원적 존재를, 또 역사[의 근원적 존재]를 한데 기워 맞추고 복구하는 메시아적 복구와 수선—을 염두에 두고 있다"(Paul de Man: 189)고 한 것은 정확한 지적이라 할 수 있다.

이제 이 글의 서두에 제시하였던 번역가의 과제가 의미하는 바가 분명해졌다. 번역가의 과제는 원본을 인간적인 차원에서 얼마나 잘 번역하느냐 하는 기술적인 능력에 있는 것이 아니라, 언어와 언어의 사이에서 메타언어적 시각을 지니고 초월적인 순수언어를 호출하고 환기시키는 능력에 있다. 그것은 횔덜린의 소포클레스 번역처럼 "바람이 스치기만 해도 소리가 나는 하프처럼 언어가 의미를 살짝 건드리고 있을 정도"(최성만: 141)의 차원이다. 그것은 불가능한 과제이다. 벤야민이 번역론의 마지막 부분에서 성서에 과도하게 의미를 부여한 것도 이런 불가능성의 확인에 불과하다. 벤야민은 소포클레스의 비극이나 성서에서 이것이 인간적인 산물이라는 사실, 즉 근원적인 세속성에 애써 눈을 가리고 있는 것이다. 그러므로

10 윤성우, 앞의 글, 187쪽에서 재인용.

이런 번역론으로부터 어떤 실용적인(그래서 세속적이고 인간적인) 논의를 기대할 수는 없다.

한용운의 초월언어: '언외지지'와 '성의'

벤야민은 "원작의 메아리를 깨워 번역어 속에서 울려 퍼지게 하는 의도, 번역어를 향한 바로 그 의도를 찾아내는"(최성만: 133) 것이 번역가의 과제라고 했다. 이때 '메아리'라는 표현에 주목할 필요가 있는데, 이것은 "진정한 언어"(최성만: 134), 즉 순수언어가 원작의 내부에 존재하지 않음을 가리키는 비유이기 때문이다. 마찬가지로 앞에서 제시한 하프의 비유도 비슷한 의미를 지닌다. "바람이 스치기만 해도 소리가 나는 하프처럼 언어가 의미를 살짝 건드리고 있을 정도"라는 비유에서, 바람으로서의 도착언어는 출발언어에 내재하는 의미라는 하프의 현을 살짝 건드려 [순수언어라는] 소리를 파생시킨다. 여기에서 메아리나 소리는 사물 자체에 존재하는 것이 아니라 그것의 파생물이듯이, 순수언어 역시 세속적 언어의 파생물인 것은 아닌가, 우리는 이런 전복을 시도해 볼 수 있다. 이것은 벤야민의 외재적 초월을 내재적 초월(정확한 표현은 후술함)로 거꾸로 세우는 일이 될 것이다. 결국 초월관 혹은 세계관이 문제인 것이다. 번역관은 세계관으로부터 파생된 언어관의 이차적 파생이다.

벤야민의 외재적 초월이 거꾸로 선 지점, 바로 이곳이 한용운이 선 지점과 관련되어 있다. 벤야민의 순수언어와 한용운의 언외지지(言外之旨) 혹은 성의(聖意)는 비슷하면서도 차이가 난다는 점에서 비교해 볼 만한 가치를 지닌다. 한용운은 3 · 1운동과 관련하여 옥고를 치루고 백담사 오세암에 칩거하던 중, 1925년 6월 7일에 선시 주해집인 『십현담주해(十玄談註解)』를 탈고하고 이듬해 5월에 출간하였다. 이 저술은 중국 선종의 한 갈래인 조동종 문중의 동안상찰(同安常察) 선사가 지은 「십현담(十玄談)」이라는 선시에 한용운이 주해를 가한 텍스트다. 『십현담주해』는 여러 가지 면에서 『님의 침묵』이라는 시집과 깊은 관계를 맺고 있다. 탈고 시기도 비슷하고, 출간 시기도 비슷하며, 유사한 구절도 꽤 존재한다. 이 두 텍스트의 내적 연관성을 번역의 문제와 연관시켜 볼 수 있다.

『십현담주해』는 한용운의 사상적 깊이가 한 단계 더 나아갔음을 보여주는 중요한 저술이다. 또한 단순한 주해를 넘어서서 자신의 독창적인 경지를 뛰어나게 표현한 문학작품이기도 하다. 『십현담주해』는 전체가 한문으로 이루어진 텍스트다. 원시 자체가 한문으로 되어 있는데, 한용운은 이것을 우리말로 번역하는 대신에 한문으로 주해를 달고 있다. 이것은 야콥슨이 분류한 것처럼, '언어 내적 번역(la traduction intralinguale)'으로서 번역의 한 형식이라 할 수 있다.[11] 문제는 한용운이 왜 이런 방식의 번역을 선택하였을까 하는 점이다. 이것은 비슷한 시기에 한문이라는 고전적인 문어로 『십현담주해』를 쓰고, 우리말로 『님의 침묵』을 쓴 내적 동기에 대한 해명과 관련된다.

한용운은 『십현담주해』의 서문에서 「십현담」에 대한 주해가 두 개나 있음에도 불구하고,[12] 새롭게 주해를 더하는 이유를 "두 주석은 각기 묘한 데가 있어 원문의 뜻을 이해하는 데는 충분하나, 말 밖의 뜻(言外之旨)에 이르면 때때로 나의 견해와 같거나 다른 곳이 있었다."[13]는 데서 찾는다. 거기

11 야콥슨은 언어 내적 번역(바꾸어 말하기), 언어 간 번역(본연의 번역), 기호 간 번역(기호 변경) 등으로 번역을 분류한 바 있다. 윤성우, 앞의 글, 179쪽 각주 참조. 벤야민은 서로 다른 언어들이 의도 자체에서 서로 보완하는 예를 '빵'을 의미하는 독일어(Brot)와 프랑스어(pain)에서 찾는다.(최성만: 130) 의도된 것(das Gemeinte)의 관점에서 볼 때 이는 동일 언어 내의 문제이기도 하다. 벤야민이 "마치 방언과 방언이 서로 다른 것처럼 언어와 언어 또한 서로 다르다"는 말이 포함된 루돌프 판비치의 언급을 인용한 것(최성만: 140)도 결국 번역의 문제는 언어와 언어, 방언과 방언 등을 포괄하는 언어 자체의 문제임을 보여준다.

12 하나는 중국의 선사 청량문익(清凉文益), 다른 하나는 조선조 김시습의 주해이다. 한용운은 선행 주해를 다 제거하고 자신의 주해만으로 한 권의 소책자를 만들었다.

13 일연 지음, 이창섭 · 최철환 옮김, 『일연 스님의 중편조동오위』, 대한불교진흥원, 2002, 179쪽. 이후 이 책은 『조동오위』로 표기.

에 김시습의 삶에 대한 개인적 감회도 내적 동기를 이룰 수 있으나, 근본적인 이유는 그 텍스트가 지시하는 언외지지에 대한 견해차라 할 수 있다. 이 '말 밖의 뜻', 즉 '언외지지'로부터 한용운의 번역이 출발하고 있다.

언외지지는 언어에 내재하는 것이 아니라 그 바깥에 존재하는 것으로 상정된다는 점에서 벤야민의 '순수언어'와 유사하다. 즉 언외지지는 언어의 지시적 의미 바깥에 존재하는 의미로서, 텍스트의 표면에 나타나지 않는다는 점에서 유사성을 찾을 수 있다. 먼저 한용운이 말하는 언외지지에 대해 살펴보자. 언외지의(言外之意), 언외의(言外意) 등으로도 불리는 언외지지는 언어로 구성된 표현의 일차적인 의미에서는 드러나지 않는 궁극적인 의미이다. 이것은 작가의 창작 의도라 할 수도 없다. 오히려 작가가 의도적으로 겨냥한 전달 가능한 의미 너머의 의미일 수 있다. 고려 후기의 시인 이제현의 "옛 사람의 시는 눈앞의 경치를 묘사하면서도 뜻은 말 밖에 있었다(意在言外). 말은 다할 수 있으나 의미는 다하지 못한다."[14]는 언급에서 '말이 다하고도 끝나지 않는 의미'가 바로 그런 것일 것이다. 이 점에서 언외지지는 발화상의 문맥에 의해 결정되는 화용론의 '이면적 의미' 혹은 '비문자적 의미'[15]와도 다르다. 화용론에 동원되는 발화의 맥락, 배경 정보 등은 시나 경전 같은 텍스트에서는 무기력하기 때문이다. 이런 텍스트는 맥락으로부터의 단절을 특징으로 삼기 때문에 맥락으로부터 도움 받을 수 있는 것은 전혀 존재하지 않는다. 이런 점에서도 언외지지는 벤야민의 순수언어와 비슷하다.

그러나 언외지지는 원문(한용운의 맥락에서는 「십현담」)과 무관하게

14 이제현, 「역옹패설」; 정대림, 『한국고전비평사-조선후기편』, 태학사, 2001, 220쪽에서 재인용. 언외지지는 함축(含蓄)이나 흥(興) 같은 개념들과 연계되어 있다. 이에 대해서는 정대림, 위의 책, 210-243쪽 참조.

15 언어학적으로 "단어의 결합에 의해 적법하게 구성된 문장이 표면적으로 나타내는 의미를 '문자적 의미'라고 한다면 구체적인 맥락상에서 실제로 전달되는 이면적 의미를 '비문자적 의미'라고 한다." 김종현, 「의미 연구의 방법과 과제」, 『논문집』 8집, 청주교육대학교 교육대학원, 2004, 5쪽.

존재하는 의미가 아니다. 한용운이『불교대전』을 편역하면서 내세운 다음과 같은 범례에서도 이를 확인할 수 있다.

> 인용의 원문은 인도(印度)의 본(本), 지나(支那)의 역(譯)인 고로 역가(譯家)의 윤문(潤文)을 수(隨)하여 혹 구(具)·략(略)·도(倒)·첩(疊)이 유(有)한 경우에는 해독 상 평이(平易)하기 위하여 혹 숫자(數字)의 가감(加減) 개정(改正)을 가(加)하나 원본의 성의(聖意)는 일호(一毫)도 무상(無傷)함.[16]

방대한 불교 원전을 발췌하여 번역한『불교대전』의 편찬 의도를 담고 있는 이 범례에서, 번역자로서 한용운은 독해의 평이함을 위하여 원전(여기서는 중국의 한문 번역)의 수정을 시도하겠다는 뜻을 밝히고 있다. 일종의 번역의 자유를 행하면서 그는 "원본의 성의(聖意)", 즉 원본에 담겨 있는 성스러운 의미는 전혀 손상시키지 않겠다고 하였다. 이때 '성의'는 원문 속에 제시되어 있는 불교의 진리를 가리킬 것이다. 그러나 이 성의는 원본과 무관하게 존재하는 것이 아니라 원본에 담겨 있는 것으로 읽힌다. 그리고 그것은 인도의 원본에도, 중국의 번역본에도 그대로 담겨 있는 것이라는 점에서 원본과 매개되어 있지만, 번역자나 기록자와 독립적으로 존재하는 어떤 의미라는 점에서 독특한 성격을 지니고 있다. 그러나 그 독립성은 그 성의가 번역자에 의해 손상될 수도 있는 것임을 시사하고 있다는 점에서 텍스트 의존적이다. 텍스트와 무관하게 독립적으로 존재한다면 번역자의 표현과 무관하게 성의는 그 속에 현현되어 있어야 할 것이기 때문이다. 텍스트를 이탈해 있는 성의는 누구도 훼손할 수 없을 것이다. 이 점에서는 원본의 의미를 살짝 건드려 환기시키는, 즉 원본의 의미를 매개로 하

16 한용운,『불교대전』,『한용운전집 3』, 불교문화연구원, 2006, 21쪽.

여 나타나는 벤야민의 순수언어와 다르다고 하겠다.

언어에 대한 생각에서도 이 미묘한 차이는 반복된다.[17] 한용운은 언어의 한계와 가능성을 분명하게 인식하고 있었다. 『십현담주해』에서 처음부터 다루는 문제는 문자와 형상의 한계와 가능성에 대한 것이다. 그는 자신의 주해를 "뱀을 그린 것도 이미 잘못되었거늘, 발까지 붙여 어쩌자는 것인가?"[18]라는 시적 언술로 시작하고 있다. 첫 편인 '심인(心印)', 즉 절대적 경지인 깨달음의 본체를 가리키는 편에서 깨달음의 경지를 설명하려는 시도의 무력함을 인정하고 있다. 그러나 이런 인정은 언어에 대한 전면적인 부정이 아니다. 그는 "이름을 붙여도 잘못이고, 이름을 붙이지 않아도 잘못이다."[19]며 언어의 가능성을 떨쳐 버리지 않는다. 그가 처음부터 언어를 진리와 짝할 수 있는 존재로 규정하기 때문에 이런 표현은 다소 수사적으로 느껴지기까지 한다. 첫 편의 머리말에 해당하는 부분의 첫 주(註)에서 그는 마음, 즉 본체를 나타낸 기표는 거짓이름(假名)에 불과하지만, 그것이 본체와 양립할 수 있다는 생각을 나타내고 있다. 즉 "본래의 체와 거짓이름 두 가지가 서로 병통이 되지 않는(本體假名 兩不相病)" 상태가 된다면 심인을 제대로 드러낼 수 있다는 것이다. '본체가명 양불상병'의 상태는 본체와 거짓이름이 평화롭게 공존하는 상태인데, 이런 설정 자체가 선불교적 전통이 강한 한국 불교의 언어관과는 다소 차이가 있다.[20] 일반적으로

17 한용운의 언어관에 대한 구체적인 검토는 박현수, 「『십현담주해』의 언어관과 한용운의 시론」, 『한국현대문학연구』 38집, 한국현대문학회, 2012 참조.

18 한용운, "(批)畵蛇已失 添足何爲", '심인', 『십현담주해』, 법보회, 1926, 1쪽; 『조동오위』, 189-190쪽.

19 "名之則錯 不名亦錯 天下長廣舌 一時俱斷", '심인', 『오중동위』, 195쪽.

20 물론 이에 대한 반론이 가능하다. 그러나 선불교의 전통이 강한 한국 불교에서는 언어를 본체에 종속된 것으로, 즉 "종속관계"(박병기, 63쪽)로 보지, 공존관계로 보지는 않는다. 그래서 박병기는 한국 불교의 언어관을 지눌을 통해 접근할 때 "깨달음의 과정에서 말은 불필요한 것인가?"라는 질문에 "그렇다."고 대답할 수밖에 없다는 결론에 도달한다. 다만 가능성으로 제시되는 설법이나 화두는 방편의 언어에 불과하다. 박병기, 「한국 불교의 언어관과 언어예절」, 『화법연구』 14집, 한국화법학회, 2009, 62-64쪽. 불교의 언어관을 '무소설(無所說)'로 보고 선종에서 이런 경향이 더 극단화되었다고 보는 관점도 이와 같다. 오세영, 「현대시론에 끼친 불교의 영향」,

볼 때에도 언어는 절대적인 진리를 표현할 수 없다는 것이 불교 언어관의 기본 명제이다. 심인은 표현의 대상이 될 수 없으며 언어는 임시방편에 불과한 것이다. 다음과 같은 글은 대승불교 언어관의 전형을 보여준다.

> 『해심밀경』 이래 진여는 이언법성(離言法性) 또는 승의(勝義)라고 불려진다. 승의는 성인이 내면에서 스스로 깨달은 것이며[聖者內自所證], 형상이 없이 작용하며[無相所行], 말로 나타낼 수 없으며[不可言說], 표현할 길이 없고[絶諸表示], 모든 논쟁이 끊어진 것[絶諸爭論]의 다섯 가지 이유에서 일체 사려 분별의 경계를 초월한 것이다. 요컨대 궁극적인 진리는 개념적인 사고의 대상이 아니며, 개념이나 말로써 나타낼 수 없다.[21]

대승불교의 보편적인 언어관은 이처럼 언어의 한계에 초점을 맞추고 있으며, 한국 불교에서는 이런 경향이 더욱 강조되어 왔다. 그래서 "흔히 '불립문자 교외별전'이니 '유마의 일묵'이니 석존의 '거룩한 침묵'이니 하는 말들에 의해 언어에 대한 불교의 불신적이고 부정적인 태도를 지나치게 강조"[22]한다는 견해는 유식불교가 상당한 영향력을 미친 삼국시대와 통일신라시대를 벗어나면,[23] 선불교의 전통이 강한 한국 불교에서는 일반화되기 힘들다. 기본적으로 선불교에서 언어는 일종의 방편으로 존재할 뿐, 본체와 양립할 수 있는 것이 아니기 때문이다. 이 때문에 한용운의 '본체가명 양불상병'의 언어관을 두고 "본체와 가명이 양불상병이라 함은 가명에

『우상의 눈물』, 문학동네, 2005, 98-99쪽.

21 横山紘一, 묘주 옮김, 『유식철학』, 경서원, 2004, 32-33쪽.

22 이지수, 「불교의 언어관」, 『과학사상』 35집, 범양사, 2000. 11, 59쪽.

23 원효가 이언(離言)과 의언(依言)의 상호의존성을 강조한 것도 유식불교의 영향권에 있었기 때문이다. 이후 유식철학은 신라 말 선(禪) 사상의 전래로 쇠퇴의 길을 걷게 되어 그 영향력이 소멸되었다. 이만, 「총론」, 『한국유식사상사』, 장경각, 2000 참조.

집착하지 않음은 물론 본체마저에도 집착을 떠나 본체와 가명을 살려서 보는 용운(龍雲) 선사의 국(局)이 트인 사상적 기반을 찾을 수가 있다."[24]는 평가도 가능한 것이다.

한용운의 '본체가명 양불상병'의 언어는 자신의 가능성을 극대화시킨 궁극적인 언어, 최상의 언어라 할 수 있다. 이것은 기표를 통해 기의의 가치를 손상시키지 않으면서도, 깨달음의 본체를 온전하게 가리킬 수 있는 언어이다. 이때 그의 언어와 본체는 흡사 벤야민의 번역어와 순수언어와 대응되는 듯하다. 그러나 한용운의 본체는, 벤야민의 초월적이고 선험적인 순수언어와 달리, 인간과 인간의 언어 너머에 따로 존재하는 것이 아니다. 그 본체는 이 지상과 인간 내면에 이미 주어진 것이다. 이런 입장은 한용운의 기본적인 생각이었다. 「조선불교유신론」에서도 본체는 중생의 마음에 존재한다고 단언하고 있다.[25] 그러나 이때의 말은 일종의 선언적인 주장으로 절실함이 덜하다. 『십현담주해』에 오면 이것은 아주 절실하게 느껴진다. 제2의 득오라 할 만하다.

> (비) 박지범부도 본래 스스로 갖추었고, 일체의 성현도 말로써 설파할 수 없다.
>
> (주) 조사의 뜻이 어찌 일찍이 어떤 뜻을 가진 적이 있던가. 중생에게 뜻이 있으면 조사 또한 뜻이 있으니, 조사의 뜻이란 중생의 뜻인 것이다.[26]

24 한종만, 「한용운의 〈십현담주해〉에서 본 진리관과 선론」, 『한용운사상연구』 2권 1호, 만해사상연구회, 1981, 24쪽.

25 "예토(穢土)가 곧 정토라는 말은 들었지만 예토 그 밖에 따로 정토가 있다는 말은 듣지 못했다. 국토에 본디 예토·정토의 구분이 있는 것은 아니며, 다만 마음에 더럽고 청정한 차이가 있을 뿐이다. (…) 모두어 말하면 내 마음이 정토일 따름이다. 경에 이르기를 '중생의 마음이 보살의 정토다' 하셨다." 한용운, 「조선불교유신론」, 『전집2』, 57쪽.

26 "(批)博地凡夫 本自具足 一切賢聖 道破不得 (註) 祖師之意 何嘗有意 衆生有意 祖亦有意 祖意者 衆生之意也." 「조사」, 『조동오위』, 201-202쪽.

두 번째 편 '조사(祖師)'의 제목에 대한 설명이다. 세속과 중생에 대한 강조가 확실하게 나타나고 있다. 이것은 벤야민의 외재적 초월과 반대 방향에 있는 내재적 초월이다. 초월의 대상이 '여기'를 떠나 초월적인 '저곳'에 설정되는 것이 아니라, '중생'과 그가 사는 '여기'에 설정되고 있다. 한용운은 "섞이지 않는다는(不混) 초월보다도 진세(塵世)를 멀리하지 않는다는 내재(內在)를 통해서 대승의 보살 정신을 더욱 드러내고 있는 것"(한종만: 27)이다. 이런 내재화는 '지금 여기'에서 초월을 따로 설정할 필요가 없음을 의미한다. 세계관으로 볼 때 이미 이곳이 초월이 이루어진 곳, 즉 지금 이곳이 '너머-여기(beyond-here)'라는 것이며, 인간관으로 볼 때 현재의 인간 존재가 이미 초월된 존재라는 의미이다. '너머-여기'에서 '여기'는 '너머(beyond)'의 대상이 아니라, '너머'를 통해 도달한 목표이자 결과일 뿐이다. '여기'를 넘어서서 따로 존재하는 '저기'로 가는 것이 아니라, 여러 '너머'의 단계를 거쳐 도달한 곳이 바로 '여기'라는 것이다. 그래서 우리는 여기를 넘어서 따로 존재하는 어떤 세계를 구성할 필요가 없으며, 나를 넘어서 있는 어떤 초월적 존재를 설정할 필요가 없다. 세계의 모든 것은 이런 상태의 '너머-무엇(beyond-something)'일 뿐이다. 세계는 이미 '너머-여기'이며, 우리는 이미 '너머-나'인 것이다. 이런 관점에 서면 우리가 넘어서야 할 것은 '여기'로서의 지상이나 '나'로서의 인간이 아니라, 별세계로서의 천상의 설정 자체이며 초월, 넘어섬이라는 관념 자체가 된다.[27] 바로 이런 점에서 한용운의 사유는 현실을 초월한 곳에 '저기'를 설정하는 '너머-저기'의 벤야민의 사유와 확연히 구분된다. 한용운의 이런 사유가 한마디로 드러난 것이 '불성은 눈으로 능히 볼 수 있다'는 불성가견론(佛性可見論)이다.

27 이런 점에서 기존의 '포월(匍越)', 그리고 이것의 변종인 '包越', '抱越'의 설정도 무의미하다. 김진석의 포월(匍越)도 기어가든 무방향성이든 어떤 '넘어섬'을 전제하고 있으며, 초월을 극복의 대상으로 전제하고 있기 때문에 초월을 기본적으로 상정하고 있는 개념이다. 김진석, 『초월에서 포월로』, 솔, 1994, 212쪽 참조. 박동환의 "한계 보전적 해탈"이라는 개념도 이와 마찬가지의 한계를 지닌다. 박동환, 『동양의 논리는 어디에 있는가』, 고려원, 1993, 30쪽.

> 그러나 불성(佛性)은 눈으로 능히 볼 수 있느니 성은 형식이 있는 까닭이다. 왜 그러냐 하면 언어도단 · 심행처멸(心行處滅)한 법성(法性)만이 불성이 아니오, 산산(山山) · 수수(水水) · 화화(花花) · 초초(草草) 어느 것 하나도 불성이 아닌 것이 없는 까닭이다. 그러면 산산 · 수수 · 화화 · 초초는 누구든지 볼 수 있는 것인즉, 일체 중생이 다 견성한 것이어서 하필 참선의 오(悟)를 기다려 비로소 견성한다 하리요 하는 질문이 있을 것이다. 그러나 일체 중생이 다 견성한 것이다. 그러나 미(迷)한 자는 스스로 견성한 줄을 알지 못하느니, 산산 · 수수 · 화화 · 초초가 다 불성인 줄 모르고, 가령 관념적으로 안다 하더라도 어찌하여서 산산 · 수수 · 화화 · 초초가 다 불성인 줄을 모르는 까닭이다. (…) 영운조사(靈雲祖師)는 도화(桃花)를 보고 견성하였느니 그것은 누구라도 아는 일이지만, 영운이 도화를 보고 견성할 때에 그 도화가 영운을 보고 견성한 줄은 천고에 아는 이 없느니 그것은 일대한사(一大恨事)다.[28]

불성이 은밀하게 감추어져 있는 것이 아니라 현상이 그 자체로 불성이며, 우리의 감각으로 직접 지각 가능한 것이라는 이런 깨달음은 그의 불교적 사유가 새로운 경지에 도달하였음을 보여준다. 바로 이런 생각이 한용운이 말하는 「십현담」의 '언외지지'다. 이런 생각을 가졌기 때문에 한용운은 「십현담」을 다시 주해할 수밖에 없었다. 이전의 주해자에 대해 동의할 수 없는 부분이 이처럼 뚜렷하게 존재하고 있었던 것이다.

그리고 주해를 우리말이 아니라 한문으로 하였다. 그것은 원본 「십현담」의 언어가 동북아 공통문어인 한문으로 쓰였기 때문이다. 이것은 단순한 주해자의 위치에 만족하지 않고 새로운 텍스트의 생성에 참여하는 창조자의 위치에 자신을 올려놓는다는 의미이다. 그리고 '비(批)'와 같은 지

28 한용운, 「선과 인생」, 『불교』, 1931. 2; 『전집2』, 316-317쪽.

극히 함축적인 시적 언어로 주해하여, 선시 주해를 새로운 시로서 대응하는 형세를 취한다. 그래서 그의 주해는 원본과 대등한 새로운 원본으로 존재하는 것이다. 그의 이런 시도는 한용운의 오만이나 객기로 치부될 수 없다. 서준섭이 『십현담주해』를 두고 "마침내 큰 깨달음을 얻고 삶의 활로와 미래에 대한 확고한 비전을 발견하고 나서 완성한 저술"로서, "오도송(1917) 이후의 두 번째 개오"[29]의 결과로 평가한 것도 이 때문이다. 그래서 석지현이 자신이 사용하고 있는 텍스트가 한용운의 주해인 것을 알지 못한 상태에서 "〈비(批)〉는 원문 십현시(十玄詩)보다 더 빛난다."[30]고 평가하기도 한 것이다.

벤야민에게 번역은 원문과의 접점을 통해 순수언어를 환기하는 한계내적 행위라면, 한용운에게는 원문과 대등한 지점에서 '언외지지'라는 본체를 직접 현현시키는 행위라 할 수 있다. 그 밑바탕에는 외재적 초월이 아니라 '너머-여기'라는 내재적 초월에 대한 생각이 깔려 있다.(정확히 말하면 내재적 초월이 아니라 '완료된 초월'이다) 이런 번역에 대한 태도가 새로운 번역물로 나타난 것이 바로 『님의 침묵』이다.

'언외지지'의 이종언어적 번역, 『님의 침묵』

한용운은 『십현담주해』를 탈고한 후, 유려한 우리말로 쓴 새로운 경지의 시집 『님의 침묵』도 잇달아 탈고한다. 그리고 이듬해 두 책을 거의 동시에 출판한다. 이 시집은 『십현담주해』의 시적 대응을, 이종언어인 우리말로 보여준 결과라 할 수 있다. 자신이 체득한 동일한 '언외지지'를 우리말로 새로운 차원에서 전개한 것이다. 그래서 두 번역은 서로 상호보완적이

29 서준섭, 「한용운의 『십현담주해』 읽기」, 『한국현대문학연구』 13집, 한국현대문학회, 2003, 220쪽.
30 석지현, 『선시』, 현암사, 1975, 403쪽.

다. 두 텍스트의 상호보완성은 「나룻배와 행인」이라는 시에서 찾을 수 있다. 먼저 시를 보자.

나는 나룻배
당신은 행인

당신은 흙발로 나를 짓밟습니다
나는 당신을 안고 물을 건너갑니다
나는 당신을 안으면 깊으나 옅으나 급한 여울이나 건너갑니다

만일 당신이 아니 오시면 나는 바람을 쐬고 눈비를 맞으며 밤에서 낮까지 당신을 기다리고 있습니다
당신은 물만 건너면 나를 돌아보지도 않고 가십니다그려
그러나 당신이 언제든지 오실 줄만은 알어요
나는 당신을 기다리면서 날마다 날마다 낡아갑니다

나는 나룻배
당신은 행인

– 한용운, 「나룻배와 행인」 전문

이 작품은 "참된 사랑의 본질인 희생을 표현한 것처럼 보이면서도 실상 그 근원은 불교에서 강조하는 자(慈)와 비(悲), 그리고 인(忍)에 두고 있"[31]는 시로 해석되는 것이 일반적이다. 희생정신을 다루고 있다는 사실은 분명하지만, 이것을 불교적으로 해석할 때 난점이 생기게 된다. '나룻배'의

31 송욱, 『전편해설 님의 침묵』, 일조각, 1993, 86쪽.

비유가 여기에 개입되면 더욱 혼란스러워진다. '나', 즉 나룻배를 '불도(佛道)', 혹은 불법(佛法)으로 본다면 '당신'은 중생이 된다. 이때 불도로서의 나룻배는 깨달음의 방편으로서 깨달음의 세계에 도달하도록 도와주는 존재이기에 피안에 도달한 순간 버려야 될 것으로 설정된다. 그렇다면 당신이 물을 건너면 돌아보지도 않고 가는 것은 당연한 일이다. 즉 이것을 "중생은 흔히 불도의 은혜를 잊어버리기 쉽다"(송욱: 85)고 해석할 수는 없다는 것이다. 그렇다고 해서 이것을 "교법(教法)까지도 버리지 않으면 안 되는 공(空)의 실천적인 지양의 의지를 강조한 것"[32]으로 읽을 수도 없다. 이번에는 당신이 돌아오기를 기다린다는 설정이 해석되지 않기 때문이다. 중생이 깨달음의 세계에 도달하였다면 다시 돌아오는 것을 기다리는 행위는 이해되지 않기 때문이다. 방편에 불과한 나룻배로 다시 돌아온다는 것은 어떻게 해석되어야 타당할 것인가.

『십현담주해』에 기댄 다른 논의에서도 이 문제가 명쾌하게 해결되지는 않는다. 이 시를 수록 순서에 입각하여 조의(祖意)편에 대응시키는 논의에서 이를 확인할 수 있다. 조의편에서 한용운이 지닌 기본적인 사유는 공(空)이나 유(有)에 집착하지 않으면 조사의 뜻을 깨달을 수 있다는 것이며, 중생의 뜻이 곧 조사의 뜻임을 내세워 절대평등의 사유를 강조하는 것이다. 이런 관점을 도입하여 나와 당신의 관계를 불이(不二)의 관계로 보기도 한다. 즉 '당신'을 공(空)으로, '나룻배'를 유(有)의 개념으로 보아 "나는 곧 당신이 되는 불이법문(不二法門)이요 초월인 것"[33]으로 해석하는 것이다. 서로 차별이나 분별되는 관계가 아니기 때문에 다시 돌아옴을 자연스럽게 확신한다는 것이다. 그러나 이 시를 나와 상대의 일체성으로 읽는

32 송혁, 「만해의 불교사상과 시세계」, 『한용운사상연구』 2권 1호, 만해사상연구회, 1981.
33 정광수, 「불교적 상상력과 한용운의 상징시법」, 『교육논총』 9집, 동국대학교 교육대학원, 1989, 213쪽. 김광원의 논의도 동일하다. 김광원, 『님의 침묵과 선(禪)의 세계』, 새문사, 2008, 83쪽.

것은 시의 구체적인 장면을 전혀 고려하지 않는 것이 된다. 또는 나룻배를 공(功)의 유무로부터 초탈해 있는 존재로 보고, "무명(無名)의 세계로부터 정각(正覺)의 세계로 행인들을 날라주는 나룻배는 영험한 기틀을 이루며 헌신적인 희생을 통해 이미 열반에 도달되어 있는 것"[34]으로 평가하는 논의도 마찬가지다. 어떤 경우든 왜 '당신'이 다시 '나룻배'로 돌아오는 것인가 하는 점에 대한 대답은 될 수 없다. 이런 관점이라면 『님의 침묵』 전편이 관념적인 해석으로 떨어져 버릴 것이다.

나룻배의 희생과 헌신, 그리고 당신이 다시 돌아오길 기다리는 상황을 이해하기 위해서는 나룻배가 깨달음을 성취하는 방편임을 인정하고 선의 관점에서 그 돌아옴에 대한 한용운의 생각을 해명해 줄 근거를 확보해야 한다. 이것은 『십현담주해』의 '회기(廻機)'편에서 확인할 수 있다. 이 편명에 대해 한용운은 "전위(轉位)하면 곧 회기(廻機)가 뒤따른다. 한 번 돌이키고 두 번 돌이킴에는 정해진 궤도나 규칙이 없다."[35]는 주(註)를 달고 있다. 진공(眞空)이라는 깨달음의 자리에 이미 와 있다고 해도 그 자리에 머물지 말고 다시 묘유(妙有), 즉 중생이 사는 차안의 세계로 끊임없이 돌아가야 함을 강조한 말이다. 구체적으로 이는 "깨달음에 이른 사람이 그 절대적 차원에 안주하는 대신, 자기와는 다른 중생의 세계 속에 뛰어들어 구제사업을 벌이는 일"[36]을 가리키는 것이다. 그래서 한용운이 주에서 말한 '돌이킴'은 단순히 관념적인 성찰이 아니라 구체적으로 몸을 돌려 중생의 세계로 돌아가는 행위를 뜻한다. 청량문익 선사가 "몸 돌려 다른 생명들 속으로 간다(轉身行異類中)"고 설명한 것처럼 적극적이고 구체적인 행위인 것이다.

34 손종호, 「『님의 침묵』의 시세계 연구-『십현담주해』와의 상관성을 중심으로」, 『어문연구』 14, 1985, 134쪽.

35 "轉位則廻機隨之 一廻二廻不在軌則", 「회기」, 『조동오위』, 292쪽.

36 이원섭, 『선시-깨달음의 노래』, 민족사, 1992, 256쪽.

그리고 이 편의 첫 구절, "털 뒤집어쓰고 뿔 달고 저자 오니(被毛戴角人鄽來)"라는 구절에 대한 한용운의 비(批)와 주(註)는 다음과 같다.

> (비) 삼세의 모든 부처들이 소가 되고 말이 되었다.
>
> (주) '털 뒤집어쓰고 뿔 단' 것은 소를 가리키고, '전(鄽)'은 저자를 말한다. 이는 정위(正位)에 머물지 않고, 다른 생명들 속에서 행함, 즉 이류중행(異類中行)을 이른 것이니, 근기에 따라 중생을 접함은 그 응용의 방법이 따로 없다.[37]

여기에서 말하는 바는 깨달음의 세계에 도달한 이는 다시 소가 되고 말이 되어서라도, 즉 비천한 형상을 빌려서라도 세상 속으로 돌아가야 한다는 것이다. 이것이 조동종에서 사용하는 용어로 정위(正位)에 머물지 않고 편위(偏位)의 세계로 몸을 돌려 돌아가야 한다(轉身行異類中)는 말이다. 그리고 이런 실천을 행하는 자야말로 불법의 최고 경지에 오른 이라 할 수 있는 것이다. 한용운은 이어지는 구절의 비에서 "늘 생각했던 사람이 바로 이 사람이다(所懷伊人)"라고 이런 존재의 가치를 특별하게 강조하고 있다. 이는 한용운이 생각하는 불교의 핵심이 바로 여기에 있음을 보여주는 것이다. 이것은 이전의 다른 불교 논설에서는 발견하지 못하는 새로운 경지임에 틀림없다. 한용운의 불교론이 『십현담주해』를 기준으로 확연하게 달라지는 이유도 여기에서 짐작할 수 있다.

이런 '회기'의 관점에서 「나룻배와 행인」을 생각한다면 그 뜻이 더욱 분명해진다. 나룻배가 희생적, 헌신적으로 강을 건네다주는 존재는 중생이자 동시에 조사(祖師)이며, 나룻배는 이런 중생과 조사가 깨달음에 이를

37 "(批) 三世諸佛 爲牛爲馬, (註) 被毛戴角牛也 鄽市井也 此言不居正位 從異類中行 隨機接物 應用無方", 「회기」, 『조동오위』, 293쪽.

수 있도록 도와주는 방편이나 수단이다. 나룻배는 진정으로 깨달음에 도달하는 사람을 위해 모든 희생을 다할 각오가 되어 있는 존재이며, 자신이 건네다주는 존재가 진정한 깨달음에 도달하여 반드시 몸을 돌이켜 다시 이 중생의 세계로 돌아올 것을 확신하는 존재이다. 그렇기에 피안으로 건네주고 그 자리에 있었던 것처럼, 차안으로 돌아오는 길목에서 확신을 가지고 기다리는 것이다. '회기'의 내용을 참고하여 시를 읽을 때, 한용운이 이런 사유를 이 시의 바탕에 깔고 있음을 분명하게 인식할 수 있다. 그는 이런 깊이 있는 깨달음의 세계를 잠재적 층위에 놓고 표현적 층위에서는 이를 연인 사이의 사랑으로 드러낸 것이다. 이는 마치 현묘한 깨달음의 세계를 감추고 겉으로 피모대각(被毛戴角)한 상태, 즉 소나 말의 형태를 빌린 것과도 같다.

이처럼 『님의 침묵』은 『십현담주해』의 사유의 연장선상에 놓여 있다. 이 사실은 이 두 텍스트가 한용운의 득의의 '언외지지'의 각기 다른 번역임을 확인시켜 준다. 『십현담주해』가 원시에 대한 시적 대응으로서의 번역이라면, 『님의 침묵』은 이종언어로서의 번역이다. 이 모두는 원문 「십현담」에서 깨달은 언외지지로부터 파생된 것이다. 벤야민의 번역론과 엮어 읽을 때 한용운의 성취가 이처럼 뚜렷해진다.

제 4 장

이기철학의 구조적 매력

비극적 구조: 주리론의 사유구조와 시학

주리론의 새로운 가치

퇴계 주리론(主理論)은 주자 성리학의 독자적인 전개이며 이후 독자성은 더욱 강화되어 근대로 이어져 왔다. 하지만 이 독자성이 종종 근원에 대한 일종의 계보학적 관심에 의해 희석되어 온 것도 부인할 수 없다. 그러나 독자성에 대한 관심은 우리 문화풍토에서 이룩한 창조적 결실에 대한 확인일 뿐 아니라 인류의 지적 자산을 축적, 심화시키는 데 도움이 된다는 점에서 더욱 강조될 필요가 있다. 따라서 여기에서는 독자성에 주목하여 '동양시학'이 아니라 '(한국)전통시학'이라는 주제로 퇴계의 주리론을 개괄하고 그로부터 정신적 지향에 초점을 맞추어 전통시학의 가능성을 끌어내고자 한다.

우리의 독자적인 사상에 대한 평가가 늘 공평한 것은 아니었다. 한때 마르크시즘의 영향으로 주기론을 편애하는 시각이 우세하였다. 이런 상황에서 주기론자인 서경덕, 이이, 최한기, 그리고 이들과 사상적 친연을 지닌 실학파의 이론이 각광을 받았다. 물론 거기에는 근대 이전의 유교적 세계에 대한 반동이 자리하고 있었다. 이후 1970년대 독재 권력에 대한 저항의 한 축으로 마르크시즘이 중요한 실천 원리를 제공하였던 시기를 거치면서 주기론에 대한 편향은 더욱 강화되어 갔다. 현재도 한국 유학 중 주리론에 대한 논의는 상대적으로 열세에 놓인다고 할 수 있다. 주기론에 대한 편애에 의해, 주리론의 가치가 무조건적으로 폄하되었던 것이다.

철학이나 문학에서 한쪽의 논리만이 강화되는 것은 바람직하지 않다.

주기론에 대한 편향은 결과적으로 '거꾸로 선 주리론'을 만들 것이 자명하다. 중요한 것은 그것의 비중과 상관없이 독창적인 우리의 사유를 새로운 해석의 원료로 존중하여야 한다는 사실이다. 제3세계의 학자는 평생 서구 이론의 충실한 소비자로 살다 가는 경우가 많다. 자신이 디디고 서 있는 땅에서 나온 사상으로 '지금 여기'의 문제를 해결하려는 독창적이고 도전적인 시도가 그리 많지 않았다. 우리가 주리론에 대한 관심을 소홀히 할 수 없는 이유도 여기에 있다.

김지하와 조동일의 경우가 창조적인 제3세계 학자로 언급될 만하다. 우리의 전통 미학에 대하여 심각하게 고민하여 새로운 미학이론을 만들어낸 경우로 김지하 시인을 생각해 볼 수 있다. 아마 그가 고민한 것은 우리의 독창적인 미학이론을 어디에서 추출할 수 있을 것인가 하는 것이었으리라. 유교도 사실상 우리의 독창성이 제대로 평가받을 수 없는 상황이었으므로 우리의 유교미학은 아마도 고려 대상에서 가장 먼저 배제되었을 것이다. 그렇다고 근원을 분명하게 알 수도 없고, 그 내용도 불확실한 최치원의 비문에 등장하는 '풍류지도'를 그대로 가져올 수도 없는 상황이다. 거기에는 현대적으로 가공할 수 없는 '텅 빈 개념'만 존재하였다. 그래서 근원도 확실하고 독창성도 읽을 수 있는 대상에 대한 탐색이 시작되었다. 그래서 선택된 것이 동학이다. 그것은 근대에 탄생한 사상으로 근원이 확실하고 내용도 구체적으로 존재하는 사상이다. 객관적으로 보기에 이론적으로 탄탄한 구성을 지니고 있지는 않지만, 동학은 우리 사상의 새로운 시원으로 존중될 만한 것이었다. 그의 생명사상은 바로 이 동학의 현대적 변용으로, 많은 사람들에게 울림을 주었다.

조동일의 경우도 비슷하다. 그가 우리의 독창적인 이론을 고민하며 탈춤과 판소리 자료를 헤치고 원효와 이기철학을 재해석하여 하나의 이론체계를 마련하게 된 것도 기존의 우리 자료에 애정을 가지고 접근하였기 때문이다. 물론 조동일의 경우도 이황보다는 이이의 철학에 더 높은 가치를 부여하며 주기론적 편애를 보인다는 점에서는 한계를 지니는 것이 사실이다. 그러나 이들이 보여준 창조성은 우리 이론의 방향을 고려하는 데 중요한 나침반 역할을 하고 있으며 앞으로도 그 역할을 계속하리라는 점은 의심할 수 없을 것이다. 이런 시도는 앞으로도 계속될 수 있도록 적극 장려되어야 할 것이다. 그리고 편애를 극복하여 편견 없는 시선으로 그 대상을 더욱 확대해야 할 것이다.

필자는 오래전부터 우리의 전통사상에서 현대적인 시학을 읽어 내 새로운 현대문학이론으로 재창조하려는 노력을 해왔다. 그러나 학문적인 깊이가 모자라 그것의 결실을 제대로 보여주지 못하였다. 여기에서도 어떤 암시 정도로만 그 가능성을 언급하고 앞으로 이 가능성을 구체적인 성과로 도출하고자 한다. 여기서 다룰 주리론 역시 관련 논문을 체계 없이 섭렵한 창조적 오독의 결과로 보아주기 바란다.

이와 기의 개념과 관계 설정

주리론은 무엇인가. 주리론은 리(理)와 기(氣)라는 개념으로 모든 철학적 문제를 해명해 나가는 철학 중 전자에 절대적인 권위를 부여하는 사상을 말한다. 이를 위해서는 먼저 리와 기의 개념에 대한 설명이 필요하다.

원래 리(理)는 구슬 옥(玉) 변에 속하는 글자이며, 처음에는 반듯하게 나 있는 줄을 뜻하였으나, 조리(條理)라는 뜻으로, 다시 마음이 옳게 여기는 바 누가 생각하여도 지극히 옳다고 판단되는 그런 보편타당한 것으로, 또 사실을 사실일 수 있게 하는 이유를 뜻하는 것으로 의미 확장을 거쳤다. 즉 처음에는 '옥의 무늬나 결', '근육의 섬유 조직'과 같은 구체적인 형상을 의미하던 이 말은 후에 사물의 존재 원인, 즉 '원리'라고 하는 추상적인 의미를 부여받은 것이다. 기(氣)라는 글자 역시 이와 같은 과정을 따르는데, 기(氣)의 '气'는 조셉 니담에 따르면 원래 운기(雲氣)를 상징한 글자이며,

米는 쌀을 의미하는 것이 아니라 불꽃을 상징한 것이다(혹은 아지랑이나 밥할 때 나오는 김으로 보는 경우도 있다). 그리고 气와 米의 회의자인 기(氣)는 숨(息), 힘(活力), 정기(元精), 생기(生氣)의 의미로 전용되는데, 이것은 근본적으로 살아 움직이고 변화하며 운동하는 힘을 뜻한다.[1]

퇴계는 리의 특징으로 '무성취(無聲臭) · 무방체(無方體) · 무내외(無內外) · 무정의(無情意) · 무계탁(無計度) · 무조작(無造作)' 등을 들고, 따라서 생사(生死) · 궁진(窮盡)하는 것이 아니라고 하였다. 한마디로 이는 현상적인 어떠한 성질도 초월해 있는 무작위(無作爲)의 것이라는 말이다. 반대로 기는 경중(輕重) · 청탁(淸濁) · 수박(粹駁) 외에 취산(聚散) · 굴신(屈伸) · 지귀(至歸) 및 생멸(生滅)의 성질을 가진 것으로 본다.[2] 이것은 기가 지니고 있는 현상성의 다양한 존재 양식을 나열한 것이다. 이런 규정에 있어서는 주자의 견해와 동일하다.

그러나 리와 기가 어떤 관계에 놓이느냐에 따라서 차이가 생기기 시작한다. 퇴계는 이 관계 설정에 있어서 주자와 다른 길을 걷는다. 이 지점이 퇴계의 창조적 오독이 시작되는 곳이다. 앞에서 설명한 리와 기의 성격에 대한 정의는 "리와 기가 동일한 것이 아니다"[3]는 전제에 근거를 두고 있다. 동일한 것이 아니기 때문에 리와 기의 관계 설정이 근본문제로 떠오르게 된다. 퇴계는 그 둘의 관계에 있어서 이기관계 삼정칙(理氣關係三定則)으로 불리는 세 가지 명제를 준칙으로 제시한다.[4] 즉, 리와 기는 떨어지지 않

1 리와 기의 어원에 대해서는 다음 논의들을 참조하였다. 中村元, 金知見 역, 『중국인의 사유방법』, 동서문화원, 1971, 46쪽; 유명종, 「영남성리학파의 주리설 형성」, 『석당논총』 9, 1984, 57쪽. 허신(許愼)의 설을 참조한 니담은, 기를 '상승하는 증기의 그림 문자'로 보아 그리스어의 바람 · 영혼을 뜻하는 프네우마(πνεύμα)와 의미상 유사성이 있다고 생각했다. 米자는 뒤에 추가된 것으로 보았다. Joseph Needham, 이석호 외 옮김, 『중국의 과학과 문명2』, 을유문화사, 1987, 321-322쪽 참조.

2 윤사순, 『퇴계철학의 연구』, 고려대출판부, 1980, 42-50쪽 참조.

3 이황, "非理氣爲一物", 『退溪全書(하권)』, 대동문화연구원, 1958, 161쪽. 앞으로 이 책은 『전서(하권)』로 표기한다.

4 송긍섭, 「퇴계철학에서의 리기관계와 리선문제」, 『한국의 철학』 5, 1977, 28-29쪽 참조.

으며(理氣不相離), 서로 섞이지 않으며(理氣不相雜), 서로 치우치지 않는다는 것이다(理氣無偏). 그런데 퇴계는 또한 리와 기는 "사물의 차원에서 보면 그 두 존재는 혼융되어 있어 따로따로 존재할 수 없다. 그러나 리의 차원에서 보면 비록 사물이 존재하지 않을 때라도 사물의 리는 존재할 수 있는데, 그때는 리만 존재할 뿐 아직 사물은 존재하지 않는 것이다."[5]라고도 했다. 즉 사물의 차원에서는 리와 기의 공존설(共存說)을 말하지만 리의 차원에서는 '리가 기를 앞섬(理先說)'을 주장하는 것이다. 사물이 없을 때라도 리가 항존하는 것으로 간주하는 이 설명은 리를 하나의 법칙이나 원리로 생각하는 데 그치지 않고 현상의 원인으로, 즉 현상의 근원자로 실재시(實在視)함을 뜻한다. 즉, 리는 현상계를 초월해 있지만 한갓 공허한 관념이 아니라 모든 사물의 존재와 운행과 생성의 실재적인 근원자로 인정되는 것이다.[6]

주리론의 가치지향성

주리론은 리와 기의 관계에서 리에 절대적인 능력을 부여하기 때문에 붙은 명칭이다. 애초에 형이상학적인 원리에 불과하던 리는 이제 기의 모든 능력을 가져온다. 원리가 스스로 작용하는 현상이 된다. 이런 리의 절대성에 대한 강조는 퇴계의 우주발생론에서 구체적으로 드러난다. 우주의 발생은 분명히 구체적 현상이기 때문에 기의 생성소멸로 볼 수밖에 없다.(리는 생성소멸과 무관하다) 그때 생성소멸하는 기의 원인을 추적하면 최초의 기(一元之氣)가 있게 된다. 그 최초의 기는 바로 음양(그중에서도

5 "在物上看 則二物渾淪 不可分開各在一處. 在理上看 則雖未有物 而已有物之理 然亦但有理而未嘗實有是物.", 『전서(상권)』, 921쪽.
6 윤사순, 「퇴계에 있어 기의 존재문제」, 『민택식 고희기념 유교학논총』, 1973, 113쪽; 최영진, 「퇴계에 있어서 리의 능동성에 관한 론리적 접근」, 『유정동화갑기념논총』, 1981, 93쪽 참조.

특히 양)이다. 그런데 퇴계에 따르면 그 최초의 기인 음양의 존재를 생성시키는 것은 바로 태극(太極), 즉 리가 된다. 그렇다면 이때 구체적인 현상인 우주를 생성시키는 리는 실재하는 현상적 원인이 아닐 수 없다. 문제는 바로 여기에서 발생한다. 리와 기에 대한 정의에 따를 때, 리는 형이상의 존재로 작위성이 없는데, 여기에서는 분명히 리가 기를 생성시키기 때문이다. 이것은 또한 리의 차원에서 이론상으로만 리의 우선성이 인정될 뿐 실제 현상의 차원에서는 분리불가능(不可分開)하다는 명제 자체를 무화시키는 주장이 된다.

학자들이 공통적으로 지적하는 퇴계의 독창성은 바로 리(理)의 능동성에 있다. 이와 달리 주자의 이론체계에서는 리와 기를 분명하게 구별하고 전자의 원리적·무작위(無作爲)적인 측면과 후자의 작위적(作爲的)인 측면을 강조한다. 원리는 원리로서 존재할 뿐 이 세계의 작용에 실질적이고 물리적인 영향력을 끼치지 못한다는 것이다. 그래서 리는 작위성이 없는 "정결공활(淨潔空闊)한 세계", 즉 "깨끗하고 텅빈 세계"로서만 존재한다. 즉 실질적인 작위력이 없는 명목상의 리만 존재하게 되는 것이다. 퇴계는 이런 리의 무능력에 불만을 가지고 있다. 그는 이 세계의 핵심이 리임을 의심하지 않았기에 이것이 선언적 의미로만 존재하는 것에 만족하지 않고, 이 소중한 원리가 실제 세계에서 힘을 발휘하는 것이 되기를 바랐다. 그래서 그는 리를 스스로 움직이며 실제 세계의 작용을 이끌어 나가는 속성이 있음을 강조하였다. 이것을 리가 스스로 작용력을 지닌다는 의미로 리발설(理發說), 리동설(理動說) 혹은 리도설(理到說)이라 부른다. 바로 이것이 주자와 다른 퇴계 사상의 핵심 내용이다. 리의 능동성을 주장하는 이 이론은 형이상인 리와 형이하인 기의 변별성에 심각한 혼란을 가지고 온다. 즉 리가 기와 같은 차원의 실제적 성격을 가지게 됨으로써 현상에 대해 작위성을 가지는 기와 같은 존재가 되는 것이다.

주리론은 논리적으로 삐걱거리는 부분이 있다. 그럼에도 퇴계가 이와 같은 주장을 끝내 포기하지 않는 것은 이런 주장이 지닌 의의를 그 정도의 이론상의 미비점과 바꿀 수 없다는 그의 의지를 보여주는 것으로 볼 수 있다. 그것은 리를 능동성이 없는 무작위한 존재로 볼 경우 순수선(純粹善)인 리가 악의 원인이 될 수도 있는 기를 제어하지 못하게 되어 그의 도덕률 자체가 와해될 수 있기 때문이다. 즉 무작위의 리가 불꺼진 재와도 같은 사물(死物)이 되면, 작위성을 가진 기의 부차적 속성으로 전락하게 되는 것이다. 리의 우위성이 확보되어야 도덕적으로 유위유욕(有爲有欲)한 기의 세계가 침범하지 못할 순선(純善)하고 초역사적인 도덕의 세계가 실재화될 수 있기 때문에 그는 논리보다는 가치를 택한 것이다. 바로 여기에서 주리론의 가치지향적인 세계 인식이 도출되는 것이다. 가치지향적이라는 말은 "사실(事實) · 기술(記述)적인 방법으로 문제를 처리하지 않고 당위(當爲) · 요청(要請)적 방법으로 처리하려는 의도"[7]를 말한다. 당위 · 요청적 의도, 즉 자연법칙인 '소이연'보다 도덕율인 '당위연'에 집착하려는 의도가 지배적이라는 뜻에서 그것은 이상적 태도라 할 수 있다. 이런 가치지향적인 세계인식은 정신분석학에서 말하는 초자아의 성격과 상통한다. 초자아는 현실적 사고를 왜곡시키면서, 자아를 강요하여 세계를 있는 그대로가 아니라 있어야 될 것으로 보게 만들기 때문이다. 초자아가 강한 사람은 현실을 사실 · 기술적인 방법으로 접근하는 것이 아니라 당위론적인 입장에서 접근하려 한다. 따라서 이런 세계관은 현실의 부정적 속성을 이상에 대한 요청적 자세로 극복하려는 현실인식으로 귀결된다.

비극적 구조

한 연구자는 이육사(이육사는 퇴계의 후손으로서 주리론의 영향에 직

7 윤사순, 『퇴계철학의 연구』, 239-240쪽.

접적으로 노출되어 있었다)에 대한 논문에서 한국 민족의 해방을 위한 투쟁사상에 끼친 이육사의 발자취는 일제 치하에서 벌어진 민족운동의 구조적 특성 파악을 통해 이루어져야 한다고 전제한 후 그 특성으로 '비극적 구조'를 들었다.[8] 즉 "본래 일제 치하 한반도의 민족적 저항운동은 그 구조가 비극적인 것에 해당한다"는 것이다. 잘 짜여진 정보 조직과 강력한 치안 유지 기구, 그리고 막강한 무력을 갖추었을 뿐만 아니라 유례를 찾기 힘든 기능적인 지배기구를 정비한 일제와, 힘이나 조직이 상대적으로 허술한 민족운동자들의 싸움은 이미 승부가 결정되어 있는 싸움이었기 때문이다. 즉 처음부터 승산이 없는 대결인 걸 알면서도 시도하지 않을 수가 없었던 게 일제하의 민족운동이었다. 항일 저항 운동을 단념하는 순간 조국광복을 위한 투쟁이니 민족을 위한 싸움을 전제로 한 민족운동의 플롯 자체가 붕괴되어 버리기 때문이다. 승산 없는 대결에서 손을 떼는 방도조차 거부한 채 외곬으로 항일저항의 자세를 고집했다는 점에서 이육사 역시 철저하게 비극의 구조에 입각해 있었다. 어쩌면 피하거나 완화시킬 수 있었을 법한 그 고통과 희생을 자진해 맞아들인 채 처음부터 철저하게 비극의 구조 속으로 스스로를 몰아넣은 사람이 바로 이육사이기 때문이다.

비극적 구조는 주리론의 가치지향적 사유의 본질적인 특성이다. 불가능을 전제로 하는 비극적 상황을 적극적으로 수용함으로써 이루게 되는 비극적 구조는 『논어』에서 그 전형을 찾을 수 있다. 『논어』「미사(微子)」편에 "군주를 섬기지 아니 한 즉 의(義)란 것도 없다. (…) 군자가 벼슬함은 군신의 대의를 행함이니, 나라에 도가 행하여지지 못함은 이미 알고 있는 바이다."라며 세상을 떠나 숨어 사는 은자의 자세를 비판한 자로(子路)의 말이 나온다. 이 말은 주자의 주(注)에 나온 대로 공자의 뜻을 자로가

8 김용직, 「소명감 속의 시와 행동정신」, 『문학사상』, 1976. 1, 196-197쪽.

대신한 것이다. 이것은 비록 대도(大道)가 행해지지 않는다 하더라도 벼슬에 나아가려 함으로써 이 사회에 대도(大道)가 있음을 몸소 보여주는 자세를 말한다. 주자는 여기에 주를 달아 그 의미를 더욱 강조하여 "벼슬한다는 것은 군신의 의를 행하는 것이다. 그러므로 비록 도가 행해지지 못할 것이란 것을 알면서도 그만 둘 수가 없는 것"이라 하며, 유교의 존립은 바로 인륜이라는 이러한 대의에 있기 때문에 이러한 의를 설정하였다면 '일의 성공 · 실패와 그것을 대하는 자세를 스스로 구차하게 할 수 없다'는 뜻을 말했다. 일의 성패가 이미 결정되어 있다고 하여 대의를 생각지 않고 자신의 편안함만을 추구하는 것은 바로 스스로를 구차하게 만드는 것일 뿐이다. 그렇기 때문에 군자는 일의 성패를 문제 삼지 않는 것이다. 이러한 모습은 공자에 대한 당대인들의 평가에서도 잘 나타난다. 자로가 석문(石門)에서 유숙할 때, 성문지기가 어디에서 왔냐고 묻자, 자로가 공자에게서 왔다고 하였다. 그러자 그 성문지기는 "바로 안 되는 줄 알면서도 하는 자 말인가?(是知其不可而爲之者與)" 하고 되물었다는 일화가 바로 그것이다.

주리론자인 퇴계는 철학적인 논의를 통해 그 점을 더욱 강조하고 있는데, 그것은 난해하고도 전문적인 철학 논의로 나타난다. 이해하기 쉬운 비근한 예를 그의 편지글에서 추출해서 그 사상의 일단을 엿볼 수 있는데, 거기에서도 퇴계는 결과의 성패와 관계없이 자신의 의지를 굳게 하고 성실하게 실천해 나가야 함을 강조하고 있다. 그는 "무릇 선비가 세상에 나서 벼슬을 하거나 집에 있거나 혹은 때를 만나거나 때를 만나지 못하거나를 막론하고, 그 목적은 자기 몸을 깨끗이 하고 옳게 행하는 것뿐이니 화(禍)와 복(福)은 논할 것이 못 된다"[9]고 하였다. 그 결과의 성패, 즉 화복(禍福)에 앞서는 것은 주체가 지닌 실천의 성실성일 뿐, 결과는 이미 고려의 대상

9 "夫士生於世 或出或處或遇或不遇 歸潔其身行其義而已 禍福非所論也", 『전서(상권)』, 403쪽.

이 아닌 것이다. 이런 사유의 절정이 바로 앞에서 언급한 리동설, 리도설인 것이다. 이런 주리론적 사유가 지닌 비극적 구조는 이육사의 다음과 같은 언급에서 찾아볼 수 있다.

> 내가 들개에게 길을 비켜 줄 수 있는 겸양(謙讓)을 보는 사람이 없다고 해도 정면(正面)으로 달려드는 표범을 겁내서는 한 발자욱이라도 물러서지 않으려는 내 길을 사랑할 뿐이오. 그렇소이다. 내 길을 사랑하는 마음 그것은 내 자신에 희생을 요구하는 노력이오. 이래서 나는 내 기백을 키우고 길러서 금강심(金剛心)에서 나오는 내 시는 쓸지언정 유언(遺言)은 쓰지 않겠소. (…) 다만 나에게는 행동의 연속만이 있을 따름이오. 행동은 말이 아니고, 나에게는 시를 생각는다는 것도 행동이 되는 까닭이오.(「계절의 오행」)

들개에게 길을 비켜줄 수 있는 겸양을 지녔다고 해도, 정면으로 달려드는 표범으로부터는 한 발자국도 물러서지 않으려는 그 길이란 겸양과 구차함을 구별하는 삶의 태도를 의미하는 것이다. 자신이 감당하기 힘든 상황일지라도 그 결과를 기필하지 않고 우직하게 그 속으로 자진하여 들어가는 그 길은 일의 성패, 즉 화와 복을 논하지 않고 실천의 성실성을 강조하여 자기 스스로를 구차함에 빠트리지 않으려는 결연한 의지의 길이다. 그것은 비극적 구조를 전형적으로 보여주는 길이다. 그 구조는 다른 사람의 시선 때문이 아니라 스스로가 스스로에게 부과한 삶의 방식, 즉 '내 자신에 희생을 요구하는 노력' 때문에 생긴다. 표범이 정면으로 달려드는 경우처럼 자신의 파멸이 명약관화한 순간일지라도 자기 자신에게 희생을 요구하며 그 상황을 회피하지 않는 그 정신의 준열함은 바로 주리론자의 전형적인 표지라 할 수 있을 것이다.

이제 이육사의 작품으로 돌아와서 이런 비극적 구조를 살펴볼 필요가 있다. 다음 시에서 앞서 살펴본 주리론자의 음영을 찾아내는 것은 그리 어려운 일이 아니다.

푸른 하늘에 다을드시
세월에 불타고 웃둑 남아서서
차라리 봄도 꽃피진 말어라.

낡근 거미집 휘두르고
끝없는 꿈길에 혼자 설내이는
마음은 아예 뉘우침 안이리

검은 그림자 쓸쓸하면
마츰내 湖水속 깊이 거우러저
참아 바람도 흔들진 못해라.
…… SS에게 …….

– 이육사, 「교목」 전문

우리는 이 시에 설정된 교목의 형상에 주의를 기울여야 한다. 시적 화자의 의지가 투영된 교목이 실존했던 것인지 아닌지는 정확하게 파악하기 힘든 상태이지만(사실 그 구별은 화자에게 전혀 의미가 없는 듯하다) 한 가지 분명한 것은 그 교목이 세월에 불타고 봄이 와도 꽃피우지 않고, 가지엔 낡은 거미줄을 두르고 마침내 호수 속에 거꾸러지는 비극적인 존재로 설정되어 있다는 점이다. 그는 이런 상황을 설정하고 그 속에서 자신의 강렬한 의지를 드러내며 그 극한적인 성격을 더욱 강조하고 있다. 이것은 그의 대표작 중의 하나인 「절정」에서 "매운 계절의 챗죽"과 "하늘도 그만 지쳐 끝난 고원/ 서리빨 칼날진 그우에 서"는 화자의 상황과도 일맥상통한다.

「교목」에는 앞에서 설명한 비극적 구조가 이미 전제되어 있다. 교목으로 설정된 화자 자신이 세월에 불타고 낡은 거미줄을 두르고 결국 호수 속에 거꾸러지고 말리라는 것을 예상하면서도, 그 속에서 푸른 하늘에 닿을 의지를 노래하고 일점의 회한도 부정하고 불리한 외부적 조건의 영향도 거부하는 준열한 자세가 바로 그것이다. 그리고 첫 연의 "차라리 봄도 꽃 피진 말어라"라는 구절은 외적 상황의 필연성마저도 자신의 의지로 꿰뚫고 나아가고자 하는 정신적 경지의 표현이다. 봄이 와서 교목에 꽃이 피는 것은 자연스러운 과정이지만 화자는 그런 시공간적 변화에 교목이 영향을 받는 것 자체를 인정하지 않는다. 화자에게 그 시도의 불가능성은 이미 고려의 대상이 아니며 중요한 것은 자기 의지의 강도(強度)일 뿐이다. 그래서 화자가 그 교목에 요구하는 것은 "푸른 하늘에 닿을 듯이/ 웃둑 남아서" 있는 자세의 준열함이다. 이런 자세는 "거츠는 해협(海峽)마다 흘긴 눈초리/ 항상 요충지대(要衝地帶)를 노려가다"(「광인의 태양」)라는 구절에서도 발견된다. 삼엄한 경계가 끊이지 않는 요충지대를 항상 의도적으로 '노려가는' 화자의 모습이 바로 그것이다.

그의 시적 특성을 시학적 측면에서 볼 때 「교목」에서 이런 비극적 구조의 중심에 놓인 강렬한 의지가 그의 수사학을 견인하고 있다는 점이 무엇보다 중요하다. 이 시에서 중요한 수사학은 명령법과 부사의 사용이다. 먼저 이 시에 명령형의 어미가 사용되고 있음은 우연이 아니라는 사실을 지적할 수 있다. 주체의 의지에 대한 강렬한 믿음은 주체 이외의 모든 대상에 대한 우위를 나타내는바, 명령법은 바로 그런 주체의 우위를 잘 드러내는 수사의 일종이다. 다른 어떤 것도 좌절시킬 수 없는 의지의 준열함은 명령법의 단호함을 이끌어 올 수밖에 없는 것이다. 다음으로 그 의지의 준열함은 극한적인 상황을 더욱 강조하는 강렬한 부사를 자주 등장하게 만든다. 이 시에는 각 연의 서술어가 들어 있는 마지막 행에 '차라리', '아예', '참아' 등의 부사가 각각 등장하고 있다. 이 부사들은 실제적 · 독립적인 의미를 지닌다기보다는 서술어의 의미를 강조하는 역할을 할 뿐이다. 그러나 그 어휘들은 각 연의 내용을 응축해 보여주고 있다고 할 정도로 강렬한 인상을 준다. 그렇다면 이 강렬한 부사 역시 이 시를 지배하는 의지의 강렬성에 이끌려 나온 것이라 하겠다. 이것은 「교목」, 「절정」, 「광인의 태양」뿐만 아니라 그의 시 전반에 걸친 특성이라 할 수 있다. 이처럼 이육사의 시는 전반적으로 비극적 구조를 지니고 있으며, 그 구조를 형성하는 의지의 준열함에 시의 수사학이 종속되고 있다는 점에서 우리 시사에서 발견하기 힘든 변별성을 지니고 있다고 할 수 있다.

극점의 시학: '무극이태극(無極而太極)'의 극적 전환

무극 혹은 태극

퇴계는 「성학십도」의 맨 첫머리에 주돈이(周敦頤)의 태극도와 그것을 설명한 「태극도설」을 싣고 간단한 설명을 붙이고 있다. 「태극도설」은 주자의 추인을 통하여 성리학의 바이블로 위상이 높아진 글로서 다음과 같은 구절로 시작한다.

무극(無極)이면서 태극(太極)이다.	無極而太極
태극이 움직여서 양(陽)을 낳고	太極動而生陽
움직임이 극(極)에 이르면 고요해지고,	動極而靜
고요해져서 음(陰)을 낳는다.	靜而生陰
고요함이 극(極)에 이르면 다시 움직인다.	靜極復動
한 번 움직이고 한 번 고요함이 서로 뿌리가 되어	一動一靜 互爲其根
음(陰)으로 갈리고 양(陽)으로 갈리니	分陰分陽
거기서 양의(兩儀)가 세워진다.	兩儀立焉
양의 변화와 음의 결합으로 말미암아	陽變陰合
물(水), 불(火), 나무(木), 쇠(金), 흙(土)이 생겨난다.	而生水火木金土

이것은 「태극도설」의 앞부분을 읽기 편하게 시행처럼 나누어본 것이다. 이는 성리학에서 바라본 우주의 탄생에 대한 장엄한 계보이다. 간략하게 도식화된 창세기이다. 『성경』 「창세기」의 "하나님이 가라사대 빛이 있으라

하시매 빛이 있었고"라는 숭고한 구절에서 그 세계의 제1원인은 하나님이지만, 「태극도설」에서의 그것은 '태극'이다. 그런데 이 태극은 또한 '무극'이기도 하다. 처음부터 역설이 들어선다. 태극이면서 동시에 무극인 것, 그것이 우주의 근원이다.

지금껏 무극과 태극을 동일한 대상의 다른 측면으로 읽어 온 것은 단순 논리라 할 수 있다. 어쩌면 세계의 본질은 이 두 가지의 혼효일지 모른다. 아니 혼효가 아니라 그 자체가 혼효로밖에 볼 수 없는, 지금 우리의 사유로 파악되지 않는 어떤 새로운 존재 양식일 수도 있다. 빛의 입자설과 파동설이 결국 모두 진리인 것으로 드러난 것처럼. 우리의 과학적 접근으로 볼 때 입자와 파동은 동일한 범주에 놓이지 않는다. 이 둘은 모순의 관계로, 어느 하나가 긍정되면 다른 하나는 부정되어야 한다. 그러나 현대 과학은 이 둘 모두의 손을 들어 주었다. 빛은 곧 태극이자 무극인 셈이다. 입자인가 하면 입자도 아니고, 파동인가 하면 파동도 아닌 것, 즉 태극인가 하면 태극도 아니고, 무극인가 하면 무극도 아닌 어떤 상태, 그것이 이 세계의 근원적인 구성 방식일 수 있다. 이 세계의 핵심 요소 중 하나인 빛이 그러한 것처럼, 태초의 원인 역시도 그런 것이리라.

퇴계가 '무극이태극(無極而太極)'에 대한 기존 해석의 단순 논리를 전도시켜 "앞의 극은 유형의 극을 빌린 것이고, 뒤의 극은 무형의 극을 가리킨 것"[1]이라 한 것은 그래서 더 설득력이 있다. 흔히 무극은 무(無)의 지극(至極), 즉 절대무를 뜻하고, 태극은 유의 지극, 즉 절대유의 상태를 의미한다. 하지만 퇴계는 이것을 전도시켜 두 가지가 어떤 대상의 이질적 양상이 아니라 서로 혼효되어 버린 어떤 상태임을 암시한다. '유무'가 더 이상 구분의 기준이 될 수 없는 상태, 그것이 태초의 제1원인이라는 것이다.

1 이황, "上極是假借有形之極 下極是指名無形之理.", 『퇴계전서(상권)』 대동문화연구원, 1958, 889쪽. 이하 『전서(상권)』으로 표기.

유무의 기준이 무화되는 이 '무극이태극(無極而太極)'의 바탕은 '극'의 지점이다. 이 극한의 상태가 아니면 무극과 태극이 공존할 수 없으며, 또한 어떤 전환도 가져올 수 없다. 이 구절은 본체론에 해당하는 것이지만, 이로부터 현상론이 비롯된다는 점에서 그 자체에 동시성('-이면서')과 연속성('-로부터')을 함께 지닌다고 볼 수 있다. 이런 해석은 기존의 견해와 다를 수 있지만, 현상론 차원의 전환을 이해하기 위해서는 본체론에 그 특성이 이미 전제되어 있어야 한다고 보는 편이 자연스러울 것이다. 이 극은 「태극도설」에서 반복되어 나타나는데, 다음 표현은 현상론의 차원에서 극이 지닌 의미와 연관된다.

움직임이 극(極)에 이르면 고요해지고,	動極而靜
고요해져서 음(陰)을 낳는다.	靜而生陰
고요함이 극(極)에 이르면 다시 움직인다.	靜極復動

움직임(動)이 극에 이르면 고요함(靜)에 이르고, 고요함이 극에 이르면 다시 움직임이 시작된다. 이 두 상태의 전환은 오로지 '극'에 있다. 극을 축으로 한 이 전환은, '무극이태극'의 표현을 빌리자면 '정이동(靜而動)'의 차원이 된다. 이런 표현에는 '극의 추구', 그것이 새로운 전환을 가져온다는 인식이 깔려 있다. 이 극한의식이 바로 성리학의 사유이다. 이 극단의 사상을 더욱 극단화시킨 이는 바로 퇴계이다. 퇴계는 성리학의 극단이라 할 수 있다. 그런 극단화가 최고도로 이루어지는 것이 바로 "태극이 움직여서 양을 낳고(太極動而生陽)"에 대한 해석이다. 이 구절은 행위, 작위의 능력이 없는 추상적인 원리에 불과한 태극, 즉 리(理)가 어떻게 데카르트적 연장성의 공간인 현상계에 무엇인가를 생성시킬 수 있는가 하는 문제와 연결되어 있다. 그래서 이 구절을 두고 원리에 대한 관념적인 서술로 처리하는 경향이 많았다. 그러나 퇴계는 이것의 결론을 미루다 결국 태극에도 실제

적인 작용력이 있다는 설, 이른바 리동설(理動說)을 확정하게 되는 리자도설(理自到說)에 도달하여 리의 묘용(妙用)을 깨닫는 것이다. 그가 이런 결론에 도달한 때는 자신이 세상을 뜨는 해, 즉 고희가 되는 해이다. 그는 그렇게 자신의 이론의 완성과 함께 생을 마감하였다. 이론의 확정이 그를 종결시킨 것은 아닐까.

이론적 모순을 넘어 태극 혹은 리가 능동성을 지님으로써 윤리적 차원이 더욱 강화되게 된다. 이 지고지순한 원리가 이론적인 차원에 매몰되는 것이 아니라 현실에서 실제로 작동하게 된다는 것은 당위론이 현실을 장악함을 의미한다. 리(理)가 현상적인 차원의 기(氣)의 역할까지 떠맡음으로써 현실은 당위론이라고 하는 저돌적인 의지, 집요한 지향성에 자리를 내어 주어야만 했던 것이다.

「절정」, 극단의 사상

극단의 사상, 극한에 도달한 자만이 전환의 지점에 설 수 있다는 이러한 생각이 가장 집약적으로 드러나는 시로 이육사의 「절정」을 들 수 있다.

> 매운 季節의 챗죽에 갈겨
> 마츰내 北方으로 휩쓸려오다
>
> 하늘도 그만 지쳐 끝난 高原
> 서리빨 칼날진 그우에서다
>
> 어데다 무릎을 꾸러야하나?
> 한발 재겨디딜 곳조차 없다

이러매 눈깜아 생각해볼밖에
겨울은 강철로된 무지갠가 보다.

– 이육사, 「절정」 전문

이 시의 제목 '절정'은 무엇을 의미할까. 이것은 무극과 태극을 공존시키는, 움직임과 고요함을 전환시키는 '극', 즉 극단의 다른 표현이라 할 수 있다. 시적 화자는 극단의 지점으로 자신을 몰아간다. 그는 위도(緯度)의 극단인 '북방'으로 휩쓸려 왔다. 그리고 화자는 그런 북방에서 하늘도 끝나는 고도(高度)의 극단인 '고원'에 선다. 그의 행위는 극단의 지점으로만 이어지고 있다.

최악의 상황으로 화자를 몰아가는 극단의 사상은 자신을 혹사시킴으로써 존재의 새로운 차원을 개시하려는 사상이다. 그리고 이런 사상의 축이 되는 당위론은 마조히즘적인 성향과 관계가 깊다. 당위론의 현실태는 본질적으로 자학에 가까운 것이 될 수밖에 없다. 이런 마조히즘적 성향은 육사 스스로도 인정하는 바이다. "정면으로 달려드는 표범을 겁내서는 한 발자욱이라도 물러서지 않으려는 내 길"(「계절의 오행」)을 사랑하는 육사가 자신의 그 길을 사랑하는 마음을 일러 "내길을 사랑하는 마음 그것은 내 자신(自身)에 희생(犧牲)을 요구(要求)하는 노력(努力)"이라 할 때 극단의 사상과 마조히즘은 그 연결 고리를 보인다. 다른 시에서 이것은 삼엄한 경계가 끊이지 않는 요충지대를 항상 의도적으로 "노려가는"(「광인의 태양」) 화자의 모습으로 나타나기도 한다.

「절정」의 화자가 상황의 극에 섰을 때, 그 의미도 모호한 "어데다 무릎을 꾸러야 하나"는 물음을 던지는 것은 바로 이런 극단의 논리에서만 가능하다. 도대체 무릎을 꿇는다는 것의 의미는 무엇일까. 이것은 기도의 자세, 하소연하는 자세, 침몰의 선택, 기구와 굴종, 혹은 복종과 구원의 몸짓, 자포자기 혹은 항복의 자세 등으로 해석되어 왔다. 다양한 의미의 산출은 결과적으로 그 구절의 내적 맥락의 상실 혹은 비약을 의미한다. 정상적인 문맥으로부터의 이탈, 현실적인 맥락의 고집스런 거부로 인하여 이 구절은 모호하게 읽힌다.

'무릎을 꿇는 행위'가 어떤 맥락을 지니고 있다면 '북방', '고원'과 같은 극단의 어휘와 연계된 것일 수밖에 없다. 그의 수필에 "笑벼룩이 꿇안즐 만한 땅"이라는 표현이 "최소한의 행동도 허락하지 않는 아주 좁은 공간"이라는 의미로 사용되고 있다는 점을 고려할 때, 이 행위는 최소한의 운신도 불가능한 극한 상황의 표현이라 할 수 있다. 무릎을 꿇는 행위는 공간의 극점이자, 최악의 절망, 즉 심리적인 극점에 화자가 도달했음을 의미한다. 이것을 기구(祈求)의 행위로 보는 것은 통속적 맥락을 너무 존중한 까닭이다. '무릎 꿇음'은 '북방', '고원'과 등가에 놓인다. 극단으로 몰아가는 자신과 극단의 상황으로 쫓겨 가는 자신은 이 극의 지점에서 만난다.

시인은 왜 이렇게 자신을 극점으로 몰아가는 것일까. 자학은 그 자체로 어떤 의미를 지니지 못한다. 스스로를 최악의 상황으로 몰아가는 사유의 근거는 자학, 즉 자포자기의 절망이 아니다. 절망은 무정부적인 의지와 관련이 있다. 절망은 어떤 지향도 부재함을 의미한다. 시적 화자의 극단 지향은 이런 절망과 무관하다. 그것은 오히려 어떤 세계의 열림과 관련된다. 이런 차원은 유가가 아니라 불가의 언어로 더 잘 묘사된 바 있다. 『선가귀감』에 다음과 같은 말이 그것이다.

> 화두는 들어 일으키는 곳에서 알아맞히려 하지도 말고, 생각으로 헤아리지도 말라. 또한 깨닫기를 기다리지도 말고 더 생각할 수 없는 데까지 나아가 생각하면 마음이 더 이상 갈 곳이 없어, 마치 늙은 쥐가 쇠뿔 속으로 들어가다가 잡히듯 할 것이다.[2]

2 휴정, 법정 옮김, 『선가귀감』, 정음사, 1976, 47쪽.

"늙은 쥐가 쇠뿔 속으로 들어감"이란 무엇인가. 중국 남방에 흔한 물소의 기다란 뿔은 흔히 쥐잡이에 사용된다. 쇠뿔 끝에 먹이를 두면 쥐가 그 속에 너무 깊이 들어가 끝내 돌아설 수 없어 붙잡히게 된다. 이처럼 더 이상 돌아 나올 수 없는 극단의 지점까지 사유를 밀어붙이면 언어의 길이 끊어지고 거기에서 새로운 차원의 세계가 열릴 것이다. 육사가 지향하는 세계가 바로 이런 세계, 즉 "무극이태극"의 세계이다.

그렇다면 이 시에서 극단의 사상이 계시하는 세계는 무엇일까. 시인은 위도와 고도, 그리고 심리상의 극점에서 어떤 전환을 이루어 낸다. 그 전환을 이루어 내는 축은 움직임이 사라진 행위인 "눈깜아 생각"해 보는 것이다. 이 절체절명의 순간에 그가 선택한 것은 행동이 아니었다. 지금까지 행동으로 이어진 극점은 행동이라는 단순한 실천적 차원에서는 해결될 수 없다. 「태극도설」에서 말한 바처럼 동(動), 즉 움직임의 극점은 정(靜), 즉 고요함이 아니던가. 자신을 극단으로 몰아넣는 행동의 극점이 낳은 것이 바로 이 "눈깜아 생각"하는 것이다. 그러나 이것은 움직임도 아니고 그렇다고 고요함도 아니다. 이것은 고요한 움직임이다. 무극이면서 태극인 것, 고요함이면서 움직임인 것이 여기에 존재한다.

육사가 생각하는 '행동', 즉 실천이 단순한 움직임이 아님은 이 시의 해석을 위해 임시방편으로 끌어온 억지논리라 할 수 없다. 육사의 행동은 일상적인 의미에서의 실천만으로 이루어진 것이 아니다. 그의 '행동'은 움직임 그것만을 의미하지는 않는다. 그가 다음과 같이 이야기할 때 이것은 어떤 유형의 행동이던가.

> 나는 내 기백(氣魄)을 키우고 길러서 금강심(金剛心)에서 나오는 내 시(詩)는 쓸지언정 유언(遺言)은 쓰지 않겠소. (…) 다만 나에게는 행동의 연속만이 있을 따름이오. 행동은 말이 아니고, 나에게는 시를 생각는다는 것도 행동이 되는 까닭이오.(「계절의 오행」)

행동이 말이 아님은 당연하다. 그러나 시를 생각하는 것도 행동이라니! 시를 생각하는 것은 '눈 감아 생각하는 것'과 너무나 유사하지 않은가. 이것이 행동이라면 행동의 범주는 현상계의 그것을 넘어서는 것이다. 그래서 그에게 "행동의 연속만이 있다"고 했을 때 그의 '행동'은 움직임과 고요함을 포괄하는 새로운 차원의 개념이라 할 수 있다. 실천의 평면적 이해는 여기에서 설 자리를 잃고 만다.

'눈 감아 생각하는 행위', 움직임이 극에 달하여 낳은 이 고요함, 아니 이 고요한 움직임이 드러나는 순간! 이때, 열리는 세계가 있다. 육사는 이를 "겨울은 강철로 된 무지개"라 불렀다. 이 논란 많은 표현은 주리론의 핵심이 응결된 구절이라 할 수 있다. 단적으로 말하여 이 구절은 '무극이태극', 혹은 그 실현태로서 '동이정(動而靜)'의 번역이다. 겨울은 현상계의 최악의 극점이다. 이는 원형론적 차원만은 아니다. 시적 화자에게 그것은 "매운 季節의 챗죽"으로 표현될 정도의 구체적인 극한이다. 이 겨울은 극에 도달하였기 때문에, 바로 그 이유로 무지개가 된다. 무지개는 절망의 극점으로서의 희망의 이미지임은 육사의 시에 자주 드러나는 바이다. 무극으로서의 겨울이 태극으로서의 무지개로 전환되는 그 경지를 그는 '-인가 보다' 하고 담담하게 표현한다. 이것을 "불확실한 추정적인 어미"로 보고, 이런 어미의 사용법으로부터 이런 표현 속에 신념이 들어 있지 않음을 암시하는 것이라 본 것은 그래서 일면의 진실일 수밖에 없다. 오히려 이런 담담한 표현은 의지의 강렬함을 숨겨 두고 있다고 보는 것이 옳을 것이다. 흔들리지 않는 내적 확신이 가져오는 어떤 초연함이 이 어조 속에 담겨 있는 것이다.

그렇다면 그 사이에 놓인 "강철"은 무엇인가. 강철은 당위론적 의지의 열도(熱度)와 관련된다. 시적 화자에게 겨울은 '정면으로 달려드는 표범'처럼 회피하고자 하면 회피할 수 있거나 아니면 최소한 회피를 시도할 수 있는 대상이다. 그러나 회피는 육사의 실천적 의지 속에서 용납될 수 없다. 그는 객관적 상황의 추이나 변화 등과 무관하게 자신의 의지를 이 세계 속에 관철시키고자 하는 주리론자의 음영 속에 놓여 있기 때문이다. 그래서 그는 겨울을 겨울 그 자체로 받아들일 수가 없다. 현상은 그것의 객관적 조건과 무관하게 당위적으로 해석되어야 할 질료일 뿐이기에, 겨울은 그 자체에 새로운 전환을 내포한, 즉 낙관적 전망으로 관철되어야 할 극점에 불과하다. 그 전망이 무지개로 나타난다. 문제는 무지개라는 이미지의 특성이다. 무지개는 미래지향적 전망을 함축하는 이미지이지만 그럼에도 불구하고 시간이 지나면 사라질 하나의 허상에 지나지 않는다는 존재론적 한계를 지닌다. 허상이기에 일시적이고 그래서 허망한 것이다. 그것은 또한 부드럽고 연약한 이미지로 이육사가 추구하는 강렬한 정신적 열도와 거리가 있다.

'겨울=무지개'라는 비유는 '태극이무극' 혹은 '동이정'의 번역으로서는 훌륭하지만, 이런 단순 구도에는 무엇인가가 결핍되어 있다. 이 때문에 극점 사이에 놓인 인간의 위치가 너무 왜소하게 보인다. 그 구도 속에서 두 개의 이미지는 시적 화자로부터 고립되어 있으며 그 결과 그 이미지에 화자가 적극적으로 개입하지 못하게 된다. '무극이태극'이라는 것이 형이상학적 형식논리의 차원이라면, 이 구도 속에서 화자는 관조자적인 위치나 해석자적인 위치에 놓인 존재에 불과하다. 여기에 두 이미지 사이를 충만하게 채워야 할 강렬한 실천적 의지가 빠져 있는 것이다. 그래서 겨울과 무지개 사이에 '강철'이라는 강렬한 시어가 들어올 수밖에 없다. 이 '강철'은 당위적 의지의 물질적 현현이자, 리(理)에 능동성을 부여하는 실천적 요청의 응답이다. 이를 통해 세계는 비로소 화자와 어떤 관계를 형성하고 의미 있는 것으로 변화한다. 한마디로 '강철'은 '겨울=무지개'라는 연약하고 평면적인 비유의 구도를 강건하게 만들어 주는 당위론적 철골의 역할을 하는 것이다. 이런 입체적인 비유의 구도 속에 이제 세계는 의지로 충만하게 되고 당위론적 지향 속에서 질서를 지니게 된다. 바로 이곳이 퇴계의 리동설이 개입할 수 있는 지점이라 한다면 너무 과장이라 할 것인가.

다시 태극론으로

극에 달한 움직임이 고요함을 낳듯이, 극에 달한 겨울이 강철로 된 무지개를 낳는다. 이 겨울을 퇴계의 언어로 다시 풀어볼 수 있다. 논의는 다시 태극이 양을 낳는 지점으로 돌아간다. 퇴계는 어느 편지에서 다음과 같이 말하고 있다.

> 염계(주돈이-인용자)가 말하기를 "태극이 움직이면 양을 낳는다"고 한 것은 리(理)가 움직이면 기(氣)가 생긴다는 말이요, 주역에서 말하되, "복에서 그 천지지심을 본다(復, 其見天地之心)"고 한 것은 기가 움직이면 리가 드러난다(氣動而理顯)는 말이니, 그러므로 볼 수 있다는 것이다. 위의 두 가지는 모두 천지조화에 속하는 것으로 두 가지를 이루는 것이 아니다. 그러므로 연평이 "복에서 그 천지지심을 본다"고 하는 것을, 움직이면 양(陽)을 낳는 리(理)로 생각했다. 그 말은 간략하지만 모든 것을 드러낸 표현이다.[3]

퇴계는 해석의 극점 사이에 있다. 태극의 능동성을 적극적으로 부정하지도 인정하지도 않는다. 그는 그 사이에 끊임없이 유동하고 있다. 위의 인용은 "태극이 움직여서 양을 낳음(太極動而生陽)"에 대해 퇴계의 고민이 드러나는 지점이다. 태극은 어떤 경우에든 양을 낳는다. 그것의 원리는 무엇일까. 그는 이와 관련하여 주역의 한 괘를 떠올린다. 그것은 바로 복괘(復卦, ䷗)로서, 복괘는 위가 땅을 의미하는 곤괘(坤卦, ☷)이고 아래가 우레를 의미하는 진괘(震卦, ☳)로 이루어져 있다. 복괘는 전체가 음(--)의

3 "濂溪云太極動而生陽 是言理動而氣生也 易言復其見天地之心 是言氣動而理顯 故可見也 二者皆屬造化 而非二致 故延平以復見天地之心爲動而生陽之理 其言約而盡矣.", 『전서(상권)』, 608쪽.

세력이 강렬하게 지배하는 가운데, 맨 아래로부터 양(—)의 기운이 비로소 시작되는 것을 형상하는 괘이다. 극점에서 새로운 차원을 개시하는 태극론을 말하기 좋은 괘다.

「절정」의 겨울은 태극론의 이 복괘와 연결된다. 극점으로서의 겨울은 단순한 절망적인 상황, 음의 극한상황인 것만은 아니다. 겨울은 음의 극점이다. 바로 극점이기 때문에 새로운 전환을 가져올 수 있다. 겨울의 한창인 동지(冬至)를 양의 기운이 싹트는 새해의 시작으로 보는 이유도 여기에 있다. 주역은 복괘를 겨울의 극점인 11월에 배치하였다. 그래서 중국의 주(周)나라에서는 11월을 정월로 삼고 동지를 설로 삼았다. 전통사회에서 동지를 '작은 설'이라 하여 설 다음 가는 경사스러운 날로 생각한 것도 바로 이런 까닭이다.

육사의 교양은 이런 사유의 한가운데에 있다. 그래서 그가 겨울에서 무지개를 발견한 것은 복괘와 같은 전통적인 지식을 염두에 둔 것이라 짐작하는 것도 크게 무리는 아닐 것이다. 그래서 현재 우리가 높이 평가하는 "겨울은 강철로 된 무지개"라는 구절은 육사에게는 어쩌면 가장 통속적인 비유였을지도 모른다. 셸리의 "겨울이 오면 봄도 멀지 않으리"라는 구절이 '무극이태극'의 가장 통속적인 번역이라 할 수 있듯이.

전통사회에서는 이미 죽어 버린 은유가 그 전통과의 연계가 끊어지면서 우리에게 놀라운 은유로 되살아난 것은 아닐까. 우리는 기존의 지혜를 모더니즘과 같은 서구 사조에 너무 쉽게 양위해 버린 것은 아닐까. 우리의 전통시학에 대한 갈망이 생기는 것도 바로 이 지점이다. 「절정」은 여러 가지 점에서 우리에게 많은 생각을 하게 만든다.

이미지의 유형: 형이상적 이미지와 형이하적 이미지

사물관과 두 가지 이미지

세계관은 세계를 바라보는 주체의 인식을 문제 삼는 것으로, 그것은 당연히 인식론의 문제에 속한다. 인식론의 대상이 되는 세계란 주체를 제외한 현상 세계 전체가 될 수 있지만, 간단하게 말해서 외물(外物), 혹은 사물(事物)로 볼 수 있다. 따라서 세계관은 더욱 구체적으로 말할 경우 사물관으로 표현할 수 있다. 이런 사물관의 차이에 따라 그로부터 도출되는 이미지의 성격에도 차이가 나게 된다. 여기에서는 이기철학의 사물관에 근거하여 이미지의 유형에 대하여 다루고자 한다.

이미 여러 번 다루었듯이 리와 기의 성격을 총괄하여, 이황은 주희의 설에 따라 리의 특성을 '형이상'으로, 기의 특성을 '형이하'로 파악하였다.[1] 형이상이란 직접 감각되지 않는 성질 즉 추상적 성질을, 형이하란 사물의 구체적 · 현상적 성질을 의미한다. 여기에 사용된 '형이상 · 형이하'라는 용어는 원래 『주역』에 나오는 말이다. 『주역』에서는 현상을 초월해 존재하고 있는 생성의 원리를 도(道)라 하고 그것을 다른 말로 형이상자라고 지칭했다. 그리고 직접 감각되고 경험될 수 있는 성질을 '기(器)'라 부르고 또한 형이하자라 하였다. 이것이 북송(北宋)의 정이천(程伊川)에 의해서 이기철학의 용어로 정착되었다. 그는 『주역』에서 말한 형이상자로서의 도(道)

1 이황, "凡形而上, 皆太極之理 …. 凡形而下, 陰陽之氣", 『퇴계전서』 상권, 대동문화연구원, 1958, 808쪽. 이하 『전서(상권)』으로 표기.

와 형이하자로서의 기(器)를, 성리학의 기본적인 철학 용어가 되는 리(理)와 기(氣)로 바꾸어 표현하였다.[2] 이런 방식은 주자에게도 그대로 받아들여져, 주자 역시 리를 형이상의 도체(道體)이자 만물의 본체로, 기를 형이하의 질료이자 만물의 형질로 보았던 것이다. 퇴계 역시 이 주장을 그대로 받아들이고 있다.

> 일반적으로 모양과 형상이 있어 천지의 안에 가득 차 있는 것이 기(器)이며, 그것의 바탕이 되는 이치가 곧 도이다. 도란 기(器)와 분리되어 있지 않으나 그 보이지 않음을 가리켜 지칭할 수 있으므로 그것을 형이상이라 하고, 기는 도와 분리되지 않으나 그 형상 있음을 가리켜 말할 수 있으므로 그를 형이하라 하는 것이다.[3]

퇴계에 따르면 리는 형이상자로서 기의 바탕이 되는 이치다. 이 리는 형이하자인 기보다 가치론적으로 상위에 놓인다. 따라서 형이상자로서의 리의 특성을 강조하는 주리론은 구체적인 형상, 즉 기(器) 혹은 기(氣)의 세계보다는 그것의 바탕이 되어 있는 도(道) 혹은 리(理)를 더 중시한다는 점을 알 수 있다. 따라서 주리론은 구체적인 형상보다는 추상적인 관념을 더 중시하여 관념적인 성격을 강하게 띠고 있는 것이다.[4] 그러나 그것을 완전한 관념론으로 부를 수도 없다. 그것은 철저한 관념론으로 평가되는 왕양명 · 육상산의 심학(心學)처럼 객관적인 실재를 전혀 인정하지 않는 입장은 아니기 때문이다. 퇴계의 주리론에서는 리의 객관성과 사물의 객관적 실재는 분명하게 인정되고 있다. 이런 성격으로 인하여 퇴계의 주리론

2 배종호, 『한국유학사』, 연세대출판부, 1974, 15쪽.

3 "凡有貌象形氣 而盈於六合之內者 皆氣也. 而其所具之理卽道也. 道不離器 以其無形影可指 故謂之形以上也. 器不離道 以其有形象可言 故謂之形以下也.", 『전서(상권)』, 807쪽.

4 윤사순, 『퇴계철학의 연구』, 고려대출판부, 1980, 239쪽.

은 객관관념론으로 명명되기도 하는 것이다.[5] 사물의 객관적 실재를 인정하는 점은 퇴계의 다음 말에서 잘 드러난다.

> 사물에 대해서 말한다면 천하의 사물은 실제로 나의 밖에 존재한다. 어떻게 리가 하나라고 하여 천하의 사물이 모두 내 속에 존재한다고 할 수 있겠는가? 다만 모든 사물의 리는 곧 나의 마음에 갖추어져 있는 리이니, 사물이 밖(外)이라 해서 밖에 존재한다 할 수도 없고 그 리가 안(內)이라 해서 내 마음 속에 존재한다 할 수도 없는 것이다.[6]

첫 문장에서 퇴계는 사물이 인식 주체와 독립하여 실재함을 말하고 있다. 그의 인식론을 첫 문장에 국한시켜 보면 경험론적인 인식론으로 파악되기도 한다. 그러나 그가 비록 인식 주체와 독립한 객관적 사물의 존재를 승인하고 사물의 이치는 사물에 접하여 인식할 수 있다고는 하였지만 그가 말하는 사물의 리는 결국 초경험적인 리인 것이다. 그것은 다음 문장에서 사물의 리를 매개로 하여 사물이 나의 바깥에 존재하기도 하고 내부에 존재하기도 한다는 주장 속에 담겨 있다. 즉 사물의 리와 내 마음의 리의 동일성으로 인해 사물의 존재 방식이 불투명해지는 것이다. 그렇게 볼 때 사물의 리는 "사물을 궁리하여 얻어진 물질세계의 반영 결과가 아니라 선험적 이성 능력의 소산"[7]으로 생각할 수밖에 없다.

위의 인용문에서처럼 주리론에 있어서 사물은 처음에는 하나의 객관적인 존재로 분명히 나의 밖에 '존재'하고 있다. 그러나 그 사물에 접근하면

5 현대중국학계에서는 정이천 · 주희의 철학을 '객관유심론(관념론)', 육상산 · 왕양명의 철학을 '주관유심론', 장횡거 · 왕부지의 철학을 '유물론'으로 부른다. 시마다 겐지, 김석근 · 이근우 옮김, 『주자학과 양명학』, 까치, 1986, 80-81쪽 참조. 이런 중국의 논의에 따라 정성철은 퇴계의 철학을 '객관유심론'으로 본다. 정성철, 『조선철학사』, 좋은 책, 1988, 63쪽.

6 "若以事物言之 凡天下事物 實皆在吾之外 何可以理一之故 遂謂天下事物 皆吾之內耶 惟其事事物物之理 卽吾心所具之理 不以物外而外 亦不以此內而內", 『전서(상권)』, 628쪽.

7 정진석 외, 『조선철학사』, 이성과현실사, 1988, 146쪽.

그 사물의 물질성은 증발해 버린다. 즉 주리론자에 있어서 눈앞의 지각 대상인 구체적인 사물은 사라져 버리고, 그 대신 존재의 형이상학적 원칙 즉 '리'만이 남아 있게 된다. 결국 사물은 '리'라고 하는 형이상학적 존재의 또 다른 존재 방식에 불과한 것이 된다. 물질성이 탈각된 하나의 형이상학적 원칙으로서의 사물은 사물이 아니라 또 다른 형식을 취하는 관념일 수밖에 없다. 이것은 "산수를 좋아함은 맑고 높음을 좋아하는 것일 따름"[8]이라는 퇴계의 언급에서도 분명하게 확인된다. 퇴계는 산수(山水)를 객관적인 대상으로 보고 있는 것이 아니라, 맑고 높음(淸高)이라는 관념의 대리물로 보고 있는 것이다. 결국 주리론의 인식은 이처럼 물질성이 탈각된 객체와 주체가 형이상학적인 관념(理)을 통하여 만나는 데서 이루어지는 것이라 할 수 있다. 이런 관점에서 출발하면 결국 모든 사물의 개별성이 상실되고 형이상학적이고 보편적인 법칙만 남게 되는 상황으로 귀결된다. "그 리를 궁구해가면 만물에 합치되어 하나의 성으로 귀결한다."[9]는 퇴계의 말은 바로 주리론적 사물관의 최종 지점을 지시하는 것이다.

이처럼 주리론에 따르면 시인은 객관 세계인 자연을 감각적 구체적인 형상으로서가 아니라 추상적이고 개념화된 것으로,[10] 즉 리(理)의 표상으로 이해하게 된다. 퇴계의 다음 시가 대표적이다.

누런 탁류 도도할 땐 문득 모습 가려져도	黃濁滔滔便隱形
물결 잠잠해지자 비로소 또렷이 드러나네	安流帖帖始分明
아! 내달리고	

8 "山水之好 好其淸高耳", 『전서(상권)』, 945쪽.
9 "究其理則合萬物而同一性也", 『전서(하권)』, 142쪽.
10 예창해, 「퇴계의 시가」, 『국어국문학』 101, 1989, 76쪽 참조.

부딪는 물결 속에서 可憐如許奔衝裡
천고의 반타석
기울지 않는구나 千古盤陀不轉傾[11]

이것은 「반타석(盤陀石)」이라는 제목의 시로, 표면적으로는 구체적인 사물을 노래한 것 같으나, '누런 물결'은 성(性)을 가리는 정(情)을, 반타석은 불변의 리를 표상하고 있음을 알 수 있다. 비록 순간적으로 성이 흐려질 수 있지만 정에 의해 가려진 것을 제거하면 본래의 바른 성을 회복할 수 있다는 성리철학의 성정론을 확인한 것이다.[12] 이것과 주기론적 입장에서 쓰인 다음 시는 좋은 대비가 된다.

나그네 꿈은
바람소리에 자주 놀라고 客夢頻驚地籟號
창을 때리는 가을잎은
우수수 어지럽다 打窓秋葉亂蕭騷
온 밤
찬 강에 내린 비에 不知一夜寒江雨
구봉 깎인 것이
몇 척이나 되는지 却龜峰幾尺高[13]

이 시는 율곡의 작품으로 이 속에는 관념적인 의미를 전달하려는 어떠한 의도도 드러나지 않는다. 자연 속에서 성리의 이치를 읽어 내려 한 퇴

11 이황, 「盤陀石」, 『전서(상권)』, 105쪽.
12 이 시의 해석에 대해서는 이종묵, 「한국 한시와 철학」, 『한국한시연구1』, 새문사, 1993, 76쪽; 조동일, 『한국문학통사 2』, 지식산업사, 제2판, 1989, 380쪽 참조.
13 이이, 「龜峰草堂風雨徹曉」, 이종묵, 위의 글, 80쪽에서 재인용.

계의 시와 비교할 때 이 시는 그런 의도가 배제된 순수 서경시로 볼 수 있다. 밤새 내린 비로 산이 깎여 내린 것은 성리철학적인 함의를 내포한 것이 아니라, 초당 주위의 경물을 보이는 대로 묘사하고 느낀 감정을 자연스럽게 표출한 것일 뿐이다.(이종묵: 80) 율곡의 이런 점은 그가 편찬한 시선집 『정언묘선(精言妙選)』에서 성리학의 영향이 강한 작가가 배제되고 있다는 점에서도 드러나며, 또한 율곡의 연시조 「고산구곡가(高山九曲歌)」에 나오는 사물이 단순한 자연물일 뿐이라는 지적에서도 드러난다. 즉 거기에 나오는 소나무는 세한고절(歲寒孤節)을 탁의(托意)한 것이 아니라 소나무 숲속에서 술통을 놓고 친구 오기를 기다리는 배경일 뿐이다.[14] 또한 "우리 시조 중 「고산구곡가」만큼 풍경을 구체적으로 구축해 내고 있는 작품도 없다"[15]는 지적에서도 그 점은 명확하게 드러난다.

인용된 두 한시를 비교해 볼 때 각각의 시에 사용된 이미지는 상당히 다른 성격을 지니고 있음이 드러난다. 즉 율곡의 시에 등장하는 사물의 이미지들은 감각적이고 물질적인 요소를 그대로 지니고 있는데 반해, 퇴계의 시에서 그것들은 모두 관념의 구성요소로서만 존재하고 있는 것이다. 퇴계의 시에서 처음에는 구체적으로 묘사되고 있는 것처럼 보이던 사물의 형상은 결국 관념의 대체물에 불과한 것이었다. 이것은 앞에서 논한 바처럼 주리론에 있어서 처음에는 하나의 객관적인 존재로 분명히 인식 주체의 밖에 '존재'하고 있던 사물이 물질성을 상실해 버리고, 결국 '리'라고 하는 형이상적인 존재로 화해 버린 경우와 비슷하다.

우리는 이 두 시에서 드러나는 이미지를 그것의 존재 방식에 입각하여 크게 두 가지로 나눌 수 있다. 구체적인 시공 속에서 감각적인 물질적 속성을 그대로 지니고 있는 '형이하적 이미지'와, 자연적 사물의 감각성과

14 이민홍, 「성리학적 외물인식과 형상사유-사림파의 단가를 중심으로」, 『국어국문학』, 1991, 212쪽.
15 김혜숙, 「〈고산구곡가〉와 정신의 높이」, 『한국고전시가작품론2』, 집문당, 1992, 527쪽.

물질성을 상실하고 관념의 한 형태로 존재하는 '형이상적 이미지'가 그것이다.

형이상적 이미지와 이육사의 시

이육사의 최초 발표작으로 알려진 「말」이라는 작품은 형이상적 이미지라는 개념과 가장 잘 부합하는 작품이라 할 수 있다. 먼저 작품을 보자.

> 흣트러진 갈기
> 후주군한 눈
> 밤송이 가튼 털
> 오! 먼길에 지친말
> 채죽에 지친 말이여!
>
> 수굿한 목통
> 축처-진 꼬리
> 서리에 번적이는 네굽
> 오! 구름을 헷치려는 말
> 새해에 소리칠 힌말이여!

— 이육사, 「말」 전문

이 시는 말의 구체적인 모습을 나열함으로써 시상을 전개해 나간다. 그 이미지는 실제적인 사물에 대한 지각, 즉 말의 모습을 보는 눈에 의한 지각으로부터 시작한다. '흐트러진 갈기, 후주군한 눈, 밤송이 같은 털'은 모두 시각을 통해 지각되는 구체적인 이미지들이다. 이런 형용을 볼 때, 다음 연에 나오는 '먼길에 지친 말'도 앞에 열거된 구체적인 이미지의 연장이다.

그 모든 형용이 오랫동안 돌볼 시간이 없을 정도로 말이 계속 달려왔으며, 그 결과로 매우 지쳐 있다는 점을 보여주고 있기 때문이다. '채죽에 지친 말'도 먼 길을 달려왔다는 사실에서 바로 연상되는 이미지로, 자연스런 연결이다. 1연에서 이미지들은 전부 감각적인 속성을 잘 간직하고 있는 것으로 보인다.

그런데 2연이 문제다. 여기에 등장하는 '수굿한 목통' '축처-진 꼬리' '서리에 번적이는 네굽'이 구체적인 시각 이미지인 점은 분명하지만, 그 모습이 피곤에 지친 말의 모습으로 1연의 흐름을 계속 이어받는 것인지, 아니면 현실을 초극하려는 정신적 자세와 관련된 긍정적인 의지를 암시하는 새로운 모습인지는 불분명하다. 후자의 관점에 따르면 이 시는 '상호대비적인 두 말의 모습'을 제시한 것이기 때문에 1연은 피폐한 말, 2연은 역경을 헤치고 구름을 넘어 도약하려는 백마를 형용한 것이 된다.[16] 그러나 '수긋한(수굿한)'의 의미가 '약간 숙은 듯하다'로 '앞으로 기울어지다'라는 형태적인 측면과, '기운이 줄어들다'라는 정서적인 측면을 동시에 가지고 있기 때문에, 그 표현 자체로부터 긍정적 · 부정적 이미지의 어떤 판단을 끌어내는 것이 불가능하다. 이 점은 '축처-진'이라는 표현에도 동일하게 적용된다. '축처지다'는 것은 '축'이란 단어가 '물건이 길게 아래로 늘어지거나 처진 모양'을 나타내는 부사이고, '처지다'가 '위에서 아래로 늘어지다'는 뜻의 동사이므로, 사전적인 의미로 볼 때 말 꼬리의 상태 자체를 보여주는 면이 강하다. 말의 꼬리는 달리는 경우가 아니라면 아래로 축 처져 있는 것이 정상적이기 때문이다. 따라서 이미지 자체만을 놓고 볼 때 이 구절에서도 부정적이거나 긍정적인 말의 의미가 도출되기는 힘들다. 그래서 2연 전체를 긍정적인 모습의 말로 보는 논의와는 반대로, 2연 2행까지 지친 말

16 이숭원, 「구조주의적 시의 절정과 내면구조」, 『동양문학』 3, 1988. 8, 256-267쪽. 묘사(전반부)와 그에 대한 판단(후반부)으로 구성된 정형적 작품 구조를 감안할 때 결과적으로 이숭원의 시선이 정확하다고 할 수 있다.

에 대한 묘사가 계속된다는 지적도 자연스럽게 나올 수 있는 것이다.[17] 그 다음 구절 '서리에 번적이는 네굽'도 관점에 따라 다를 수 있으나 이것 역시 목통이나 꼬리와 같이 가치중립적인 표현으로 볼 수 있다.

이 시의 특이성은 1연 4, 5행과 마찬가지로 2연 4, 5행의 이미지가 앞 부분의 이미지와 연속성이 없다는 데 있다. 1연은 비교적 그 간격이 좁은 편이나 엄밀하게 말하자면 이 역시 이미지에서 관념으로 돌아선 것 같은 갑작스러운 전환이 포착된다. 이런 급전환은 2연에서 더욱 분명하다. 앞에서 보았듯이 2연에서 이미지의 성격을 쉽게 단정할 수 없다는 점도 이와 관련이 있다. 각 연의 3행까지는, 이미지의 출발점으로 언급된 형태적 요소들이 중심이 되어 시상 전개가 이루어져 왔음은 의심의 여지가 없다. 그런데 그 다음 행으로 오면 지금까지의 이미지 전개와 무관하게 관념적인 서술이 이어지고 그 이미지들조차 대부분 구체적인 물질성을 잃어버리게 된다. 이미지의 물질성은 관념적인 것으로 변해 버리는 것이다. 여기에서 시인은 더 이상 사물을 자연 그대로 바라보려 하지 않고, 정신의 연장으로 다루려 하는 듯하다. 이제 외부적 세계는 자신의 모든 본질을 잃어버리고 정신적 작업을 위한 하나의 텍스트로 존재할 뿐이다.

이렇게 볼 때 지금까지 전개되었던 말의 이미지 자체를 통해서는, 시적 화자가 그것을 직접 바라보고 있다는 어떠한 암시도 찾을 수 없다는 점이 새롭게 드러난다. 이 시에 드러나는 말의 형태를 나타내는 명사들은 실제로 어떤 모방적 지시대상도 가지고 있지 않다. 그것은 2연의 '새해'라는 명사가 함축하고 있는 의미를 고찰할 경우 더욱 명확하게 드러난다. 이 시에 쓰인 다른 시어들에 비해 '새해'라는 시어는 매우 이질적으로 느껴진다. 말에 관한 시에서 나올 수 있는 자연적 연상의 이미지는 어느 정도 한정되어 있다. 그것은 말의 모습, 생태 등에서 연상될 수 있는 이미지들로서, 이 시

17 임승빈, 「육사 시의 상징 연구」, 제주대학교 박사논문, 1989, 144쪽.

에서처럼 갈기 · 눈 · 털 · 목통 · 꼬리 · 굽 등에 대한 형태적인 요소들에 국한되어 있기 때문이다. '구름을 헤치려는 말'도 말의 속성이 앞으로 나아가려는 동작과 깊은 관련이 있기에 자연적 연상을 벗어나지 않는다. 실제로 이 구절은 앞발을 높이 들고('구름을 헤치고'와 관련된다) 소리 지르며 달려가려는 말의 모습을 쉽게 연상시키기 때문이다.

그런데 '새해'라는 말은 이런 자연적 연상의 범위를 넘어서는 곳에 존재하고 있다. 왜 갑자기 '새해'라는 이질적인 말이 나온 것일까. 그것의 구체적인 의미는 이 시의 발표연대를 통해 접근할 수 있다. 이 시에 나오는 '새해'는 이 시의 발표연대인 1930년과 관계가 깊다. 바로 1930년은 경오년(庚午年)으로 말띠의 해인 것이다. 따라서 이 시는 '신년축하시'로 쓰인 것임을 짐작할 수 있다. 그런데 문제는 여기에서 끝나지 않는다. 형태적 속성만을 고집하고 전개되어 오던 이 시가 마지막에는 '흰말이여'에서처럼 분명한 색채어로 끝나기 때문이다. 따라서 구체적인 형태는 보여주었지만 색채에 대해서만은 짐작할 만한 어떤 단서도 제공해 주지 않던 이 시가 마지막에 와서야 드러내는 이 색채는 쉽게 무시될 수 없다. 이 말의 색깔은 어디에서 연유한 것인가. 그것은 동양에서 전통적으로 사용해 오고 있는 간지(干支)의 의미를 통해 접근할 수 있다. 경오(庚午)에서 '오'는 인간의 탄생과 연관된 열두 마리의 동물 중에서 말을 뜻한다. '경오'의 '오'에서는 말의 의미를 읽어 내었는데, 이제 '경'의 의미를 읽어 낼 차례다. '경'의 의미는 오행(五行)을 통해 유추할 수밖에 없다. '경'은 '신(辛)'과 같이 오행 중 금(金)에 속하고, '금'은 색깔로는 '흰색(白)'에 속하게 된다. 그러므로 '경오년'은 '신오년'과 마찬가지로 흰말(白馬)의 해가 되는 것이다. 이렇게 해서 육사의 시 「말」에 나오는 말, 즉 '흰말'이 구체적이고도 감각적인 물질적 속성을 가지고 있는 자연적 이미지가 아니라, 동양에서 전통적으로 해(年)를 나타내기 위해 사용하는 기호 중 하나인 것으로 밝혀진다.

이제 육사의 시 「말」에 나오는 이미지들의 성격이 왜 모호한지 이해할 수 있다. 그 이미지들은 자연적 사물이 되기를 포기하고 다른 어떤 것이 되었다. 그것들은 자연적인 연상으로부터가 아니라, 전통적이거나 개인적인 의도로부터 의미를 부여받고 있는 것이다. 즉 앞에서 설명한 퇴계 시의 이미지처럼 이 시의 이미지는 '형이상적 이미지'인 것이다. 이것은 자연적 이미지와 그 성격이 다른 '표상'(혹은 문장(紋章)으로도 번역될 수 있다)', 즉 엠블렘(emblem)이라 불러야 한다.[18] 감각적 물질성을 충분하게 보유하고 있는 이미지, 즉 자연적인 이미지가 아니라 관념과 의도의 대리물로 존재하는 이미지인 것이다. 폴 드 만은 이런 이미지를 "이미지를 가장한 표상(emblems masquerading as image)"(Paul de Man: 194)이라고 부른다. 이런 이미지는 알레고리에 주로 사용되는데, 그런 의미에서 이육사의 시도 일종의 알레고리적인 시라 할 수 있다.

형이하적 이미지와 이미지즘 시

앞에서 살펴보았듯이 감각적 속성보다는 형이상학적이고 관념적인 속성을 중요하게 여기는 주리론의 입장은, 필연적으로 구체적인 물질성을 보유하고 있는 이미지보다는 표상으로서의 형이상적 이미지에 집착하게 된다. 이육사의 시에 나타나는 이런 이미지는 당대의 다른 시, 특히 이미지즘 시와 비교해 볼 때 그 특성이 더욱 명확하게 드러난다.

이미지즘 시는 1930년대에 한국 문학의 주도 세력으로 등장하여 상당한 영향력을 발휘하게 되었으며 그 성과도 상당하였다. 이미지즘은 이미지를 가장 중요한 시적 요소로 독립시키는 데 목표를 둔다. 그래서 이미지

18 이것은 이미지를 '자연적 이미지'와 '문장(혹은 표상)'으로 나누는 폴 드 만의 논의를 기반으로 한다. 전자는 구체적인 지각을 바탕으로 한 것인 반면, 후자는 관념과 의도의 대리물이 된다. Paul de Man, *The Rhetoric of Romanticism*, Columbia Univ. press, 1984, 163-165쪽. 'emblem'은 표상 또는 상징도로 번역되기도 한다. Gilbert Durand, 진형준 역, 『상징적 상상력』, 문학과지성사, 1983, 14쪽, 24쪽 참조.

즘에서는 "이미지즘의 요점은 이미지들을 장식으로 사용하지 않는다는 것"[19]을 강조하며, 이미지는 그 자체가 언어라고 단언한다. 이미지가 장식이 아니라는 말은 이미지가 시의 도구적이고 부차적인 요소에서 벗어나 독립적이고 자율적인 요소가 될 수 있음을 강조한 것이다. 그것은 이미지가 그 자체로 하나의 시적 체계를 이루어 한 편의 완결된 세계를 형성할 수 있다는 믿음을 반영한다. 이미지즘에서 자율성을 획득한 이미지는 건조성(dryness), 견고성(hardness), 명확성(definiteness), 정밀성(precision), 정확성(exactness) 등을 원칙으로 하여 체계적인 구조물을 형성한다.[20]

플린트가 정리한 이미지즘 강령을 보면, 이미지즘은 주관적이든 객관적이든 '사물'을 직접적으로 다룰 것을 강조한다.[21] 그리고 로웰이 정리한 6항의 원칙은 개별적인 것을 정확하게 다루어야 하며, 애매한 보편성을 다루어서는 안 된다는 점과 견고하고 명징한 시를 만들 것을 강조하고 있다.[22] 이와 관련하여 김기림은 이미지즘을 "사물에 대하여 (또는 사물에 부딪쳐서) 시인의 마음을 노래하는 것"[23]이라 하여 주관에 사물의 물질성을 종속시키는 시의 범주와는 다른 것으로 평가하고 있다. 플린트의 제1강령에서 강조하는 것과 같이 사물이 주관에서 벗어나 사물 자체로 인식되어야 한다는 견해나, 로웰이 정리한 강령 중의 제4항, 보편적인 것보다는 개별적인 것을 정확하게 다루어야 한다는 지적과 관련되는 부분이다. 이것은 개별적인 사물 하나하나가 이제 인식의 대상으로 떠오르게 된 것을 의미한다. 그리고 제5항, 견고하고 명징한 시(poetry that is hard and clear)라는

19 Ezra Pound, "Vorticism", *The modern tradition: Backgrounds of Modern Literature*, Oxford University press, 1965, 149쪽. 파운드가 "이미지를 가지고 게임을 즐기는 하나의 이론가"라는 비난을 듣는 것도 이미지의 자율성을 강조했기 때문이라 할 수 있다. Cleanth Brooks, Robert Penn Warren, *Understanding Poetry*, Holt, 1976, 72쪽.

20 전홍실, 『영미 모더니스트 시학』, 한신문화사, 1990, 70쪽.

21 F. S. Flint, "Imagism", *The modern tradition: Backgrounds of Modern Literature*, 142쪽.

22 S. K. Coffman, *Imagism*, University of Oklahoma Press, 1951, 28-29쪽.

23 김기림, 「객관세계에 대한 시의 관계」, 『김기림 전집2』, 심설당, 1988, 117쪽.

것도 바로 주관에 복속된 사물의 해방을 뜻하는 것으로, 견고하다는 것은 고양된 낭만적인 감정으로부터 벗어나 사물을 있는 그대로 나타낸다는 뜻이며, 명징하다는 것은 그러한 나타남의 화상도가 높아야 한다는 것을 말한 것에 불과하다. 그러므로 이미지즘은 바로 사물, 즉 객관세계를 주관에 복속시키지 않고 사물에 대한 감정이입을 절제하는 입장을 가장 중시하는 유파라고 말할 수 있다.

이런 이론적 근거를 바탕으로 하여, 김기림에 의해 '최초의 모더니스트'로 지칭된 정지용의 시를 살펴보자. 이 시는 앞에서 다룬 이육사의 시와 동일한 소재를 다루고 있다.

말아, 다락 같은 말아,
너는 즘잔도 하다 마는
너는 웨그리 슬퍼 뵈니?
말아, 사람편인 말아,
검정 콩 푸렁 콩을 주마.

이말은 누가 난줄도 모르고
밤이면 먼데 달을 보며 잔다.

– 정지용, 「말」 전문

이 작품은 이용악이 "지용의 「말」이 없으면 내가 지용을 숭배하지 않았을 것"[24]이라며 극구 칭찬한 시로 알려져 있다. 이 시를 육사의 「말」과 비교해 볼 경우, 정지용의 작품에 등장하는 말은 전체적으로 구체적인 질료성

24 石殷, 「詩人의 法悅-芝溶 藝術에 關하여」, 『국도신문』, 1949.5.13-17; 김학동, 『정지용연구』, 민음사, 1987, 253쪽에서 재인용.

을 지니고 있는 것으로 판단된다. 그래서 이 작품은 시인이 직접 대상을 마주하고 있는 것처럼 독자에게 감각적 생생함을 전달하는 데 성공하고 있다. 1연은 커다란 몸집과 말의 표정을 직접 보고 있는 것처럼 말하고 있으며, 이러한 점은 2연 끝까지 전복되지 않는다. 육사의 「말」이 구체적인 형이하적 이미지인 듯이 전개되다가 마지막에 표상임을 암시하는 표지를 보여주면서 이미지의 반전을 노리는 것과는 달리, 지용의 시는 처음부터 끝까지 자연적인 이미지를 안정되게 유지하고 있다. 즉 육사의 시가 물질성을 탈각한 형이상적 이미지, 즉 표상으로 이루어지고 있는 데 반해, 지용의 시는 시 전체가 자연적 이미지, 즉 형이하적 이미지로 일관되고 있다. 이런 이미지는 "자연적 대상의 존재론적 우월성"을 유지하고 있는 것으로 보인다. 이것은 정지용이 「말」이라는 제목으로 발표한 시 모두에 드러나는 공통된 특질이다. 이미지의 전개를 볼 경우에도 육사의 시와는 달리 지용의 「말」은, 말의 생태나 모습과 관련되어 자연적인 연상의 범위 내에 존재하는 이미지들로 이루어져 있다. 1연의 말의 체구나 표정, 2연의 모습과 달리 다소 돌출되어 보이는 듯한 1연 마지막 행의 '검정 콩 푸렁 콩'도 말의 식성과 관계된 것으로 볼 때 자연스런 연상의 범위 내에 존재하는 이미지다. 오히려 그 이미지로 인해 시의 감각적 효과나 자연적 대상의 존재론적 우월성이 더욱 두드러지게 된다.

상호보충적인 두 유형의 이미지

형이상적 이미지와 형이하적 이미지의 유형 구분은 사물관, 혹은 세계관의 구체적 현현을 보여준다는 점에서 시학적 의미를 충분하게 지닌다. 이것은 이미지의 바탕에 놓인 사상의 보편적 함의를 품고 있다는 점에서 폴 드 만의 '이미지'(자연적 이미지)와 '표상'(엠블렘)보다 범주 확장의 가능성이 더 크다고 할 수 있다.

그러나 형이상적 이미지와 형이하적 이미지는 그 나름대로의 장단점을 지니고 있으므로 이를 우열의 관점에서 보아서는 안 된다. 형이상적 이미지는 주체의 의지나 이미지의 내용을 중시한다. 따라서 정확한 묘사에서 사라지는 주체를 다시 불러 세울 수 있다는 점이나, 지나친 묘사에서 경시되는 내용의 깊이를 회복할 수 있다는 점에서 시에 긍정적인 영향을 줄 수 있다. 그러나 이미지를 의도에 종속시킴으로써 이미지의 물질성이 소멸되어 감각적 생생함과 시적 생기가 부족한 시를 양산한다는 단점도 동시에 지닐 수 있다.

형이하적 이미지는 이미지의 자율성, 감각성을 중시하므로 시에 구체성과 활기를 부여해 준다는 장점이 있다. 그러나 이미지의 자율성은 결국 그 이미지를 지탱하여 주는 사회성과 사상성을 소거시키게 된다. 이미지의 자율성이 관념이나 사회성의 희생을 바탕으로 한다는 점은 "시인은 이미지를 보거나 느끼기 때문에 사용해야지, 어떤 신념이나 어떤 윤리나 경제제도를 지지하기 위하여 사용해서는 안 된다"(Ezra Pound: 148)고 한 파운드의 말에 가장 집약적으로 드러난다. 이렇게 하여 사회성이나 사상성을 제거한 자리에 놓이는 것은 이미지의 물질성, 즉물성이다. 그래서 형이하적 이미지의 중시는 감각화, 기교화에 떨어져 공허한 말장난에 치중한다는 비난을 받을 수 있다.

형이상적 이미지와 형이하적 이미지는 시대적 흐름이나 사상적 경향에 따라 그 중요도가 다르게 평가될 수 있다. 각각의 이미지가 중시되는 데에는 그 나름의 이유가 있다는 말이다. 예를 들어 형이하적 이미지가 각광을 받은 이미지즘 시가 대두되었던 것은 그동안 감정 과잉이나 관념화의 폐해로 시가 난해해지고 감상적으로 되었기 때문이다. 마찬가지로 특정 시대에 와서 형이상적 이미지가 중시된 것은, 주로 송시(宋詩)에서 그러하였지만, 시에 깊이가 모자라 많은 사람들이 시의 사상성에 목말라 있었기 때문이다. 이와 같은 포괄적인 시선으로 이런 이미지의 유형을 바라볼 때 유형 구분의 의미가 더 깊어질 것이다.

실천의 의미: 전통시학으로 읽은 이원조의 '포즈론'

이육사와 이원조

문학 전공자가 아니라면 이원조(李源朝)라는 이름의 비평가가 낯설게 느껴질 것이다. 지금 우리에게 잘 알려져 있지 않은 평론가인 여천(黎泉) 이원조는 육사 이원록(李源祿)의 아우이다. 지금 와서는 이원조를 이육사의 동생으로 소개하는 것이 독자의 이해를 돕는 방식이겠으나, 1930년대만 해도 그 반대가 훨씬 더 편리한 방식이었다. 그래서 당시 잡지의 이육사 프로필은 주로 "이원조의 형"으로 표기되곤 했다. 이런 변화는 분단의 역사, 이념 대립의 극단적 경향 등으로 인해 문학과 문인에 대한 완전한 이해를 가질 수 없었기 때문에 생기는 것이다.

등단은 이원조가 훨씬 빨랐다. 이원조는 1928년 조선일보 신춘문예 시 부문에 「전영사」가 입선되고, 다음 해에 소설 부문에서 「탈가」가 선외가작으로 뽑혀 문단에 이름을 올렸다. 그러나 이때까지는 하나의 습작기에 불과했을 뿐이다. 문인으로서의 진정한 출발은 1932년 2월에 발표한 「신춘당선문예개평」이라는 평론이라 할 수 있다. 이후 그는 평론가로 활동하였다. 한편 이육사의 등단은 「말」이 발표된 1930년으로 볼 수 있으나, 본격적인 등단은 역시 「춘수삼제」와 「황혼」이 발표된 1935년이라 할 수 있다.

형인 이육사가 죽은 뒤, 해방공간에서 이원조는 해방정국의 혼돈을 뚫고 나갈 새로운 이념적 지표를 제시하는 데 자신의 문학적 역량을 집중하였다. 그의 이념적 지향은 박헌영 계열 즉 남로당을 향하고 있었는데, 그는 당시 그 이념의 문학적 버전인 '인민민주주의 민족문학론'의 골격을 형성하는 데 임화와 더불어 결정적인 역할을 하였다.

지금 문학사의 반쪽에 불과한 남한 문학사에서 이육사에 비하여 이원조의 이름이 미미하게 된 것은 이원조의 월북 때문이다. 조선문학가동맹을 조직하여 초대 서기장을 맡아 활동하였던 그는 이승만 정권의 득세로 남로당의 입지가 좁아지자 1947년 초 월북한 것으로 알려져 있다. 월북 후 그는 해주 제일인쇄소에서 편집국 차장으로 일하였으며, 한국전쟁 시에는 서울에서 『해방일보』 주필로 있었고 후에는 중앙당 선전선동부 부부장을 지내기도 하였다. 이후 그는 1953년 남로당 숙청 때 임화, 설정식 등과 함께 투옥되었다. 임화, 설정식 등은 사형에 처해지고 오직 윤달순, 이원조만이 사형을 면하였는바, 이원조는 그중 가장 낮은 형량(징역 12년)을 선고받았다. 그 후의 행적은 구체적으로 알려진 바 없으나, 1955년 3월 46세의 나이로 평화교도소에서 옥사한 것으로 추정되고 있다. 이육사처럼 아우 이원조 역시 불행하고 신산한 삶을 이렇게 마감했다.

이 두 형제는 각각 시와 평론이라는 다른 장르에서 활동하여 서로 경쟁할 필요는 없었으나, 내적 경쟁까지 없었을 리는 없다. 이육사 집안에 전해 내려오는 재미있는 일화가 있다. 육사와 그의 형제들은 어릴 때 조부에게서 글을 배웠다. 5형제가 모두 재주가 뛰어났으나 그중 재주가 가장 뛰어난 이는 평론가로 이름을 떨친 이원조였고, 가장 근엄한 이는 이육사였다고 할 수 있다. 어릴 때 원조는 재기발랄하고 장난도 심하여 곧잘 지어낸 글귀로 형인 육사의 약을 올리는 경우가 많았다. 어느 날 육사가 원조의 그런 기롱(譏弄)에 화가 나서 읽던 책을 내던지자 형제끼리 송사(訟事)가 났다. 마침내 동생 원조가 형을 걸어 조부에게 소송을 제기하였다. 형제가 각기 사유를 설명하며 조부의 동조를 구하였는데, 마지막에 원조가 말하기를 "책 속에는 공자와 뭇 성현이 계시거늘 책을 내던지는 것은 성현을 욕보이는 것과 다름이 없으니 형을 벌주십시오." 하였다. 당연히 이 말 한마디로 육사는 완패하였다고 한다. 문인들의 어린 시절에 대한 가벼운 일화로 볼 수도 있으나, 이 일화 속에는 무언가 듣는 이를 압도하는 기풍이 있어 가벼운 웃음으로 지나칠 수가 없다.

훗날 이원조는 이육사의 시를 세상에 전하여 오늘날 문학사적 위치가 전복되는 아이러니한 결과를 만들기도 하였다. 해방 이후 이원조는 이육사의 원고를 모아 『육사시집』을 간행함으로써 시인으로서의 이육사를 급부상케 하였다. 사실 이육사의 절창 「광야」는 이원조의 이런 노력이 없었다면 알려지기 힘들었을지도 모른다. 이육사가 아우 이원조에게 진 빚이 여기에 있다. 물론 형의 시에 주관적으로 개입하여 원텍스트를 왜곡한 부분이 꽤 있다는 한계도 지적되어야 할 것이다.

이육사 형제, 마르크시즘 선택의 근거

이육사와 이원조는 초기부터 마르크시즘에 경도되어 있었다. 이육사는 초기에 마르크시즘에 입각한 평론을 많이 썼다. 1934년 4월 『대중』이란 잡지에 이활(李活), 즉 이육사가 쓴 「자연과학과 유물변증법」(목차엔 「변증법과 자연과학」으로 되어 있다)이라는 글이 있다. 이 글에서 레닌의 변증법 해석에 공감하는 그의 모습이 나타난다. 레닌의 인용과 육사의 목소리가 모호하게 뒤섞여 있는 이 글은 마르크스주의자로서의 레닌의 면모를 드러내고 그의 변증법이 지닌 구체성을 긍정적으로 평가하고 있다.

그리고 이 글이 실린 잡지의 해당 호 목차에는 검열로 삭제된 글의 목록이 보이는바(그 목록 앞에 "다음의 원고는 실리지 못한다. 그 이유는 동무들의 경험으로서 추측하라. 대중과학연구사 백"이라는 설명이 달려 있다) 그 목록의 맨 앞에 이육사(李戮史-'陸史'라는 필명을 사용하기 이전에 썼던 이름)의 「레닌주의 철학의 임무」가 확인된다. 원문이 없지만 내용상 레닌주의에 대한 설명임은 틀림없다. 이육사는 레닌주의에 대해 친화성을 느끼고 있었던 것으로 보이며 그 외의 평문에도 이런 지향은 배경으로 깔려 있다.

이원조 역시 1930년대에 마르크시즘에 입각한 비평활동을 하였다. 그는 카프 회원은 아니었지만 카프문학에 동조하고 있었다. 초기 비평에서 그는 "과감히 투쟁하는 카프만을 통해, 그 확대강화를 통해서만 참다운 우리들의 진출을 볼 수 있을 것이며 또한 카프만이 신진의 영도적 지위에 있다는 것을 강조한다"(「신춘당선문예개평」)고 하거나, 프롤레타리아 문예비평은 "오직 계급투쟁이라는 조건의 한 포인트에서 그 가치평정의 최고 기준을 발견"(「시에 나타난 로맨티시즘에 대하야」)해야 한다고 주장하기도 한다.

해방 이후에는 이런 입장이 오히려 더욱 강화되는 경향을 보인다. 그는 1945년에 조선문화건설 중앙협의회를 조직하고 서기장으로 일하면서 공산당에 정식으로 입당하게 된다. 그즈음의 평론에서 그는 "좋은 문학이란 항상 역사적 법칙에 의한 현실의 발전상을 가장 정확하게 파악하고 가장 여실하게 표현하는 것"(「비평가의 임무」)이라고 단언하고 있다. 여기에서 말하는 역사적 법칙이란 마르크시즘의 그것이다.

앞에서 잠깐 언급하였듯이 해방공간에서 이원조가 택한 노선은 박헌영 계열의 인민민주주의이다. 김윤식의 지적에 따르면 해방공간에는 크게 세 가지 국가형이 존재하였다. 부르주아 단독 독재국가 모델(국민국가의 모델), 노동계급 단독 독재국가 모델(국가사회주의 즉 북로당의 국가형), 그리고 연합독재(인민연대) 국가 모델(남로당의 국가형)이 바로 그것이다. 그중 인민민주주의는 마지막 방식이다. 이들 노선의 문학적 버전은 모두가 민족문학론을 달고 나오는데, 이에는 김동리(박종화)의 민족문학론, 안함광의 민족문학론, 이원조의 민족문학론이 각각 대응된다. 이원조가 발표한 "중후한 민족문학론"[1]은 노동자 · 농민을 중심으로 소지식인 등이 연

1 김윤식, 『해방공간 한국작가의 민족문학 글쓰기론』, 서울대학교출판부, 2006, 265쪽.

대한 인민 연합을 옹호하며, 기본적으로 마르크시즘의 입장을 떠나지 않는다.

이쯤에서 이들 형제가 마르크시즘을 선택한 정신적 배경이 궁금하지 않을 수 없다. 그들은 왜 마르크시즘을 선택하였을까. 어려서부터 전근대적 교육에 익숙했던 그들이 새로운 이념을 선택할 때 우연이 그 모든 것을 결정하지는 않았을 것이다. 그 선택에는 이념적 친화성이 개입되어 있다고 보아야 한다. 그것이 과연 무엇이었는가에 대해서는 여러 논의가 가능하겠지만, 여기에서는 김윤식의 논의에 주목한다. 그는 이원조의 경우를 들어 다음과 같이 말하고 있다.

> 그렇다면 그(이원조-인용자)가 끊임없이 회복하고자 하는 지향점은 자기를 키워냈던 주자학적 이념의 고귀성에 준하는 그 무엇이 아니었겠는가. 이념의 고귀성을 당대에서 찾는다면 마르크스주의밖에 없었다. 마르크스주의를 주자학의 이념성과 등가로 파악할 수 있는 근거는 비단 이원조에서만은 아닐 터이다. 이념에 대한 등가적 인식 방식은 주자학의 이념의 고귀성이 다만 한 가지 표준이었던 까닭이다.(김윤식: 288-289)

인용문에 따르면 이원조가 마르크시즘을 선택한 것은 그것이 주자학적(구체적으로 퇴계의 주리론) 이념의 고귀성에 필적하는 특성을 지니고 있었기 때문이다. 이원조에게 마르크시즘은 전근대적 세계에서 차지하고 있던 절대이념의 근대적 대안이었다는 것이다.[2] 이것은 그가 지도이념에 대한 간절한 갈증을 지니고 있었다는 점을 염두에 두면 더 설득력이 있다.

2 물론 여기에 대한 반론도 있다. 박현수, 「근대 영남지역 문인의 사상적 지향과 지역성」, 『어문론총』 57, 한국문학언어학회, 2012 참조.

"한 개의 원리"에 대한 간절한 그리움은 그런 것이 "도그마라도 좋으니 비평이 제 몸을 붙이고 제 본질적 사명인 비판적이요 영도적인 역할을 할 수 있는 한 개의 원리"(「민족문학 확립에」)에 대한 집요한 갈망으로 드러난다. 근대적 세계에서 주자학을 대체할 만한 이 "한 개의 원리"는 마르크시즘뿐이었을 것이다.

김윤식은 여기에서 한 걸음 더 나아가 해방공간에서 발표된 이원조의 「민족문학론」의 정신적 지향에서도 이런 요소를 지적한다. 즉 그 글의 이념적 기준이 된 모택동의 문화혁명론(「신민주주의론」)의 수용도 결국은 잠재적 이념의 유사성에 기인한다는 것이다. 그는 그 근거로 모택동의 사상은 일반 마르크시즘의 중국적 변형으로서, 주자학적 사상 구조와도 연관성이 있다는 지적을 든다. 즉 모택동 저술 속에 인용된 책들은 주자학 쪽이 22개소, 도가의 것이 12개소, 민요 · 전설 · 문학이 13개소, 기타가 7개소이며, 마르크스 · 엥겔스가 4개소, 레닌이 18개소, 스탈린이 24개소로서 주자학이 절대 다수에 속한다는 것이다.

이원조가 「민족문학론」에 사용한 필명이 '청량산인(淸凉山人)' 혹은 '안동학인(安東學人)'이었음은 이 글이 주자학, 모택동, 청량산, 퇴계와 지적 네트워크를 이루고 각각의 음영을 강하게 지니고 있다는 사실을 말해준다. 청량산은 퇴계가 공부하기 위해 자주 갔던 곳이다. 그리고 퇴계 스스로 자신을 청량산인이라고 부른 사실이 있으며, 또 "청량산 육륙봉을 아는 이 나와 백구"란 유명한 시조도 남기고 있다는 사실에서 김윤식의 주장은 단순한 가능성 이상의 것이다.

이원조는 이육사와 함께 일찍이 조부에게서 한학을 배우고, 후에는 당대의 최고 석학인 위당 정인보 문하에서 배웠다. 이원조의 비범한 재기에 위당은 그를 장안 삼재(三才)의 한 사람으로 높이 평가하였다고 한다. 1935년에는 조병옥의 주례로 학부대신 이재곤의 손녀와 이른바 국혼(國婚)을 한 바 있는 그는 당대 비평계를 안하에 두는 고고함이 있었는데 김윤식은 이를 '제3의 논리'라는 말로 표현한다. 이 모든 것의 바탕에는 주자학의 전통이 더욱 강화된 퇴계의 주리론이 있었다는 사실을 기억해야 할 것이다.

주리론으로 읽는 '포즈론'

이제 그의 평론에 나타난 주리론의 음영을 구체적으로 살펴보기로 하자. 이념 선택의 차원에서 연관성을 주장하는 것은 공허한 울림만을 준다. 그것이 단순한 가설의 혐의를 지니는 것도 이 때문이다. 내용상의 구체성을 확인하기 위해 해방 이전에 발표된 그의 중요한 평론「현단계의 문학과 우리의 포즈에 대한 성찰」을 살펴볼 필요가 있다.

이 글은 현실에 대한 작가의 포즈, 즉 몸가짐을 다루고 있다는 점에서 '포즈론'으로 명명된다. 포즈론은 자주 그의 이념적 퇴보를 보여주는 증거로 사용되었다. 그러나 깊이 읽어보면 이것은 그의 전체 문학활동의 바탕에 놓인 불변하는 문학관을 보여주며 그의 모든 논의는 이런 입장에서 크게 벗어나지 않는다는 사실을 발견할 수 있다.

이원조가 이런 글을 쓰게 된 것은 프로문학이 쇠퇴하자 그의 표현대로 '기괴한 현상'이 발생하였기 때문이다. 그는 이 현상의 원인을 밝히고 그로부터 새로운 대안을 제시하는 데에 이 글의 목적을 두었다. 그 기괴한 현상이란 "오늘날에 와서 프로문학을 방안(放案)하고 타매하는 것은 일찍이 프로문학이 왕성하였을 때 소부르주아 인텔리라고 지목받던 그 사람이 아니라 도리어 일찍이 프로문학의 용사이고 효장이라고 자처하던 그 사람들이라는 것"[3]이다. 그리고 이들이 오히려 행동과 문학의 무관성을 주장한다

3 이원조,「현단계의 문학과 우리의 포즈에 한 성찰」,『조선일보』, 1936.7.12; 이동영 편,『오늘의 문학과 문학의 오늘』, 형설출판사, 1990, 118쪽.

는 것이다.

문학과 행동의 연계를 지지하는 이원조에 따르면 이런 현상의 원인은 그들이 지닌 문학과 행동의 관계에 대한 잘못된 인식에 있다. 즉 그들은 문학과 정치의 관련성만 보고 그것의 특수성을 몰각하였다. '문학=정치'의 도식을 정치적 입장에서만 접근하여 문학적 각도를 고려하지 못하였다는 것이다. 정치적 관점에서 바라보면 이 도식은 결국 힘의 논리만을 반영한 것에 불과하다. 따라서 그들이 힘을 얻고 있을 때는 그 도식의 정당성을 주장하다가 객관적 정세가 불리하게 되니까 패배의식에 젖어 이전의 도식을 폐기한다는 것이다. 여기에는 자신이 선택한 이념을 상황에 따라 쉽게 배신하는 소인배적 태도에 대한 강렬한 비판이 깔려 있다. 바로 이곳이 주리론자인 이원조의 면모가 드러나는 지점이다. 그가 마지막에 "시대의 첨단을 걸으려고 조운모우(朝雲暮雨)하는 것"을 비판하는 것도 이런 시각에 기인한다. 그가 생각하는 문학의 본질은 다음 대목에 잘 드러난다.

> 그러나 힘의 패배가 반드시 사실의 패배를 의미하는 것도 아니며 또한 문학은 힘의 현화(顯化)가 아닌 때문에 문학의 매력은 행동 그것보다도 도리어 '포즈' 거기에 있는 것이다.(이원조: 119)

문학과 정치의 관계를 놓고 볼 때 문학의 본질은 행동에 있는 것이 아니라 포즈에 있다는 것이다. 여기서 말하는 행동이란 그의 말대로 "육체적 노동을 의미하는 것이 아니라 가장 단적으로 말하면 정치적 실천을 말하는 것"이다. 그렇다면 문학의 본질을 정치적 실천이 아니라 포즈에서 찾는 것은 이념적 후퇴로 보이기 쉽다. 특히 같은 부분에서 언급하는 갈릴레오의 예가 그런 혐의를 더욱 부추긴다. 그러나 객관적 정세로서의 힘의 패배가 사실의 패배가 아니기 때문에 이를 바탕으로 문학의 패배를 단정하는 것이 일종의 오류가 아닐 수 없다는 그의 말은 오히려 현실의 조건에 동요

되지 않는 강인한 정신주의의 면모를 드러내는 것이다. 포즈에 담긴 모럴을 "자기 자신에 대한 의무의 자각"으로 설명하는 것도 이런 사유의 연장선상이다.

포즈란 무엇인가. 그는 이것을 "한 개의 몸가짐"이라 부른다. 이것은 진리에 대한 확고한 신념을 지키는 태도, 진리를 위한 진실한 태도를 뜻한다. 이를 두고 행동에서 개인의 내면으로 일보 후퇴한 것으로 평가하는 것, 즉 "실천과 행동이 포기된 마르크스주의를 향한 자유주의적 태도"라고 보는 것은 일부분을 과장한 것이다. 그의 포즈는 이런 피상적 차원이 아니기 때문이다.

이원조는 포즈와 제스처를 구분한다. 프로문학이 하강의 국면에 접어들 때 작품의 빈곤이 생긴 현상을 두고 그는 이러한 현상은 "작가가 먼저 프로작가로서의 포즈를 가지기 전에 갈팡질팡하는 제스처만으로 날뛰다가 보니 문학과는 동떨어지는 허무의 경지에서 느끼는 자기부정이라는 것에 유래된 것"으로 해석한다. 여기에서 포즈는 "갈팡질팡하는 제스처"의 상대적인 개념으로 사용되고 있다. 일반적인 상황에서 제스처와 포즈는 의미상 차이가 없는 어휘지만, 그는 자신의 논리를 선명하게 부각하기 위해 이것을 대척적인 개념으로 사용한다. 제스처는 진리에 대한 확신도 없고 그에 대한 성실성도 없는 무주관 · 무주체적인 태도를 말한다. 이에 반해 포즈는 진리에 대한 확신을 지닌 견인불발의 자세를 의미한다.

그의 포즈는 그냥 포즈가 아니다. 그가 후반부에 계속 강조하는 것은 이 포즈가 객관적 정세의 변화에 따라 변화될 수 있는 유동적인 포즈가 아니라 "일정한 포즈"라는 점이다. 그의 말대로 "일정한 포즈를 가진다는 것은 결코 쉬운 일이 아니다." 그는 문학하는 사람으로서 이런 포즈를 갖게 된다면 그것은 벌써 "문학수행의 반공정(半工程)을 닦은 것"이나 마찬가지라고 단언한다. 따라서 다음과 같은 언급은 포즈론의 핵심으로 가는 입구라 할 수 있다.

그러므로 만약 나더러 한 개의 극단의 말을 허한다면 문학하는 사람이란 시대의 첨단만 걸으려고 조운모우(朝雲暮雨)하는 것보다는 차라리 반동적이요, 진부하다고 하더라도 한 개의 포즈를 가지는 것을 더 높이 평가하고 싶은 것이니 이것을 우리 문단에서 예를 드는 것보다 내가 콕토를 달게 알지 않는 것도 이 때문이며 종교는 '타태(惰怠)의 정신'이라고 해서 대전(大戰) 당시에 홍수와 같은 카톨리시즘에의 개종선풍에 항거한 자크 리비에르를 신뢰하는 바와 같은 정도로 클로델까지 신뢰하는 것도 진실로 여기에 있는 것이다.(이원조: 121)

이 글에 따르면 문학의 핵심은 시대의 추이, 혹은 객관적 정세의 변화에 민감하게 반응하는 데 있는 게 아니라 오히려 반동적이고 진부하더라도 하나의 일관된 자세를 견지하는 데 있다. 그는 콕토와 리비에르를 대척점에 두고 전자를 비판하고 있는데, 콕토가 재기 발랄함은 지니고 있지만 그것이 시대에 대한 깊은 고민 속에 용해되지 않고 하나의 경박함에 함몰되었기 때문이다. 콕토의 가벼운 재치는 하나의 포즈로 승화되지 않고 시대의 추이에 가볍게 추종한 결과이다.

이런 경로를 거쳐 이원조의 논의는 드디어 그 핵심에 이른다. 그는 포즈를 하나의 몸가짐으로만 말하고 핵심적인 말을 미루어 왔다고 하면서, 핵심적인 것은 바로 "포즈라는 말은 또한 진실한 자태(姿態)"에 있다고 밝힌다. 여기에 진실이라는 것이 진리의 성격을 지닌다는 지적도 덧붙인다.

다시 말하면 진리라는 것이 항상 자기를 표시할 때는 먼저 한 개의 이론적 관계를 가지고서 하는 것이다. 그러나 이것은 아직도 옳은 의미로서의 진리라고 할 수는 없는 것이니 그것은 비록 객관적 진실성은 가졌더라도 주체적 진실성을 가지지 못한 때문인 것이다. 그러나 한 개의 객관적 진실성을 가진 진리를 주체적으로 파악하자면 또한 그 주체 스스로가 진실하지 않으면 안 되는 것이니 여기에 있어서 진리와 진실이 라는 것은 그 존재에 있어서나 인식에 있어서나 영원히 떠날 수 없는 일체양면(一體兩面)이라는 것을 짐작할 수 있을 것이다.(이원조: 122)

이 글의 핵심은 진리와 주체의 상관관계를 밝히는 데 있다. 진리가 "한 개의 이론적 관계"에 있을 때 그것은 주체와 유리된 관념에 불과하다. 따라서 그것이 주체의 성실성과 만나지 않고서는 옳은 의미로서의 진리가 될 수 없다. 관념으로서의 진리는 하나의 객관적 진실성만을 가질 뿐이다. 이것은 반쪽의 진리일 뿐인데, 이런 진리를 완성케 하는 것이 바로 주체적 진실성이다. 이원조는 주로 전자를 진리로, 후자를 진실로 부르며 이 둘이 존재나 인식에 있어서 불가분의 관계임을 강조한다.

이 진리와 주체의 문제, 그리고 그 둘을 연결하는 진실성, 이것은 우리가 지금까지 다루어왔던 주리론의 개념들과 상당한 동질성을 지닌다. 이것은 객관적 실체로서의 리(理)와 주체의 관계를 다루는 퇴계의 논리와 비교해 볼 만하다.

(주자는) 또 말하기를 "리에는 반드시 용(用)이 있으니 어찌 또 마음의 용을 말할 것이 있는가?"라 하였다. 그 용은 비록 사람의 마음을 벗어나는 것이 아니지만 그 용의 미묘함을 이루는 까닭은 실로 리의 발현 때문이니, 마음의 이름에 따라 이르지 않음이 없게 된다. 다만 나의 격물이 지극하지 못함을 걱정할 뿐 리가 자도(自到)할 수 없음을 걱정해서는 안 된다. 그러므로 격물(格物)이라 하면 내가 물리의 극처에 궁지(窮至)함을 말하지만, 물격(物格)이라 하게 되면 어찌 물리(物理)의 극처가 나의 궁구함에 따라 이르지 않음이 없음을 말하는 것이 아니겠는가?[4]

4 "又曰理必有用 何必又說是心之用乎 則其用 雖不外乎人心 而其所以爲用之妙 實是理之發見

이 글은 퇴계가 만년에 객관적 진리로서의 '리(理)'의 능동성을 인정하면서 주체의 성실성을 강조하는 부분이다. 여기에서는 격물론을 문제삼고 있는데 이때 '격물(格物)'은 주체가 사물의 리에 이른다('격'은 '이르다'의 의미로 해석됨)는 의미로 별 문제가 없지만, '물격(物格)'은 곧 사물의 이치가 나에게 이름을 말하는 것이 되어 리의 성격상 문제가 된다. 이전에 퇴계가 리의 능동성을 부정할 때는 리의 '무동정(無動靜)'이라는 기준에 의거하여 사물의 리가 주체에게 이를 수 없다고 보았다. 그래서 '물격'을 '물이 격하다'라고 읽지 않고 '(사람이) 물에 격하다'로 읽음으로써 논리적 모순을 해결하였다. 그러나 인용문에서 보는 바와 같이 퇴계가 체용설(體用說)에 입각하여 리의 능동성을 인정하면서 사물의 리도 주체에 이를 수 있다고 하여 이전의 주장을 수정하였던 것이다.

문제는 리의 자도설(自到說)에서 사물의 리가 아무 조건 없이 내 마음의 궁구와 무관하게 무조건 이르는 것이 아니라, '나의 궁구에 따라 도래한다'는 것이다. "다만 나의 격물이 지극하지 못할까를 걱정해야지, 리가 자도할 수 없음을 걱정해서는 안 된다"는 말은 바로 이런 뜻이다. 리의 능동성을 인정할 때조차도 퇴계는 이처럼 인식 주체인 자아의 역할을 강조해 마지않은 것이다. 이것은 인간의 성실성을 매개로 할 때만 객관적 진리인 리의 자도(自到)가 가능하다는 인식이다. 이 성실성의 실천으로 퇴계는 '경(敬)'을 강조해 마지않았다.

객관적 진실성, 즉 객관적 진리에 반드시 대응해야 하는 주체의 성실성은 퇴계 주리론의 중심 사유이다. 이원조의 객관적 진실성, 주체적 진실성은 이런 사유의 연장선상에 있다. 퇴계의 리자도설에 대한 다음의 평가에서 우리는 이원조의 용어 사용과 호응하는 부분을 확인할 수 있다.

者 隨人心之所至 而無所不到 無所不盡 但恐吾之物格有未至, 不患理不能自到也 然則方其言物格也 則固是言我窮至物理之極處 及其言物格也 則豈不可謂物理之極處 隨吾所窮而無不到乎." 이황, 『퇴계전서(상권)』, 대동문화연구원, 1958, 465쪽.

> 이때의 리가 한낱 객관적 진리만 의미하지 않고, 선(善) 또는 소당연(所當然)으로서의 주체적 진리까지 의미하며, 주체적 진리의 의미의 비중이 더 큼을 고려해야 할 것이다. 이 점을 고려한다면, 리의 자도를 믿는 것은 곧 의리를 '불변적 진리'로 하는 '주체적 진리의 절대성' 또는 사필귀정과 같이 의리가 언제든지 실현되지 않을 수 없는 '주체적 진리의 절대적 실현성'을 확신하는 사고라 풀이될 수 있다.[5]

이처럼 리는 우주에 실재하는 '객관적 진리'이면서 동시에 인간과의 상호소통을 통해 현현되는 "주체적 진리"이다. 이원조의 용어로 말하자면 전자는 객관적 진실성, 즉 진리이며 후자는 주체적 진실성, 즉 진실이 된다. 또한 전자의 고립에 의미를 두지 않고 주체와의 연계 속에서 진리의 문제를 다룬다는 점도 유사하다. 퇴계가 '주체적 진리의 절대성'을 강조하는 것처럼 이원조는 주체적 진실성의 실천, 즉 포즈를 강조한다. 절대적 진리를 설정하고 그것을 실천, 즉 행동의 문제와 연계하는 이런 사유는 사상사적 동질성을 바탕으로 할 때라야 가능한 것이라 할 수 있다. 퇴계의 거경궁리(居敬窮理), 이원조의 포즈는 이런 점에서 사상적 연계를 지니고 있는 것이다. 이원조는 이 진실이라는 것은 사리사욕을 위한 것이 아니라 "내가 아닌 다른 것에 대한 봉사"이기 때문에 항상 고난을 내포하고 있으며 어떤 의무라는 관념과 연계된다고 본다. 이것은 나의 격물이 지극해야 한다는 퇴계의 명제가 스스로에게 가하는 윤리적 무게와 동질의 것이라 할 수 있다.

지금까지 이원조의 포즈론이 단순한 내면으로의 침잠 혹은 객관적 정세에 따른 주관의 후퇴로 평가되고 이런 사상사적 연관에 주목하지 못한 것은 그의 사유를 피상적으로 파악했기 때문이다. 또한 모든 연구자들이

5 윤사순, 『퇴계철학의 연구』, 고려대학교출판부, 1980, 32쪽.

천편일률적으로 인용하는 특정 부분에만 주목하고 정작 이원조의 핵심이 놓인 후반부를 간과했기 때문으로 보인다.

이원조는 문학과 행동의 연관성을 끝까지 고수하고 있으면서 객관적 진리와 주체적 성실성의 상호결합을 무한하게 신뢰하고 있다. 그의 포즈론은 바로 이 결합에서 주체적 성실성의 측면을 강조한 말이다. 이원조의 포즈론을 더 실감나게 표현한 것은 아마도 이육사의 다음과 같은 말일 것이다. 이원조에게 이육사의 도움이 필요한 부분, 이육사가 아우에게 진 빚을 갚는 부분도 바로 이곳이 아닐까.

> 내가 들개에게 길을 비켜 줄 수 있는 겸양(謙讓)을 보는 사람이 없다고 해도 정면(正面)으로 달려드는 표범을 겁내서는 한 발자욱이라도 물러서지 않으려는 내 길을 사랑할 뿐이오. 그렇소이다. 내 길을 사랑하는 마음 그것은 내 자신에 희생을 요구하는 노력이오. 이래서 나는 내 기백을 키우고 길러서 금강심(金剛心)에서 나오는 내 시는 쓸지언정 유언(遺言)은 쓰지 않겠소. (…) 다만 나에게는 행동의 연속만이 있을 따름이오. 행동은 말이 아니고, 나에게는 시를 생각는다는 것도 행동이 되는 까닭이오.(이육사, 「계절의 오행」)

시적 지형도: 리와 기의 구도와 시의 종류

기와 리의 파노라마와 시적 구도

이기철학(理氣哲學)이란 우주만물을 기(氣)와 리(理)라는 개념으로 설명하는 철학이다. 이미 설명한 바 있듯이, 기는 사물의 현상 혹은 사물을 이루는 내용 즉 질료를 의미하고, 리는 이런 질료와 관련된 일체의 형이상학적 원리를 의미한다. 따라서 기는 물질성 · 감각성 · 특수성이라는 개념으로, 리는 영원성 · 초월성 · 보편성이란 개념으로 설명될 수 있다.

조셉 니담은 물리학적 관점에서 기를 물질 에너지, 리를 조직 또는 조직의 원리(principle of organization)로 파악하기도 한다.[1] 리가 형이상학적 법칙이라는 점에 대해서는 어느 정도 의견의 일치를 보았으나, 기에 대해서는 이것이 하나의 실체이냐 아니냐를 두고 논란이 있었다. 지금은 대체로 형이하의 존재인 기를 '물질임과 동시에 에너지이거나 에너지를 내재한 물질로서 자연적인 세계를 구성하는 물질적인 기본원소'라는 점에서 의견의 일치를 보는 모양이다. 에너지가 하나의 물리적 실체로 인정되었기 때문인 것이다.

기와 리라는 개념은 이를 아리스토텔레스의 개념인 질료(matter)와 형상(form)에 대응시키고자 하는 유혹을 불러일으킨다. 니담은 형상이란 사물의 개성화의 요인이어서 모든 유기체와 그 목적과의 결합을 야기시키는 것으로, 이런 점에서 리의 성격과 동일하다고 본다.(Needham: 179) 그러

1 Joseph Needham, 이석호 외 옮김, 『중국의 과학과 문명3』, 을유문화사, 1987, 173쪽.

나 그는 형상이 사물의 본질이며 기본적 실체라는 점에서 신유학의 리의 개념과 완전하게 다르다고 하며 더 이상의 유사성을 거부한다. 하지만 퇴계의 리는 오히려 아리스토텔레스의 형상 개념과 더 유사하다고 할 수 있다. 그의 리는 기의 요소를 흡수함으로써 사물의 본질을 이루기도 하기 때문이다. 이 지점이 바로 퇴계와 주희 간에 차이가 생기는 지점이자 퇴계의 독창성이 발현되는 지점이라 할 수 있다.

기를 위주로 하건 리를 위주로 하건 이기철학에 있어서 리와 기는 세계의 모든 현상을 설명할 수 있는 궁극적인 두 축이라는 점에는 변함이 없다. 퇴계 이후 한국 이기철학에서 이 둘의 관계를 어떻게 보느냐에 따라 학자 간의 의견차가 생기고 이로 인하여 의미 있는 논쟁과 다양한 학파가 생기게 되었다. 이를 통하여 중국 이기철학과 구별되는 철학적 성과가 우리 땅에 나타나게 되었던 것이다. 그 결과 퇴계는 리에 능동성을 부여하여 리동설(理動說)를 주장하는 주리론자, 율곡은 그와 반대의 입장에서 기의 자율성을 강조하는 주기론자로서의 면모를 당대와 후대인들에게 확고하게 각인시킨다. 주리론과 주기론의 차이는 다음과 같이 정리할 수 있다.

	주리론	주기론
①	리를 본질적인 구성요소로 봄. 리의 성격은 초월적이고 절대적임.	리보다 기의 역할을 더 중시함. 리의 성격은 주리론보다 제한적임.
②	내재적 의미를 강조함으로써 객관 사물을 관념적으로 파악함.	객관 사물 그 자체의 속성을 상대적으로 더 긍정적으로 인정함.
③	리의 능동성을 인정함으로써 논리보다는 가치를 따름.	리의 능동성을 철저히 거부하여 논리적 일관성(리와 기의 구별)을 유지함.

물론 주기론, 주리론이란 개념 사용과, 이에 따른 사상사적 분류에 대

해선 논란이 있긴 하다. 그러나 그것의 효용성이 전면적으로 부정되지는 않는다. 그것이 일본인 학자 고교형(高橋亨)의 논문(「이조 유학사에 있어서의 주리파(主理派) · 주기파(主氣派)의 발달」)에 제기된 분류라는 점에서 경계의 대상이 되긴 하지만, 퇴계의 논의에 주리, 주기라는 어휘의 사용이 없는 것이 아니라는 점을 고려하면,[2] 용어 자체는 그리 문제되지 않는다. 그보다는 오히려 그 분류 기준이 지닌 함의에 주목하는 것이 더 본질적일지도 모른다.[3] 또한 이런 이분법적 분류가 인간 인식의 가장 초보적이고 일반적인 형식으로서 사상사 서술에 있어서 일정한 의미를 지닌다는 주장도 있고, 또한 현재 이런 개념을 사용한 논문들이 지속적으로 발표되는 것을 보면 이런 분류가 어느 정도의 설득력을 지니고 있음을 확인할 수 있다.

리와 기를 두 축으로 놓고 한국 성리학의 지형도를 그려 볼 수 있다. 한쪽 끝에는 리, 다른 한쪽 끝에는 기를 배치하고 그 사이의 다양한 경향을 배치한다면 다음과 같은 도표가 나올 수 있다.

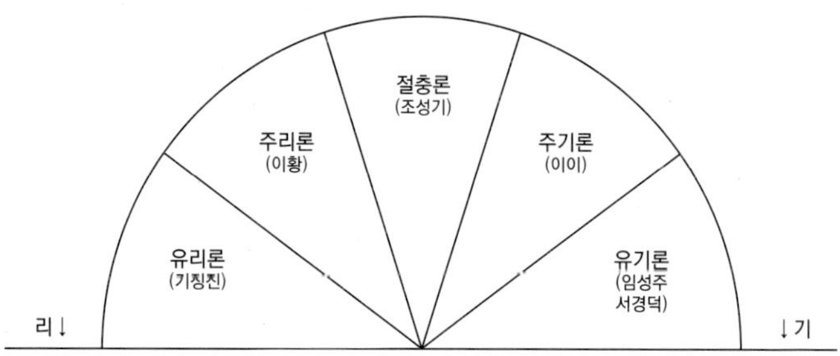

2 이황은 사단칠정(四端七情)을 논하면서 '本自有主理主氣之不同'(「答奇明彦 第二書」)이라 한 바 있다. 윤사순, 『퇴계철학의 연구』, 고려대출판부, 1980, 230쪽; 정성철, 『조선철학사』, 좋은책, 1988, 69쪽; 이남영, 「쟁점으로 본 한국 성리학의 심층」, 『한국사상의 심층 연구』, 211쪽 참조.
3 한자경, 「주리(主理) · 주기(主氣)의 함의 고찰 – '타카하시 토오루의 주리 · 주기'에 관한 비판과 대안의 검토」, 『대동철학』 55집, 대동철학회, 2011 참조.

이 부채꼴 그림에서 왼쪽 방향으로 갈수록 리의 성격이 강화되고, 오른쪽 방향으로 갈수록 기의 성격이 강화된다. 왼쪽 끝에 있는 유리론(기정진)은 리의 위상이 절대적으로 된 리 일원론에 가깝고, 오른쪽 끝의 유기론(임성주)은 기의 위상이 절대적인 기 일원론에 가깝다. 이 둘은 기와 리의 관계에 있어서 한쪽이 다른 한쪽을 형식적으로만 필요로 하는 경우이다. 이 양 극단의 사상을 기준으로 그 사이에 다양한 스펙트럼을 지닌 사상이 펼쳐져 있다. 주기론(이이)과 주리론(이황)은 리와 기의 실제적인 존재를 인정하면서도 어느 한쪽에 주도적인 역할을 부여하는 경우이며, 절충론(조성기, 김창협)은 주리론과 주기론을 상호 보완하여 리와 기의 균형을 유지하는 경우이다.[4]

우리는 이 표를 시학적 방향으로 전환시킬 수 있다. 리와 기는 세계의 본질을 이루는 두 축이라는 점에서 시의 문제에 적용하는 데 원칙적으로 문제가 없다. 그러나 더 세밀하게 만들기 위하여 좀 더 문학에 가까운 용어로 해석할 필요가 있다. 필자는 리와 기를 소쉬르에 있어서 기호의 두 구성요소인 기표(signifier)와 기의(signified)에 대응시키고자 한다.

소쉬르에 따르면 기호는 '개념'으로서의 기의와 '청각 영상'으로서의 기표의 종합이다. 기표는 기호의 물질적 형태를, 기의는 기표의 자극을 통해 생성된 정신적 개념으로 이해된다. 이 기표와 기의의 관계에 의해서 하나의 의미가 발생한다. 기표는 기호의 물질적인 양상 즉 질료이며 기의는 그 질료로부터 연상되는 정신적인 내용이라는 점에서 각각 기와 리에 대응된다. 심상은 개념의 보조적 역할을 하는 정보의 하나로서 기의와 연관되어 있지만, 그것의 물질성 때문에 기표에 속하는 것으로 보는 것이 자연스럽다.[5] 이기론을 기호의 문제에 적용시켜 리를 기의로, 기를 기표로 본다면

4 이 지형도의 구성은 현상윤과 배종호의 저서를 참조하였다. 현상윤, 『조선유학사』, 현음사, 1948; 배종호, 『한국유학사』, 연세대출판부, 1974.

5 소쉬르는 기의, 즉 개념을 대상의 심상까지 포괄하고 있다. 그러나 정확하게 말하면 기의가

앞에서 제시한 부채꼴은 다른 내용을 지닐 것이다.

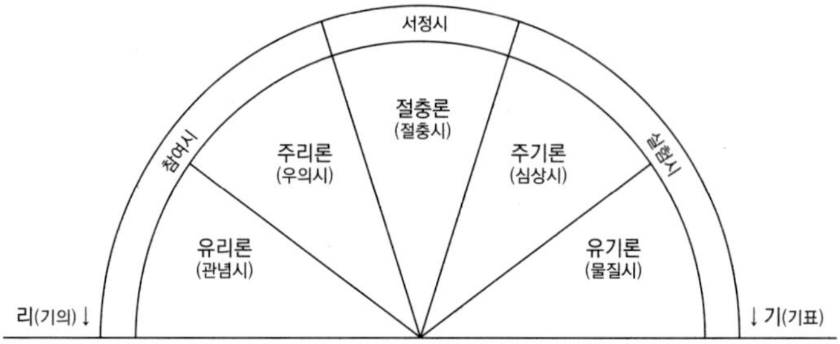

위의 그림에서 기의, 즉 리의 축에 다가가면 갈수록 그 시는 관념적인 성격을 강하게 지닌다. 이에 반하여 기표 즉 기의 축으로 다가갈수록 그 시는 질료적인 특성을 더욱 생생하게 드러내게 될 것이다. 좌우 양 극단에는 각각 '관념시'와 '물질시'가 놓이고, 가운데에 '절충시'가 있고, 그 사이에 '우의시'와 '심상시'가 각각 놓인다. 이제 각각의 시적 특성을 전통시학적 관점과 연계시켜 살펴보자.

물질시(物質詩)와 관념시(觀念詩)

먼저 좌우 양 극단에 위치할 시부터 검토해 보자. 기표로서의 기가 가장 극단적으로 드러나는 시와 기의로서의 리가 가장 극단적으로 드러나는 시를 찾는 일은 관념적 경향과 물질적 경향의 극단을 가리는 일이 될 것이다. 먼저 다음의 시를 보자.

나타내는 개념은 심상이라 보기 어렵다. Ferdinand de Saussure, 최승언 옮김, 『일반언어학 강의』, 민음사, 1990, 84-85쪽.

고로비요마카나코루기나야라야마니고니카카
로네그나마노니가로구다노사야마고고로니비
니바니노나노가니바고로비츠시기라메니카르
로사니가나사바로나크루가야니타티치치코바
(음향으로만 즐겨 주길 바란다)

– 조향, 「H씨의 주문(呪文)」 전문

이것은 조향의 음향시로서 '물질시'의 가장 전형적인 예이다. 음향시는 다다이즘에서 시도한 실험적 시 형식이다. 이 음향시는 기의의 탈각을 목표로 한다. 그래서 이 시에서 기표는 어떤 기의에도 가닿지 않는다. 기표의 물질성만 전면에 노출되어 있다. 이런 시를 쓰는 이유는 조향 스스로 밝힌 바 있듯이 "언어에는 그때까지의 문명사적 중량, 다시 말하자면 케케묵은 '의미의 세계'가 엉켜 있었기 때문에 때묻은 말을 깨끗이 씻어서 순수화함으로써 모든 가치를 깨끗이 청산"[6]하기 위해서이다. 그가 말하는 '의미의 세계'란 바로 기의의 세계이다. 이 시에서 그것은 철저하게 배제되어 있다. 이 시에서 언어들은 어떠한 기의도 지시하지 않고 기표의 층위에서 유동한다. 언어들은 기표의 차원에서 끊임없이 유동할 뿐 어떤 기의를 연상시키거나 생성하지 않는다. 기표와 기의는 접점을 찾지 못하고 계속 미끄러지고 그 의미는 차연된다. 시인이 괄호를 사용하여 "음향으로만 즐겨 주길 바란다"라는 주의사항까지 단 것은 바로 기의에 대한 인간적 갈망을 포기하라는 의미인 것이다. 이는 곧 의미의 세계를 청산한 순수한 놀이, 즉 기의 없는 기표의 유희를 가리키는 말이다. 소쉬르에 의하면 이런 시의 기호는 기호라 부를 수 없을 것이다. 이것은 반쪽만 기호의 특성을 지니는 결핍의 기호일 뿐이다. 그러나 현대시는 이 기표 자체에도 매력

6 조향, 「다다 운동의 회고」, 『조향전집2』, 열음사, 1994, 208쪽.

적인 이미지가 충만함을 강조한다. 기표만으로 즐거움을 누리는 시를 김춘수가 '무의미시'라고 한 바 있듯이 이런 시풍은 현대에 보편적인 시경향이 되었다.

이처럼 물질시는 기표만을 강조하는 시로서 부채꼴의 오른쪽 끝, 즉 '기'의 축에 가장 가깝게 자리 잡을 것이다. 기, 즉 질료의 가장 극단적인 형태를 적극적으로 활용하는 시이기 때문이다. 언어의 물질성을 극도로 강조하는 아방가르드의 실험시들이 여기에 속한다. 조향의 음향시처럼 아무런 기의를 나타내지 않는 시뿐 아니라 이른바 구체시(具體詩, concrete poetry)라고 불리는 시도 여기에 포함된다. 문자 배치를 통해 형상을 만들어 내고는 기의에서 이미지가 발생하기 전에 시각적으로 이미지를 보여주는 시들이 그것이다.

그렇다면 정반대의 경우, 즉 가장 왼쪽에 놓이는 것은 어떤 시일까. 그것은 리 즉 기의가 극단화된 시, 즉 '관념시'일 것이다. 기의는 소쉬르의 '개념'에 해당한다. 그러나 이것이 극단화되면 감각적 표지가 전혀 형성될 수 없는 순수추상적 개념만 나타나는 상태가 가능할 것이다. 그런 시는 추상적 개념만으로 이루어지는 시이다. 사실상 절대적으로 감각적 표지를 지니지 않는 어휘는 없을 것이다.[7] 어떤 어휘이든 그것을 개념의 지도 속에 들여놓는 순간 각자의 경험에서 체득한 어떤 감각이 부여되기 때문이다. 그러나 여기에서는 구체적이고 감각적인 이미지를 지니지 않는 추상적인 기의만을 고찰해 보자.

추상적인 개념, 즉 기의가 가장 극단화된 시란 어떤 경우일까. 아마도 생경한 관념만 늘여놓는 시들이 여기에 속할 것이다. 개화기의 창가들이

7 철학적으로는 기 없는 리, 즉 기표 없는 기의는 가능하다. 아리스토텔레스는 "형상이 결여된 질료는 있을 수 없지만, 질료가 결여된 형상은 있을 수 있다."라고 말한 바 있다. 이 점은 이황의 주리론에서도 반복된다. 우주의 태초인 태극은 기 없는 리인 것이다. Joseph Needham, 앞의 책, 179쪽 참조.

나 카프시가 대표적인 경우이다. 이들 시에서는 감각적 이미지가 존재 가치를 지니지 못한다. 이런 시들에서 중요한 것은 그야말로 가장 순수한 기의에 불과한 추상적인 메시지이기 때문이다. 다음과 같은 1920년대의 카프시가 그럴 듯한 예가 될 것이다.

나는 무산자이다!
아모 것도 갖지 못한

그러나 나는 다만
'인간'이라는 재산만을
진실한 의미의 '인간'을…
요구한다 절규한다!

– 김석송, 「무산자의 절규」 부분

이 시에는 어떤 감각적 이미지도 드러나지 않는다. 철저하게 추상적이고 관념적인 어휘들이 사용되고 있다. 기표는 메마른 기의만을 우리에게 던진다. 어떤 감각적인 자극도 지니고 있지 못한 리, 즉 관념적 메시지만 나타나 있다. 이런 시에 앙상한 기의만 남아 있는 것은 시 이전에 어떤 의도가 강하게 작용하고 있기 때문이다. 이미지의 풍부한 사용이 메시지의 전달에 오히려 방해가 된다는 생각, 또는 메시지를 신속하게 전달해야 한다는 계몽의 목적을 달성하기 위해서는 직선적인 표현이 중요하다는 생각이 바로 그것이다. 이것은 리얼리즘 시들이 공통적으로 지니고 있는 특성이자 한계이다. 그렇기 때문에 이런 카프시류에 임화나 신경림과 같이 감각적 이미지를 적절하게 구사하는 시인이 나타났을 때 독자들이 왜 환호하였는가는 굳이 물을 필요가 없을 것이다.

우의시(寓意詩)와 심상시(心象詩)

우의시와 심상시는 각각 주리론과 주기론에 대응되는 시의 유형으로, 기의와 기표의 실제적인 역할을 인정하면서도 그중 어느 한쪽에 주도적인 역할을 부여하는 경우를 가리킨다. 이들 시 유형의 바탕에 깔려 있는 주리론과 주기론의 사상적 지향에 따라 이들 시의 특성이 결정된다. 주리론에 바탕을 둔 우의시, 즉 알레고리시에서는 질료적인 측면보다 관념적인 측면을 강조하면서, 외물의 감각적 아름다움보다는 본질적으로 불변하는 어떤 '도(道)의 구현물(具現物)'을 나타내는 어휘들이 많이 사용될 것이다. 어휘는 물질적 이미지보다는 개념 중심으로 되어 추상화된 특성을 선호할 것이다. 이에 반하여 주기론에 바탕을 둔 심상시에서는 관념적인 어휘보다는 대상의 물질성과 연계되어 질료적인 측면을 잘 나타내는 감각적인 시어들이 주를 이룰 것이다. 이것은 퇴계의 연시조 「도산십이곡(陶山十二曲)」과 율곡의 연시조 「고산구곡가(高山九曲歌)」를 비교해 보면 더욱 뚜렷해진다. 전자에는 감각적이거나 구복을 자극하는 시어들이 전혀 나타나지 않는 데 반해, 후자에는 감각적 흥취를 불러일으키는 이미지들이 자연스럽게 나타나는 것이다. 우리는 동일한 대상을 다루는 다음의 두 시를 통하여 그 차이를 쉽게 이해할 수 있다. 이미 앞(제4장 제3절)에서 다룬 내용이라 간략하게 설명하기로 한다.

(가) 흣트러진 갈기
후주군한 눈
밤송이 가튼 털
오! 먼길에 지친말
채죽에 지친 말이여!

수긋한 목통
축처-진 소리
서리에 번적이는 네굽
오! 구름을 헷치려는 말
새해에 소리칠 힌말이여!

– 이육사, 「말」 전문

(나) 말아, 다락 같은 말아,
너는 즘잔도 하다 마는
너는 웨그리 슬퍼 뵈니?
말아, 사람편인 말아,
검정 콩 푸렁 콩을 주마.

이말은 누가 난줄도 모르고
밤이면 먼데 달을 보며 잔다.

– 정지용, 「말」 전문

(가)는 우의시로서, 물질성과 관념성 중 후자 쪽에 강조점이 더 가 있는 시이다. 처음 볼 때 이 시는 실제적인 대상의 질료적 특성을 시각적으로 나타낸 시로 보인다. 흐트러진 갈기, 후주군한 눈, 밤송이 같은 털은 모두 시각을 통해 지각되는 구체적인 이미지들이기 때문이다. 그런데 2연의 '새해'라는 어휘는 이 시가 말을 구체적으로 그리는 것이 아니라는 사실을 알려준다. '새해'와 '힌말'의 관계는 이 시가 발표된 1930년, 즉 경오년(庚午年)과 관련된다. 오행의 기호학에 따르면 '경(庚)'은 '신(辛)'과 같이 오행 중의 금(金)에 속하고, '금'은 색깔로 '흰색(白)'을 의미한다. 그러므로 '경오년'은 흰말(白馬)의 해가 되는 것이다. 육사의 시 「말」에 나오는 '힌말'은

구체적 · 감각적인 물질적 속성을 가지고 있는 자연적 이미지가 아니라, 동양에서 전통적으로 해(年)를 나타내기 위해 사용하는 기호의 하나에 속하는 표상(emblem)이다.

(나)는 육사의 작품과 똑같은 대상을 다루고 있는 정지용의 시이다. 육사의 시와 비교해 볼 경우, 정지용의 시에 등장하는 말은 전체적으로 감각을 바탕으로 한 구체적 질료성을 가지고 있다. 정지용의 「말」은 시적 화자가 직접 대상을 마주하고 있음을 전제로 하여 전개되고 있다. 1연은 커다란 몸집과 말의 표정을 직접 보고 있는 것처럼 말하고 있으며, 이러한 점은 2연 끝까지 전복되지 않는다. 육사의 「말」이 처음에는 자연적 이미지인 듯이 전개되다가 마지막에 표상임을 암시하는 표지를 드러내 이미지의 반전을 보여주는 것과는 달리, 지용의 시는 처음부터 끝까지 자연적 이미지를 안정되게 유지하고 있다.

이 두 편의 시는 이미지의 특성상 각각 리의 축과 기의 축으로 서로 다른 방향으로 향하고 있다. (가)가 물질성을 탈각한 형이상적 이미지, 즉 표상으로 이루어지고 있다는 점에서 관념적인 측면이 강하여, 리의 축에 가까운 작품이 된다. 이와 달리 (나)는 시 전체가 '자연적 대상의 존재론적 우월성'이라는 질료적 특성을 유지하고 있다는 점에서 기의 축에 가까운 작품이라 할 수 있다. 그러나 둘 다 어느 한쪽에 극단적으로 치우쳐 있지 않다는 점에 그 특성이 있다.

절충시(折衷詩)

이제 양극단의 시들도 결정되었다면 마지막으로 가운데 항목('절충론')에 들어갈 시에 대해 생각해 보아야 한다. 주지하다시피 절충론에 해당하는 것은 기의와 기표의 행복한 만남을 전제로 하는 절충시로, 구체적으로 서정시가 가장 적절할 것이다. 서정시의 핵심적인 특성이 세계와 자아의 동일시이며, 이것은 자연스럽게 기표와 기의의 적절한 만남을 기반으로 하기 때문이다. 서정시에서 질료이자 현상으로서의 기표들은 어떤 저항도 없이 기의의 세계와 적절한 통일을 이룬다. 서정시들의 이미지들이 정서적 안정감을 주는 것도 이런 점에 기인한다고 할 수 있다. 서정시의 세계에서 이 세계의 모든 기표는 초월적 세계의 기의와 조화로운 상태에 놓여 있다. 일상적인 세계에서 분명하게 구별되는 세계와 자아, 혼란에 빠진 기표와 기의의 관계는 서정적인 순간에 합일을 이루는 것이다. 모든 기표는 기의에 정확하게 가닿는다. 이런 기의의 안정성을 최종적으로 보증해 주는 것은 초월적 존재일 것이다. 데리다는 이것을 '초월기의'라 부른 바 있다. 라캉의 철학과 달리, 서정시는 기표와 기의의 물리적 간격을 초월하여 소통의 단계에 놓인다. 서정시에서 이 둘은 어느 쪽으로도 치우치지 않는다. 따라서 서정시를 리와 기, 즉 기의와 기표의 조화를 보여주는 절충론의 항목에 놓는 것은 논리적으로 타당하다고 할 수 있다.

앞에서 사용한 개념 중 관념시, 물질시라는 개념은 이전에도 논의된 적이 있다. J. C. 랜슴은 존재론적 관점에서 시의 유형을 물질시(physical poetry), 관념시(platonic poetry), 형이상학시(metaphisical poetry)로 나누었다.[8] 그에 따르면 물질시는 이미지즘시, 관념시는 빅토리아시대의 교훈조의 시이며, 형이상학시는 존 던이나 J. 드라이든 같은 형이상학파 시인의 시가 된다. 이때 물질시를 이미지즘시, 즉 심상시로 보는 것은 다소 어중간한 설정이라 할 수 있다. 또한 형이상학시는 우리가 앞에서 다룬 우의시, 심상시, 절충시 전체를 포괄하는 범주이기에 구체성이 부족하다는 점을 한계로 들 수 있다. 형이상학시는 기발한 의도를 중심으로 인상적인 표현을 제시한다는 점에서 우의시로 보는 것이 적절하다. 그렇다면 랜슴의

8 J. C. Ransom, "Poetry: A Note in Ontology", *Critique and Essays in Criticism*, New York.: The Ronald Press Company, 1949 참조.

구분은 구체적 · 실제적인 구분에는 도달하지 못한 것으로 보인다. 이에 비추어 볼 때 이기론의 구도에 따라 설정한 시적 지형도는 랜슴의 유형이 지닌 한계를 극복하고 있다는 점에서 설득력을 지닌다고 할 수 있다.

제5장 전통시학의 현재성

동아시아 사상사의 세 장면과 그 의미

동아시아 유식불교의 구도: 규기와 원측의 대립

우리의 전통 사유로부터 시학의 가능성을 읽어 오면서 한 가지 특이한 흐름을 감지할 수 있었다. 그 흐름은 필자로 하여금 기층사유와 관련한 첫 번째 논의, '상상계의 원형-동아시아 상상계의 유형'에서 다룬 동이적 상상계의 특성이 이후에도 우리 사상사에 지속적으로 유지되어 오고 있는 것은 아닌가 하는 생각을 갖게 만들었다. 그중에서 크게 세 가지 사례를 거론하며 그 내용과 의미를 살펴보고자 한다.

첫 번째 장면은 7세기 동아시아 유식불교의 중요한 두 축을 형성하여 일종의 대립각을 세웠던 중국의 규기(窺基)와 신라 출신 원측(圓測)의 사상적 대립이다. 이를 위해 먼저 당시 동아시아에까지 흘러오게 된 유식불교의 계통을 설명할 필요가 있다.[1] 앞에서 설명한 바처럼 유식불교는 인식 주체와 인식 대상의 고정불변하는 실체가 존재하지 않는다는 생각을 바탕으로, 인식 주체(마음)가 만들어 내는 허구성을 탐구하여 깨달음의 세계에 도달하려는 불교 유파이다. 유식불교는 4세기경부터 인도에서 이론적으로 체계화되었으며, 중요한 사상가로는 미륵(彌勒, 마이트레야), 무착(無着, 아상가), 세친(世親, 바스반두) 등이 있다. 이 중 세친은 형 무착과 함께 유식철학의 기본 틀을 완성한 인물로, 그의 『유식삼십송』은 그 난해함 때

1 이하 유식철학과 관련된 개설은 다음 책들을 주로 참고하였다. 이만, 『한국유식사상사』, 장경각, 2000; 한자경, 『유식무경, 유식불교에서의 인식과 존재』, 예문서원, 2000; 太田久紀, 정병조 옮김, 『불교의 심층심리』, 현음사, 1983.

문에 이후 10대 논사(論師)라 불리는 많은 해석학자와 허다한 유식 관련 저술을 낳게 만들었다.

10대 논사 중 대표적인 이가 안혜(安慧, 스디라마티)와 호법(護法, 다르마파라)이다. 이들은 6세기경 인도에서 무상유식(無相唯識)과 유상유식(有相唯識)으로 나누어지는 유식불교 계통을 각각 대표하는 중요한 학자이다. 안혜 계통의 무상유식은 형상의 허망성을 강조하여 거짓된 형상이 없는 진리에 이르고자 하는 경향을 말하며, 호법 계통의 유상유식은 마음이 만들어 내는 형상을 허구적인 것으로 인정하여 마음의 실상 파악에 치중하는 경향을 가리킨다.(한자경: 26) 무상유식은 인식 능력이나 인식 대상이 모두 허망한 것으로 보고, 이런 허망성을 깨달을 때 인식 능력과 인식 대상이 모두 사라지는 '경식구민(境識俱泯)'의 상태가 되어 진리에 도달할 수 있다고 본다. 이에 반하여 유상유식은 인연에 의해 생성되는 인식 능력의 존재 자체는 있는 것으로 인정하고, 잘못된 인식 작용으로 생기는 인식 대상은 부정하는 '유식무경(唯識無境)'을 사상적 기조로 삼는다.

무상유식 학파인 안혜의 사상은 진제(眞諦, 파르마르타)에 의해 중국에 도입되어 섭론종이 성립된다. 신라의 왕손으로서 중국에서 유식불교로 일가를 이룬 원측은 섭론종파의 스승과 신유식파의 현장(玄奘)으로부터 유식불교를 배웠으나, 그의 논의는 많은 부분 진제의 설을 참조하고 있다. 원측으로부터 도증(道證), 태현(太賢), 둔륜(遁倫) 등 신라 출신의 제자가 나와 그의 법맥을 이었다.

반면 유상무식 학파인 호법의 사상은 현장에 의해 중국에 도입되어 동아시아 유식불교의 주류로 자리 잡게 된다. 현장이 불교를 배우기 위해 인도로 갔을 때 호법은 32세의 젊은 나이로 이미 죽은 후라서, 그는 호법의 제자 계현(戒賢, 실라파트라)에게서 유식불교를 배운다. 중국으로 돌아온 현장은 방대한 경전 번역 사업에 착수하여 중국 불교를 진흥시켰으며, 이때 그의 번역으로 형성된 새로운 유식불교를 신역(新譯) 유식이라 하여 진제 등의 구역(舊譯) 유식과 구별한다. 현장의 제자 규기(窺基)는 법상종을 성립시켰으며, 그의 법맥은 이후 혜소(慧沼)로 이어진다.

원측과 규기는 동시대에 동아시아 유식불교의 양대 산맥으로 존재하였다. 그들은 현장의 동문 제자로 두각을 나타내었으며, 법상종의 양대 학파를 형성하였다. 규기를 따르는 학파는 그가 주재하였던 자은사(慈恩寺)의 이름을 따 자은학파라 부르고, 원측을 따르는 학파는 그가 머물었던 서명사(西明寺)의 이름을 따 서명학파라 불렀는데, 서명학파에 속하였던 승려들 대부분은 신라 출신이었다. 자은학파와 서명학파는 사상적 경향에서 분명한 차이가 나서 서로 대립하고 있었다. 그 대립은 진제의 구역 유식과 현장의 신역 유식의 차이를 바탕에 두고 있지만, 그 이상의 차이도 보이고 있다.

자은학파와 서명학파의 사상적 대립은 유식관(唯識觀), 공관(空觀), 불성관(佛性觀), 수행관 등 크게 네 가지 관점에서 정리될 수 있다.[2] 첫째, 유식불교를 바라보는 관점에서 원측은 구역 유식에서 강조하는 삼성론(三性論)[3]에 근거하여 신역 유식의 타당한 바를 수용하였으며, 규기는 호법계통의 신역 유식의 전통에 따라 이론적 정합성을 추구하는 식론(識論)에 치중하여 다른 학설을 배타적으로 다루었다. 그럼에도 원측은 삼성을 모두 부정하는 진제를 비판하고 변계소집성만 부정하는 규기의 학설을 수용하였는데, 이런 포용성은 요가 수행을 통해 체험한 내용을 이론화한 유가행과 식론을 통합하려는 의도의 소산이라 할 수 있다.

둘째, 공(空)을 바라보는 관점에서 원측은 무상유식, 규기는 유상유식

2 이 차이점은 고영섭의 논의를 요약한다. 고영섭, 「동아시아 불교에서 유식 법상의 지형도: 원측 유식(圓測唯識)과 규기 유식(窺基唯識)의 동처와 부동처」, 『불교학보』 61집, 동국대학교 불교문화연구소, 2012 참조.

3 삼성론의 삼성(三性)이란 대상의 인식 방법에 대한 논의로, 모든 존재는 인연에 의해 성립한다는 의타기성(依他起性), 모든 존재는 실체를 지니지 않으며, 오로지 인식의 착오, 즉 허망분별에 의해 존재가 생겨난다는 변계소집성(遍界所執性), 그리고 어떤 오류도 없이 진실 그 자체로 존재하는 현상의 본체로서의 원성실성(圓誠實性)을 가리킨다.

을 지향한다는 점에서 차이가 난다. "같은 유식가임에도 불구하고 공관(空觀)을 적극적으로 원용하는 원측과 달리 규기는 유관(有觀)에 입각하여 유식의 절대적 우월성을 주장"(고영섭: 51)하는 것이다.

셋째, 불성에 대한 관점에서 원측은 모든 존재가 불성을 지니고 있기 때문에 누구나 성불 가능성을 지니고 있다고 본 반면, 규기는 모든 존재는 다섯 등급으로 나누어지는데, 그중 불성을 지니고 있지 않은 존재가 있어 모든 존재가 성불할 수 있는 것은 아니라고 하였다. 원측의 논리를 '일성개성설(一性皆成說)'이라 하고, 규기의 논리를 '오성각별설(五性各別說)'이라 한다.

넷째, 수행관에서는 원측은 수행 단계에서 모든 중생이 성불할 수 있는 가능성을 열어두고 있는 데 반하여, 규기는 수행의 최초 단계를 상당한 수행에 오른 보살의 단계로 설정하여 범부로부터 출발할 수 있는 길을 미리 막아 놓았다. 이 점에서 범부나 중생을 평등하게 바라보는 관점과 차별시하는 관점이 나뉘게 된다.

이와 같은 차이 중에 가장 중요한 것은 성불 가능성에 대한 관점이다. "원측과 규기의 부동처는 인간의 성불 가능성을 바라보는 지점에서 두드러지게 드러난다."(고영섭: 54)는 지적도 이와 관련이 있다. 일본학자가 "『해심밀경소』와 『인왕경소』를 남긴 원측(圓測)이나 도증(道證) · 태현(太賢) 및 『유기론기』를 지은 둔륜(遁倫) 등 신라 출신들은 일승사상을 주장했는데, 이 점에서 삼승진실과 오성각별을 설하는 중국 법상종과 구별된다."[4]고 한 것도 성불 가능성에 대한 입장차를 지적한 것이다. 원측은 중생에 대해 다음과 같이 말하고 있다.

중생의 성품은 여의주와 같아서 반드시 모두 다 성취할 수 있고, 중

4 平川彰 외, 『유식사상』; 이만, 『한국유식사상사』, 장경각, 2000, 62쪽에서 재인용.

생의 근기는 청정한 물과 같아서 자비심과 같이 그림자와 조화하여 더 욱더 푸르게 하며, 중생의 지혜는 허공과 같아서 여여하여 바뀌지도 않고 다르지도 않으니 그 성품은 고칠 수 없는 뜻이다.[5]

이것은 중생, 즉 모든 생명 있는 존재에 대한 예찬이다. 원측은 중생에게서 존재 가능한 모든 잠재성을 읽어 내고 있다. 중생의 성품과 근기와 지혜는 가장 완전한 조건을 갖추고 있어서, 그 가능성을 실현시키려는 의지와 노력만이 존재에게 주어진 의무이자 존재 의의가 되는 것이다. 이것은 모든 생명 있는 존재가 진여의 깨달음과 무관하게 자신의 내면 속에 무차별적 가능성을 이미 간직하고 있다는 생각이다.

이에 반하여 오성각별설을 주장하는 규기는 무성유정(無性有情)과 같은 존재, 즉 일천제(一闡提, 이칸티카)와 같은 존재가 있으며 이들에게는 성불 가능성이 없다고 단언한다. 일천제란 선근(善根)을 끊어 버리고, 불교에 대한 믿음이 없으며, 불교의 교리를 비방한 일군의 무리를 지칭하는 개념으로서, 이들은 불성, 즉 부처가 될 가능성이 없다는 뜻에서 무성유정이라고 한다. 이러한 일천제의 성격은 선험적으로 주어진 것이며 인위적 노력으로는 극복 불가능한 것이다. 즉 "모든 유정(有情)은 본래부터 스스로 그러해서(法爾自然) 다섯 가지 종성(種性)을 타고 난다"(고영섭: 53-54)는 폐쇄적 사유의 결과물이다. 이는 이미 주어진 제도를 고정불변한 것으로 받아들이는 제도 내적 사유의 혐의가 짙다.

앞에서 살펴본 원측의 관점은 도증, 태현 등의 제자뿐 아니라 원효나 의상 등도 공유하는 관점이다. 원효와 의상이 화엄 사상에 정토 사상을 포괄하고 있는 것이 그 예이다.[6] 이 점은 신라 출신 학자들에만 해당하는 것은

5 원측, 『인왕경소』; 고영섭, 앞의 글, 55쪽에서 재인용.

6 여기에 대해서는 이효걸, 「의상, 이 땅에 화엄정토를 건설하다」, 한국불교원전연구회, 『인물로 보는 한국의 불교 사상』, 예문서원, 2004 참조.

아니다. 신구 유식사상의 불성 논쟁을 검토하기 위해 『신구쟁(新舊諍)』이라는 책을 지어서 논쟁을 평정하려 했던 백제 출신의 유식사상가 의영(義榮)도 "규기가 비록 번경(飜經)을 집필한 문장의 대가지만 『승만경(勝鬘經)』을 해석하는 데는 어찌 그렇게 졸렬한지 모르겠다. 『승만경』을 다 보아도 삼승이 실교(實敎)이고, 일승(一乘)이 권교(權敎)란 내용은 없다. 오류를 범한 것이다."[7]고 규기를 비판하며 일성개성설을 옹호하고 있다. 이들의 이런 관점은 마치 선험적으로 주어진 것처럼 확고한 것이어서, 하나같이 이를 기준으로 구역 유식과 신역 유식, 화엄 사상과 정토 사상 등을 통합하고 있다. 원효의 일심사상이나 화쟁사상, 원측의 일미(一味), 일승(一乘), 일음(一音) 사상도 이런 기반에서 비롯되었다고 할 수 있다. 신라뿐 아니라 백제 출신의 사상가에게서도 이와 같은 동일한 관점이 나타난다는 것은 중국의 사상적 흐름과 대별되는 흐름, 즉 신라와 백제를 넘어선 더 큰 범주의 흐름이 존재한다는 것을 암시한다. 이런 흐름은 조선의 이기철학으로도 이어진다.

동아시아 이기철학의 구도: 주희와 이황의 차이

두 번째 장면은 동아시아 이기철학에서 나타난다. 주희(朱熹)로부터 시작된 성리학, 혹은 이기철학(理氣哲學)은 동아시아의 사상 및 정치, 제도 등에 많은 영향을 끼치었다. 이황은 주희의 기본적인 사상 체계를 받아들여 그 논의를 더욱 정교하게 발전시켰다. 그런데 이황은 주희의 철학 체계에 절대적으로 의존하고 있으면서도 주희의 철학을 그대로 수용하는 것이 아니라 자신의 내면적 요청에 의해 일정 부분 독창적인 해석을 가하여 주희의 철학 체계를 변형시키고 있다. 이런 변형은 리에 대한 관점에서 행하

7 崔證 찬, 『守護國界章』; 이만, 앞의 책, 72쪽에서 재인용.

여지는데, 바로 이 점이 주희와 이황의 사상적 차이이다. 이기철학에 있어서 리에 대한 해석은 철학의 기본 구도를 변경할 정도로 중요한 의미를 지니고 있기에, 주희와 이황의 리에 대한 관점 차이는 단순한 해석 차이를 넘어서 있다. 그 차이에 대해서는 여러 논의가 있지만 여기서는 번잡함을 피하여 중국학자 두유명(杜維明)의 논의를 중심으로 정리하고자 한다.[8] 그는 먼저 주희의 리에 대한 해석을 다음과 같이 정리하고 있다.

주희의 리는 '형이하'의 세계에 존재하는 사물, 사건, 현상들과 구분되는 '형이상'의 세계에 존재하는 것이다. 현상과 관련하여 리가 특수한 형태를 띠게 되어도 리 자체는 동일한 것으로 남는다. '리는 하나이되 그것의 드러남은 여럿이다(理一分殊)'라는 전제가 이를 잘 보여준다. 그래서 개별 사물 속에 있는 리는 리의 왜곡된, 또는 부분적인 현현이라는 생각은 철저하게 거부된다. 두유명은 따라서 "돌이나 나무의 리가 짐승이나 사람의 리보다 열등하다는 것도 생각할 수 없다"(杜維明: 24)고 한다. 리에 대한 주희의 생각은 다음과 같은 해설에 잘 요약되어 있다.

> 요컨대 주희는 리를 유일하고 귀일적(歸一的)이며 영구하고 편재(遍在)하는 형이상의 것으로 보았다. 그것은 작용이라기보다는 '존재'이고, 실재(實在)라기보다는 '소이연(所以然, reason)'이며, 천지만물을 생기게 한 실질적인 창조적 충동이라기보다는 우주적 형성과정의 밑바닥에 가로놓인 '바탕'이다. 리는 자체로는 동(적인 것)이나 정(적인 것)이 아니다. 왜냐하면 리는 이런 종류의 범주를 초월하는 것이기 때문이다.(杜維明: 28)

8 杜維明, 「주희(朱熹)의 이철학(理哲學)에 대한 퇴계의 독창적 해석」, 『퇴계학보』 35집, 퇴계학연구원, 1982.

주희가 리에 대하여 상당한 의미를 부여함에도 불구하고 기본적으로 리는 현상적 존재의 형이상학적 근거로서만 의미를 지닌다. 이는 즉 '리는 작용이라기보다는 존재'라는 말로 요약된다. 그래서 두유명은 주희의 리에 능동성이 있다고 해석하는 경향을 매우 부자연스러운 것으로 평가한다. 자료에 따라서 이와 다소 반대되는 언급이 없는 바는 아니나 그것은 방편적 설명에 의한 것으로서 주희의 기본적인 생각과는 거리가 있다는 것이다.

반면에 이황이 생각하는 리의 성격은 어떠할까. 두유명은 "리의 특성에 대한 그(이황-인용자)의 기술에 있어서 세 가지 본질적인 측면, 즉 동(動) · 발(發) · 도(到)에 초점을 맞추어야 한다"(杜維明: 29)고 제안하고 있다. 그가 말하는 "동(動) · 발(發) · 도(到)"란 리동설(理動說) · 리발설(理發說) · 리도설(理到說)을 가리킨다. 리에 실제적인 작용력을 부여하는 이런 논리는 이기철학을 다루는 장에서 살펴보았듯이 퇴계의 우주발생론에서 명확하게 드러난다. 우주의 발생은 분명히 구체적 현상이기 때문에 기의 생성소멸로 볼 수밖에 없는데, 이황은 그 최초의 기, 즉 일원지기(一元之氣)를 생성시키는 것을 태극(太極) 즉 리라고 본다. 그런데 이렇게 되면 리는 형이상의 존재로서 작위성이 없다는 기본적인 규정으로부터 일탈하게 되는 모순이 생긴다. 그런데 퇴계는 이러한 모순을 인식하고 있었으면서도 체용설(體用說)에 입각하여 끝까지 이 주장을 고집한다. 즉 가능원리인 체(體)와 그 원리의 실현인 용(用)이 현상 사물이 아닌 리의 차원에도 존재함을 역설하여 "리에도 원래 용의 면이 있기 때문에 자연히 음양을 생성한다(理自有用 故自然而生陽生陰)"[9]는 주장을 하게 된다. 이런 관점과 같은 선상에서 리는 능동성을 갖게 되고 리는 스스로 발생할 수 있게 된다(理發說). 리의 능동성을 인정하는 이 이론은 리동설(理動說) · 리도

9 윤사순, 『퇴계철학의 연구』, 고려대출판부, 1980, 60쪽.

설(理到說)로 전개된다. 그중 퇴계의 철학적 사색의 최고 경지로 평가되는 만년의 최종적인 이론인 '리도설' 또는 '리자도설(理自到說)'은 인식의 대상이 되는 사물의 리가 인식 주체인 인간의 마음에 스스로 도달한다는 주장으로, 그의 인식론의 특질을 집약적으로 보여주는 이론이다.

논리적인 모순에도 불구하고 퇴계가 이와 같은 주장을 끝내 포기하지 않은 이유는 주로 이런 주장이 지닌 윤리적 의의 때문인 것으로 평가해 왔다. 만일 리에 능동성이 부여되지 않는다면, "리로서의 인간의 본성(性)은 도덕적 수양을 통해 스스로를 실현하기 위해서는 또 다른 어떤 존재에 의해 활동성을 부여받지 않으면" 안 되는데, 그 결과 "덕성은 자율적인 것이 아닌 타율적인 것이 되고"(杜維明: 31) 말기 때문이다. 이런 도덕적, 당위론적 요청에 의해 이황은 논리적 정합성을 포기하고 리에 능동성을 부여했다는 것이다. 기본적으로 이런 당위론적 요청이 그 동기일 수는 있지만, 이황의 리에 대한 관점의 일관성으로 볼 때 그런 동기 이면에 놓인 더 근원적인 기반을 생각해 볼 수도 있다. 다음 언급이 이에 대한 생각을 잘 보여준다.

> 우리가 주기 · 주리라는 조선유학사의 분류 방식을 피하려고 하는 것은 우리가 생각하듯이 그것이 식민사관의 제창자인 타카하시 토오루가 행한 분류이기 때문이 아니라, 실은 우리 자신이 주리 · 주기라는 개념, 그 분류 기준이 되는 리발의 개념, 결국은 리와 기라는 개념 앞에서 막막해지기 때문이 아닐까? 우리 자신이 더 이상 리를 살아있는 활물(活物)로 느끼지 못하기 때문은 아닐까? 그리고 우리가 리를 활물로 느끼지 못하는 것은 우리가 이미 우리 자신을 물(物)을 부리고 기(氣)를 주재하는 생혼(生魂)이 아니라, 물에 의해 부림 받고 기에 의해 규정되는 사혼(死魂)으로 여기고 있기 때문이 아닐까. 일체 존재의 근원이 각자의 마음속에 살아 있다는 진리, 일즉다 다즉일 내지 월인천강의 진리,

> 인심이 곧 천심이라는 심즉태극의 진리, 인내천의 진리를 실감하지 못하기 때문이 아닐까?
>
> 나는 조선의 유학은 유학자 자신들에게 존재의 근원과 생명의 신비를 각성시키는 일종의 종교이었을 것이라고 생각한다. 이러한 유교적 종교성, 인간 내면의 신성과 영성의 자각성이 바로 리의 활동성과 능동성, 리발의 개념 안에 녹아 있다고 생각한다.[10]

이것은 리의 활동성의 근본적인 의미에 대해서 잘 지적한 언급이라 할 수 있다. 이황의 리발설은 리에 능동적인 가치 부여라는 철학적 의미를 넘어서는 곳을 겨냥하고 있다. 그가 스스로 그 점을 인식하였는지는 알 수 없지만, 리발설이 "인간 내면의 신성과 영성의 자각성"을 전제한 것이라 할 때, 그가 논리적 정합성의 차원으로부터 자신을 이탈시킨 이유를 짐작할 수 있다. 그것은 리의 자발성을 통해 내면의 영성을 인정함으로써 주희의 이론적 질서가 주지 못한 정신적 결핍을 충족시킬 수 있기 때문이다. 리발설에 담긴 내면의 영성이란 인간에게 이미 완전한 가능성이 주어져 있음을 가리킨다. 살아서 활동하고 있는 완전한 가능성으로서의 리('리발, 리동, 리도'로서의 리)가 인간의 내면에 주어져 있다는 생각은 단순한 이론이 아니라 종교적 차원에 가까운 것이다.

그런데 이황이 처음부터 이런 차원에서 성리학에 접근한 것은 아닌가 하는 생각도 할 수 있다. 기대승과의 기나긴 논쟁에서도 리발설이 표현의 차이를 지닐 뿐 시종일관 논리적 일관성을 유지한 것도 이 때문일 것이다. 기대승이 '사단이지발 칠정기지발(四端理之發 七情氣之發)'이라는 말 중에 '칠정기지발'에 대해서만 문제 삼고 '사단이지발'에 대해서 문제 삼지

10 한자경, 「주리(主理) · 주기(主氣)의 함의 고찰 – '타카하시 토오루의 주리 · 주기'에 관한 비판과 대안의 검토」, 『대동철학』 55집, 대동철학회, 2011, 163쪽.

않고 승인한 것은 이황의 이런 종교적 차원을 이해하지 못했기 때문일 수 있다. 즉 기대승은 이기철학의 패러다임 안에서 당연한 것으로 주어진 전제 때문에 "'리지발'을 '기의 순리이발(順理而發)'을 가리키는 것이라 생각했던 것"[11]이라 할 수 있다는 말이다. 이황과 기대승은 전혀 다른 차원에서 논쟁을 하고 있었기 때문에, 논리적 정합성에 입각한 부분에서는 얼마든지 합의점을 찾을 수 있었던 것으로 보인다. 리의 자발성은 이기철학의 범주를 벗어난 것이라 처음부터 논쟁의 대상이 되지 않았던 것은 아닌가 하는 생각을 할 수 있다.

이런 생각은 두유명이 이황의 가치를 평가한 부분에서 역으로 읽어 낼 수 있다. 그는 앞에 언급한 논문의 서두에서 이황이 동아시아 이기철학에 끼친 영향력을 높이 평가하며 중국에서조차 "어느 누구도 조선에서 퇴계가 성취한 것처럼 그렇게 주희의 일대 종합적인 체계에 손색없을 만큼의 웅대함을 보여주지는 못했던 것"이라 말하고, 그 이유를 분석하여 "성리학적 구도에 대한 양명(陽明)의 재조명이 성공한 것이 아마도 중국에서는 퇴계적 현상이 일어나지 않은 주된 이유일 것"(杜維明: 17)이라 하였다. 이 말은 이황의 드높은 성리학적 성취를 말하는 것이지만, 다르게 읽으면 조선에서 이황이 왕양명과 같은 사상적 입장에서 그의 역할을 하였다는 의미로도 해석할 수 있다. 왕양명의 심즉리(心卽理)가 나타나 크게 호응을 받은 중국의 상황과 달리, 한국에서는 이기철학의 범주 내에 이미 그와 유사한 사유를 이황이 포괄하고 있었기 때문에 양명학은 조선에서 끝까지 이단으로 배척될 수밖에 없었던 것이라는 말이다.

이황 사상의 핵심은 리의 능동성에 있다. 이것은 도덕적 요청에 기인한 것이기도 하지만, 더 근원적으로는 이황이 지니고 있는 종교성에 가까운

11 이상은, 「사칠논변과 대설·인설의 의의」, 윤사순 엮음, 『한국의 사상가 10인 퇴계 이황』, 예문서원, 2002, 307쪽.

차원, 즉 이미 주어진 인간의 완전한 가능성에 대한 믿음에 근거를 두고 있다고 할 수 있다. 이것이 주희와 이황의 본질적인 차이라 할 수 있다.

동아시아 기독교의 구도: 내촌감삼과 함석헌의 차이

마지막 세 번째 장면은 현대에서 발생한다. 그것은 기독교, 더 정확하게 말하면 무교회주의를 둘러싼 사상적 길항이다. 기독교와 관련해서는 무교회주의 이전에 서학에 대한 동학의 성립이 사상적 길항을 확실하게 보여주었다. 외재적 초월의 대표적인 종교로서의 기독교에 대하여 최제우는 내재적 초월의 동학으로 대응하였던 것이다. 동학의 '오심즉여심(吾心卽汝心)', 즉 한울님의 마음이 곧 사람의 마음이라는 선언은 사람을 초월자의 지위로 올려놓는, 그리하여 생명 있는 존재를 영성의 주체적인 존재로 다시 세우는 혁명적인 사상이다. 신분질서가 아직 유지되고 있는 당시에, 유학자의 자제인 최제우가 깨달음을 얻은 뒤 자신의 집에 부리고 있던 여종 중 한 사람은 자신의 며느리로, 다른 한 사람은 딸로 삼은 것에서 그 사상의 심층적 혁명성을 짐작할 수 있다. 그러나 동학은 기독교에 대한 대타적 반응이다. 따라서 여기에서 다루는 동일한 사상적 범주 안에서 발생하는 차이와는 거리가 있어 더 이상 자세히 다루지는 않겠다.

현대 기독교 중에서 동일한 사상적 범주 안에서 차이를 만들어 낸 경우는 무교회주의를 둘러싼 논의이다. 구체적으로 말하자면 그것은 내촌감삼(內村鑑三, 우치무라 간조)과 함석헌의 사상적 길항이다.

무교회주의는 내촌이 당시 기독교의 타락에 대응하여 세운 기독교 사상으로, 기독교를 자국의 실정에 맞게 토착화한 것이다. 여러 논의를 종합하면 무교회주의의 특징은 크게 두 가지로 정리된다.[12] 하나는 직접성, 즉

12 이하 무교회주의의 사상적 특질은 다음 논문을 참고하였다. 박영신, 「우찌무라 간조오의 지

프로테스탄트적 개인주의에 입각한 개인과 하나님의 직접적 대화이며, 나머지 하나는 습합성, 즉 자국의 특수성과의 결합이다. 먼저, 직접성은 프로테스탄트교가 다시 카톨릭교화하였다는 판단에서 나온 '제2의 종교개혁'이라는 기획에서 파생된다. 내촌은 프로테스탄트적 개인주의에 바탕을 두어 교파주의를 배격하며 기독교의 원형과 본질을 회복하고자 하였다. '인간은 하나님 이외에 어느 누구에게도 속하지 않는다'는 대명제를 기반으로 하여, 그는 개인과 하나님의 직접적인 소통을 강조하였다. 그래서 그런 진정한 소통은 교권에 의존하는 세속적인 제도와 위계질서, 성직자와 같은 중간 매개체에 의하여 방해를 받아서는 안 된다고 생각하였으며, 이런 맥락에서 선교사에 의해 간접적으로 전달되는 '선교사적 기독교'를 거부하였다. 그래서 기존의 교회 조직과 그 위계질서 등을 벗어나서 개인이 독립된 주체로 성서를 읽으며 하나님과 직접 대면하는 방식을 택하였던 것이다. 두 번째, 습합성은 자국의 민족적·문화적 특성을 고려한 기독교, 즉 자국화한 기독교를 가리킨다. 내촌은 비본질적·외적 요소들을 제외하고 남은 기독교의 정수를 일본이라는 지역에 토착화하기 위해 일본의 문화적 요소에 대한 고려를 강조하였다. 그가 강조한 '두 개의 J', 즉 예수(Jesus)와 일본(Japanese)의 동시적 결합에서 이런 경향이 잘 나타난다. 바로 이런 토착화의 방향이 김교신과 함석헌에 의해 당시 조선으로 들어오게 되어 한국적 기독교에 대한 사유가 본격적으로 확산되기 시작하였다.

내촌의 무교회주의는 기본적으로 기독교의 외재적 초월을 완전하게 승인하는 것이어서, 그의 "퓨리탄적 개인주의의 종교적 열의로 해서 비초월적 요소라면 그 어떠한 것도 근원적으로 부정"[13]되었다. 그는 이런 초월을

성 세계」, 『인문과학』 38집, 연세대학교 인문학연구원, 1977; 강돈구, 「함석헌 종교사상의 계보」, 『종교연구』 23집, 한국종교학회, 2001; 김병국, 「일본기독교와 우치무라 간조의 복음주의 신학 연구」, 『인문과학연구』 15, 강원대학교 인문과학연구소, 2006.

13 박영신, 위의 글, 80쪽.

'의뢰적 독립'[14]이라 불렀다. 자신과 절대자를 직접 연결한다는 의미를 나타내는 이 말에서 '의뢰'는 외재적 초월을 가리킨다. 그의 이런 초월의 관점을 흥미롭게 보여주는 일화가 있다. 그가 기독교 신앙을 지니고서도 신앙적 확신을 갖지 못하고 있을 때 결정적 회심을 하게 만든 계기는 자신이 유학 중이던 애머스트대학의 씨리(J. H. Seelye) 총장이었다고 한다. 그 총장은 "우찌무라, 너는 네 자신의 마음속만 보니까 안 되는 거야. 너는 네 밖을 보아야 해. 왜 자기 성찰을 그만두고 십자가에 달려서 네 죄를 용서해 주신 예수님을 바라보지 않는가. 너는 어린 아이가 나무를 화분에 심어놓고 그 성장을 보려고 매일 그 나무를 뿌리채 뽑아 보는 것과 같은 일을 하고 있어. 왜 하나님과 햇빛에 맡기고 안심하고 너의 성장을 기다리지 않는가."[15]라고 충고하였다고 한다. 자신의 내면에 놓인 가능성에 주목하는 것이 아니라 외부에 있는 하나님이라는 초월적 존재에 모든 것을 '의뢰', 즉 위임하는 이런 방식은 외재적 초월의 가장 전형적인 방식이다.

그렇다면 한국에 들어온 무교회주의는 어떤 흐름을 보여주고 있을까. 한국 무교회주의의 대표적인 인물은 김교신과 함석헌이다. 이들은 동경 유학 중에 내촌의 성서 연구회에 출석하며 그의 영향을 강하게 받았는데, 귀국 후에는 무교회주의를 바탕으로 하는 『성서조선』이라는 잡지를 발간하여 기독교의 토착화에 힘을 썼다. 이들은 토착화를 위해 자국 민족의 상황과 문화적 전통을 존중하여 당대 조선의 상황을 역사적 해석을 통해 진단하고, 유교나 도교 등의 요소를 기독교와 섭합시키는 데 관심을 기울였다. 그런데 1930년 내촌 사후 만주사변이 발발하자 일본의 무교회주의 지도자들이 전쟁을 지지함으로써 김교신과 함석헌은 무교회주의에 회의적인 시선을 가지게 되었다. 그러나 김교신이 그래도 무교회주의의 사상적

14 양현혜, 「김교신, 함석헌 그리고 우찌무라 간죠(內村鑑三)」, 『한국교회사학회지』 18집, 한국교회사학회, 2006, 75쪽.

15 內村鑑三, 「二つのJ」; 양현혜, 위의 글, 69-70쪽에서 재인용.

틀 안에서 자신의 사상을 전개하였다고 한다면, 함석헌은 무교회주의의 기본적인 취지에는 공감하면서도 차츰 거리를 두며 자신의 사유를 새롭게 형성해 나갔다는 점에서 차이가 난다. 이때 함석헌의 사상이 문제적인데, 동아시아 사상사의 세 번째 장면은 내촌과 함석헌의 차이를 바탕으로 등장한다.

함석헌은 1953년에 '대선언'을 기점으로 하여 무교회를 탈퇴하였다. 그러나 무교회 탈퇴를 선언한 이후에도 그는 무교회 정신을 기본적으로 존중하고 있었다. 그는 "무교회를 내놓으려 한다면 놔질까? (…) 무교회를 내놓는다는 것도 더 무교회적이기 위해서 하는 것"[16]이라 하여 무교회주의의 기본 정신에 대한 친연성을 강조하고 있다. 그럼에도 그의 속죄론의 재해석이나 기독교, 불교, 유교를 넘어선 '종교는 하나'라는 생각[17]은 무교회주의자뿐 아니라 기타 기독교도들의 끊임없는 공격을 받는다. 이는 함석헌의 사유가 기독교의 기본적인 틀 안에 놓여 있지 않기 때문이다. 가장 중요한 차이점은 함석헌의 신앙론을 다루는 다음과 같은 논의에 잘 정리되어 있다.

> 그런 믿음 가운데 가장 근원적인 믿음은 믿음의 믿음, 곧 나와 전체가 하나라는 믿음이다. 그것을 표현하여 함석헌은 "내가 하나님 안에 있고 하나님이 내 안에 있음"이라 한다. 이것은 나와 하나님의 근원적 일치에 대한 믿음이다. (…) 먼저 이 믿음은 하나님에 대한 믿음이다. 물론 이것은 기독교인들이 믿는 어떤 특정한 신에 대한 믿음이 아니다. 그것은 간단히 말하자면 존재 전체가 하나라는 믿음, 곧 "우주의 통일성"에 대한 믿음이다. "하나님이라, 부처라, 브라만이라, 진리라, 생명이라, 이

16 함석헌, 「말씀 모임」; 양현혜, 「함석헌과 무교회를 둘러싼 종교 사상적 모색」, 『종교연구』 67, 한국종교학회, 2012, 140쪽에서 재인용.
17 이 문제에 대해서는 양현혜, 위의 글, 155-161쪽 참조.

> 름은 가지가지로 불려져도 사실은 하나다." 그 이름을 무엇이라 부르든 "이 우주는 한 뜻의 나타난 것이다." 그러나 그 하나는 다시 내 안에 있다. "그 전체는 실지로는 어디 있느냐 하면 내게, 곧 자아에 있다." 그런즉 함석헌에게서 믿음은 하나님에 대한 믿음인 만큼 또한 나 자신에 대한 믿음, 곧 "내 속에 무한을 믿음"이다.[18]

여기에 나타난 함석헌의 사유는 기독교의 외재적 초월과 전혀 다르다. 그는 하나님이 자신의 외부에 '의뢰'의 대상으로 존재한다고 하지 않고, "하나님이 내 안에 있음", "내 속에 무한을 믿음"을 말한다. 동학의 시천주, 혹은 인내천의 뉘앙스와 닮은 이런 말은 외재적 초월자를 자신의 내부로 옮겨 놓는 일로서, 기독교 교리에 있어서는 혁명적인 생각이며 그래서 반기독교적 사유일 수 있다. "하나님이 내 안에 있음"과 "내 속에 무한을 믿음"은 외재적 초월을 철저하게 믿는 내촌의 사유와 다른 지점을 보여주는 언급이다. 그래서 그가 더 이상 기독교만을 유일의 종교라 할 수 없는 것은 당연하다. 그는 기독교의 새로운 패러다임 안에 서 있었기 때문이다.

세 장면의 의미

동아시아 사상사의 세 장면은 필자가 긴 역사 속에서 임의적으로 선택한 것이라는 점에서 자의적이라는 비난을 받을지도 모르겠다. 그러나 이 세 장면을 만든 인물들이 당대의 중심부에서 지도적인 역할을 수행하였던 존재라는 점을 고려하면, 그런 비난은 효력이 크게 반감될 것이다. 유식철학의 규기나 원측, 이기철학의 주희나 이황, 무교회주의의 내촌이나 함석헌 등은 당대에 자신에게 주어진 사상적 책무를 성실하게 수행한 것으로

18 김상봉, 「함석헌과 씨알 철학의 이념」, 『철학연구』 109, 대한철학회, 2009, 17쪽.

평가받는 이들이다. 따라서 이들과 이들이 관여한 사건의 대표성은 충분히 인정될 만하다.

그리고 또 하나, 대립적 구도를 강조하기 위해 서로 짝을 이루는 인물들의 조합도 문제될 수 있다. 규기나 원측, 주희나 이황의 조합은 이 문제로부터 자유롭지만, 내촌과 함석헌의 조합은 문제가 될 수도 있다. 일단 내촌과 함석헌의 조합을 가능하게 한 무교회주의의 대표성이 문제될 수 있는 것이다. 이는 무교회주의가 보편적인 기독교가 아니라 20세기 초반에 나타난 특수한 기독교 사상이라는 사실에 대한 지적이다. 물론 서구 기독교 사상을 대표하는 마태오 리치를 여기에 세운다면 더 큰 의미가 있을 테지만, 필자의 능력이 닿지 않아 마태오 리치와 짝이 될 만한 인물을 찾지 못하였다.[19] 그러나 내촌이 기독교 주류 담론의 기본적인 구도를 전혀 손상시키지 않고 그 틀 안에서 기독교를 혁신하고자 하였다는 점에서 내촌의 사상은 기독교의 근본정신을 제대로 간직하고 있는 경우로 볼 수 있다. 이것은 규기나 주희가 당대 주류 사상의 패러다임 안에 안전하게 있는 것과 같다. 그리고 반대항으로서의 함석헌은 그런 기본적인 틀에 포괄되고 있으면서도 차이를 보여준다는 점에서 앞의 다른 조합과 별반 다르지 않다.

그렇다면 세 장면이 지니고 있는 공통점은 무엇인가. 각 장면을 다루는 부분에서 이미 그에 대한 암시를 어느 정도 하였지만, 그것은 단적으로 말하자면 내재적 초월과 비-내재적 초월의 대립이라는 것이다. 원측, 이황, 함석헌이 내재적 초월이라면, 규기, 주희, 내촌은 완전한 상태의 내재적 초월이 아니거나, 외재적 초월에 속한다. 내재적 초월이 인간(혹은 모든 존재)의 내면에 초월적 가능성이 이미 주어져 있다고 생각하는 관점이라면,

19 한자경은 마태오 리치와 정약용을 비교하고 있는데, 정약용이 자신의 유학적 기조를 마태오 리치의 사유에 동화시켜 가는 것을 비판적으로 검토하고 있다. 아마도 기독교의 틀을 받아들이면서 그 속에서 차이를 생성하는 인물이 찾기 힘들었기 때문인 것으로 보인다. 한자경, 「정약용: 유교와 천주교의 갈등(2)」, 『한국철학의 맥』, 이화여대출판부, 2008 참조.

비-내재적 초월은 인간 내부의 이런 가능성을 제한적으로 보거나 아예 외부에 그 가능성이 있다고 보는 관점이다.

유식불교에 있어서 규기는 대승불교에 귀의한 사람으로서 기본적으로는 불교의 내재적 초월을 신뢰하고 있지만, 오성각별설을 수용함으로써 그 초월을 매우 제한적인 차원으로 축소시키고 있다. 이 점에서 그의 초월은 불완전한, 혹은 제한적인 형태의 내재적 초월이라 할 수 있다. 이에 반하여 원측은 성불 가능성을 모든 중생에게로 열어 둠으로써 가장 완전한 형태의 내재적 초월의 모델을 보여주었다. 7세기 이후 선종의 전면적인 확산으로 동아시아에서 원측과 신라계 학자들의 일성개성설이 상식이 되어 버렸다는 사실을 감안할 때 그들의 사유가 지닌 선구성을 짐작할 수 있다.

이기철학에 있어서 주희는 인간뿐만 아니라 모든 존재들에게 리가 내재되어 있다고 본다는 점에서 내재적 초월을 지향한다. 주희의 리일분수(理一分殊)는 모든 존재 내에 리가 주어져 있다는 점에서 '내재'적이며, 이때 리는 사물 속에 갇힌 일부분이 아니라 온전한 전체로서의 리라는 점에서 '초월'적이다. 그럼에도 주희의 철학에서 리의 초월성은 소극적 의미 부여라는 한계를 지닌다. 더 냉정하게 말하자면 이런 리는 절대화되거나 초월적이 된 것이 아니라, 실재적으로 기 없이는 존재 불가능한 요소일 가능성이 높다. 유리론(唯理論)의 기정진(奇正鎭)이 주기론의 리에 대하여 "신체에 불필요한 혹이나 천리마에 붙어 있는 파리"[20]와 같이 있으나 마나 한 존재라고 한 비판은 주희의 리에도 해당된다. 이렇게 비교해 볼 때 주희의 초월은 이론적 정합성에 의해 소극적으로 부여된 초월, 즉 제한적 형태의 내재적 초월이며 이황의 초월은 적극적인 형태의 내재적 초월이라 할 수 있다.

20 奇正鎭, 「猥筆」; 배종호, 「조선조 후기 유리론과 유기론의 출현과 그 철학적 비교」, 『한국철학연구 하권』, 동명사, 1978, 246쪽에서 재인용.

기독교에 있어서는 앞서의 장면과 다소 다른 구도를 보여주었다. 유식철학이나 이기철학은 모두 내재적 초월의 완전/미완의 문제, 즉 내재적 초월의 정도 문제였다. 그리고 여기에서 비-내재적 초월의 경우는 기본적으로 화하적 상상계의 현실주의적 경향의 연장으로 볼 수도 있다. 그런 바탕이 내재적 초월에 대한 제어력을 작동시킨 것이다. 이와 달리 기독교에 있어서는 전혀 다른 초월끼리의 대립이 나타난다. 즉 내촌의 초월은 '의뢰적 독립'이라는 말에 잘 나타나 있듯이 절대적인 외재적 초월이다. 반면 함석헌은 기독교에서 출발하였지만 "하나님이 내 안에 있음"과 "내 속에 무한을 믿음"이라는 철저한 내재적 초월로 나아갔다는 점에서 분명한 차이가 난다.

수십 세기에 걸쳐 각각 고대, 중세, 현대를 대표하여 발생한 동아시아 사상사의 이러한 세 장면에서 공통성이 발견된다는 사실은 특이한 일이다. 그것도 몇 차례에 걸쳐서, 그리고 외래사상과의 만남이 있을 때마다 그런 특성이 나타났다는 점은 우연적이거나 예외적인 상황을 넘어선 것으로 볼 수밖에 없다. 이런 공통점에 주목하면, 한국이 속한 문화권, 혹은 상상계의 기본적인 성향이 내재적 초월의 사유, 즉 '너머-여기'의 사유가 아닌가 하는 생각이 든다. 김정설이 "민족문화사적 생리"[21]라 부른 것도 이와 관련되어 있는 것으로 보인다.

인간의 내면에 주어진 무차별적 가능성에 대한 동일한 믿음을 바탕으로 하지 않는다면 이런 우연한 일치가 반복적으로 나타날 수 없을 것이다. 이와 같은 사상사적 장면들과 맞닥트리면서 필자는 이것이 우리 전통시학의 핵심과 관련된 것일 수 있으며, 이것이 일종의 문화사적 흐름을 형성하고 있는 것은 아닌가 하는 생각을 하게 되었다.

전통시학이 지닌 내재적 초월 지향은 "심각한 문명 파괴와 함께 심각한

21 김정설, 「최제우론」, 『풍류정신』, 정음사, 1986, 92쪽.

정치, 윤리적 문제를 야기하고 있"[22]는 현대의 위기에 대응하기 위한 적절한 사유라 할 수 있다. 내재적 초월의 가치에 대해서는 다음과 같은 설명이 요점을 얻었다고 생각된다.

> 정상적인 사람들로서는 어느 쪽도 지지하기 어려운 이 스캔들(코소보전쟁-인용자)은 문명간 대화의 필요성과 아울러 새로운 도덕적 사유문법의 모색을 촉구하는 듯하다. 여기서 요구되는 사유모델은 응당 보편주의와 맥락주의의 대립을 넘어서는 것이어야 할 것이다. 다시 말해서 그것은 한편으로는 주어진 맥락을 넘어서는 보편주의의 초월적 힘을 견지하면서 보편주의가 내재적 맥락과 분리되어 자립화될 때 발생하는 도착증의 위험을 막아줄 수 있어야 할 것이다. (…) 즉 그것은 내재적 영역에 발을 디디고 있으면서도 보편주의적 초월의 가능성을 유지할 수 있어야 할 것이다. 이런 점에서 우린 그것을 내재적 초월의 사유모델이라고 부를 수 있을 것이다.(박영도: 177)

내재적 초월은 공허한 보편주의와 협소한 맥락주의를 넘어서서 현대 문명의 위기를 치유할 수 있는 가능성을 지닌 사유이다. 이는 곧 화하적 상상계의 현실주의와 묘만적 상상계의 외재적 초월의 위험을 조화시킬 수 있는 사유라는 의미이다. 우리 사상의 전통적인 흐름이 지니고 있는 이런 가치를 재발견하고, 이를 바탕으로 하는 전통시학의 구성에 주목해야 하는 것도 이 때문이다.

전통시학은 앞서의 세 장면에 나타나서 반대항으로 줄기차게 자신의 존재 이유를 강조한 '너머-여기'의 사유를 그 핵심으로 하여 사상적 조화

22 박영도, 「신유가(新儒家)에서 내재적 초월의 구조와 그 의미」, 『한국사회학』 37권 4호, 한국사회학회, 2003, 176쪽. 박영도는 이이의 이기철학에서 그 가능성을 읽어내고 이황을 다소 비판적으로 보고 있다는 점에서 내재적 초월에 대한 해석에 있어서 필자의 견해와 다르다.

를 이루어 낼 가능성을 지니고 있다. 전통시학의 호명은 바로 앞서의 위기의식과 함께 그 특장을 인식할 때 뚜렷한 존재 의의를 지닐 수 있다. 우리와 같은 시대를 살았던 함석헌의 사유가 그 속에 있었다는 것은 전통시학의 유구한 흐름의 존재를 증명하는 것이면서 동시에 그것의 호출이 지닌 현재적 의의를 보여주는 것이라 할 수 있다. 이 문제는 다음 장에서 숭고를 다루면서 다시 다루기로 하자.

숭고, 혹은 초월감각

숭고한 문학: 숭고한 정신과 숭고한 표현

필자는 숭고에 대해 지속적인 관심을 지니고 있었다. 그것이 '숭고'라는 이름으로 불리는 줄 몰랐던 시점부터 따진다면 고교 시절로까지 거슬러 올라갈 것이다. 대학원에서 문학의 여러 문제를 전문적으로 연구하면서 가장 신경을 쓴 것도 숭고에 대한 것이었다. 그때는 숭고에 대한 책이 전무하였으며, 롱기누스의 『숭고론』조차 아직 완역되지 않았던 때였다. 숭고의 개념을 구체적으로 파악하기 위해 롱기누스 관련 영역본 몇 가지를 희열 속에서 읽어 가면서도 그 개념의 매혹이 지니는 정체를 알지 못했다. 그러나 숭고에 왜 그렇게 끌리는지 문득 깨닫게 되는 순간이 왔다. 서문에서 언급한 그 사건이다. 숭고는 현대의 위기 해결의 열쇠를 쥔 현재성을 지닌 개념이었던 것이다. 그래서 이는 전통시학의 핵심과 연계될 수밖에 없다.

숭고는 원래 라틴어 'hypsous', 즉 '높은, 고귀한, 고양된'에서 파생된 단어로, 이것이 비평과 미학 용어로 사용된 것은 롱기누스라는 수사학자에 의해서이다. 그의 숭고론을 종합하여 보면 숭고는 "사상의 웅장함이라는 내용이 표현의 탁월함이라는 형식을 통해 나타나, 초월적인 세계 속으로 독자를 몰입하게 하는 황홀의 효과를 주는 미적 범주"[1]로 정리할 수 있다.

1 박현수, 『현대시와 전통주의의 수사학』, 서울대출판부, 2004, 272쪽. 여러 연구에 의해 『숭고론』의 저자는 롱기누스가 아닌 것으로 인정된다. 여기에서 그 저자를 롱기누스라고 부르는 것은 특정인물에 대한 지시가 아니라 편의상의 지칭에 불과함을 밝혀둔다. G. M. A. Grube(translated, with an introduction), *Longinus On Great Writing*, The liberal arts press, 1957, xvii-xxi 참조. Alex Preminger(edit.), *The New Princeton Encyclopedia of Poetry and*

문학에서 필요한 숭고 개념은 롱기누스에서 잘 나타난다. 그러나 그는 숭고의 개념을 직접적으로 말하지는 않았으므로, 그가 숭고의 예로 사용하는 시 구절과 그 시 구절에 관한 롱기누스의 언급에서 숭고의 개념을 파악해야 한다. 또한 저자가 너무나 당연한 것으로 여겨 개념 설명이라는 과정을 뛰어넘어 간접적으로 설명한 구절을 분석함으로써 숭고의 의미를 재구성할 수 있다.

롱기누스는 몇 부분에서 숭고와 관련된 언급을 하고 있다. 우리는 그 구절을 분석함으로써 간접적으로 숭고의 개념에 대한 그의 생각을 어느 정도 정리해 볼 수 있다.

> (가) 숭고는 표현의 고귀함과 탁월함으로 구성되어 있다. 위대한 작가들이 명성을 얻는 것은 오직 이것으로 인해서이다. 청중에게 고양된 언어가 주는 효과는 설득이 아니라 황홀이다.(1장)

> (나) 나는 이제 숭고의 다섯 가지 원천에 대해 언급하고자 한다. 이는 모두 언어 구사력이라는 것에 의존하고 있는데, 언어 구사력이라는 근본적 자질 없이는 그 어떤 숭고도 가능하지 않을 것이다. 그 다섯 가지는 다음과 같다. 첫째이면서 가장 중요한 원천은 ① 사상의 웅장함이다. (…) (나머지는) ② 강렬하고도 고양된 정서, (…) ③ 어떤 비유의 적절한 구성, (…) ④ 고상한 표현, (…) ⑤ 구조의 탁월함과 고양됨이다.(8장)

> (다) 예술에서 우리는 정확성을 칭찬하지만 문학에서는 웅장함을 칭찬한다. (…) 조각에서 우리는 인간성에 밀접한 유사성을 기대하지만, 문학에서 우리는 인간성을 초월하는 그 무엇인가를 기대한다.(36장)

Poetics, Princeton University Press, 1993, 'sublime' 항 참조.

먼저 (가)에서 숭고의 언어적 특성과 효과가, (나)에서는 숭고의 원천이, (다)에서는 숭고의 초월성이 나타난다. 특히 (나)에서 ①과 ②는 작자의 내면, 즉 정신적 태도라는 내용과 관련된 것이라면, ③, ④, ⑤는 언어의 표현, 즉 형식과 관련된 것이다. 이로부터 우리는 사상의 웅장함과 강렬하고도 고양된 정서라는 전자의 내용이 후자의 언어적 형식을 통해 드러날 때 비로소 숭고가 이루어질 수 있다는 점을 알 수 있다. 이는 숭고가 작자의 정신적 고귀함의 문제에 국한되는 것이 아님을 말하는 것이다. 문학을 작자의 문제로 귀속시키는 단순성의 위험을 롱기누스는 이미 인지하고 있었던 것으로 보인다. 이런 논의에 종합된 숭고 개념의 구체적 성격은 롱기누스가 인용한 다음 예를 통해 접근해 보자.[2]

> (가) 망대 위에 앉아 있는 사람이 포도주빛 바다를 건너다 볼 때
> 아득히 바라보이는 그 무한한 넓이만큼을 한 걸음으로 하여
> 천둥 같이 울음 우는 신성한 군마(軍馬)들은 단숨에 멀리 건너뛰었다.[3]

> (나) 포세이돈이 지나가자, 그의 불멸의 발아래서
> 높은 산들도 떨고 숲도 떨었다.
> 그리하여 샘물이 많은 이데 산의 발과 머리가 모두 흔들렸고
> 트로이 인들의 도시와 아카이아 인들의 함대도 흔들렸다.
> 그가 파도 위를 달리니, 큰 물고기들이 주인을 몰라보지 않고
> 모든 처소로부터 나와 그의 발아래서 뛰어올랐고

2 『숭고론』의 저자는 인용문의 원전을 찾아 대조한 것이 아니라 고대의 많은 저자들이 하듯 기억으로부터 그것을 끄집어내기 때문에, 몇 부분의 구절이 뒤섞이거나 『성서 창세기』의 인용처럼 구체적으로 없는 부분이 들어가며 변형되기도 한다. 여기에서는 될 수 있는 한 작품 원전에서 관련 부분을 인용한다.

3 『일리아드』, 5권; 770-772행. 호메로스, 천병희 옮김, 『호메로스의 일리아스』, 종로서적, 1997, 104쪽. 앞으로 『일리아드』 관련 권과 행 표시는 이 책의 것이다.

기쁨에 넘쳐 바다도 갈라섰다. 말들은 날듯이 달려가니[4]

(다) "그리고 신이 말씀하셨다." 무엇을? "빛이 있으라 하니 빛이 있었고, 땅이 있으라 하니 땅이 있었다."[5]

(라) 아버지 제우스여! 아카이아 인들의 아들들을 어둠에서 구해 주소서.

그리고 하늘을 밝게 하시고 눈으로 볼 수 있도록 해주소서.

우리가 죽는 것이 그대의 기쁨일진대 제발 밝은 데서 죽이소서![6]

위의 인용문은 모두 『숭고론』 9장에 나오는 예들이다. (가), (나), (라)는 『일리아드』에 나오는 구절이고, (다)는 『성서』의 「창세기」에 나오는 구절이다. (가)는 여신 헤라가 채찍질을 하자 여신의 군마들이 별이 총총한 하늘과 광대한 대지 사이로 날아가는 장면을 묘사한 부분이다. 이에 대해 롱기누스는 "그(호머)는 우주적 차원을 단위로 하여 군마들의 도약을 측정한다. 이 웅장한 표현은 신성한 군마들이 연속적으로 그 같은 도약을 두 번 시도한다면, 그 말들이 다음 발을 디딜 장소가 없지 않겠는가 하는 감탄을 자아내도록 만든다."[7]고 평가하고 있다. 앞 문장에서 그는 인간의 측정수단으로는 감히 생각할 수조차 없는 우주적 차원을 단위로 한 점에서 인간을 초월한 세계에 대한 충격과 황홀을 느낀다. 다음 문장에서는 그런 도

4 이 구절은 『일리아드』의 여러 부분에서 가져온 구절이다. 2, 3행(『일리아드』, 20권; 58-60행)은 『호메로스의 일리아스』, 370쪽을 참조한 것이다. 전체적으로는 김상봉, 「롱기누스와 숭고의 개념」, 『나르시스의 꿈』, 한길사, 2002, 85쪽을 참조하여 수정하였다.

5 관련 내용의 원래 구절은 "하나님이 가라사대 빛이 있으라 하시매 빛이 있었고(창세기 1:3) …· 하나님이 가라사대 천하의 물이 한 곳으로 모이고 뭍이 드러나라 하시매 그대로 되니라.(창세기 1:9)"이다.

6 『일리아드』, 17권; 645-647행. 『호메로스의 일리아스』, 334쪽.

7 G. M. A. Grube, *On Great Writing*, 13쪽.

약이 독자에게 끼치는 구체적인 미적 효과에 대해 말하고 있다. 이를 통해 숭고는 인간의 이지적 계산이나 상상을 초월한 무한한 세계를 인간에게 각인시키는 데서 발생한다는 것을 알게 된다. 그리고 이처럼 인간의 한계를 초월한 세계로 인간의 사유를 향하게 하는 것이 바로 고양(elevation)의 의미가 된다.

(나)는 롱기누스가 신들의 전투에서 신성성을 가장 잘 보여주는 부분으로 평가하는 대목이다. 그는 이 구절을 "신적인 것을 흠 없이 참으로 크고 순수하게 묘사하고 있다."(김상봉: 85)고 평가한다. 그가 주목하는 것은 신의 위대한 크기와 모양이 아니라, 신적인 평화에 모든 것이 자연스럽게 참여하고 있는 장엄한 풍경이다. 이 속에 신의 진정한 모습이 잘 묘사되어 있다고 본 것이다.

(다)는 태초에 창조주가 단 한마디의 말로 무에서 유를 창조하고, 빛과 땅을 창조하는 절대적인 명령을 내리는 장면이다.[8] 태초라는 아득한 시간을 배경으로 허공에서 어둠을 향해 명령을 내리는 절대자의 모습은 인간의 상상을 초월하는 위압감을 지니며, 이를 상상으로 대면하는 순간 우리는 숭고를 느끼게 된다. 브왈로의 지적대로 이 구절이 "자연의 절대적인 통치자께서 단 한마디로 빛을 창조하셨다."는 말로 표현되었다면, 숭고의 스타일을 취하긴 해도 진정한 숭고를 성립시키지는 못했을 것이다.[9] 그것은 그 구절들의 전체 효과로 볼 때, 「창세기」 같은 절대적인 권능에 대한 위압감의 표현을 효과적으로 제시하지 못했기 때문이다. 여기서 숭고는 단순히 인간 이상의 세계를 표현하는 것에서 생기는 것이 아니라 미적 효

8 브래들리는 다음과 같이 해설한다. "태초의 그리고 즉각적인 빛의 출현이라는 생각은 …· 숭고하다. 그리고 그 기본적인 호소는 감각으로 향해진다. 더 나아가 이 초월적인 영광스런 출현이 단순한 언어, 하나의 호흡에 기인한다는 것 자체가 …· 절대적으로 측정불가능한 힘에 대한 인상을 엄청나게 강렬하게 만든다." A. C. Bradly, *Oxford Lecture on Poetry*, London, Macmillan, 1959, 57쪽.

9 Boileau, "Preface by the translator of on the sublime", Lieder P. R. and R. Withington (edit), *The Art of Literary Criticism*, Appleton Century Croft INC, 1941, 227쪽.

과를 거두는 형식의 측면이 동반될 때 가능한 것임을 알 수 있다.

그러나 숭고는 모두 초월적인 신과 관련될 때만 성립되는 것일까. 그렇다면 초월적 세계와 무관한 인간의 행위는 숭고에서 배제되는 것인가. 롱기누스는 다행스럽게도 그렇지 않다고 하며, (라)의 예를 하나 더 덧붙인다. 인용한 부분은 갑자기 어둠이 몰려오자 제우스가 트로이 인들을 돕고 있다고 판단한 아이아스의 부르짖음이다. 절대적인 신이 상대편을 돕고 있으니 승리가 불가능하다고 판단한 아이아스가 제우스에게 떳떳한 죽음을 달라고 하늘을 향해 부르짖는 말이다. 이것이 왜 숭고한가. 롱기누스는 다음과 같이 설명한다.

> 위의 표현은 아이아스의 순수한 감정이다. 그는 목숨을 구걸하는 것이 아니다. 그런 구걸은 영웅에게는 너무나 천박한 것이다. 그러나 아무것도 할 수 없는 어둠 속에서 그는, 그의 용맹을 고상한 목적에 사용할 수 없게 되었다. 그는, 이러한 상황에서 싸움을 계속할 수 없게 된 사실에 속을 태우며, 밝은 대낮이 빨리 다시 돌아오기를 기도하였다. 비록 제우스가 그와 싸움을 벌이는 일이 있더라도, 그는 적어도 그의 용기에 걸맞은 죽음을 택하리라고 생각하였다.[10]

인간의 유한성을 인식하면서도 그것을 뛰어넘으려는 시도, 즉 죽음이라는 절대적인 한계 앞에서 전혀 주눅 들지 않는 용기가 바로 숭고한 것이다. 이 순간 인간은 유한성을 넘어선 초월적 세계에 들어선다. 이런 용기를 정정당당하게 보여줄 수 있는 이라면 누구나 영웅이다. 단순히 신과 대적하겠다는 무모한 행위라면 숭고할 수 없다. 숭고는 신과의 대적이라는 외면이 아니라 떳떳한 죽음을 바라는 영웅의 내면에 있는 것이다.

10 롱기누스, 김명복 옮김, 『롱기누스의 숭고미 이론』, 연세대학교출판부, 2002, 39쪽.

이런 예를 통해 확인할 수 있는 것은, 초월성이 그 자체로 나타나는 것이 아니라, 언제나 탁월한 미적 표현을 바탕으로 하여 나타난다는 점이다. 예로 든 『일리아드』나 「창세기」의 구절은 독자를 압도할 수 있는 최상의 표현을 선택하고 있다. 이처럼 일상적 세계를 순간적으로 벗어나게 만들며, 동시적으로 인간을 넘어서 있는 초월적 세계를 상기시키는 탁월한 묘사는 새로운 차원으로 독자를 고양시키는데, 바로 그 속에서 숭고가 발생하는 것이다.[11]

숭고의 특질: 이중성과 주관성

그렇다면 이런 숭고의 핵심 내용은 무엇일까. 다른 미적 범주와는 달리 숭고는 매우 독특한 내용을 지니고 있다. 그런 독특성은 롱기누스에서부터 리오타르에 이르기까지 공통적으로 나타나는 자질로서, 바로 그 점으로 인하여 숭고는 하나의 확고한 미적 범주로 성립하게 된다. 그런 독특성은 크게 두 가지로 나눠 논의할 수 있을 것이다. 즉 이중성과 주관성이 바로 그것이다. 철학적으로 가장 정치하게 분석한 칸트의 논의를 중심으로 정리해 보자.

이중성

칸트에 따르면 미에 있어서 상상력은 지성(오성)과 관련되지만, 숭고에 있어서 상상력은 이성과 관련된다. 상상력-지성(미), 상상력-이성(숭고)의 이런 관계는 미와 숭고의 특성을 드러내는 공식이다. 특히 후자에서 상상력이 이성과 관계될 때 매우 역설적인 심리 과정이 나타난다. '불쾌'라는

11 그러나 이런 표현이 과장과 다르다는 점을 롱기누스는 강조한다. (가)의 장면을 우의적으로 이해하지 않는다면 불경스럽고 상식적인 취향을 넘어서는 것이 된다고 그는 지적하고 있다. 그리고 과장의 문제는 『숭고론』 3장에서 자세히 다루고 있다.

부정적 상태와 '쾌'라는 긍정적 상태가 그것이다. 미가 단순한 쾌라는 사실과 대비해 볼 때, 숭고가 이중적 · 복합적인 감정을 함의하고 있다는 사실은 가장 두드러진 특징이다.

숭고의 이중성은 부정성과 긍정성으로 이루어지는데, 숭고가 부정적 측면을 갖는 것은 미가 대상의 형식에서 야기되는 것과 달리, 숭고는 형식을 결여한 대상 즉 몰형식적 대상(formless object)에서 초래되기 때문이다. 몰형식성은 인간의 파악 범위 내에 들어오지 않기 때문에 불쾌감을 야기하는데, 이것은 상상력의 한계 상황을 가리키는 것이다. 그것은 모든 감각적 기준들이 대상을 파악하는 데 부적절하다는 내적 자각으로, 상상력이 감성적 제약 속에 갇혀 있어 이성의 요구에 부응하지 못했음을 의미한다. 여기에서 이성과 상상력의 대립은 이성의 승리로 바뀌면서 불쾌는 쾌로 변한다.

千年古都, 면목 없다
염치없다
평생 죄인처럼 고개 떨구고 사느니
아예 머리통을 깨부숴버린
머리 없는 돌부처 몸뚱이 위에
기름기 잘잘 흐르는 낯짝을 올려놓고
그윽한 표정 짓는
어떤 인간에게
이 가짜야 손 들엇, 했더니

경주 남산
등성이 너머에서 누가
일어서고 있다 산보다 큰 어떤 덩치가

손 들고 천천히
뭉그적뭉그적 일어서고 있다

– 이덕규, 「손 들엇」 전문

위의 시는 경주 남산에서 머리 없는 돌부처를 두고 장난을 치다가 그 너머의 어떤 것을 보는 장면을 재미있게 그린 작품이다. 이 작품을 통해 상상력과 이성의 대결을 설명할 수 있다. 상상력의 한계, 즉 부적합성은 이성 이념을 불러일으키며 우리 내부에 있는 초감성적 능력을 환기시킨다. 이 작품에서 상상력의 한계는 '가짜'라는 말로 표현된다. 부처와 그것이 지닌 표현 불가능한 신성함이 '진짜'일 것이다. 그 진짜를 재현해 내지 못하는 상상력의 한계를 여기에서 볼 수 있다. 그때 그 '진짜'는 산 뒤에서 '산보다 큰 어떤 덩치'로 나타난다. 상상력의 한계가 불러내는 초감성적 바탕이 아마도 이처럼 환기될 것이다. 그것의 구체적인 모습은 여기에 그려지지 않는다. 그것은 재현 불가능한 우리 내부의 이념이기 때문이다.

상상력의 한계가 이성 이념을 환기하는 것은, 상상력에는 무한히 전진하려는 노력이 있고, 이성에는 절대적 총체성에 대한 요구가 있기 때문이다.[12] 즉 상상력이 어떤 대상에 대한 명확한 파악에 실패하면, 총체성을 기반으로 하는 이성의 개입이 요구된다. 상상력은 감성에 속하기 때문에 상상력의 한계는 바로 감성의 한계에 해당한다. 따라서 상상력의 한계는 이성의 무한한 능력의 표상이 되면서 지금까지의 불쾌는 이성적 존재로서의 힘과 능력에 대한 긍지와 자부로 변하게 되는데, 이것이 숭고의 긍정성을 구성하게 된다.

위에서 본 것처럼 숭고의 이중성은 '상상력의 한계의식-불쾌'의 축과 '이성의 환기-쾌'의 축으로 구성되기 때문에, "숭고의 감정은 대상의 판정

12 I. Kant, 이석윤 옮김, 『판단력비판』, 박영사, 1974, 115쪽.

과 결부된 심의의 동요를 그 특성으로 한다."(I. Kant: 112) 이런 이중성 속에서의 '동요'가 어느 한편으로 극단적으로 치우칠 때 숭고의 감정은 부정적인 결과를 초래한다. 상상력의 실패로 인한 한계 경험(불쾌)의 축에 설 때 우리는 비판의식을 가질 수 있으며, 이 한계의식 자체는 새로운 의식의 탐색으로 갈 수 있다. 그러나 그것이 극단화될 때 불쾌, 공포의 감정에 주저앉아 자아의 파멸을 맞게 된다. 이것은 숭고의 효과인 고양(高揚)과 거리가 먼 것이다. 반면에 초감성적인 존재의 환기로 인한 쾌의 축에 설 때 우리는 우리 자신의 한계를 넘어선 진정한 고양의식을 느끼게 된다. 그러나 그 의식이 극단화될 경우 공포와 불안의 반대급부로 얻어진 황홀이 과대망상으로 나아가게 되고, 그것은 결국 인간성을 배제하는 전체주의로 귀결하게 된다. 우리는 이러한 대표적인 예를 나치와 관련된 하이데거의 전력에서 찾을 수 있다. 그것은 "배타적인 숭고의 시학이 너무 쉽게 비이성적이고 파시스트적인 정치학으로 변질될 수 있음"[13]을 보여주는 예가 된다.

주관성

숭고는 어디에 있는 것일까. 즉 숭고한 대상에 있는 것일까 아니면 우리의 내면에 있는 것일까. 이 문제는 우리의 지속적인 관심과 관련된 중요한 문제이다. 칸트에 따르면 미는 일목요연성, 완결성, 균비성(均比性) 등이 척도 역할을 하지만, 숭고한 것은 일체의 척도를 넘어선다. 이것은 우리가 어떤 대상에서 숭고를 느낄 경우, 그것에 적합한 척도를 외부가 아니라 우리 내부에서 찾아야 함을 의미한다. 절대적으로 큰 것은 자신 이외의 그 무엇과도 비교할 수 없는 하나의 크기이다. 그러므로 숭고는 자연의 사물

13 Gary Shapiro, "From the Sublime to the Political: Some Historical Notes", *New Literary History*, 1985. Winter, 216쪽.

들에서 찾을 수 있는 것이 아니라, 오직 우리의 이념에서만 찾을 수 있다고 하는 결론이 여기에서 나온다.(I, Kant: 115) 하르트만이 "대상의 감성적·실재적인 전경(前景)에 대한, 위대한 것에 대한 인간의 요망에 적합하고 이에 배치(背馳)하는 것을 압도하는 어떤 비감성적 후경(後景)의 현상"[14]을 숭고라 정의했을 때, 후경의 의미는 바로 이와 관련이 있다.

그런데 칸트에 있어서 숭고의 문제는 도덕의 문제로 귀결된다. 숭고의 원천은 감각세계나 자연에 있는 것이 아니라 인간성에 의해 공유되는 이념들 안에 즉 인간의 이성에 있기에, 숭고는 늘 도덕적 원천으로 우리를 돌아가게 한다. 따라서 숭고라는 미적 범주는 결국 윤리학에 종속되고, 윤리학을 지지하는 도구적 위치로 떨어질 위험성에 쉽게 노출된다. 그러나 본질적으로 "숭고는 미학과 윤리학의 혼합"[15]이기에, 숭고에 접근할 때 어느 한쪽으로 치우치지 않는 균형 감각이 필요하다.

숭고와 '너머-여기'의 문제

숭고는 인간적인 범위를 넘어서 있는 초월적 영역을 겨냥하고 있다. 따라서 그런 영역을 추구하며 자신의 영혼을 고양시키는 것이 인간의 의무가 된다. 롱기누스는 이를 "인간이 자신의 소멸하는 부분들을 찬미하고 불멸의 증대를 소홀히 여긴다면(그 얼마나 애석한 일인가)."[16]이라는 말로 표현하고 있다.

숭고의 가장 중요한 특성은 초월감각이다. 이 초월감각은 우리 내면의 위대함과 관련되어 있지, 외부 대상과 관련된 것이 아니다. 이 점이 숭고에

14 N. Hartmann, 전원배 옮김, 『미학』, 을유문화사, 1969, 393쪽.

15 Judith Huggins Balfe, "Sociology and the Sublime", *New Literary History*, 1985, Winter, 238쪽.

16 Michel Deguy, 「고양의 언술」, Jean-Luc Nancy 외, 김예령 옮김, 『숭고에 대하여-경계의 미학, 미학의 경계』, 문학과지성사, 2005, 17쪽에서 재인용.

있어서 가장 중요한 부분이다. 숭고론은 칸트가 충분하게 강조한 바처럼 우리의 내면에 놓인 위대한 가능성에 대한 논의이기 때문이다. 이렇게 볼 때 숭고가 우리 영혼을 고양시킨다는 말의 의미도 뚜렷해진다. 이는 어떤 계기를 통하여 우리 내면의 완전한 가능성, 즉 '너머-여기'의 사유를 깨달아 현실적 삶의 평면성, 무의미로부터 우리를 구해 낸다는 의미인 것이다. 이미 이 세계가 완전한 초월이 이루어진 곳이며, 또한 자신이 이미 수많은 초월을 통해 도달한 자아, 즉 '너머-나'라는 것을 깨닫는 것이 고양의 최종 목표인 것이다.

이 고양의식, 이 초월감각이 왜 지금 여기에서 호명되어야 하는가. 이번에는 문학의 범주 내에서 이 문제를 따져 보자. 문학에서 초월감각의 호명은 한마디로 현대 문화의 피상성, 현대문학의 왜소화 현상 때문이다. 1990년대 사회주의의 몰락과 더불어 우리 문학에서 거대담론의 붕괴는 가속화되었다. 거대담론의 붕괴는 필연적으로 미시담론의 유행을 촉발시킨다. 2000년 이후 유행처럼 번지고 있는 생활사, 문화사적 접근도 겉모습은 속류 마르크시즘처럼 보이지만, 자세히 보면 거대한 해석틀이 부재하는 미시담론일 뿐이다. 가히 맹목적인 실증주의라 부를 만하다.

거대담론의 위압감을 벗어난 초기에는 이런 미세한 시선이 상당한 대안으로 환영 받았다. 절대적 이념으로 전제해 버렸던 모든 규범들이 미시사적 차원에서 재검토되었다. 그러나 그런 검토가 기존의 거대담론의 규정으로부터 완전한 반전을 이룩한 경우는 드물었다. 미세한 조정에 그칠 뿐이었다. 그리고 미시적 시선의 횡행으로 우리의 잠재적 가능성에 대한 통찰도 사라졌다. 사라진 것 중의 하나가 바로 초월감각이다. 초월은 인간의 고양과 관련되어 있다. 초월은 인간을 평면적인 구속으로부터 벗어나게 해서 입체적 차원으로 고양시킨다.

김동리의 전후 초월주의가 우리 문단의 중요한 조류로 나타난 것도 이와 관련된다.[17] 그가 말하는 '구경적 생의 형식'은 초월감각과 연계된 인간적 운명에 대한 인식을 바탕으로 하는 문학이다. 김동리가 문제 삼는 것은 과학적 실증주의에 의해 "천상보다는 지상, 입체보다는 평면, 무한보다 유한을 본질로 삼게 된 것"[18]이다. 이 국면의 타개를 위해 절실하게 필요한 것이 바로 '구경적 생의 형식'으로서의 문학인 것이다. 그는 과학적 세계관에 의해 사라져 버린 '신명의 세계'의 회복을 문학이 추구해야 할 절체절명의 임무로 받아들였다. 과학적 실증주의가 가져온 '평면의 정신'의 극복으로서 "신과 신을 통해서만 있을 수 있는 입체와 무궁"(김동리: 21)의 세계의 회복이 문학의 궁극적인 목표라는 것이다. 이것은 본질적으로 휴머니즘, 순수성, 민족과 무관한 개념이다. 김동리는 근대 과학주의에 의해 폄하되고 소멸된 초월적 세계의 가치를 인정하고 이를 다시 복권시키는 데에 관심이 있을 뿐이다.

작금의 상황도 초월주의를 호명했던 전후의 위기 상황과 유사하다. 그러나 감각의 평면화로부터의 탈출이라는 점에서는 공통되지만, 미시적 감각이 전면화되어 생긴 한계를 바탕으로 한다는 점에서는 차이가 난다. 이런 상황에서 왜소한 문학의 돌파구 중 하나는 숭고, 즉 초월 감각이다. 이를 통해 우리는 미시적인 세계에 갇히어 끝임 없이 사소해져 가는 우리 문학을 구제할 수 있을 것이다. 필자가 숭고에 관심을 가지고 초월을 호명하는 것도 이 때문이다. 필자의 시 하나를 인용하고자 한다.

> 이제 참새에 대하여 이야기할 시간이다
> 떼를 지어 어수선하게 날아다니던 참새들이

17 전후 초월주의에 대해서는 박현수, 『한국 전후 서정시의 성격과 층위 연구』, 『개신어문학』 25, 개신어문학회, 2007 참조.

18 김동리, 「자연주의의 구경-김동인론」(1948. 6), 『문학과 인간』(김동리전집7 평론), 민음사, 1997, 13쪽.

둥근향나무 속으로
스며들었다가 우르르 솟아오른다
안개가 숲을 지나듯
저녁연기가 탱자울타리를 빠져나가듯
초록 바늘잎에 깃 하나 닿지 않는다
어느 하늘을 다녀온 것일까
참새의 깃털엔 낯선 향기가 묻어 있다
떼를 지어 어느 먼 별자리를
옮겨놓고 돌아오는 길일지도 모른다
사람의 집들 처마에
새로운 별이 보이는 때도 이 무렵이다
허공에 쌓인 겹겹의 벽을 뚫어
새로운 길을 내고 다니는 참새들이
갈색 옷을 입은 영혼이 아니면 무엇인가
부드러운 안개 입자들,
전자의 궤도를 빠져나가는 휘파람,
뼈를 지닌 에너지가 아니라면 무엇인가
둥근향나무에 스며드는 참새가 있어
그림자 지닌 것이
모두 슬픈 건 아니라 말할 수 있으니
이제 초월에 대하여 이야기할 시간이다

–박현수, 「참새에 대하여」 전문

초월의 추구는 평면화된 현실에서 입체의 차원으로 고양할 통로를 마련하는 일이다. 마치 참새가 뼈를 지닌 에너지처럼, 혹은 연기처럼 둥근향나무 속으로 걸림 없이 스며들었다가 다시 빠져나오듯, 마치 아무 벽이 없는 듯이 이 세계와 저 세계를 드나드는 것처럼, 우리는 우리의 평면적 공간에 숨겨진 입체적 차원으로 향하는 통로를 읽어 내야 한다. 그것은 바로 우리의 내면에 놓인 위대한 가능성을 복원하는 일이다. 이것이야말로 현대사회에 부여된 문학의 역할인 '위대한 거부'의 본질이 될 것이다. 우리는 이런 상상력을 통해 사회문화적 층위를 거치지 않고도 삶의 문제를 다시 성찰할 수 있게 된다. 미시적 공간에서 성찰이란 존재하지 않는다. 성찰의 기준이 불필요하기 때문이다. 이 세계는 비교될 만한 다른 세계의 입장이 고려될 때 비로소 성찰될 수 있다. 숭고는 바로 이 감각을 우리에게 요구한다. 다음과 같은 근래의 시에서도 초월감각의 일단을 엿볼 수 있다.

> 파헤쳐 보면 슬픔이 근원이다
> 주어진 자유는 오직 부유(浮遊)
> 지상으로도 대기권 너머로도 이탈하지 못하는 궤도를 질주하다
> 끝없는 변신으로 지친 몸에 달콤한 휴식의 기억은 없다
> 석양의 붉은 해안을 거닐 때면 저주의 혈통에 대해 생각해 본다
> 언제 가라앉지 않는 생을 달라고 구걸한 적 있던가
> 산마루에 핀 꽃향기와
> 계곡을 가로지르는 산새의 지저귐으로 때로 물들지만
> 비릿한 물내음 뒤틀린 천둥소리의 본성은 바뀌지 않는다
> 다만 묵묵히 나아갈 뿐이다
> 한 떼의 무리가 텅 빈 초원을 찾아 떠나간 뒤
> 홀로 남겨진 자들은 뿔뿔이 흩어져
> 혹은 태양에 맞서다 죽어가고 혹은
> 잊어버린 지상에서의 한 때를 더듬다 희미한 미소를 지으며 사라져 간다
> 현생은 차라리 구천이라 하고

너무 무거워도 너무 가벼워도 살지 못하는 중천이라 여기고
부박한 영혼의 뿌리엔 오늘도 별빛이 잠든다
이번 여행은 오래 전 예언된 것이다
사지(死地)를 찾아간 코끼리처럼
서녘으로 떠난 무리가 어디 깃들었는지는 아무도 모른다
성소는 길 끝에 놓여 있다

– 윤의섭, 「구름의 율법」 전문

이 시는 구름을 초월감각으로 다루고 있다. 구름은 고통스런 현실에 발 딛고 초월의 공간을 지향하는 인간의 비유이다. 중간자적 존재로서의 인간, 어디에도 속하지 못하고 부유할 수밖에 없는 유한한 존재의 고통이 이 시에 잘 그려져 있다. 그러나 그 삶의 방향은 '성소'로 향해 있다. 삶의 지향은 언제나 성소, 즉 초월적 공간으로 향해 있기에 그의 삶은 부박하지만 허무하지는 않다. 그러나 성소가 단순히 목적으로만 그려지지 않는다는 점에서, 즉 외재적 초월의 대상으로 존재하지 않는다는 점에서 이 시는 빛난다. 즉 부박한 유랑이 끝나는 곳, 바로 그곳이 비로소 성소로 화하는 것이라 보고 있는 것이다. 즉 자신이 성소를 찾아 헤매는 이 세계가 결국 성소라는 자각이 여기에 담겨 있다. 균형감각을 지닌 초월적 상상력, 즉 내재적 초월의 감각이 아닐 수 없다. 우리 문학이 피상성과 왜소함을 극복하려면 이런 감각에 대해 깊이 고민해야 할 것이다.

파시즘적 황홀과 '너머-저기'의 문제

파시즘과 숭고 미학

현대에 들어 가장 이해할 수 없는 일 중의 하나가 파시즘의 등장이다. 필자는 파시즘이 만들어 낸 수많은 현상들 중에서도 많은 사람들이 파시즘에 자발적으로 순종하며 느끼게 되는 희열, 즉 '파시즘적 황홀(fascist ecstasy)'이라 불리는 것의 정체에 대해 특히 궁금해하였다. 일제 말기에 그런 모습을 보여준 수많은 문인들의 파시즘문학을 읽을 때마다 그런 궁금증은 반복되었다. 그러다 그것이 숭고의 문제와 연계되어 있을 수 있다는 생각을 하며 해결의 실마리를 찾았다. 숭고라는 것이 수사학과 정치학, 혹은 미학과 윤리학의 접경에 존재하는 개념이기에, 미학과 정치학의 혼종으로 성립된 파시즘문학의 본질, 즉 파시즘적 황홀을 해명하는 데 가장 적절한 개념이라 할 수 있기 때문이다.

'파시즘적 황홀'을 해결하는 데 있어서, 파시즘미학이 본질적으로 초월적인 것을 끊임없이 호명하는 숭고 미학이라는 사실을 늘 고려해야 한다. 파시즘이 끊임없이 자신의 신성을 환기하는 데 주목하여, "신성의 환기가 파시즘 윤리학의 영감이며, 이를 통해 파시즘이 효과적으로 스스로를 새로운 종교로 정립한 것"[1]이라는 지적도 그런 본질을 암시한다. 파시즘과 숭고의 이런 연관성으로 인하여 파시즘은 숭고 미학을 전략적으로 그리고

1 Emilio Gentile, "Fascism as Political Religion", *Journal of Contemporary History*, Vol. 25, No. 2/3 (May - Jun., 1990), 230쪽.

적극적으로 이용하였다. 독일과 이탈리아에서 보여주었던 "스펙터클 정치(politics of spectacle)"[2] 혹은 "파시즘적 스펙터클(fascist spectacle)"[3]이 그것이다. 파시즘 정권은 거대한 건축물과 박람회, 대규모 집회, 신성한 행사 등을 통해 관중의 마음을 고양시키는 전략을 자주 사용하였다. 이런 거대한 구경거리는 '정치의 미학화'의 대표적인 예로서 숭고의 감정을 자극함으로써 이성적인 소통을 방해하여 관중을 수동적인 존재로 만든다.[4]

유럽의 파시즘과 달리 일제 식민지파시즘 정권은 중국이나 미국과의 전쟁이나 대동아공영권이라는 관념을 이용하여 '스펙터클 정치'를 시도하였다. 일제의 '스펙터클 정치'는 박람회나 건축물 등으로 나타나긴 하지만, 주로 전장으로 향하는 대규모 병력의 이동, 역 광장이나 거리에 대기하는 대규모 군인들의 열광적인 모습 등과 같은 구체적인 군사 이미지와 일본, 러시아, 미국과 같은 대적하기 힘겨운 상대를 적으로 삼음으로써 빛을 발하는 숭고한 전쟁 이미지, 그리고 대동아공영권과 같은 이념 같은 것을 더 선호하였다. 1942년에 친일파시즘문학 활동에 뒤늦게 합류한 서정주의 첫 글은 그중 대동아공영권의 영향 아래 쓰인 것이다.

> 서구제국의 문화가 그 근원에 있어서는 조금씩이라도 모두 희랍·로마 문화의 혜택에서 출발하는 것처럼, 동양의 정신문화라는 것은 그 전부가 근저에 있어서 한자를 중심으로 하는 일환의 문화를 운위하는

2 Russell A. Berman, "The Aestheticization of politics: Walter Benjamin on Fascism and the Avant-garde", *Modern Culture and Critical Theroy*, The University of Wisconsin Press, 1989, 41쪽.

3 Andrew Hewitt, *Fascist modernism: aesthetics, politics and the avant-garde*, California: Stanford University Press, 1993, 175쪽. 파시즘과 스펙터클의 관계는 제6장 '파시스트 모더니즘과 극장의 권력' 참조.

4 파시즘의 스펙터클 정치와 숭고의 관계에 대해서는 다음 논문 참조. 여기에서 I. B. Whyte가 나치 건축의 기념비적 특성을 '역동적 숭고'라는 칸트의 개념과 연관시킨 사실을 지적하고 있다. Mark Antliff, "Fascism, Modernism, and Modernity", *The Art Bulletin*, Vol. 84, No. 1 (Mar., 2002).

것임은 두말할 필요도 없다. 동아공영권(東亞共榮圈)이란 또 좋은 술어가 생긴 것이라고 나는 내심 감복하고 있다.[5]

1937년 7월에 명분 없는 중일전쟁이 발발하고 이 전쟁에 대한 합리화의 일환으로 다음 해 고노에 수상이 동아신질서 수립을 선언하였다. 여기에 호응하여 일본사회에서 '동아연맹체론'이니 '동아협동체론'이니 하는 아시아연대주의가 이론적으로 시도되었다. 1940년 중국 남경에 왕정위 친일정권이 수립되고 서구에서 독일군에 의해 파리가 점령되자, 그해 7월 고노에 수상은 대동아신질서를 선언하고 대동아공영권을 국가적 이념으로 확정하였다. 대동아공영권은 서구 제국주의 침략으로부터 아시아의 해방과 보호 및 공동 번영을 중심 목적으로 표방하였는데, 이는 단순한 선언에 그치지 않고 교토학파의 지지를 통하여 형이상학적 형태를 갖추었다.[6] 이를 바탕으로 일제는 다음 해 12월 7일 진주만을 공습하여 태평양전쟁을 시작하였다. 대동아공영권 이념은 무력시위와 이론적 명세화를 통해 일본의 침략 전쟁의 판도를 개별 국가의 영역을 넘어서 아시아 전체로 확대시키며 거대하고 웅장한 이념으로 거듭나게 되었다.[7]

5 서정주, 「시의 이야기-주로 국민시가에 대하여」, 『매일신보』, 1942. 7.13-17; 김병걸, 김규동 편, 『친일문학작품선집 2』, 실천문학사, 1986, 289-290쪽.

6 니시다 기타로는 1943년 5월 군부로부터 의뢰를 받고 쓴 「세계신질서의 원리」라는 글에서 "종래 동아민족은 유럽민족의 제국주의 때문에 압박받고, 식민지시되어 각자의 세계사적 사명을 박탈당했다. 지금이야말로 동아의 제민족은 동아민족의 세계사적 사명을 자각하고 각자 자기를 초월하여 하나의 특수한 세계를 구성하고 그것으로 동아민족의 세계사적 사명을 수행하지 않으면 안 된다. 이것이 동아공영권 구성의 원리이다."며 대동아공영권의 이념을 정리하였다. 윤기엽, 「대동아공영권과 경도학파의 이론적 후원」, 『불교학보』 48집, 동국대학교 불교문화연구원, 2008, 251쪽에서 재인용.

7 대동아공영권의 지리적 범위는 "일만지(日滿支)를 근간으로 구독일령 위임통치제도, 프랑스령 동인도, 미얀마, 호주, 신서란(新西蘭) 및 인도 등"(「기본국책요강」, 1940.8)에서 이후 "일만지 및 동경 90도에서 동경 180도까지의 사이에 있는 남위 10도 이북의 남북 제지역"(대본영정부연락회의, 1942.2)으로 변화된다. 이 변화에서 인도, 오스트레일리아, 뉴질랜드가 제외되고 필리핀이 들어간다. 김경일, 「전시기 일본의 대동아공영권 구상과 체제」, 『일본역사연구』 10집, 일본사학회, 1999, 234쪽.

서정주는 중일전쟁 발발(1937)이나 무한, 삼진 함락(1938), 독일군의 파리 함락(1940), 일본의 진주만 공격(1941) 등에도 그다지 반응하지 않았다. 그러나 일제가 1941년 12월에 태평양전쟁의 명칭을 '대동아전쟁'으로 공식화하고 전쟁의 목적을 '대동아 신질서 건설'에 있다고 천명한 후, 이듬해 2월에 싱가폴을 함락시키자 그때서야 비로소 친일파시즘문학 활동에 참여하였다. 해방 이후 김동리와 더불어 남한의 문학적 이념을 이끌어 갔던 조연현이 친일파시즘 문인 대열에 합류할 때와 비슷한 시기이다.[8] 서정주는 대동아공영권이라는 거대담론 앞에서 비로소 태평양전쟁을 내면화할 수 있는 계기를 발견한 것으로 보인다. 이 거대담론에서 자신과 당시 조선의 왜소함과 비극적인 처지를 초월할 어떤 가능성을 발견한 것이다. 그는 해방 전까지 그 개념이 어떤 진실을 담고 있다고 믿었다고 고백하였다.[9] 그렇기에 그의 친일파시즘문학에서 유일하게 일제의 용어를 자신의 개념 목록 속에 등록하고, 이에 감복한 마음을 고백한 것이다. "동아공영권(東亞共榮圈)이란 또 좋은 술어"가 서정주에게 가져다 준 감복의 정체는 무엇일까. 그것은 일제 식민지파시즘의 '스펙터클 정치'가 기대고 있는 숭고 미학과 관련되어 있는데, 여기에서는 그 핵심을 '파시즘적 황홀'이라 부른다. 바로 이를 통해 파시즘은 문인들의 자발성을 이끌어 내었던 것이다.

'파시즘적 황홀'의 실제

파시즘에 접근하는 가장 간단한 방법은 파시즘의 존재 기반을 "공포와

8 조연현의 친일파시즘문학 활동의 시원은 「동양에의 향수」(『東洋之光』, 1942. 5) 발표이다.

9 자신의 행위를 고백하는 글에서 상가포르 함락 이후 일본의 승리를 예감하게 되었다고 하고, "일본 중심의 대동아공영권이라는 것은 벌써 장차의 시베리아 총독엔 한국인을 기용한다는 소문" 등을 사실로 받아들였음을 언급하고 있다. 서정주, 『서정주 문학전집 3』, 일지사, 1972, 238쪽.

강압을 불변적으로 끊임없이 사용하는 데"[10]에서 찾는 것일 것이다. 그러나 이런 접근은 독일 파시즘이 그 많은 대중의 합법적인 지지를 통해 정권을 획득하고 지속적인 지지를 바탕으로 자신들의 정책을 수행해 나간 사실을 설명하는 데 한계를 지닌다. 그래서 라이히와 같이 대중심리학적 접근에 주목하게 되는 것이다. 이때 중요한 것은 파시즘 정권을 장악한 지배자의 심리가 아니라 파시즘하의 대중들의 수용 심리이다. 라이히는 "왜 수백만 명의 대중들이 억압을 긍정하였는가라는 모순은 정치적 또는 경제적으로써가 아니라 오직 대중심리학적으로써만 설명될 수 있다."[11]고 본다. 그는 "왜 대중들이 정치적 속임수에 넘어갔는가"(Reich: 75)라는 물음에, 당시 독일 소시민층에 만연한 "광범위한 성의 억제와 억압"(Reich: 91)을 그 답으로 제시한다. 소시민 계층에게 일어나는 유년기의 성적 억압이 신비주의와 비합리주의를 승인하도록 조장함으로써 "종교적 신비주의의 극단적 표현"(Reich: 14)인 파시즘을 수용하게 만들었다는 것이다. 이런 관점은 여러 한계에도 불구하고 파시즘의 문제를 심층적으로 이해하게 만든다는 점에서 일정한 의미를 지닌다.

앞에서 설명하였듯이 파시즘은 '스펙터클 정치'를 통하여 대중들의 감정을 자극하는 일을 정책의 핵심으로 삼고 있다. 대중 정치 시대에 급조된 새로운 고안물로서 파시즘이 "세밀하게 연출된 의식과 감정이 가득 실린 수사(修辭)를 적절히 사용하여 사람들의 정서에 주로 호소"[12]했기 때문에 지식인이나 대중들이 그 자극에 비판적 거리를 유지하기는 힘들었을 것이다. 파시즘의 수사는 언어나 건축물, 연극, 집회 등에 전방위적으로 사용되어 새로운 지지층을 흡수하려고 노력하였으므로, 친일파시즘 문인들이 상황의 전개와 더불어 파시즘에 동조하게 된 것은 그렇게 부자연스러운 일

10 Martin Jay, 황재우 외 옮김, 『변증법적 상상력』, 돌베개, 1979, 246쪽.
11 Wilhelm Reich, 황선길 옮김, 『파시즘의 대중심리』, 그린비, 2006, 73쪽.
12 Robert O. Paxton, 손명희 외 옮김, 『파시즘-열정과 광기의 정치 혁명』, 교양인, 2005, 53쪽.

이 아니었다. 최재서의 전신(轉身)이 파시즘에 대한 이런 반응을 전형적으로 보여준다. 주지주의(主知主義)로 문명을 얻은 최재서가 친일파시스트로 전신하게 된 계기는 무엇일까. 그의 친일논리는 1939년에 이미 드러나고 있지만,[13] 그 의식은 그전에 비롯되었던 것으로 보인다. 그것이 드러나는 것이 「사변당초(事變當初)와 나」라는 글이다. 1937년 중일전쟁을 회고하는 이 글에서 우리는 그의 의식의 방향을 가늠해 볼 수 있다. 이때 그는 동경에 있었는데 전쟁의 분위기 속에서 점차 고조되는 흥분을 느끼고 있었다. 그중 동경역의 풍경을 말하고 있는 다음 장면에서 그 흥분은 최고조에 달한다.

> 역 구내는 벌써 출정군인 전송인으로 초만원이어서 택시는 근방에도 못 간다. (…) 그러나 나는 그곳에 벌어진 창가와 만세와 격려와 절규의 흥분이 소용돌이치는 광경에 완전히 나 자신을 잃고 말았다. 무엇인지 모를 커다란 힘에 압도되어 실로 위협을 느끼면서 겨우 찻간에 올라앉았다. (…) 그날밤 나는 차안에서 낭격(浪激)처럼 밀려오는 국민적 정열에 좀체로 눈을 붙일 수가 없었다. (…) 만세를 부르는 정경은 참으로 눈물겨웠다. 이리하여 나는 전쟁 속의 한 사람이 되었다.[14]

최재서는 전쟁으로 흥분된 동경역의 격렬한 풍경에 완전히 자신을 잃어버리는 망아의 상태에 빠지고, 그 실체를 몰라 두려움을 느낄 수밖에 없는 "무엇인지 모를 커다란 힘"에 압도되어 버린다. 이 상태는 숭고의 상태와 유사하다. "숭고의 불길은 스스로의 구성 요소들을 한데 녹이면서 듣는 이들을 황홀경으로, 오직 그 불길만이 보이는 지점으로 몰고" 가서 "청

13 崔載瑞, 「內鮮文學の交流」, 『朝鮮放送協會ラヂオ講演, 講座13輯』, 1939.7.16; 崔載瑞, 「秋風と共に(1)_(6)」, 〈京城日報夕刊 11457-65號〉(1939.9.28-10.6).
14 최재서, 「事變當初와 나」, 『인문평론』, 1940. 7, 99쪽.

자의 편에, 아니 발화자까지 포함한 모든 이들에게 일종의 가사 상태 내지 의식의 상실"[15]을 요구하기 때문이다. 최재서의 언급에서 발견되는 일종의 가사상태와 같은 이러한 정서적 반응이 바로 '파시즘적 황홀'의 전형이라 할 수 있다. 이는 파시즘이 기획한 거대한 건축물, 박람회, 열광으로 가득한 집회 등 '파시즘적 스펙터클'에서 비판적 능력을 상실한 대중이 느끼는, 순간적으로 초월적 존재나 세계와 합일하는 듯한 느낌에서 오는 정서적 충격을 말한다. 칸트의 관점에서 분석적으로 말하자면 이는 압도적인 풍경을 마주한 상상력이 스스로의 한계를 통감하고 그 한계를 이성(물론 이때의 이성 개념은 수정되어야 할 것이다)의 무한한 능력의 표상으로 전환하면서 얻게 되는 쾌감을 말하는 것이다. 이런 감정은 파시즘문학에서 흔히 발견된다.

> 사실 나는 이번 사변(중일전쟁-인용자)에 의하야 북경 · 상해 · 남경 · 서주 · 한구 등이 연차 함락되는 보도와 접하고 또는 실사 등을 통하야 지나의 모든 봉건적 성문이 몰락되는 광경을 눈앞에 볼 때에 우리들의 시야가 훤하게 뚫려지는 이상한 흥분이 내 일신을 전율케 하는 순간이 있다.[16]

중일전쟁에서 일본이 파죽지세로 중국의 주요 거점도시를 장악해 나가는 소식을 접하면서 백철이 느끼는 이 "이상한 흥분" 역시 파시즘적 황홀이다. 이는 앞에서 언급한 바 있는 서정주의 "감복"과 동궤의 것이다. 그리고 "히틀러와 그에 의해서 영도되는 나치 운동에 대해서 가졌던 환상이 하

15 Michel Deguy, 「고양의 언술」, Jean-Luc Nancy 외, 김예령 옮김, 『숭고에 대하여-경계의 미학, 미학의 경계』, 문학과지성사, 2005, 45쪽.
16 백철, 「시대적 우연의 수리」, 조선일보, 1938.12.6.

이데거가 나치에 참여하게 되는 하나의 중요한 원인"[17]이라고 보는 관점에 따른다면, 하이데거가 가진 환상도 일종의 파시즘적 황홀이라 할 수 있다.

파시즘적 황홀은 파시즘이 사용하는 숭고 미학의 주요 목표이다. 파시즘의 대중적 기획은 언제나 대중의 고양된 정서적 반응을 겨냥한다. "최고의 정치적 경험이 항상 어떤 의미에서의 몰입"[18]이라 할 때 파시즘은 그 몰입을 위해 항상 준비되어 있는 정치 형태인 것이다. 그 몰입의 감정은 "통합의 경험이고, 전체 국가와 일체가 되는 존재의 느낌"(David Carroll: 712)이다. 이때 전체 국가는 실재하는 국가가 아니라 초월적 세계에 놓인 이상화된 관념적 국가이다. 그래서 파시즘적 황홀은 실재하지 않은 초월적 국가와의 합일의 감정이다. 그래서 프랑스의 친파시즘 문인 브라지야크가 "해질 무렵의 젊은이들의 캠프, 하나의 몸을 하나의 전체 국가로 만들 때의 감동, 전체주의적인 축제, 이러한 것들은 파시스트 시학의 요소들"(David Carroll: 712)이라고 한 것은 파시즘적 기획 속에 가득한 초월적인 대상과 연계된 파시즘적 황홀을 정확하게 표현한 말이라 할 수 있다. 브라지야크는 파시즘적 황홀을 적절하게도 "파시즘적 기쁨(fascist joy)"(David Carroll: 713)이라 부른다. 파시즘적 황홀이나 파시즘적 기쁨은 숭고의 감정 상태와 닮아 있다. 그래서 최재서는 브라지야크와 같은 내용을 다루면서 국민학교 전체 아동의 분열 행진을 두고 "거기에 개체가 도저히 기획할 수 없는 웅대하고도 장엄한 미가 만들어지는 것"[19]이라 하였던 것이다. 그가 말하는 이 미는 바로 숭고미이다. 그가 숭고를 의식하고 있다는 것은 그 미를 두고 "거기에는 생명의 극도의 발휘와 극도의 억압 사이

17 박찬국, 『하이데거는 나치였는가』, 철학과현실사, 2007, 102쪽.

18 David Carroll, "Literary Fascism or the Aestheticizing of Politics: The Case of Robert Brasillach", *New Literary History*, Vol. 23, No. 3, History, Politics, and Culture(Summer, 1992), 712쪽.

19 최재서, 노상래 옮김, 『전환기의 조선문학』, 영남대학교출판부, 2006, 131쪽. 이 책은 최재서의 『轉換期の朝鮮文學』(人文社, 1943)을 번역한 것이다.

에 긴장 상태가 있어서, 불꽃을 튀기듯 엄격한 아름다움이 빛을 발하고 있다."(최재서: 131)는 언급에서 확인할 수 있다. 이런 언급은 칸트가 숭고를 "생명력들이 일순간 저지되었다가 곧이어 한층 더 강력하게 분출함으로써 야기된 감정"[20]으로 설명한 것과 동일한 구조를 지닌다. 이처럼 숭고 미학과 연계된 파시즘적 황홀은 근본적으로 신비주의적이고 종교적인 경험이다. 그래서 파시즘을 일종의 종교로 파악하는 논리를 그리 과장이라 평가할 수만은 없을 것이다.[21]

파시즘문학은 파시즘적 황홀의 생산을 주요 목적으로 삼는 문학이다. 즉 불길과 같은 수사학으로 독자를 초월적 세계와의 합일로 이끌어 가사상태와 같은 황홀을 생산하는 문학인 것이다. 파시즘문학의 성패는 바로 이 황홀의 발생 여부에 달려 있다. 그래서 파시즘문학은 신앙 간증 같은 황홀 경험의 고백으로 이루어지거나 개인이 관념화된 전체 속에서 느끼는 희열을 표현하는 데 집중한다. 파시즘문학에서 숭고 역시 특수한 성격을 지닌다. 일반적으로 숭고에 의해 환기되는 초월적 세계가 개별적이고도 특수한 특성을 지니는 데 반하여, 파시즘적 숭고는 초월적 대상이 앞에서 살펴본 것처럼 언제나 전체주의적이라는 점에서 차이가 난다. 친일파시즘문학은 이런 파시즘문학의 특수한 형태로 일제의 파시즘 정책에 동조하여 파시즘적 황홀을 생산하는 문학이다. 여기에서 전체주의의 모형은 대부분 대동아공영권이라는 이념과 관련되어 있다.

파시즘적 황홀은 유사 종교적 비전을 제시하는 파시즘의 정서적 자극에 대한 반응이다. 숭고가 인간의 주관성에서 발생한다는 점을 고려할 때 이것은 인간이 스스로 만들어낸 황홀이자 환상이다. 거시적 관점에서 볼 때 이런 감정이 잘못된 상태라고 규정짓기는 쉬운 일이다. 그러나 엄밀하

20 I. Kant, 김상현 옮김, 『판단력 비판』, 책세상, 2005, 82쪽.

21 에밀리오 젠틸레는 "파시즘은 국가의 신성화에 초점이 맞춰진 고유한 신앙, 신화와 의식의 체계를 고안했다."고 주장한다. Emilio Gentile, 앞의 글, 230쪽.

게 본다면 그런 감정 자체가 거짓이거나 허위라고 판단하기는 어렵다. 바로 이 점에 파시즘문학 평가의 어려움이 있다. 동시에 파시즘적 자극에 반응하는 것을 파시즘에 대한 수용이나 협력으로 판단하기도 힘들 것이다. 파시즘적 황홀이 비판의 대상이 되는 것은 파시즘의 기획이 "정치적 속임수"(Wilhelm Reich: 75)라는 것을 알 때 소급적으로 판단될 수 있다. 친일 파시즘문학의 경우 그것의 진위는 서정주처럼 해방 이후에나 판단될 수 있다. 나치가 등장하고 그 방향이 명확하지 않은 초기에 좌·우파를 막론하고 파시즘 정권에 열광적인 지지를 보냈던 사실을 고려해 보라. 그렇다면 그 정체를 알기 힘든 상태인 파시즘 초기의 황홀(모든 파시즘적 황홀은 근원적으로 초기의 상태에 놓인다)과 그에 기반한 문학적 결과물들은 어떻게 평가하여야 할 것인가. 이것은 파시즘문학 평가의 딜레마이자 동시에 숭고 판정의 딜레마가 된다.

숭고 판정의 딜레마

파시즘적 황홀을 문제 삼을 때 그것에 대한 평가는 판단중지 상태에 놓일 수밖에 없다. 중립적 상태에서 볼 때 파시즘적 황홀은 비판의 대상이 될 수 없다. 거짓 황홀이니 기만적 황홀이니 하는 식으로 비판할 수 없다는 뜻이다. 라이히 역시 파시즘에서 강조하는 명예와 의무를 설명하면서 "이런 개념이 주는 황홀은 참된 것"이며, "문제가 되는 것은 원천일 뿐"(Wilhelm Reich: 95-96)이라고 하였다. 또한 파시즘적 황홀과 종교적 황홀을 동일한 것으로 보며 "그들(신도들-인용자)이 경험하는 육체의 자율신경적인 흐름과 그러한 흐름이 만들어내는 황홀상태는 정말로 진실이다. 특히 열등한 사회계층의 사람들에게는 종교적 감정은 절대적으로 진실하다."(Wilhelm Reich: 224)고 강조한 바 있다. 이 때문에 파시즘적 황홀은 파시즘 협력이 자기결정에 의한 것이라는 자발성론과 모순관계에 놓인다. 파시즘적 황홀은 파시즘의 정서적 자극에 능동적으로 반응한 결과라는 점에서 자발성론을 지지하지만, 그것이 감정 자체로서는 허위가 아니라는 점에서 자발성론이 겨냥한 비판을 거부하기 때문이다.

파시즘문학 행위를 한 사람들이 자신의 행위를 흔쾌하게 반성하지 않는 것도 바로 이 파시즘적 황홀의 성격 때문이다. 하이데거는 자신의 나치 협력에 대해서 명확한 말로 반성한 적이 없다. 오히려 그는 죽을 때까지 파시즘이 등장하던 "1933년을 독일 민족과 서구 전체의 정신을 혁신할 수 있었던 기회로 보았으며 그러한 절호의 기회를 살리지 못했다는 사실을 항상 아쉬워했다."(박찬국: 107)는 것이다. 이런 상황은 친일파시즘 문인에게서도 동일하게 나타난다. 서정주나 최재서도 친파시즘적 행위에 대한 명확한 반성을 전혀 보이지 않는다. 서정주는 두고두고 비난의 대상이 되었던 부족한 반성문에서 자신의 친일파시즘 행위의 원인을 "정치세계에 대한 내 부족한 지식"[22]에 돌리고 있다. 이것은 변명으로 들리기에 충분하다. 그가 비난을 받은 것도 이런 불명확한 태도 때문이다. 이는 하이데거가 나치 협력 이후 30여 년이 지난 인터뷰에서 제시한 "나는 당시 다른 대안이 없다고 생각했습니다."(박찬국: 292)라는 대답과 동일하다. 그러나 라이히의 관점에서 파시즘적 황홀을 평가한다면 이런 반응은 그다지 의아한 것이 아니라 지극히 당연하고도 자연스러운 일이 될 것이다. 당시에 느꼈던 감정에 충실하였다면 사과나 반성을 하는 것이 오히려 가식적이거나 허위적인 것이 될 뿐이기 때문이다. 파시즘적 황홀이 지닌 정서적 진정성 때문에 시간이 지나 파시즘의 허위성을 인식하더라도 친파시즘 문인들은 사과나 반성을 할 수 없었던 것이다. 반성을 하지 않는 것이 오히려 내적 논리의 정합성을 보여주는 경우가 된다.

이 사실은 우리를 불편하게 만든다. 우리는 이 문제에 대해서 칸트의 기

22 서정주, 「창피한 이야기들」, 『서정주 문학전집 3』, 일지사, 1972, 238쪽.

준을 가지고 와서 다음과 같이 분명한 판정을 내리는 것을 바랄지 모른다. 파시즘적 황홀에 빠진 상태는 칸트적 기준에 의하면 '균형을 잃은 숭고'의 상태 즉 열정이 아니라 열광의 상태이며, 자신의 인식 능력을 넘어서 존재하는 초월적인 것의 환기에 응하여 이루어진 고양된 의식이 길을 잃어 전체주의로 연결되는 과대망상에 도달한 것이라고.[23]

그러나 칸트의 기준을 따르더라도 이처럼 명확한 결론이 나올 수 없다. 먼저 파시즘적 황홀은 "참된 것"이며, "문제가 되는 것은 원천일 뿐"이라는 라이히의 언급에서부터 시작해 보자. 라이히는 파시즘이 야기한 황홀의 진실성은 의심할 여지가 없는 것으로 보고 그 황홀의 원천, 즉 파시즘의 "정치적 속임수"가 잘못된 것일 뿐이라고 말한다. 그러나 칸트는 숭고의 감정은 대상에서 오는 것이 아니라 주관적인 것임을 분명하게 언급하고 있다. 즉 "진정한 숭고성은 오직 판단자의 마음속에서만 찾아지는 것일 뿐, 자연물의 판정이 그러한 마음 상태를 유발한다고 해서 자연물에서 찾아지는 것은 아니라는 사실"[24]을 지적하고 있는 것이다. 그렇다면 파시즘적 황홀은 외부적인 파시즘의 "정치적 속임수" 여부와는 무관하게 주관적인 상태에 의해서만 판단을 내려야 한다. 그러나 순환론적으로 되지만 주관적인 상태에 의해서만 판단을 내릴 때 라이히가 지적한 바처럼 그 감정 자체는 진실한 것으로 비판의 여지가 없게 된다. 이것이 바로 파시즘문학을 규정하는 숭고 미학의 딜레마이다.

칸트는 이런 부정적 효과를 염두에 두고 숭고의 감정인 '열정'과 부정적

23 이것은 C. Pries와 Klaus Poenicke의 주장이다. *Das Erhabene, Zwischen Grenzerfahrung und Grossenwahn*, hrsg. von Christine Pries, VCH, Acta Humaniora, Weinheim 1989; 村田誠一,「クリスティ_ネ・プリ_ス編, 〈崇高-限界經驗と誇大妄想との間〉」, 『美學』 161, 1990. 夏, 55쪽. 村田는 클라우스 포에니케의 논의가 독일의 파시즘적 열광에 대한 변명의 혐의가 있다고 본다.

24 I. Kant, 앞의 책, 100쪽. 다른 곳에서도 "숭고에 대해서는 단지 우리의 내부에서만, 그리고 자연의 표상에 숭고성을 끌어넣는 우리의 심적 태도에서만 그 근거를 찾아야 한다."(I. Kant: 85)고 밝힌다.

정서 상태인 '열광'을 구별한다. 열정은 열광과 달리 도덕성과 긴밀하게 연계되어 있어 부정적인 상태와 연계될 수 없다는 것이다.

> 도덕성의 이러한 순수하고도, 심성을 고양시키는, 단지 부정적 제시는 열광(Schwärmerei)의 위험을 초래하지 않는다. 그 열광이란 감성의 모든 한계를 초월하여 무엇인가를 보려고 하는 망상, 다시 말해 원칙에 따라 몽상하려는 (이성을 가지고 날뛰는) 망상을 뜻한다. 그런데 부정적인 제시가 광신의 위험을 초래하지 않는 이유는 그때의 제시가 단지 부정적이기 때문이다. 왜냐하면 자유이념의 탐구 불가능성은 모든 긍정적 제시의 길을 차단한다.[25]

칸트에 따르면 '열정'은 "정서가 딸린 선의 이념"(I. Kant: 142)으로서 맹목성의 위험이 있는 정서와 연관되어 있지만 이것이 이념들에 의해 일어나는 힘의 긴장이기 때문에 긍정적이고도 숭고한 것이다. 이에 반하여 '열광'은 광기와 같은 것으로 다루어진다. 지젝은 칸트의 언급을 풀어서 "숭고한 것에 의해 환기된 열정(enthusiasm)이 공상적인 열광(schwärmerei)과 구별되는 것"은 "(상상력의) 무능력의 매개를 통해서, 다시 말해 실패나 불일치 자체에 의한 그 성공적인 제시"[26]에 달려 있다고 한다. 이런 논의에 의하면 파시즘적 황홀은 열정이 아니라 열광이 된다. 따라서 그 황홀은 감싱의 한계 너머에 있는 초월적인 세계와 아무런 매개 없이 직접적으로 합일하려는 망상에 불과하다. 이 점에서 파시즘적 황홀은 비정상적인 정서로서 비판될 수 있다. 따라서 그에 기반하여 생성된 파시

25 I. Kant, 이석윤 역, 『판단력비판』, 박영사, 1974, 146쪽. 여기에서는 이 책을 바탕으로 하고 기타 번역본을 참고로 하여 일부 구절을 수정했다. "Schwärmerei"은 열광, 광신, 광기 등으로 번역되지만 여기서는 '열광'으로, "enthusiasm"은 가끔씩 열광으로 번역되지만 여기서는 '열정'으로 번역하였다.

26 Slavoj Zizek, 이수련 옮김, 『이데올로기라는 숭고한 대상』, 인간사랑, 2002, 341쪽.

증문학 역시 무가치한 것으로 판정될 수 있다.

그러나 칸트의 구분 기준이 선험적인 차원에서만 작동되고 있어 현실적인 판단이 불가능하기 때문에 칸트식으로 파시즘적 황홀이 왜 열정이 아니라 열광인지 명쾌하게 해명하는 것은 불가능하다. 파시즘적 황홀이 부정적 제시를 통해 초월적인 세계에 도달하는지 아니면 긍정적 제시를 통해 도달하는 것인지, 또한 왜 결과적으로 동일한 정서적 반응을 가져오는지 해명할 수 없다. 그러므로 칸트의 기준으로는 그 황홀이 감정 자체로서 진실성을 지닌다는 라이히의 판단을 부정할 수 없는 것이다. 칸트의 구분이 지닌 모호성에 대한 불만은 다른 논자에 의해서도 제기된 바 있다.[27] 이런 결함 때문에 더 나아가 상상력의 희생으로 이루어지는 칸트의 '숭고의 희생경제학'이 파시즘에 이르게 된다는 평가도 제기되는 것이다.(Slavoj Zizek: 148)

칸트는 주로 선개입된 윤리적 기준으로 열정이나 열광, 종교와 미신 등을 구분하기 때문에 동일한 정서에서 파생된 감정의 상태를 발생론적으로 판단하는 데 취약하다. 그래서 윤리적인 혼돈을 막기 위해 그는 숭고를 유발하는 대상을 주로 자연물로 선정한다. 화산이나 폭풍우, 폭포, 밤하늘의 별 등이 그것이다. 그러나 간혹 인간사와 관련된 대상을 언급하기도 하는데 이때 그 규정은 가혹해진다. 파시즘과 관련된 주제라 할 수 있는 전쟁을 언급한 부분을 보자.

> 심지어 전쟁조차, 만일 그것이 질서 있게 그리고 시민의 권리를 신성시하면서 수행된다면, 그 자체로 어떤 숭고한 것을 가진다. 그리고 동시

27 자콥 로고진스키는 "이 구분이 본질적이기는 하나 일시적이며, 또 숭고와 기괴성 간의 구분이 그런 것과 마찬가지로, 필수적인 동시에 어쩌면 취약한 것"으로 판단한다. Jean-Luc Nancy 외, 김예령 옮김, 『숭고에 대하여-경계의 미학, 미학의 경계』, 문학과지성사, 2005, 263쪽. 이런 구분의 한계는 숭고와 관련하여 종교와 미신을 구분하는 데에서도 반복적으로 드러난다.

에 그와 같은 전쟁을 수행하는 국민이 보다 많은 위험에 처했었고 그런 위험을 용감하게 견디어낼 수 있었다면, 그럴수록 전쟁은 그 국민의 신념을 그만큼 더 숭고하게 만든다.[28]

여기에 나오는 전쟁에는 윤리적 기준이 선개입되어 있다. 즉 불순한 어떤 사유도 틈입할 수 없도록 윤리적으로 엄격한 단서가 붙어 있는 것이다. 그 전쟁은 일반적인 전쟁이 아니라 "질서 있게 그리고 시민의 권리를 신성시하면서 수행되는" 전쟁이다. 그러나 현실적으로 전쟁이 일반적인 윤리가 전혀 지켜질 수 없는 특수한 상황이라는 사실을 고려하면 칸트식의 전쟁은 지상에 존재하지 않는 관념적인 개념일 뿐이다. 그의 단서를 수용한다고 하더라도 어떤 것이 "질서 있게 그리고 시민의 권리를 신성시하면서 수행되는" 전쟁인지 판단할 수 없다. 파시즘에 동조한 많은 사람들은 자신이 참여한 전쟁이 칸트식의 신성한 전쟁임을 믿었기 때문에 기꺼이 동참한 것 아니겠는가.

숭고 판단의 딜레마가 해결되지 않으면 파시즘문학에 대한 판단도 영원히 보류될 수밖에 없다. 이런 딜레마를 벗어나기 위한 몇 가지 방식을 생각해 볼 수 있다. 먼저 숭고의 개념을 폐기하는 것이다. 그러나 숭고가 엄연히 존재하는 미학적이고도 현실적인 사건이기 때문에(그래서 파시즘문학은 현재진행형이다) 숭고 개념의 폐기를 주장하는 것은 사려 깊지 못하다. 또 다른 방식으로 숭고의 개념을 새롭게 정의하는 방법이 있을 수 있다. 즉 숭고의 초월성이 파시즘적 황홀이라는 상황을 야기하기 때문에 숭고의 개념에서 초월성을 제거하는 방식이다. 이것이 리오타르가 한 방식이다. 그러나 이것은 숭고에서 가장 중요한 고양의식의 가치를 일방적으로 제거하는 방법으로 이때 숭고는 존재 가치가 사라진 빈 껍질에 불과한

28 I. Kant, 김상현 옮김, 앞의 책, 111쪽.

개념이 된다. 물론 리오타르의 우려를 이해하지 못하는 바는 아니지만, 숭고를 인정하는 한, 숭고의 기본적인 가치가 인간을 고양시키는 윤리적 혹은 정서적 경험에 있음을 승인해야 할 것이다.

파시즘적 황홀의 정체와 '너머-저기'

필자는 처음 이 문제를 다룰 때[29] 파시즘적 황홀과 관련된 숭고 판정에 대한 딜레마를 해결하지 못하였다. 그렇다면 숭고 판정은 영원히 이루어질 수 없는 것이며, 파시즘적 황홀은 파시즘 옹호의 근거가 될 가능성이 높다. 이 문제를 풀기 위해서는 먼저 파시즘에서 경험하는 황홀이 지닌 심리적 진실성이 인정되어야 한다. 이런 진실성 때문에 파시즘에 자발적으로 동의하고 지속적으로 협력할 수 있었던 것이다. 이때 정서적 진실성을 인정하면서도 파시즘에 함몰될 위험성을 어떻게 피해갈 것인지가 문제인데, 그때 필자는 파시즘적 숭고의 폐쇄적인 구조를 깨는 것을 대안으로 제시하였다. 즉 비판의식이 개입된 숭고, 절제된 고양을 바탕으로 하는 '세속적 황홀'이자 '일상의 숭고'가 그것이다. 그러나 이것은 딜레마를 해결하지 못한 상태에서 이루어진 것이라는 점에서 한계를 지닌다.

미완의 대안을 제시할 당시 중요한 참조점은 라이히였다. 라이히는 폐쇄적인 구조의 파괴를 파시즘적 원천에 대한 이성적 판단에서 찾았다. 즉 황홀의 진실성을 인정하고 그 원천을 이성적으로 판단하자는 것이다. 라이히는 파시즘하의 대중들이 스스로를 지도자와 동일시함으로써 파시즘적 황홀의 함정에 빠진 점을 지적하고, 동시대에 그런 위험에 노출되지 않았던 노동자들을 긍정적인 예로 제시하고 있다. 노동자들 역시 파시즘적 민족주의자들이 지닌 격정과 동일한 감정을 지녔지만 그 감정들을 자극하

29 박현수, 「친일파시즘문학의 숭고 미학적 연구」, 『어문학』 104, 한국어문학회, 2009.

는 내용에서 차이가 났기 때문에 그런 위험으로부터 안전했다고 라이히는 판단한다.

> 동일시하려는 욕구는 같지만 대상은 다른 것이다. 즉 그 대상은 지도자가 아니라 동료 노동자이며, 환상이 아니라 자신의 일이며, 가족이 아니라 지구상의 노동하는 사람들인 것이다. 여기에서 국제적인 전문가 의식은 신비주의 및 민족주의와 대립한다. 그러나 이것이 노동자들이 자존심을 포기한다는 의미는 분명 아니다. 위기가 닥칠 때 '공동체에 대한 봉사', '개인의 이익에 앞서는 일반의 이익'에 열광하는 것은 반동적인 인간들이다. 노동자의 자존심은 오직 전문가 의식에서 나온다.(Reich: 109)

그때 이미 지적하였듯이 라이히의 대안은 두 가지 점에서 문제를 지닌다. 하나는 숭고 판정의 딜레마를 외부적 원천을 변경함으로써 해결하고 있다는 점이다. 라이히에 따르면 지도자와의 동일시가 파시즘적 황홀이고, 동료 노동자와의 동일시가 올바른 황홀이 된다. 그러나 대상의 변경이 파시즘적 황홀의 위험성을 제거해 준다는 생각은 숭고의 본질과는 거리가 멀다. 칸트와 라이히는 숭고의 주관성을 인정한다는 점에서 동일한 기반에 서 있기 때문에 숭고의 대상은 주관성 속에서 찾아야 할 것이다. 동료 노동자와의 동일시가 파시즘적 황홀과 다르다는 것은 재고되어야 한다. 다음으로 그는 황홀의 정의를 재규정함으로써 논리적 파탄을 보여준다. 라이히는 외적 준거를 가져옴으로써 숭고 판정의 딜레마는 부분적으로 해결하였지만, 파시즘적 황홀의 '감정 그 자체로서의 진실성'을 인정하는 것이 아니라 그 황홀의 내용을 슬그머니 다른 것으로 교체해 버림으로써 황홀의 진실성을 거부하였던 것이다. 황홀의 진실성을 인정한 이상 진실성의 성격에 대한 문제를 해결하지 않으면 안 된다.

그렇다면 파시즘의 숭고 미학, 즉 파시즘적 황홀에 대한 판정의 딜레마는 어떻게 해결할 수 있을까. 이 문제는 우리가 지금까지 다루어 왔던 전통시학의 문제와 연계시킬 때 의외의 돌파구를 찾을 수 있게 된다. 이 문제를 해결하려면 무엇보다 파시즘미학이 기본적으로 숭고를 바탕으로 한다는 점을 인정해야 한다. 앞에서 살폈듯이 숭고는 감성의 한계에 즉하여 그것을 넘어선 절대적인 크기의 지평이 호명되는 것이며, 이 과정에서 내적 자질의 좌절과 상승을 통해 자신의 위대함을 감지하며 느끼는 고양된 감정이다. 이때 그 위대함은 전적으로 자신에 속한다. 그것은 외부로부터 주어지는 것이 아니라, 외부의 계기를 통해 내부에서 환기되는 것이다. 그 위대함은 우리가 지금까지 다루어 온 전통시학의 핵심으로서 내면의 무한성, 신성성과 동질의 것이다. 따라서 숭고는 내면에 존재하는 자아의 무한한 가능성, 혹은 신성성의 확인이라 할 수 있다.

그런데 파시즘적 황홀은 히틀러나 무솔리니, 혹은 일본 천황, 또는 대동아공영권처럼 외부의 존재에게 내면의 가능성을 의뢰한다. 이때 황홀은 지금까지의 숭고와 달리 내면적 무한성을 계기로 외부의 대상을 고양시키면서 발생한다. 이것은 심리학에서 말하는 단순한 투사가 아니라는 점에서 숭고에 속하는 정서적 진실성을 지닌다. 그러나 그것은 정확하게 말하자면 자신의 내면에 존재하는 위대한 가능성을 외부적 존재로 치환한 것이다. 이때 환기된 무한성은 자신의 내면에서 발생하였지만 전적으로 외적인 것에 속한다는 점에서 문제적이다. 이는 결국 내면의 가능성, 신성성을 부정하여 숭고의 대상을 철저하게 외부에 위치시킴으로써 고양을 만들어 내는 것이다. 이 점에서 파시즘은 이곳을 부정하고 이곳에 속한 존재들의 가치(그것은 내면적 무한성, 신성성이다)도 부정하며, 전적으로 이곳을 떠나 이곳 아닌 저곳으로 사람들을 끌고 가려는 '너머-저기(beyond-there)'의 사상이다. 파시즘이 갖가지 정치적 스펙터클을 끊임없이 양산하여 존재의 내면을 약탈함으로써 무한성이 외부에 있다고 세뇌시키는 것도 이 때문이다. 그러나 숭고의 원칙에 따르면 외적 계기와의 단절을 통해 일어나는, 자신의 내면에 존재하는 무한성의 환기가 아니라면 진정한 고양이라 할 수 없다. 숭고에 있어서 고양은 철저한 내적 가치의 발견일 뿐, 어떤 외부적 대상의 숭배와는 무관하기 때문이다.

파시즘적 숭고는 내적 신성성의 부정을 바탕으로 자기 내면을 외부적 대상에 굴복시킨다는 점에서 역방향의 숭고, 즉 거꾸로 선 숭고라 할 수 있다. 이는 순방향의 숭고와 달리 자아를 궁극적으로 자기 학대와 자기 비하로 몰아간다는 점에서 위험한 황홀이다. 숭고라는 점에서 정서적 진실성을 확보하고 있지만 그 방향이 거꾸로 설정되어 있다는 점에서 위험한 것이다. 파시즘적 황홀은 숭고와 동일한 정서적 반응으로서 그 진실성을 지니고 있기 때문에, 다른 정서적 반응보다 위험스럽다고 할 수 있다. 칸트가 '열정/열광'의 이분법에 따라 파시즘적 황홀을 부정적 극복을 거치지 않은 긍정적 제시로서의 열광으로 파악한 것은, 숭고 판정의 딜레마를 해결하기 위한 숙고의 결과로서 하나의 해결 방식이 될 수도 있다. 그러나 숭고의 본질적인 측면, 즉 정서적 에너지의 방향을 놓침으로써 열광의 현상을 관망하기만 할 뿐 그 발생을 제어할 수 있는 방식을 시사해 주지 못한다는 점에서 한계를 지닌다.

라이히가 파시즘적 황홀의 문제를 해결하기 위해 외부적 대상의 변경을 시도한 것, 즉 동일시의 대상을 지도자가 아니라 동료 노동자로 바꾼 것은 초월의 양식이 외재적 초월밖에 없다고 믿었기 때문이다. 그는 외재적 초월이 절대적인 지위를 차지하고 있는 기독교 문화라는 한계를 벗어나서 자신의 사유를 성찰할 수 있는 문화적 기반이 없었던 것이다. 그가 숭고의 감정이 진실하다고 하며 외적 원천의 문제에만 주목한 것도, 숭고의 감정이 순방향적인 것과 역방향적인 것, 즉 향내적인 것과 향외적인 것 두 가지가 있음을 구별해 내지 못하고 둘을 동일시하였기 때문이다. 그래서 역방향의 숭고가 지닌 문제점, 즉 외부에 초월의 대상을 설정하게 되면 자신의 내면을 약탈하여 그 대상에 그것을 몰입시키게 된다는 점을 제대로 파악할 수 없었다. 이때 라이히처럼 그 대상을 바꾸는 것은 근원적인 해결 방식이 될 수 없다. 내면의 황폐는 여전히 남기 때문이다.

이로써 숭고 판정의 딜레마는 해결되었다고 할 수 있다. 그러므로 이 역방향의 숭고가 지닌 문제점, 즉 파시즘적 황홀을 해결하는 방법은 간단하다. 그것은 내면의 신성성, 무한성의 가치를 복원하는 것이다. 파시즘적 황홀은 내면의 신성성을 거부하였기 때문에 진정한 고양과는 거리가 있다. 우리가 살고 있는 이곳이 이미 초월이 완료된 '너머-여기'의 세계이며, 그리고 자신이 여러 초월을 거쳐 도달한 '너머-나'라는 사실을 인식하는 것이 숭고적 고양의 실제 내용이며, 바로 이를 인식하는 것이 파시즘적 황홀의 유일한 해결방안이라 할 수 있다. 이 세계의 내면에 존재하는 초월이 완료된 세계, 존재의 안쪽에 도사리고 있는 이미 초월된 나, 이것을 인식할 때 우리는 세계와 더불어 고양의 황홀을 누릴 수 있다. 그것은 내면을 충만하게 만드는 결핍 없는 기쁨으로 결코 환멸에 이르지 않는다. 그러므로 진정한 고양은 외재적 초월에서는 이루어지기 힘들다고 할 수 있다. 외재적 초월에서는 충만한 내면이 부정되어 황홀이라는 긍정적인 감정이 지속적으로 발생할 기반이 제거되기 때문이다. 또한 내적인 충만이 유지되지 않기 때문에 시간이 지나면 환각에서 깨어나 결핍의 감정으로 추락하게 된다. 파시즘적 황홀이 반드시 환멸에 도달하는 것은 이 때문이다.

탈마법화의 기획이 인간의 내면적 가능성, 신성성을 부정하면서 이 세계가 물질적 풍요를 이룩하였다고 하지만, 그에 대응되는 새로운 폐허가 탄생하였음도 주지의 사실이다. 내면의 충만 없는 물질적 풍요는 실은 물질적·정신적 황폐에 시달리는 찬란한 빈곤일 뿐이다. 이런 세계에서는 파시즘이 언제나 부활할 수 있고 따라서 파시즘적 황홀도 언제나 발생할 수 있다. 전통시학이 현재성을 지니는 것도 이 때문이다.

찾아보기